ÜBERRASCHEND OFFEN

David Ohlendorf | Hilke Rebenstorf

ÜBERRASCHEND OFFEN

KIRCHENGEMEINDEN IN DER ZIVILGESELLSCHAFT

Herausgegeben vom
Sozialwissenschaftlichen Institut der EKD

SOZIALWISSENSCHAFTLICHES
INSTITUT
der Evangelischen Kirche in Deutschland EKD

EVANGELISCHE VERLAGSANSTALT
Leipzig

David Ohlendorf studierte Soziologie und Ethnologie in Göttingen. Er ist Wissenschaftlicher Mitarbeiter am Deutschen Zentrum für Hochschul- und Wissenschaftsforschung in Hannover. Veröffentlichungen (Auswahl): Religiöse Motive als Antrieb zu freiwilligem Engagement? In: Klein A., Zimmermann O. (Hg.) Impulse der Reformation. Bürgergesellschaft und Demokratie; Kirche und Zivilgesellschaft - Erste Ergebnisse. In: Koll, J. (Hg.): Wie verändert sich die Kirche durch die Flüchtlingsarbeit? Loccumer Protokoll 68/16; Religion und Bildungserfolg im Migrationskontext - Theoretische Argumente, empirische Befunde und offene Fragen. Kölner Zeitschrift für Soziologie und Sozialpsychologie 2017, 69(4); Die Entstehung interethnischer Kontakte von Neuzuwanderern aus Polen und der Türkei in Deutschland – eine Frage der Religion? Zeitschrift für Soziologie 2015, 44(5).

Hilke Rebenstorf, Dr. phil. habil, studierte Soziologie, Politikwissenschaft, Psychologie und Publizistik in Berlin und Basel. Sie ist Wissenschaftliche Referentin für Kirchen- und Religionssoziologie am Sozialwissenschaftlichen Institut der EKD. Veröffentlichungen (Auswahl): Citykirchen und Tourismus – Soziologisch-theologische Studien zwischen Berlin und Zürich, 2018; Rechte Christen – Empirische Analysen zur Affinität christlich-religiöser und rechtspopulistischer Positionen, in: ZRGP 2. Jg., H 2, 2018; Was kann Kirchensoziologie leisten? Zur Klärung des Verhältnisses von Religion und Kirche – und Gesellschaft, in: D. Pollack/G. Wegner (Hg.): Die soziale Reichweite von Religion und Kirche, 2017.

Bibliographische Information der Deutschen Nationalbibliothek
Die Deutsche Nationalbibliothek verzeichnet diese Publikation in der Deutschen Nationalbibliographie; detaillierte bibliographische Daten sind im Internet über http://dnb.dnb.de abrufbar.

© 2019 by Evangelische Verlagsanstalt GmbH · Leipzig
Printed in Germany

Das Buch wurde auf alterungsbeständigem Papier gedruckt.

Cover: Zacharias Bähring, Leipzig
Coverbild: © Pixabay
Satz: MEDIEN PROFIS GmbH, Leipzig
Druck und Binden: Esser printSolutions GmbH, Bretten

ISBN 978-3-374-06034-4
www.eva-leipzig.de

INHALTSVERZEICHNIS

I. Einleitung

Wenn Kinder Bilder von Dörfern oder Städten malen, dann ragt meistens zwischen allerlei windschiefen Häusern irgendwo ein Kirchturm empor. Ein spitzes Dach und eine Turmuhr reichen als Erkennungsmerkmale. Vielleicht nimmt noch ein Kreuz auf der Turmspitze Platz. Die »Kirche im Dorf lassen« verweist gleichsam sprichwörtlich auf den angestammten Ort dieses Gebäudes und steht synonym für Normalität und Bodenhaftung. Und nicht nur im Dorf, auch in der Stadt prägen die Kirchen bis heute ganz selbstverständlich die Silhouette – selbst wenn so mancher Wolkenkratzer sie mittlerweile an Höhe überragt. Natürlich, die Kirche gehört dazu, zum Ort, zu den Menschen! Was also soll eine Studie über die Kirchengemeinden in Dorf und Stadtteil?

Offensichtlich geht es bei dieser Frage nicht um eine räumliche, sondern um eine gesellschaftliche Positionsbestimmung: Welche *Rolle* haben Kirchen für den sie umgebenden Sozialraum, sei es im Dorf oder in der Stadt? Sind sie bloß da, weil sie schon immer da waren? Steinerne Zeugen einer längst vergangenen, frommen Epoche – heute nicht mehr als Anlaufstellen für einsame Hochbetagte und gläubige Anachronisten? Oder aber sind die Kirchen aktive gesellschaftliche Akteure im Ort, deren Handeln über die Kirchenmauern und die schrumpfende Gruppe an Mitgliedern hinausragt?

Kirche und Zivilgesellschaft – ein neu entdecktes Thema
Dass diese Frage nicht nur für Kirchenvertreter[1] relevant ist, zeigt sich am Beispiel des kirchlichen Engagements im Rahmen der sogenannten »Flüchtlingskrise« im Jahr 2015: Die humanitären Hilfsleistungen von Kirchengemeinden,

---

[1] Da die Publikationsrichtlinien des Verlages die Verwendung des generischen Maskulinums vorsehen und gendergerechte bzw. inklusive Schreibweise dezidiert ausschließen, ist der Text entsprechend verfasst bzw. den Richtlinien des Verlages angepasst worden.

wie zum Beispiel Kleiderspenden, die Organisation von Sprachkursen oder Hilfe bei Behördengängen, haben genauso wie die politische Positionierung von Pfarrern und Bischöfen die mediale Aufmerksamkeit auf sich gezogen. Welche Rolle spielen Kirchen im Gemeinwesen? Wie weit sollen sie sich in politische oder gesellschaftliche Debatten einmischen?

Das Verhältnis von *Kirche und Zivilgesellschaft* ist ein Thema, das in den letzten Jahren sowohl in kirchlichen wie auch wissenschaftlichen Diskursen eine breite Rezeption erfahren hat. Während die Zivil- oder Bürgergesellschaft seit Jahrzehnten sowohl in der Forschung als auch in der Politik ein Dauerbrenner ist, ist das Interesse an der Kirche in diesem Zusammenhang noch recht neu. Diese »Goldgräberstimmung« bezüglich der zivilgesellschaftlichen Bedeutung von Kirche kann dabei – je nach Blickwinkel – aus ganz unterschiedlichen Motiven erklärt werden.

Aus *religionssoziologischer Perspektive* berührt die Beziehung zwischen Kirche und Zivilgesellschaft die Kernfrage der Disziplin, nämlich die nach dem *Ort von Religion in modernen Gesellschaften* (Pollack 2002; Pickel 2011a). Dazu muss man wissen, dass die religionssoziologische Forschung in der zweiten Hälfte des zwanzigsten Jahrhunderts weitgehend durch das Säkularisierungsparadigma dominiert wurde. Demnach würden modernisierungsbedingte Prozesse der Rationalisierung, Pluralisierung oder funktionalen Differenzierung die soziale Relevanz von Religion immer weiter verringern, so die gängige These. In der entzauberten Zukunft würde die Religion vielleicht nicht aus der Welt verschwunden sein; für die soziale Ordnung einer Gesellschaft wäre sie jedoch nicht mehr von Bedeutung (exemplarisch: Wilson 1982; Bruce 2002; Berger 1967; eine ausführliche Bibliographie findet sich zudem bei Pollack 2014). Seit der Jahrtausendwende hat diese Meistererzählung über die unaufhaltsame Entzauberung der Welt jedoch einige Dellen bekommen. Sicher, in Deutschland sinken die Zahlen der Kirchenmitglieder auch weiterhin. Aber die fortschreitende Ausbreitung religiöser Weltanschauungen jenseits von Westeuropa und die Wucht, mit der Religion seit einigen Jahren in die politische und mediale Öffentlichkeit auch hierzulande zurückgekehrt ist, hat zu wachsender Kritik an der Säkularisierungsthese geführt, selbst aus den eigenen Reihen (Berger 1999). Neben den »klassischen« Theorien von Säkularisierung oder Privatisierung werden daher zunehmend auch alternative Entwicklungspfade diskutiert, wie zum Beispiel die Idee einer stärker öffentlich diskursiv agierenden Religion (Habermas 2001; Habermas & Ratzinger 2005), einer »public religion« (Casanova 1994; Herbert 2003) oder einer »vicarious religion« (Davie 2000). Ideen, die allesamt davon ausgehen, dass der Ort der Religion in der Moderne weder im Privaten noch in der Nähe des Staates zu suchen ist, sondern einzig in der Sphäre der Zivilgesellschaft zu finden ist. Umgekehrt hat die Religionssoziologie auch ein Interesse an Kirchen als Faktoren, die zur Entstehung und Stabilisierung heutiger Zivilgesellschaften beitragen. Hier sind an erster Stelle Forschungsarbeiten zu nennen, die sich mit der Bedeutung von Religionsgemeinschaften als Quellen von Sozialkapital beschäftigen (exemplarisch Putnam 2000; Verba et al. 1995; sowie für den deutschen Kontext: Pickel 2015; Traunmüller 2009).

Aus *binnenkirchlicher Perspektive* besteht das Interesse an der Zivilgesellschaft vor allem darin, dem öffentlichen Bedeutungsverlust von Kirche und Religion angesichts der veränderten Rahmenbedingungen durch eine Neujustierung des Verhältnisses zwischen Kirchengemeinden und ihrem sozialräumlichen Kontext entgegenzuwirken (zusammenfassend: Schramm 2018). Verschiedene Reformideen beschäftigen sich daher mit der Frage, wie der Umbau von ehemals staatskirchlichen und heute noch bürokratischen, anstaltsförmigen und hierarchischen Organisationsstrukturen zu stärker deliberativen und gestaltenden zivilgesellschaftlichen Akteuren ablaufen kann. Zu nennen sind hier etwa die ursprünglich aus dem anglikanischen Raum stammende Idee der »Fresh Expressions of Church«, der entsprechend durch Neugründung von Personal-Kirchengemeinden in Ergänzung zu den Parochialgemeinden »gemeindliches Leben im Nahbereich« wieder besser ermöglicht werden soll, etwa durch milieusensible, zielgruppenspezifische Arbeit (Herbst 2012; ähnlich auch Hempelmann 2012) oder auch die Idee der »Gemeinwesendiakonie«, die eine stärkere zivilgesellschaftliche Öffnung der Kirchengemeinden durch eine engere Verzahnung kirchlicher und diakonischer Akteure im Sozialraum anstrebt (Diakonisches Werk der EKD 2007; zusammenfassend: Horstmann & Neuhausen 2010; vgl. auch Potz 2012; Diakonie Deutschland 2013). Im Kern geht es dabei um die Frage, ob die Kirche sich stärker in ihrer sozialen Umwelt platzieren und engagieren sollte oder aber, ob sie sich auf ihre Kernkompetenz, die Vermittlung des Heilsversprechens beschränken sollte (Pollack 2002). Neuere theologische Ansätze sehen in diesen beiden Polen hingegen eher eine Ergänzung und keinen Widerspruch (zum Beispiel Schramm 2018). In den letzten Jahren kamen weitere Arbeiten aus dem Bereich der praktischen Theologie hinzu, die ausgehend vom jeweiligen Verständnis der Kirchengemeinde auf der einen Seite und der Zivilgesellschaft auf der anderen Seite nach Überschneidungen und Differenzen zwischen beiden suchten (Schendel 2015; Schramm 2018; Wegner 2017a). Nicht zuletzt sind in diesem Zusammenhang die Diskussionen um die Möglichkeiten und Begrenzungen zivilgesellschaftlicher Arbeit von Kirche zu nennen, wie sie im deutschsprachigen theologischen Diskurs im Rahmen des Konzepts der »öffentlichen Theologie« stattfinden (Huber 2015; Bedford-Strohm 2012).

Und schließlich sei auf den Bereich der *sozialen Arbeit und Sozialraumentwicklung* hingewiesen, dessen eher praxisorientiertes Interesse am Thema Kirche und Zivilgesellschaft sich vor allem in einer zuletzt gewachsenen Sensibilität für die Bedeutung von Religionsgemeinschaften bei der lokalen Wohlfahrtserbringung ergibt (Böllert et al. 2015). Hier stehen Fragen im Fokus, wie Kirchengemeinden stärker in die Gestaltung von lebenswerten Sozialräumen einbezogen werden können, etwa im Bereich der sozialen Dienste, der Koordination von Ehrenamtlichen, der Netzwerk- oder Kulturarbeit oder auch, wie zuletzt, bei der Aufnahme von Geflüchteten.

Viele Diskussionen, aber wenig (empirische) Forschung

Man kann also mit Fug und Recht behaupten, dass die Frage von Kirchengemeinden in der Zivilgesellschaft derzeit ein Thema ist, das aus verschiedenen Perspektiven neu ausgeleuchtet wird. Umso mehr verwundert es, dass *empirische* Forschungsarbeiten, die sich mit der zivilgesellschaftlichen Relevanz von Religionsgemeinschaften in Deutschland beschäftigen, weitgehend fehlen. Vor allem die binnenkirchliche Debatte verharrt meist auf einer normativen Ebene: Man preist das zivilgesellschaftliche Potenzial von Kirchen, verweist auf zahlreiche Synergieeffekte (z. B. Pickel 2011a; Nolte 2009; Bedford-Strohm 2012) oder diskutiert darüber, was Kirche in der Zivilgesellschaft *soll* oder *darf*, aber die tatsächliche Bedeutung der Kirche für die Zivilgesellschaft bleibt bis auf anekdotisches Erfahrungswissen empirisch weitgehend unbestimmt.

Bei einem Überblick über die vorhandene Forschungsliteratur zum Thema Kirche und Zivilgesellschaft fallen zahlreiche blinde Flecken auf. Aufgrund des Vakuums im Bereich der empirisch-soziologischen Arbeiten zur Rolle der Kirche in der deutschen Zivilgesellschaft wird in kirchlichen wie auch in wissenschaftlichen Diskussionen gerne die in diesem Punkt deutlich besser erforschte Situation in den USA als Fallbeispiel angeführt. Tatsächlich wurde in einer Reihe von Studien die fruchtbare Kooperation von Kirche und Zivilgesellschaft in den USA verdeutlicht (exemplarisch: Putnam 2000; Verba et al. 1995). Die Ergebnisse dieser Forschungen lassen sich jedoch so gut wie nicht auf den europäischen bzw. deutschen Kontext übertragen, was sich in erster Linie durch die wohlbekannten Unterschiede der religiösen Landschaften diesseits und jenseits des Atlantiks erklären lässt: Die US-amerikanische Bevölkerung zeichnet sich nicht nur durch ein deutlich höheres Maß an religiöser Vitalität sowie konfessioneller Diversität aus; die kirchliche Organisationsstruktur ist im Vergleich zu Deutschland horizontaler und partizipativer, die Kirchen setzen stärker auf die Eigeninitiative und aktive Mitgestaltung durch die Mitglieder (Warner 1994; Ammerman 2005). Folgt man der klassischen Analyse von Alexis de Tocqueville zur Demokratie in Amerika (2003 [1835/1840]), so ist es sogar genau diese partizipative Gemeindestruktur, die Kirchen zu einer unverzichtbaren Stütze von liberaler Demokratie und Zivilgesellschaft in den USA haben werden lassen. Als sogenannte »intermediäre Institutionen« vermitteln Kirchengemeinden gewissermaßen zwischen dem Individuum und der Gesellschaft, zwischen Eigeninteresse und Gemeinwohl. Auf dieser Seite des Atlantiks zeigt sich hingegen ein konträres Bild: Die religiöse Landschaft Westeuropas wird vor allem von schrumpfenden Kirchenmitgliederzahlen und immer weniger Gottesdienstbesuchern geprägt. In Deutschland kommt noch eine historisch tradierte enge Wahlverwandtschaft zwischen Kirche und Staat sowie eine völlig andere Organisationsform der Kirchen hinzu. Die verfassten Kirchen sind stark bürokratisch, hierarchisch, flächendeckend und parochial organisiert, d. h. Kirchenmitglieder werden immer zunächst der Kirchengemeinde zugerechnet, auf deren Gebiet sie leben, analog dem Prinzip der politischen Gemeinde. Diese Eigenschaften lassen Religionsgemeinschaften in

Deutschland nach wie vor eher als staatliche Institutionen erscheinen (Wegner 2017a: 167) und nicht als zivilgesellschaftliche Akteure. In den USA hingegen gilt das kongregationale Prinzip, d. h. die Kirchengemeinden sind zwar in der Regel auch auf einen bestimmten Sozialraum bezogen, ihre Mitglieder müssen sich ihnen aber aktiv anschließen. Da die religiöse Diversität in den USA historisch bedingt deutlich größer ist, findet meist eine aktive Auswahl aus mehreren Gemeinden statt. Dass diese unterschiedlichen Prinzipien Auswirkungen auf den Anteil aktiver Gemeindeglieder hat, liegt auf der Hand. Alles in allem ist also Vorsicht geboten, sei es nun aus wissenschaftlichem oder kirchenreformerischem Übereifer, die Zusammenhänge zwischen Kirchen und Zivilgesellschaft, wie wir sie in den USA vorfinden, auf Deutschland zu übertragen (vgl. hierzu auch Roßteutscher 2009: 413).

Nun ist es nicht so, dass die deutschsprachige Forschung sich bisher gar nicht mit den Zusammenhängen zwischen Kirche und Zivilgesellschaft beschäftigt hätte. Der Fokus war jedoch ein völlig anderer. Nicht die *Gemeinde* stand hier im Mittelpunkt der Aufmerksamkeit, sondern wahlweise Religion im Allgemeinen als gesellschaftliches Symbol- und Ordnungssystem, *die* Kirche als Institution oder aber die individuelle Religiosität. Dies zeigt sich durch die verschiedenen Fachgebiete hindurch: Die historische Forschung hat sich vor allem mit den Entwicklungsmöglichkeiten einer bürgerlichen Gesellschaft in einer bis weit ins zwanzigste Jahrhundert hinein kirchlich durchdrungenen deutschen Gesellschaft beschäftigt (Bauernkämper & Nautz 2009; Borutta 2005). Die Ebene der Kirchengemeinde ist nur im eng begrenzten Rahmen singulärer historischer Ereignisse von Interesse, etwa wenn die Kirchengemeinden als Orte des Widerstands in den letzten Jahren der DDR betrachtet werden (Wüstenberg 2009).

Auch die Theologie hat sich bisher überwiegend mit kirchentheoretischen Fragen beschäftigt, insbesondere, ob die christliche Kirche von ihrer Gestalt her überhaupt eine zivilgesellschaftliche Akteurin sein *kann*. Diese Frage lässt sich dabei auf mindestens zwei Arten beantworten (zusammenfassend: Schendel 2015): Einerseits lässt sich vom Wesen der Kirche ausgehen und daraus auf ihre gesellschaftlichen Aufgaben schließen (so etwa Reuter 2009; Huber 1998); andererseits kann man vom Wesen der Zivilgesellschaft ausgehen und daraus ableiten, welche zivilgesellschaftliche Rolle die Kirchengemeinden in ihr einnehmen (etwa bei Bleyer & Laux 2012). Zu welcher Antwort man dabei gelangt, hängt selbstverständlich stark von den zugrundeliegenden Definitionen von »Kirche« und »Zivilgesellschaft« ab, die sich allerdings beide einer eindeutigen Definition entziehen. Zwar wurde diese Diskussion in den letzten Jahren immer wieder durch empirische Fallbeispiele unterfüttert, allerdings überwiegt in diesen Berichten eine kirchliche Binnenperspektive auf das Phänomen. Deutlich wird dies an der Vielzahl von »Best Practice-Beispielen«, die häufig eher als kirchenreformerischer Vorschlag, denn als wissenschaftliche Fallstudien begriffen werden müssen (Härle et al. 2008; Herbst 2012; Diakonie Deutschland 2013). Erst in den letzten Jahren ist durch die aus dem anglo-amerikanischen Raum stammende

Forschung der »Congregational Studies« (Demerath & Farnsley 2007) auch innerhalb der praktisch-theologischen Kirchentheorie ein größeres Interesse an empirischem Material zur Rolle der Kirchengemeinde in der Zivilgesellschaft entstanden (Latzel & Wegner 2017).

Und schließlich haben auch die Soziologie und die Politikwissenschaft die Ebene der Kirchengemeinden lange weitgehend ignoriert. Auf der einen Seite finden sich hier makrosoziologische Studien, die die Rolle der Kirche als Institution in der Zivilgesellschaft analysieren, etwa im Rahmen politischer oder öffentlicher Diskurse (Casanova 1994; Könemann et al. 2015). In diesen Bereich fällt auch die seit der Jahrtausendwende stark gewachsene Literatur, die sich mit den Zusammenhängen zwischen *Religion im Allgemeinen* und Zivilgesellschaft beschäftigen, ohne dabei jedoch die Rolle von Kirchengemeinden explizit in den Blick zu nehmen (Casanova 2001; Adloff 2007; Liedhegener & Werkner 2011; Roßteutscher 2009). Auf der anderen Seite gibt es einen wachsenden Bereich mikrosoziologischer Studien zum Einfluss individueller Religiosität oder der Kirchenmitgliedschaft auf die Verteilung von Sozialkapital oder die Bereitschaft zum zivilgesellschaftlichen Engagement (Ohlendorf & Sinnemann 2017; Pickel 2015; Traunmüller 2009; Seidelmann 2012). Zwischen diesen Polen gibt es jedoch so gut wie keine Forschung zum Verhältnis von Kirche und Zivilgesellschaft auf einer Meso-Ebene, das heißt dem konkreten zivilen Engagement, den zivilgesellschaftlichen Angeboten und Netzwerken von Kirchengemeinden im Sozialraum. Eine Ausnahme bildet das vom Sozialwissenschaftlichen Institut der EKD entwickelte »Kirchengemeindebarometer«, das erstmals auch empirische Daten zur Vernetzung von Kirchengemeinden im Sozialraum zur Verfügung stellt (Rebenstorf et al. 2015). Und auch in der letzten Kirchenmitgliedschaftsuntersuchung der EKD aus dem Jahr 2015 gab es einen ersten Versuch, sozialräumliche Vernetzungen einer exemplarischen Kirchengemeinde durch netzwerktheoretische Methoden einzufangen (Bedford-Strohm & Jung 2015). Darüber hinaus existieren empirische Arbeiten zu nicht-evangelischen Kirchengemeinden und deren zivilgesellschaftlicher Relevanz etwa für religiöse Gemeinden von Migranten (Nagel 2015) oder für katholische Gemeinden (Zimmer et al. 2017).

Grundsätzlich fehlt es jedoch an akteurszentrierten Fallstudien, die im Gegensatz zu quantitativ-vergleichenden Analysen in der Lage sind, die Komplexität der Zusammenhänge zwischen Religion, Kirche und Zivilgesellschaft auf der Meso-Ebene abzubilden (zu einem ähnlichen Schluss gelangen auch Liedhegener & Werkner 2011:24).

Die Studie: »Kirchengemeinde und Zivilgesellschaft«
Als Konsequenz aus diesen blinden Flecken bleibt eine Reihe von Fragen bislang unbeantwortet: Welchen Beitrag leisten (protestantische) Kirchengemeinden in Deutschland zum Bestehen und Funktionieren von Zivilgesellschaft vor Ort? Welche zivilgesellschaftlichen Funktionen erfüllen Kirchengemeinden im Sozialraum? Sind sie – ähnlich wie für den US-amerikanischen Fall beschrie-

ben – eine tragende Säule der Zivilgesellschaft? Oder ist die Zivilgesellschaft in Deutschland säkular geprägt und sind Kirchengemeinden mehr oder weniger überflüssig für deren Bestehen? Wie steht es um die grundsätzliche Offenheit in der Zusammenarbeit von Kirchengemeinden und anderen zivilgesellschaftlichen Akteuren? Und welche Rahmenbedingungen begünstigen oder hemmen das zivilgesellschaftliche Engagement von Kirchengemeinden?

Mit der vorliegenden Studie möchten wir an diese Fragen anknüpfen. Hierzu präsentieren wir die Ergebnisse eines empirischen Forschungsprojektes mit dem Titel »Kirche und Zivilgesellschaft«, das zwischen 2015 und 2018 im Sozialwissenschaftlichen Institut der EKD durchgeführt wurde. Im Rahmen dieses Projektes wurden Fallstudien in sechs unterschiedlichen Sozialräumen[2] in Deutschland durchgeführt. Die Studie folgt einem sogenannten Mixed-Methods-Design, das heißt, in jedem der sechs Sozialräume kamen mehrere sozialempirische Methoden zum Einsatz, um die zivilgesellschaftliche Relevanz der jeweiligen Kirchengemeinde im Sozialraum zu analysieren. Hierzu gehörten in erster Linie qualitative, leitfadengestützte Experteninterviews; egozentrierte Netzwerkkarten sowie in zwei der sechs Sozialräume zusätzlich eine quantitative Bevölkerungsumfrage. Das Ziel dieser Herangehensweise war es, den empirischen Blick auf die Zusammenhänge zwischen Kirche und Zivilgesellschaft in Deutschland zu schärfen.

Angesichts der niedrigen Fallzahl von lediglich sechs Gemeinden ist es offensichtlich, dass wir mit der vorliegenden Arbeit kein für ganz Deutschland repräsentatives Bild zivilgesellschaftlicher Arbeit von evangelischen Kirchengemeinden zeichnen wollen und können. Auch wenn die Studie verschiedene sozialwissenschaftliche Methoden miteinander kombiniert, folgt sie in ihrer Anlage einem qualitativen Design. Qualitative Methoden erlauben zwar keine Aussagen über statistische Häufigkeiten oder die Repräsentativität der Daten, aber sie sind ein starkes Werkzeug, um Typologien zu entwickeln und Zusammenhänge aufzudecken. Unsere Studie ist daher vor allem als explorative Arbeit zu verstehen, die am Anfang der empirischen Forschung zur zivilgesellschaftlichen Funktion von Kirchengemeinden in Deutschland steht. Indem wir sechs Kirchengemeinden in unterschiedlichen Regionen und unter unterschiedlichen soziodemographischen und strukturellen Bedingungen in der Tiefe analysieren, wollen wir einen ersten Einblick in die zivilgesellschaftliche Relevanz von Kirchengemeinden geben und die verschiedenen Funktionen herausarbeiten, die Kirchen im Sozialraum erfüllen.

Zum Schluss ist es angesichts des kirchlichen Reformpotenzials, das oft mit dem Thema Kirche und Zivilgesellschaft Hand in Hand geht, wichtig anzumerken, dass dieses Buch ausdrücklich *nicht* als Ratgeber für kirchengemeindliche Arbeit konzipiert ist. Genauso wenig ist es unsere Absicht, Best-Practice-Modelle zivilgesellschaftlicher Kirchengemeinden zu präsentieren. Es geht uns vielmehr um eine möglichst realitätsgetreue Darstellung des Status quo, den

---

[2]   Siehe zur Definition von Sozialraum in dieser Studie Kapitel 2.3.5 und 3.2.

wir ausschnittartig an sechs Fallbeispielen illustrieren. Für diese Darstellung ist eine (zumindest temporäre) Distanz zu Religion und Kirche erforderlich, die Religionssoziologen unter den Begriff des »methodologischen Agnostizismus« fassen (Knoblauch 1999: 14f.). Würden wir unsere Forschungsarbeit in die Linie einer bestimmten kirchlichen oder politischen Agenda stellen, würden wir genau jene Distanz aufgeben, die nötig ist, um zu einem sachlichen und – soweit der hermeneutische Grundgedanke der qualitativen Soziologie dies überhaupt zulässt – neutralen Ergebnis zu kommen. Die Perspektive ist folglich eine durch und durch soziologische und verfolgt dezidiert keine sozial- oder kirchenreformerischen Absichten. Das betrifft nicht nur die Forschung selbst, sondern auch die von uns vorgenommene Interpretation der empirischen Ergebnisse. Die Deutung soziologischer Erkenntnisse und vor allem ihre Überführung in Handlungsoptionen birgt immer ein hohes Maß an Ambiguität in sich (Berger 2017 [1963]: 26f.). Kurzum: Aus ein und denselben Erkenntnissen lassen sich völlig konträr gelagerte gesellschaftliche Konsequenzen ableiten, sodass die Entscheidung für oder gegen eine Option in letzter Instanz nicht mehr allein durch wissenschaftliche Logik getroffen werden kann, sondern vor allem auf der Grundlage von Werten diskutiert werden muss. Damit verlässt man jedoch den Pfad der Soziologie und begibt sich in den Bereich der Ethik sowie der (kirchlichen) Politik und Praxis. Um nicht falsch verstanden zu werden: Natürlich ist es wünschenswert und sogar intendiert, dass diese Arbeit Denkanstöße oder Inspirationen für die kirchliche oder zivilgesellschaftliche Praxis bietet. Welcher Art diese Impulse aber sein werden, muss an anderer Stelle erörtert werden.

Wenig überraschend folgt das Buch in seinem Aufbau daher auch der »klassischen« Struktur einer sozialempirischen Studie. Im folgenden zweiten Kapitel werden wir zunächst den theoretischen Rahmen abstecken. Nach einem komprimierten Abriss zur Entwicklung der Kirchengemeinde und deren Beziehung zur Umwelt geht es vor allem um die Klärung des Konzepts »Zivilgesellschaft« sowie seiner historischen und konzeptionellen Verwobenheit mit Kirche und Religion. Im anschließenden dritten Kapitel schildern wir die methodische Herangehensweise der Studie. Hier gehen wir auf die Fallauswahl, die Durchführung der qualitativen und quantitativen Interviews etc. ein. Den Hauptteil bilden dann die detaillierte Darstellung der sechs durchgeführten Fallstudien (Kapitel 4), die Analysen der repräsentativen Bevölkerungsumfragen in zwei Sozialräumen (Kapitel 5) sowie die theoretische Abstraktion der Fallstudien (Kapitel 6). Wir beenden das Buch mit einem abschließenden Resümee und einer Diskussion der Ergebnisse (Kapitel 7).

Das Buch schließt mit einer Einordnung der Studie in den Kontext aktueller Debatten um die Zukunft der Kirche aus praktisch-theologischer Perspektive.

2. THEORETISCHER RAHMEN

Auch wenn die vorliegende Studie einer explorativen und qualitativen Forschungslogik folgt, die ein größtmögliches Maß an Offenheit gegenüber dem Forschungsgegenstand erfordert, heißt dies nicht, dass sie ohne einen theoretischen Rahmen auskommt.[3] Dieser ist allein deswegen erforderlich, weil wir es sowohl bei der Zivilgesellschaft als auch bei der Religion mit zwei vielschichtigen Konstrukten zu tun haben, die sich einer exakten wissenschaftlichen Definition weitgehend entziehen. Trotzdem stellt das folgende Kapitel einen Versuch dar, sich diesen beiden Konzepten theoretisch-analytisch zu nähern. Da für unsere Überlegungen nicht in erster Linie die Religion im Allgemeinen, sondern vielmehr die Religionsgemeinschaft und hier im Besonderen die evangelische Ortsgemeinde relevant ist, wenden wir uns dieser im ersten Abschnitt zu (Kapitel 2.1). Anschließend wird im zweiten Abschnitt (Kapitel 2.2) eine Präzisierung des Begriffs der Zivilgesellschaft vorgeschlagen und dessen Entstehung in den allgemeineren historischen und ideengeschichtlichen Kontext eingeordnet. Im Anschluss daran werden die mannigfaltigen Verflechtungen zwischen Religion, Kirche und Zivilgesellschaft aus einer differenzierungstheoretischen, einer historischen, einer sozialwissenschaftlichen und einer innerkirchlichen Perspektive durchleuchtet (Kapitel 2.3). Das Ziel ist keine erschöpfende Darstellung der historischen oder sozialwissenschaftlichen Forschung zu Kirche und Zivilgesellschaft. Unser Anliegen ist es vielmehr, auf der Grundlage dieser Perspektive einen heuristischen Rahmen vorzustellen, der dann für die empirische Analyse genutzt werden kann (Kapitel 2.4).

---

[3]   Wir danken unserem Kollegen Pastor Dr. Gunther Schendel für wertvolle Vorarbeiten, Hinweise und Korrekturen. Als besonders hilfreich erwies sich seine Fähigkeit, unzählige Brücken zwischen soziologisch-empirischen und theologisch-normativen Denkwelten schlagen zu können.

2.1 Die Kirche vor Ort – zur Geschichte und Bestimmung der Ortsgemeinde

Die evangelische Ortsgemeinde, wie wir sie heute kennen, mit Kirche und Gemeindehaus, mit Kreisen und Gruppen gibt es seit rund 150 Jahren; sie ist also kirchengeschichtlich eher jungen Datums. Entstanden ist sie als Reaktion auf grundlegende gesellschaftliche, politische und ökonomische Umwälzungen gegen Mitte des 19. Jahrhunderts. Diese als Gründerzeit bekannte Epoche war in Deutschland geprägt durch die bürgerlich-liberale Bewegung, die Revolution von 1948/49, die Frankfurter Nationalversammlung, Industrialisierung und damit einhergehendem rasanten Wachstum der Städte und Veränderungen in der Sozialstruktur, einem aufblühenden Vereinsleben, Gründung des Deutschen Reiches, der Einführung eines staatlichen Personenstandsregisters und konfessionsloser Schulen. Alle diese Prozesse hatten unmittelbare Auswirkungen auf die Kirche, auf Struktur und Funktionsweisen der Territorialkirchen und Parochien. Die hierin bereits angelegten Veränderungen der Beziehung von Kirchengemeinden und dem weiteren gesellschaftlichen Umfeld gipfelten in der Aufhebung des Staatskirchenwesens mit Einführung der republikanischen Weimarer Reichsverfassung. Die Selbstverständlichkeit der engen Beziehung zwischen Kirche und Staat einerseits, sowie zwischen Kirche und Bevölkerung andererseits ging verloren. Es waren diese Umbrüche, die Vollendung der Moderne, die Kirchenreformern wie Emil Sulze die Möglichkeit boten, ihre bereits lange entwickelten Überlegungen zur Strukturreform in die Diskussion zu bringen und den Gemeindeaufbau lange Zeit zu prägen. Mit der Entwicklung zur »Post«-Moderne stellen sich neue Herausforderungen, auf welche die Kirchen(gemeinden) bis heute in vielfältiger Art reagieren.

Im Folgenden wird kurz umrissen, welches der Grundgedanke der christlichen Gemeinde ist, wie dieser Gedanke in ein System territorialer Zuständigkeit übertragen wurde, sich durch die Reformation veränderte und schließlich in der heute noch üblichen Form der parochialen Ortsgemeinde ihren vorläufigen Abschluss fand. Das besondere Augenmerk gilt dabei dem Verhältnis der Gemeinde zu ihrer Umwelt, dem Innen und Außen, ganz im Einklang mit der Fragestellung der vorliegenden Studie nach dem Verhältnis von Kirche und Zivilgesellschaft, von Kirche im Ort und im Sozialraum.

2.1.1 AM ANFANG WAR GEMEINDE

Die Bildung von Gemeinden ist für Religionsgemeinschaften keine Selbstverständlichkeit. Historisch bildeten Stamm, Ethnie, Clan und religiöse Gemeinschaft eine gesellschaftliche Einheit (Kehrer 2000: 610; vgl. auch Wegner 2017b: 28–31). Für das Christentum ist hingegen Gemeindebildung schon sehr früh ein typisches Merkmal. Als »personale, lokal umgrenzte Gemeinschaftsbildung« (Hauschild 2000: 612), die keine Einheit mehr mit dem Stamm, dem Clan oder der Ethnie darstellt, dient sie der (nicht nur) religiösen Identitätsbildung. Als Stigmatisierte (Ebertz 1987) waren die Anhänger Jesu nicht mehr integrierter Teil der Gesellschaft, der sie entsprangen, sondern eine Sonderheit, die sich dann ihrerseits trotz der missionarischen Tätigkeit absonderte. Man traf sich anfänglich in Privathaushalten, die Versammlungen umfassten »Juden und Griechen, ebenso Frauen und Männer, Sklaven und Herren, Kinder und Eltern (Gal 3, 28; Kol 3, 18–25). In einem tieferen Sinn machte dies die Gemeinde zum Modell einer neuen Menschheit.« (Banks 2000: 612) Schon damals war über die Vorstellung des »gemeinsamen Lebens und Umverteilung der Güter« (Banks 2000: 611) Armenfürsorge ein zentrales Element der gemeindlichen Aufgaben, neben Gottesdienst, religiöser Unterweisung, Seelsorge (vgl. auch Lohfink 2016). Diese frühen christlichen Gemeinden konnten durchaus als Kontrastgesellschaften[4] gesehen werden.

Die Entwicklung des Christentums und damit auch der christlichen Gemeinden ist auf engste verknüpft mit der Entwicklungsgeschichte des Römischen Reiches bis ins 5. Jahrhundert. Galt dort im Wesentlichen Religionsfreiheit, kam es doch auch immer wieder zu Phasen der Christenverfolgung, bis unter Kaiser Konstantin das Christentum stark gefördert und schließlich im Jahr 379 sogar der Taufzwang ausgerufen wird. »Ab 381/382 ist das Christentum Staatsreligion, ab jetzt herrscht Glaubenszwang. Es hat also rund 70 Jahre gedauert von der Erlaubnis, Christ zu sein, bis hin zur Etablierung des Christentums als verbindliche Religion, die nun dranging, andere Kulte zu unterdrücken.« (Rieß 2017b: 3).

Dieser Aufstieg, trotz zeitweiliger massiver Verfolgung, gründet auf der raschen, nicht mehr rückgängig zu machenden Ausbreitung des Christentums im römischen Reich in der Zeit von 50 bis ca. 200. Kaufmann (2011: 30–38) sieht als maßgeblichen Grund hierfür die Attraktivität der auf Selbstorganisation basierenden Gemeinden, die zugleich Gemeinschaften bilden. Kaufmann meint, die Förderung des Christentums durch Kaiser Konstantin erfolgte wahrscheinlich aufgrund »dessen *größere[r] Widerstandsfähigkeit gegenüber den die gesamte Antike prägenden synkretistischen, d. h. unterschiedliche Kulte kombinierenden Tendenzen*«, weil es klar und doktrinär geblieben sei (Kaufmann 2011: 41), und mit Lohfink (2016: 175–181) wäre hinzuzufügen, weil die Christen solidarisch waren, muss auch dies in Verbindung mit dem Gemeindeprinzip gesehen werden. Identitätsstiftende und identitätsstabilisierende Gemeinden, die darüber hinaus noch verlässliche Gemeinschaften bilden, betreiben Rückversicherung der Botschaft in Permanenz, die strukturell befördert wird.[5] Die Gemeinden jener Zeit waren auf bestimmte geographische Räume begrenzt, es waren aber keine Territorialgemeinden bzw. Parochien, sondern freie gemeinschaftliche Zusammenschlüsse

---

[4]   Das Konzept der christlichen Gesellschaft als Kontrastgesellschaft wurde besonders von Gerhard und Norbert Lohfink ausgearbeitet und noch heute propagiert. Siehe für eine Diskussion des Ansatzes Nothelle-Wildfeuer 1992.

[5]   Vgl. hierzu die Ausführungen zur Funktion von Subgesellschaften bei Berger & Luckmann 1993: 135f.

von Christen[6] in einer mehrheitlich anders glaubenden Umwelt. Insofern entsprachen die frühen christlichen Gemeinden dem Modell der Personalgemeinde und Kongregation und nicht dem parochialen Modell. Dies entspricht einem religiösen System, in dem es keine Staatsreligion gibt, sondern, im besten Falle, weitgehende Religionsfreiheit. Innerkirchlich kann ab dem 2./3. Jahrhundert von einer Entwicklung in Richtung Parochie insofern gesprochen werden, als die Gemeinden zu kirchlichen Verwaltungseinheiten wurden (Schramm 2015: 118; vgl. auch Pohl-Patalong 2003: 64–70).

Die Beziehungen zur Umwelt waren sicherlich vielschichtig. Einerseits gab es den klaren Auftrag, das Evangelium zu verkünden, was nach einer starken Öffnung zur Umwelt verlangte, andererseits war aufgrund der immer wieder drohenden und auch stattfindenden Verfolgung Vorsicht geboten, sich öffentlich zu seinem christlichen Glauben zu bekennen. Die Orientierung wird daher wohl stärker nach innen gerichtet gewesen sein, die Armenfürsorge jener Zeit war auf die Mitglieder der eigenen Gemeinde konzentriert (Wischmeyer 1998: 759).

2.1.2 Und dann die Liaison mit dem Staat

Mit der Ernennung des Christentums zur Staatsreligion veränderte sich zwangsläufig das Verhältnis der Gemeinden zu ihrer Umwelt. Da jeder Mensch getauft werden musste, somit praktisch jeder Christ war, gab es eigentlich keine Umwelt mehr. Was in den Ursprüngen auf Freiwilligkeit und Überzeugung bzw. aus tiefem Glauben heraus sich als Gemeinde und zugleich als Gemeinschaft gebildet hatte (Pohl-Patalong 2003: 66f.), wurde zu einer Zwangsmitgliedschaft in einer Verwaltungseinheit. Man kann also schon für das 5. Jahrhundert vermuten, was Przybylski für das späte 20. Jahrhundert formulierte: das »Problem der nachgängigen Motivationsweckung«, das durch den automatischen Erwerb der Mitgliedschaft entsteht (Przybylski 1987: 71) – und in diesem Fall nicht nur automatisch, sondern zumindest für die ersten Generationen erzwungen. Mit der engen Verbindung von staatlicher und religiöser Macht folgte auch die Gemeinde sehr bald »einer territorialen Logik in Anlehnung an die Verwaltungsbezirke des römischen Reiches.« (Pohl-Patalong & Hauschildt 2016: 545) Das Prinzip der Staatsreligion wie das der territorial definierten Gemeinde überlebte das Römische Reich und alle weiteren Reichsgründungen im europäischen Raum.

---

[6]   Man ist versucht, von frühen zivilgesellschaftlichen Organisationsformen zu sprechen, da die klassischen primordialen Strukturen in den ethnisch und sozialstrukturell heterogenen christlichen Gemeinden, die darüber hinaus noch Menschen aus verschiedenen religiösen bzw. kultischen Richtungen vereinten, überwunden waren. Andererseits war jedoch noch keine Trennung der Sphären von Staat/Politik, Wirtschaft und Privatsphäre etabliert, die konstitutiv sind für Zivilgesellschaft (vgl. die Ausführungen unten in Kapitel 2.2).

Im Prinzip der Parochie, in der jeder Mensch entsprechend seines Wohnortes einer organisatorischen Einheit, hier der Gemeinde, zugeordnet ist, spiegelt sich der hohe Kontrollbedarf einer Herrschaftsform, die anstrebt, alle Lebensbereiche zu erfassen. Die Effektivität dieser Kontrolle wurde im 8. Jahrhundert mit Einführung des Pfarrzwanges (Schramm 2015:188) noch verstärkt. Pohl-Patalong erkennt hierin die »typische Form einer Kirche, die sich als Institution für das ganze Volk versteht und von der Zuständigkeit für ihre Mitglieder her denkt«. (Pohl-Patalong 2017:15). Da mit der Erhebung des Christentums zur Staatsreligion ein »bestehende[r] Sozialverband als Ganzes christlich« wurde (Pohl-Patalong 2003:73), war die Pfarrei weniger ein Gebilde des »Gemeindechristentums«, sondern »in erster Linie eine Sache von Verwaltung und Herrschaft.«[7] Die Gemeinden jener Zeit unterschieden sich also organisatorisch und im Hinblick auf religiöse Identifikation grundlegend von den christlichen Gemeinden bis zum ausgehenden 4. Jahrhundert. Aber auch diese »Zwangs«-Gemeinden erlangten durch manche rechtlichen Regelungen, insbesondere durch das Recht auf Durchführung der Kasualien, zunehmende Unabhängigkeit von den Bischöfen.

Im städtischen Bereich setzten sich parochiale Gliederung und Pfarrzwang in deutlich geringerem Umfang durch als im ländlichen Raum. Allein die Existenz der städtischen Orden sowie von Dom- und Stiftspfarrern, die Ausnahmen vom Pfarrzwang erwirken konnten, standen dem entgegen. (Pohl-Patalong 2003:77f.) In den Städten blieben somit vermutlich Elemente des Prinzips der Personalgemeinde erhalten.

Neben der christlichen Unterweisung und der Spendung der Sakramente hatten die Gemeinden Aufgaben, die der staatlich-politischen Verwaltung dienten, wie beispielsweise die Führung des Ehestandsregisters in den Kirchenbüchern. Die Pfarrer wurden entsprechend von den Bischöfen und/oder weltlichen Fürsten eingesetzt, Einnahmen wurden generiert aus dem Zehnten, den Gebühren für die Spendung der Sakramente, der »Vermietung« von Sitzplätzen in den Kirchen, den Pfründen. Die Beziehungen zur Umwelt, die hier mit den Kirchen- bzw. Gemeinde- oder Parochiemitgliedern identisch war, bestand also in religiöser Dienstleistung und Kontrolle[8] als unmittelbarer Folge der quasi Identität von religiöser und weltlicher Macht. »Die vormoderne, ‚alte‘ Parochie ist die Organisationsform von Kirche in einer missionierten, sich als christlich verstehenden monokonfessionellen Gesellschaft, in der Staat, Gesellschaft und Kirche ein enges, osmotisches Verhältnis zueinander haben [...]. In dieser ‚parochialen Symbiose‘ waren die Spitzen der Gesellschaft auch die Spitzen der Kirche.« (Schramm 2015:121) Das Verhältnis von Gemeinde zu Umwelt ist in dieser monokonfessionellen Staats-

---

[7] Frank, Isnard Wilhelm (1984): Kirchengeschichte des Mittelalters, Düsseldorf: Patmos Verlag, S. 27, hier zitiert aus Pohl-Patalong 2003:73.

[8] Über die feste Zuordnung von Sitzplätzen in der Kirche an Familien bzw. Häuser entsprechend der gesellschaftlichen Hierarchie konnte auch bei jedem Gottesdienst leicht registriert werden, wer denn seiner Christenpflicht nicht nachkam.

kirchenstruktur weitgehend identisch mit dem innerkirchlichen Verhältnis von Gemeinde zu Bischof und anderen höheren Würdenträgern, wie das Verhältnis der politischen Gemeinde zu den entsprechenden weltlichen Amtsinhabern.

Mit der Reformation und der durch sie begründeten neuen theologischen Schwerpunktsetzung – weg von der »Werk«gerechtigkeit hin zur »Glaubens«gerechtigkeit (Schendel 2014:11f.) – gerieten die Rolle des Pfarrers sowie dessen Auswahl stärker in den Blick. Für Luther war die Gemeinde »die Schar der auf Gottes Wort Hörenden (Gottes Volk) und der mit Jesus Christus im Abendmahl Vereinten (Leib Christi).« (Hauschild 2000: 613) Dies würde eigentlich danach verlangen, die Gemeinde selbst »zur Trägerin von Kirchenleitung und Verwaltung« zu machen (ebd., vgl. auch Pohl-Patalong 2003: 81f.; Möller 1984: 320). Das damals gültige Kirchenregiment ließ eine solche Regelung nicht zu, der Pfarrer war der Gemeinde übergeordnet. Den Gemeinden sollte aber ein Mitspracherecht bei der Auswahl der Prediger zukommen.

In der Fokussierung auf die vier Sola (scriptura, gratia, fide, Christus) konnte Luther auch seine Lehre von den zwei Regimentern begründen. »Danach ist der Staat – neben der Kirche – eine der beiden Weisen, wie Gott die Welt regiert. Während die Kirche dem Seelenheil dient und als Instrument nur das Predigt-wort hat, hat die Staatsgewalt den Auftrag, dem Bösen zu wehren und das irdisch Gute zu fördern.« (Schendel 2014: 13) Die enge Beziehung zwischen Staat und Kirche blieb dennoch bestehen und wurde im Augsburger Religionsfrieden 1555 so formuliert, dass Landeskirche und Landesherrschaft deckungsgleich waren. (Schramm 2015: 119) Die Kirchen und ganz besonders die Pfarrämter waren wei-terhin in die staatliche Verwaltung integriert. Sie führten das Personenstands-register (Kirchenbücher), waren Trägerinnen von Friedhöfen, Krankenhäusern und Universitäten, und »bis ins 19. Jahrhundert [blieben] die Kirchenvorstände [...] Schulvorstände, die Pfarrer üb[t]en die geistliche Schulaufsicht aus«. (Schramm 2015:121).

Da mit dem Religionsfrieden auch die Monokonfessionalität gewahrt blieb, änderte sich am Verhältnis zur Umwelt relativ wenig. Allerdings wurde im re-formatorischen Verständnis die Armenfürsorge auf eine andere theologische Grundlage gestellt: Wenn der Mensch nicht mehr durch gute Taten, sondern nur durch rechten Glauben Erlösung finden kann, entfällt die Notwendigkeit, Almo-sen zu geben, zumal auch Armut nicht mehr als Tugend galt, sondern tendenziell als selbstverschuldet. (Eurich 2014: 10; Kaiser 1998: 761f.) Dennoch musste den Armen natürlich geholfen werden, »gute Taten [gehören] zu einem Christenmen-schen« (Eurich 2014: 11). Diese Hilfe sollte nun aber nicht mehr in Form von Almo-sen in Abhängigkeit von der Willfährigkeit einzelner Reicher erfolgen, sondern von den Kommunen durchgeführt werden (Schendel 2014: 24; vgl. auch Wegner 2014a: 63–76).

2.1.3 DER WEG IN DIE MODERNE – NEUES VERHÄLTNIS VON KIRCHE UND STAAT, NEUE GEMEINDEFORMEN

Mit der Aufklärung begann sich die Einheit von Kirche und Staat zu lockern, insbesondere in den Städten, in denen sich mit bürgerlichen Salons (gerne auch von Frauen geführt), zunehmender Bildungspartizipation, Abwendung von tradierten gemeinschaftlichen Lebenszusammenhängen hin zu gesellschaftlichen Bezügen und Öffnung der Einrichtungen von Kunst und Musik eine urbane Kultur entfaltete, die das alte Feudalsystem in Frage stellte. Auslöser hierfür waren u. a. die bürgerlichen Revolutionen in den USA und Frankreich. In diesem Zusammenhang wurde die Stellung der Kirchen in der Gesellschaft schwächer. (Schramm 2015: 129f.; vgl. auch Möller 1984: 323) Mit der territorialen Neuordnung Deutschlands im Wiener Kongress fiel darüber hinaus die Übereinstimmung von Landes- und Kirchenherrschaft, die Provinzen wurden multikonfessionell (Scholder 1977: 27), und mit der Gründung des Deutschen Reiches, den dort territorial unterschiedlichen Toleranzgesetzen, konnte schließlich der Konfessionszwang nicht mehr aufrechterhalten werden. Mit dem Kirchenaustrittsgesetz von 1873 wurden Bürgerrechte unabhängig von der Kirchenmitgliedschaft gewährt (Schramm 2015: 141f.). Zwar waren die evangelischen Kirchen immer noch Staatskirchen und die Finanzierung über staatliche Zuweisungen und Kirchensteuern gesichert, aber die Entflechtung ging in raschen Schritten voran: ziviles Personenstandsrecht, Entkonfessionalisierung des Bildungssystems, rechtliche Gleichstellung der christlichen Kirchen. Begleitet bzw. ausgelöst wurden diese Prozesse durch massive Veränderungen in der dominierenden Wirtschaftsweise (Industrialisierung), Sozialstruktur (von der Stände- zur Klassengesellschaft), Wissenschaft und Bildung (Ausbau der Universitäten, insb. der Naturwissenschaften), raschem Bevölkerungswachstum und Urbanisierung (Schramm 2015: 139-154). In diesem Zuge wandelte sich auch die soziale Trägerschaft des kirchlichen Lebens: »Die soziale Basis der Kirche verschob sich binnen weniger Jahrzehnte vom gebildeten, wirtschaftlich und politisch führenden Bürgertum, in der Sprache der Zeit: von den lokalen ‚Honoratioren‘, zum städtischen und ländlichen Kleinbürgertum, den ‚kleinen Leuten‘.«[9] Neben der gesellschaftlichen Modernisierung mit ihren neuen Lebensstilen und konkurrierenden Welterklärungen werden die »hierarchischen, *obrigkeitlichen Kirchenstrukturen*« (Schramm 2015: 149) als Ursache für die Verschiebung genannt. Das Kirchenregiment ließ den aufgeklärten, Partizipation begehrenden Gemeindegliedern kaum Möglichkeiten der Mitbestimmung. Zwar wurden im 19. Jahrhundert, beginnend im Rheinland und in Westfalen, Kirchenordnungen eingeführt, die die Position der Mitglieder gegenüber den Pfarrern und kirchlichen Ämtern stärkten (vgl. Daiber 1983b: 576; Möller 1984: 323; Cordes 1983), diese Synodalverfassungen mit den stärkeren Beteiligungsrechten änderten jedoch wenig an der

---

[9]   Lucian Hölscher (2005): Geschichte der protestantischen Frömmigkeit in Deutschland, München: C.H. Beck, S. 192; hier zitiert nach Schramm 2015: 148f.

Grundhaltung weiter Teile des aufgeklärten Bürgertums. Sondern eher im Gegenteil,»weil sie [die Verfassungen, d. Verf.] das kirchliche Wahlrecht an aktive Beteiligung an kerngemeindlichen Aktivitäten band. Liberale Gemeindeglieder, die weniger in das Gemeindeleben eingebunden waren als konservative, kamen als Bewerber kaum in Frage, weil sie als nicht kirchentreu genug angesehen wurden. So wurden die Synoden zu Horten konservativer Kräfte.«[10]

Nach Jahrhunderten der Zwangsmitgliedschaft und damit universellem religiösem, erzieherischem und zum Teil sozialem Versorgungsrecht und -anspruch hatten die Gemeinden wieder eine Umwelt, in der Teile anders dachten, indifferent oder gar feindselig waren. Menschen, die aus der Kirche austraten, die Gemeinden verließen, sich dem kirchlichen Einfluss entzogen, die Mitgliedschaft in anderen Vereinen eventuell vorzogen. Trotzdem wuchsen die Gemeinden, insbesondere in den Städten, durch das allgemeine Bevölkerungswachstum und die zunehmende Urbanisierung im Zuge der Industrialisierung in rasantem Maße. Ideale Voraussetzungen, Reformen voranzutreiben, deren Notwendigkeit nicht zu übersehen war.

Emil Sulze begründete mit seiner Vorstellung der Vereinskirchen die Idee der parochialen Gemeinde als Gemeinschaft neu. Folgt man der Darstellung Schramms (2015: 155–186; ähnlich Möller 1983: 324), so erkannte Sulze sehr klarsichtig, dass eine auf Wortverkündigung reduzierte Kirche nicht stark genug sein würde, Menschen an sich zu binden oder gar zurückzugewinnen. Das ginge nur über das »Gemeindeprinzip«, das sich im »Gemeindeleben« vollendet. Gemeindeleben bedeutet, auch außerhalb des Gottesdienstes und des Abendmahls Gemeinsamkeiten zu pflegen, »geselligen Verkehr« wie er in allen Vereinen üblich ist, so dass das ganze Leben der Gemeindeglieder von der Kirchengemeinde durchdrungen wird. Hierzu müssen die Personen in direkten Kontakt zueinander kommen, weshalb auch die Kasualien wie z. B. die Taufe aus den Wohnhäusern in die Kirchen geholt werden sollen, so dass die gesamte, dann notwendigerweise quantitativ überschaubare, Gemeinde daran teilhat (Schramm 2015: 159f). Die moderne »Seelsorgegemeinde« umfasst eine Vielzahl von Aktivitäten: neben Gottesdiensten auch Angebote für Nichtkonfirmierte, Vorträge, Liederabende, Treffen der Gruppen, Bildungsarbeit, diakonische Arbeit. Sie soll ihren Mitgliedern alles bieten, was für ein geselliges Leben erforderlich ist. Bestehende christliche Vereine sollen integriert, andere Vereine überflüssig werden. Physisch-bauliche Voraussetzungen für die Entwicklung einer solchen geselligen Gemeinde sind Kirchengebäude mit nur einem zentralen Raum und Gemeindehäuser als Orte des geselligen Lebens. Organisatorisch soll es nur einen zur Predigt berechtigten Pfarrer geben, um die Gemeinschaft der Glaubenden herzustellen; Laien müssen aktiviert werden, weil nur darüber eine Gemeinde lebendig wird; Presbyter sollen nicht nur Verwaltungsaufgaben übernehmen, sondern auch seelsorgerische

---

[10]   Schramm 2015: 149 unter Bezugnahme auf Hölscher, Geschichte der protestantischen Frömmigkeit, (siehe Fußnote 9), S. 258f.

Funktionen (Schramm 2015:167f.). In der konfessionell gemischten Umgebung war Gemeinschaft nicht mehr Voraussetzung, sondern Ziel parochialer Arbeit (vgl. auch Daiber 1983a:18f.).

Diese Überlegungen, die mit dem Ende des landesherrlichen Kirchenregiments 1919 sukzessive umgesetzt wurden, hatten Folgen für die Beziehungen nach innen wie auch zur Umwelt. Innerkirchlich wurden alle protestantischen Aktivitäten tatsächlich verkirchlicht durch die Integration in die parochiale Gemeinde. Aus dem nach wie vor geltenden Pfarrzwang folgte typischerweise eine Pluralität an Glaubens- und Frömmigkeitsformen innerhalb einer Gemeinde. Die Gemeindeglieder wurden als Subjekte kirchlichen Handelns begriffen, die die Verantwortung für ihre Gemeinde übernehmen und tragen. Diese Art der Gemeinde- wie auch Gemeinschaftsbildung ist notwendigerweise mit einer Abgrenzung zur Umwelt verbunden. Aktivitäten richten sich allein an Mitglieder. »Die Strategie der Parochialisierung zielt auf protestantische Milieubildung nach Innen zur Abgrenzung gegen die Milieus des Katholizismus und Sozialismus nach Außen« (Schramm 2015:180f.).

Während der Zeit der nationalsozialistischen Herrschaft in Deutschland wurde innerkirchlich und in der Theologie politisch (Deutsche Christen gegen Bekennende Kirche) wie theologisch-dogmatisch um die Rolle der Kirchen in der Gesellschaft und das Konzept von Gemeinde debattiert (vgl. Möller 1984:325f.). Die christlichen Kirchen gerieten in die Defensive, von einem gedeihlichen Verhältnis zwischen Kirche und Staat konnte nicht mehr die Rede sein. Staatlich gesteuerte Kirchenaustrittskampagnen, Schließung christlicher Schulen, die Umdefinition christlicher Feste, Umbau und Umgestaltung von Kirchen zu nationalen Weihestätten drängten christliches Leben an den Rand (vgl. Kunter 2012:194–203).

Nach dem Zweiten Weltkrieg waren die Kirchen in Deutschland deshalb bereits früh unbelastete Ansprechpartner der alliierten Besatzungsmächte, denen die wichtige Rolle einer »moralischen Wiederaufrichtung« wie auch die der Integration Geflohener und Vertriebener aus den sowjetisch besetzten Gebieten des Deutschen Reiches zukam. Die Orientierung blieb aber nach innen gerichtet. »Tenor: Gemeinschaft nach innen – Unterscheidung von der Welt – Rettung anderer« (Großbölting 2013:74).

2.1.4 ZUR SITUATION UND STRUKTUR DER KIRCHENGEMEINDE HEUTE

Die vorherrschende Organisationsform nach dem Ende des Zweiten Weltkrieges war nach wie vor die der parochialen Ortsgemeinde. Das Binnenleben war, so die Ergebnisse der empirischen Gemeindeforschung der 1950er Jahre, durch eine enge Milieubildung gekennzeichnet (Rebenstorf et al. 2015:22–26; Daiber 1983a:19f.). Zugleich war dies die Zeit, in der entsprechend der geltenden presbyterial-synodalen Ordnungen »dem Amt des Kirchenvorstehers – juristisch und faktisch – mehr Gewicht verliehen« wurde (Müller 1983:596). Diese konkreten Leitungsfunktionen sind in den Gemeindeordnungen oftmals sehr vage angegeben, so dass »die Eigeninitiative des betreffenden Kirchenvorstands bzw. der Mitarbeiter und Gemeindeglieder zum Tragen kommen kann, aber auch notwendig wird« (Daiber 1983b: 578).

Die Kirchenvorstände[11], eingeführt bereits im 18. Jahrhundert zur Verwaltung des Kirchenvermögens, waren sukzessive zu den entscheidenden Leitungsorganen geworden, die sich spätestens in Folge der bürgerlichen Revolution von 1848 auch selbstbewusst als solche verstanden. Ihre Basis war durch Veränderungen im Wahlmodus deutlich breiter geworden als in den Anfängen. So wurden das aktive und passive Wahlalter gesenkt, aktive Beteiligung am Gemeindeleben war nicht mehr Voraussetzung für eine Kandidatur, sondern Verpflichtung für den Fall der Wahl, die Wählerlisten wurden nicht mehr durch aktive Selbsteintragung erstellt, sondern auf Basis der Verzeichnisse der Gemeindemitglieder. Die Kirchenvorsteher hatten dafür Sorge zu tragen, dass die Aufgaben »Gottesdienst, [...] kirchliche Unterweisung, Seelsorge, Diakonie, zum Zeugnis in der Öffentlichkeit und zur Wahrnehmung des Missionsauftrages in aller Welt« wahrgenommen würden (Cordes 1983: 172). Die Pfarrerinnen bzw. Pastoren hatten alleiniges Bestimmungsrecht nur noch in Fragen des Gottesdienstes, in allen anderen Belangen der Kirchengemeinde ist der Kirchenvorstand maßgeblich, in dem das Pfarramt immer mit vertreten ist.

Die Wahrnehmung der verschiedenen Leitungsaufgaben erfordert Ressourcen verschiedener Art, rechtliche Rahmung und verlässliche Strukturen. Die Kirchengemeinden stellen die Basis der Kirche, sie sind im Rahmen der Landeskirchenordnungen und bei Erfüllung der grundlegenden Aufgaben frei in der konkreten Ausgestaltung ihrer Tätigkeiten und der haushälterischen Planung.[12]

Zu den Ressourcen gehören zunächst einmal Finanzen. Die Gemeinden sind grundsätzlich dazu berechtigt, Kirchensteuern zu erheben. In der Regel wird diese Aufgabe durch die Finanzämter im Auftrag der Landeskirchen vorgenommen, von wo sie dann über die Kreise bzw. Dekanate an die Gemeinden nach einem festgelegten Schlüssel, meist orientiert an der Zahl der Mitglieder, verteilt werden. Ein Teil der Steuereinnahmen wird für übergemeindliche Arbeiten sowie

---

[11]   Dies ist die Bezeichnung z. B. in der evangelisch-lutherischen Landeskirche Hannovers und in Bayern. In anderen Landeskirchen heißen sie auch Presbyterien, Kirchengemeinderäte oder Gemeindekirchenräte.

[12]   Die 20 Gliedkirchen der Evangelischen Kirche in Deutschland haben alle eigene Landeskirchenordnungen, Kirchengemeindeordnungen, mehrere Ebenen der Verwaltungsorganisation, unterscheiden sich mehr oder weniger in ihren Finanzsatzungen, den Weisungsrechten, den Etappen in der Entwicklung von Kirchenreformen etc. Eine Quelle, in der ein synoptischer Überblick geboten würde, vielleicht sogar noch mit historischen Veränderungen, ist dem Autor und der Autorin nicht bekannt. Die Darstellung hier folgt einer Vielzahl von Quellen. Für einen Überblick kann verwiesen werden auf die recht umfangreiche Darstellung bei Schramm 2015. Sehr umfassend, allerdings beschränkt auf die Landeskirche Hannovers, ist die Darstellung bei Cordes 1983.

die Verwaltung der Kirchenämter zurückbehalten. Weitere Einnahmen gewinnen Gemeinden aus Vermietung und Verpachtung ihrer Räume und Liegenschaften, sofern vorhanden, aus Spenden und Sammlungen. Die Zahl an Pastoren, Pfarramtssekretären, Küstern, Kirchenmusikern, Diakonen und weiteren Beschäftigten bzw. der Umfang an Stunden, die diese finanziert werden, folgt dem gleichen Verteilschlüssel wie die Umlage der Kirchensteuer. Je nachdem, ob eine Gemeinde weitere Einnahmen hat und wie hoch deren Umfang ist, kann sie darüber hinaus Personal einstellen. Bei weitem nicht alle Gemeinden verfügen über hauptamtliche Mitarbeiter, selbst Pfarrer haben, gerade im ländlichen Raum, teilweise mehrere Gemeinden zu betreuen (vgl. z.B. Rebenstorf et al. 2015: 65–70), was besonders in den ostdeutschen Bundesländern mit den niedrigen Kirchenmitgliedschaftsquoten der Fall ist.

Das gemeindliche Leben umfasst seit dem 19. Jahrhundert neben den für alle sichtbaren Sonntags- und Kasualgottesdiensten (Taufe, Trauung, Beisetzung) noch weitere Dienste und Gruppen. Dies entspricht einerseits den Vorstellungen Sulzes, traf dabei und trifft auch heute noch die Bedürfnisse und Notwendigkeiten der gesellschaftlichen Entwicklung. An erster Stelle sind hier die diakonischen Dienste zu nennen. Als eigener ausdifferenzierter Bereich gehen sie zurück auf das 19. Jahrhundert, als mit Einsetzen der Industrialisierung vielfältiger Bedarf entstand: an Kinderbetreuung, Hilfen für die neu in die Städte ziehende Landbevölkerung, für Arbeitslose, für Familien, für Kranke und andere Personen und Gruppen. Zunächst ausgeübt von Diakonissen, wurden zunehmend auch Gemeindehelferinnen eingestellt. Nach dem Krieg waren es insbesondere die Geflohenen und Vertriebenen aus dem Osten des Deutschen Reiches sowie Kriegsheimkehrer, aber auch Evakuierte, Kriegswitwen und -waisen, denen die diakonische Arbeit der Kirchengemeinden zugutekam. Kindergärten, -krippen und -horte sowie Gemeindeschwestern bzw. diakonische Gemeindestationen entstanden, als feste Einrichtungen in Trägerschaft der Gemeinden.

Das eigentliche Gemeindeleben fand und findet jedoch in den verschiedenen Gruppen und Kreisen statt. Unter den groben Titeln wie Frauen-, Männer- und Jugendarbeit finden sich Gruppen, die thematisch arbeiten, sich mit der Bibel und anderen religiösen Texten auseinandersetzen, die sich zum Meditieren, Handarbeiten, Diskutieren treffen, die Besuchsdienste und Freizeiten organisieren, die zielgruppenspezifisch z.B. die ältere Generation, Familien, Erwerbstätige oder Erwerbslose in den Blick nehmen. Das Spektrum ist breit und ändert sich mit den Veränderungen der Gesellschaft (vgl. z.B. Cordes 1983).

Die nach dem Krieg anfänglich starke Binnenorientierung der parochialen Kirchengemeinden begann sich aufzulösen, als auch die klassischen Milieus begannen sich aufzulösen, ein Prozess, der hinlänglich unter den Begriffen von Individualisierung, Pluralisierung und Ausdifferenzierung sozialer Milieus bekannt ist. Die Reaktionen hierauf waren und sind vielfältiger Natur, überwiegend verbunden mit einer großen Bereitschaft der Kirchengemeinden zur Öffnung gegenüber ihrer Umwelt, häufig in einem aktiven Zugehen auf kirchendistanzierte soziale Gruppen. (Schramm 2015: 243–324) So wurden im Rahmen kirchlicher Reformprozesse in den 1970er Jahren nicht nur zahlreiche Kirchengebäude und Gemeindehäuser neu errichtet, sondern auch übergemeindliche Dienste ausgeweitet, aber auch die dezidiert vor Ort wirkende Gemeindepädagogik eingeführt. Bereits 1965 hieß es in einem Bericht des Ökumenischen Rates der Kirchen, dass – für eine missionarische Struktur der Gemeinde – »nicht die traditionelle Komm- sondern die Gehstruktur wichtig« sei (Möller 1984: 327).

In der Spätmoderne ist »die Kirche [...] Teil der gesellschaftlichen Vielfalt und versucht, auf unterschiedlichen Wegen das Evangelium mit unterschiedlichen Menschen gemeinsam zu kommunizieren« (Pohl-Patalong 2017: 16). Die Menschen, ob Kirchenmitglieder oder nicht, wählen aus, entscheiden sich für oder gegen bestimmte Formate, für kirchliche oder säkulare Anbieter, haben unterschiedliche Ansprüche. Gemeinden können nicht der gesamten Breite dieser Ansprüche gerecht werden, weshalb sie, zumal im städtischen Raum, Schwerpunkte oder auch Profile ausbilden. Qualitative Studien (z.B. Geller et al. 2012; Wegner 2014b; Härle et al. 2008; Kirchenamt der EKD 2016) wie auch die erste Repräsentativerhebung unter evangelischen Kirchengemeinden (Rebenstorf et al. 2015) zeigen, dass Kirchengemeinden stark auf ihre Sozialräume reagieren und durch diese beeinflusst werden; sie sind vielleicht nicht gerade Spiegelbild ihrer Umwelt, zeigen aber eine große Bandbreite und Flexibilität in ihren Programmen, Vernetzungen und Profilen.

Von der grundlegenden Struktur der evangelischen Kirchengemeinde in der Nachkriegszeit wie auch von Sulzes Ideal geblieben sind die Gemeindezentren bzw. -häuser, eine Vielzahl von Gruppen und Kreisen, Gemeindefeste und oftmals ein breites kulturelles Angebot von Vorträgen, Konzerten, Diskussionsrunden, Lesungen usw., die sich heute jedoch an die gesamte Bevölkerung richten. Ausgelagert bzw. organisatorisch von den Gemeinden abgetrennt, wurden die explizit diakonischen Aufgaben, etwa durch die Verlagerung der Tätigkeiten der früheren Gemeindeschwestern zu den Sozialstationen, die nun in der Trägerschaft von Diakonie, Kirchenkreisen oder Amtsbezirken keine umfassende institutionalisierte Beziehung mehr zur Gemeinde haben. Zunehmend ausgelagert und zwar auf die mittlere Ebene der landeskirchlichen Struktur wird auch die Trägerschaft der Kindergärten, deren Verwaltung den Gemeinden zunehmend schwerfällt. Damit sind zwei zentrale Tätigkeitsfelder, die vielfältige Kontakte zur Bevölkerung innerhalb des räumlichen Gebietes der Parochie ermöglichen, entfallen bzw. im Schwinden begriffen (vgl. auch Wegner 2017a). Konträr zu den Vorstellungen eines Gemeindelebens in echter Gemeinschaft geht der Prozess in Richtung immer größer werdender Gemeinden im Zuge von Fusionen als Folge abnehmender Mitgliederzahlen, Nachwuchsproblemen im Pfarramt, Ressourcenknappheit und dabei im Wesentlichen unveränderter Schlüssel für die Zuweisung von Personal und Finanzmitteln. Persönliche Bekanntheit und Beziehungspflege der Gemeindeglieder untereinander oder zwischen Pfarrperson und Mitgliedern kann unter diesen Umständen kaum mehr gewährleistet werden.

Veränderungen in der Umwelt lassen es aber auch fraglich erscheinen, ob ein Gemeindemodell im klassischen Sinne den modernen Arbeits- und Lebensbedingungen noch angemessen wäre. Zwar ist auch für heute noch festzustellen, dass die Bindung an die Kirche über die Bindung an die Kirchengemeinde vermittelt ist (Spieß & Wegner 2015; Wegner 2017b: 24–27), die Idee jedoch, kirchengemeindlich das ganze Leben zu durchdringen, ist angesichts der Rollenvielfalt, der räumlichen Mobilität, der individuellen Einbindung in mehrere lebenssphärenspezifische Netzwerke kaum mehr realistisch zu nennen.[13] Nicht-parochiale Gemeindemodelle scheinen entsprechend wieder an Bedeutung zu gewinnen (Pohl-Patalong 2003; Herbst 2012). Und dennoch ist »die Kirche im Dorf« oder auch im Stadtteil nach wie vor eine Einrichtung, an die sowohl von den Kirchenmitgliedern als auch von der Umwelt Erwartungen geknüpft werden, auch wenn diese nicht aktiv an die Gemeinden herangetragen werden. In Kirchenmitgliedschaftsuntersuchungen wie in bevölkerungsrepräsentativen Umfragen wird immer wieder deutlich, dass den Kirchen Aufgaben im Bereich der geistlichen Erbauung und diakonischen Fürsorge zugeschrieben werden[14]. Die Frage nach der Wahrnehmung der Kirche vor Ort im Sozialraum, die Erwartungen an sie wie auch die eigene Positionierung sind von daher zentrale Fragen in einer Situation, in der sich die Kirche in einem tiefgreifenden Struktur- und Bedeutungswandel befindet – Letzteres natürlich unter einer soziologischen, nicht unter einer theologisch-dogmatischen Perspektive.[15]

Doch ungeachtet aller Veränderung und der Frage, ob wir eine klassische parochiale Ortsgemeinde oder eine andere Sozialform betrachten, gelten weiterhin die grundlegenden Aufgaben der Kirche, die in den Gemeinden umgesetzt und durch sie getragen werden. Manche von ihnen sind explizit nicht nur auf die eigenen Gemeindeglieder bezogen, sondern auf die (Um)Welt. Die Theologen Hauschildt und Pohl-Patalong (2013: 436f.) führen sechs Aufgaben an, die in ähnlicher Form auch die Religionssoziologin Ammerman als faktische Tätigkeitsfelder von Gemeinden identifizierte (Ammerman 2009: 565–572). Die sechs Aufgaben bei Hauschildt und Pohl-Patalong umfassen:

a) »Bewahrung, Vermittlung und Deutung der christlichen Botschaft«. Hierzu gehören die Gottesdienste, Arbeit mit Konfirmanden, Glaubenskurse.
b) »Eröffnung von Räumen für Religion«. Dies meint sowohl die materiell vorhandenen Kirchenräume, als auch Bildungsräume für Erwachsene, Kinder

---

[13]   Diese Erkenntnis liegt auch der übergemeindlichen Citykirchenarbeit zugrunde. Vgl. Grünberg 2004: 206.

[14]   Z. B. Allgemeine Umfrage in den Sozialwissenschaften (Allbus), vgl. z. B. Pickel 2015: 293; zu den Kirchenmitgliedschaftsstudien Bedford-Strohm & Jung 2015: 474; für Citykirchen Körs 2018.

[15]   Natürlich ist der Auftrag der Kirche immer und unverbrüchlich die Kommunikation des Evangeliums, aber zugleich gilt: *ekklesia semper reformanda*.

und Jugendliche sowie Gottesdienste in spezifischen gesellschaftlichen Situationen und »Kirche bei Gelegenheit«.

c)   »Individuelle Lebensbegleitung« umfasst Seelsorge und Kasualien.

d)   »Initiierung von Gemeinschaft« deckt sich im ortsgemeindlichen Feld mit Sulzes Ideen der Gruppen, Kreise, gemeinsamer Freizeitgestaltung.[16]

e)   »Hilfe in Verhältnissen gesellschaftlicher Ungleichheit und Benachteiligung«, was weitgehend mit diakonischer Arbeit gleichzusetzen ist.

f)   »Erhebung der christlichen Stimme in der Gesellschaft gegen gesellschaftliche Ungerechtigkeit«. Auf gemeindlicher Ebene wird diese Aufgabe bzw. Funktion sichtbar in politischen Predigten und Gottesdiensten sowie in gesellschaftlich engagierten Gemeindegruppen.

Man kann sagen, dass sich das letztgenannte Aufgabenfeld direkt als zivilgesellschaftliche Aufgabe beschreiben lässt, Anschlussfähigkeit besteht aber auch in allen anderen genannten Feldern.

2.2 Zur Idee der Zivilgesellschaft

Obwohl die Zivilgesellschaft ein Thema ist, das schon seit vielen Jahren Hochkonjunktur hat, bleibt der Begriff selbst schwammig. Eine allgemein geteilte Definition gibt es bislang nicht. Vielfach wurde der Begriff eher normativ als parteipolitischer Kampfbegriff oder als Zukunftsentwurf verwendet (zusammenfassend: Adloff 2005: 7f.). So werden zum Beispiel die Verdienste der Zivilgesellschaft bei der Unterstützung und Integration von Geflüchteten gelobt oder aber die Zivilgesellschaft wird als kompensatorische Kraft und als Anreiz zur Stärkung von Eigenverantwortung hervorgehoben, um den Abbau sozialstaatlicher Leistungen zu rechtfertigen. Neben dem Begriff des Sozialkapitals gehört derjenige der Zivilgesellschaft wahrscheinlich zu den prominentesten Beispielen soziologischer Termini, die es aus dem wissenschaftlichen Elfenbeinturm heraus in den allgemeinen Sprachgebrauch geschafft haben. Und ganz ähnlich wie das Sozialkapital wird auch die Zivilgesellschaft nicht selten als gesellschaftliches Allheilmittel gegen die unterschiedlichsten Probleme moderner Gesellschaften ins Feld geführt, allen voran die Atomisierung und Individualisierung postmoderner Gesellschaften oder die Steuerungsansprüche einer als übermächtig wahrgenommenen kapitalistischen Ökonomie (Bauernkämper 2010: 5). Diese öffentliche und politische Instrumentalisierung führt dazu, dass die Verwendung des Begriffes einige Fallstricke mit sich bringt, die Zweifel aufkommen lassen, ob der Begriff

---

[16]   In der Kirchentheorie von Hauschildt und Pohl-Patalong weist dieser Bereich als Aufgabe von Kirche im Allgemeinen noch darüber hinaus, indem sie Großveranstaltungen und »Gemeinschaftsbildung auf Zeit« genauso einbezieht wie »medial vermittelte Gemeinschaft« (Hauschildt & Pohl-Patalong 2013: 436).

als wissenschaftlich-analytische Kategorie überhaupt noch sinnvoll verwendet werden kann.

Dabei fing alles zunächst noch recht eindeutig an[17]: Als sich Aristoteles als mutmaßlich erster Mensch mit der *politike koinonia* beschäftigte, aus der Cicero später das lateinische *societas civilis* machen sollte, hatte er dabei zunächst nichts anderes im Sinn als die athenische Bürgergemeinde, die *Polis* (zusammenfassend bei Schmidt 2007: 39–44). Mit der Beschreibung des Wesens der Polis als Gemeinschaft von freien und gleichen Bürgern, die sich selbstorganisiert und herrschaftsfrei für das Gemeinwesen engagieren, rammte Aristoteles bereits mehrere Pflöcke in den Boden, an denen auch unser modernes Alltagsverständnis von Zivilgesellschaft bis heute festgemacht ist. In anderen Punkten hingegen blieb Aristoteles dann aber doch ganz und gar antik: Wie etwa Frank Adloff (2005: 18) kritisch anmerkt, basierte die Polis auf einer Art »aristokratischem Republikanismus«, der auf tugendhafte, männliche und freie Bürger setzte, die auch materiell ausreichend begütert sind, um sich um die öffentlichen Belange kümmern zu können. Frauen oder Sklaven gehörten selbstverständlich nicht zur Zivilgesellschaft. Hinzu kommt, dass nach dem aristotelischen Verständnis Staat und Zivilgesellschaft nicht voneinander getrennt sind; das bürgerschaftliche Engagement vollzieht sich im Rahmen des bestehenden Staates, der Polis (Schmidt 2007: 13).

An diesem Verständnis hat sich trotz einer Reihe weiterer Ansätze von der Zeit der Spätantike bis ins späte Mittelalter kaum etwas getan (Schmidt 2007: 48–59). Erst rund zweitausend Jahre später setzte sich im Zuge der Aufklärung ein Gesellschaftsverständnis durch, das zwischen Staat und Gesellschaft unterscheiden konnte. Nachdem die Idee der Zivilgesellschaft seit ihrer Erschaffung in der Antike während der langen Jahre des europäischen Mittelalters etwas in Vergessenheit geraten war, verhalfen ihr jetzt so bedeutende Namen wie Locke, Montesquieu oder de Tocqueville zu einer Renaissance. Zu dieser Zeit entwickelte sich aus einem traditionskritischen Kurs gegen absolutistische Herrschaftsansprüche des Staates die Idee einer Zivilgesellschaft im Sinne einer *bürgerlichen Gesellschaft*, das heißt einer sozialen Sphäre, in der freie und mündige Bürger ihre Angelegenheiten selbstorganisiert in die Hände nehmen, etwa in Vereinen oder ähnlichen Assoziationen, und das ohne obrigkeitsstaatliche Gängelung (Kocka 2003).

---

[17] An dieser Stelle soll und kann kein umfassender ideengeschichtlicher Überblick über den Begriff der Zivilgesellschaft gegeben werden. Vielmehr sollen einige zentrale Ideen vorgestellt werden, die für das heutige Verständnis von Zivilgesellschaft zentral sind. Als Überblickswerke zur Geschichte und Entstehung des Konzepts siehe vor allem Adloff (2005) sowie Schmidt (2007).

Das Verhältnis zwischen Staat und Zivilgesellschaft wird dabei je nach Denktradition anders ausgelegt.[18] Während etwa John Locke die Zivilgesellschaft vor allem ökonomisch interpretiert, als eine vorpolitische Wirtschaftsgesellschaft, die sich von staatlichen wie kirchlichen Strukturen emanzipiert hat, begreift Montesquieu die Zivilgesellschaft als unabhängige politische Kraft, die die Macht des (monarchischen) Staates begrenzt und ihn so vor dem Abdriften in eine Despotie bewahrt (Adloff 2005: 22–26; Schmidt 2007: 79–84). Montesquieu prägte in diesem Zusammenhang den Begriff der *intermediären Institutionen* (*corps intermédiaires*) für die zivilgesellschaftlichen Akteure, da er annahm, dass diese zwischen dem Eigensinn des Individuums und dem kollektiven Gemeinwohl vermitteln. Diese Linie wird später vor allem von Alexis de Tocqueville in seiner berühmten Studie über die Demokratie in Amerika aufgegriffen und auf demokratische Systeme übertragen (Tocqueville 2003). Für Tocqueville lassen die intermediären Institutionen der Zivilgesellschaft wie Vereine und Assoziationen ein demokratisches System überhaupt erst überlebensfähig werden, da sie als »Schulen der Demokratie« im Kleinen fungieren und dazu beitragen, dass sich trotz der vielfältigen Eigeninteressen der Bürger in einer individualistischen und egalitären Gesellschaft so etwas wie Gemeinsinn und Bürgertugenden herausbilden können.

Tocquevilles Überlegungen ruhten nicht nur auf den Schultern Montesquies, sondern er knüpfte vor allem an die Ideen G. W. F. Hegels an. Hegels Auseinandersetzung mit der Zivilgesellschaft, oder wie er es nennt: bürgerlichen Gesellschaft, in den »Grundlinien der Philosophie des Rechts« aus dem Jahr 1821 stellt gewissermaßen den Höhepunkt und die Synthese der vorangegangenen Denktraditionen dar (Hegel 2010[1821]). Er vollbringt es nicht nur, Elemente antiker Staatstheorien (hier vor allem die Idee des Ethos bzw. der »Sittlichkeit« mit dem Staat als oberster Integrationsinstanz) mit dem modernen Verständnis universalistischer Freiheits- und Bürgerrechte des Einzelnen zu verknüpfen, die vor allem mit den Denkern der Aufklärung, allen voran Immanuel Kant verbunden sind (Schade 2002: 12). Hegel gelang es darüber hinaus auch die beiden zuvor nebeneinander bestehenden Denktraditionen von Locke und Montesquieu erstmals systematisch zusammenzubringen (Schmidt 2007: 145). Von beiden Denkern übernimmt er das dualistische Verständnis von Staat und Zivilgesellschaft. Zusätzlich teilt er das ökonomische Zivilgesellschaftsverständnis von Locke, indem er die Bürgergesellschaft als einen gesellschaftlichen Bereich begreift, in welchem Eigeninteresse und Bedürfnisbefriedigung regieren. In der Zivilgesellschaft ist der *homo oeconomicus* die vorherrschende Spezies, oder wie Hegel es nennt: der *bourgeois* (Adloff 2005: 32). Dieses »System der Bedürfnisse« stellt für Hegel jedoch nur

---

[18]   Dem kanadischen Sozialphilosophen Charles Taylor (1991) zufolge entstanden in dieser Epoche zwei unterschiedliche Denktraditionen, die sich darin unterscheiden wie sie das Verhältnis der Zivilgesellschaft zum Staat einordnen. Taylor bezeichnet sie als den *L-Strang* und den *M-Strang*, jeweils benannt nach ihren maßgeblichen Vordenkern: Locke und Montesquieu (siehe auch Adloff 2005: 28).

eine Ebene der Bürgergesellschaft dar. Daneben existieren zwei weitere Ebenen, nämlich das, was Hegel die »Rechtspflege« nennt, sowie den Bereich der Polizei und den der Korporationen. Während der Rechtspflege im weitesten Sinne die Aufgabe zufällt, Sicherheit und Eigentum der Individuen durch allgemeine und einklagbare Rechte zu schützen, fasst Hegel den Begriff der Polizei weiter als im heutigen Verständnis und meint damit eine auf Sicherheit und das allgemeine Wohl ausgerichtete (staatliche) Institution, die durch Interventionen in die Wirtschaft, durch Wohlfahrts- und Sozialpolitik, ordnend in das zivile Leben eingreift. Besonders spannend für das heutige Verständnis von Zivilgesellschaft ist hingegen der Bereich, den Hegel mit Korporationen umschreibt. Zwar lassen sich in Hegels Vorstellung der Korporationen noch Parallelen zur mittelalterlichen Ständegesellschaft finden, allerdings deutet er diese bereits in einem modernen Sinne, wie es Frank Adloff zusammenfasst (2005: 32f.): Demzufolge sollen die Korporationen allen offenstehen und die Mitgliedschaft nicht auf askriptiven Merkmalen, sondern auf Freiwilligkeit beruhen. Hier scheinen bereits deutlich jene Elemente durch, die auch heute noch konstitutiv sind für das Verständnis zivilgesellschaftlicher Akteure. Zudem ist hier auch deutlich Montesquieus Idee der intermediären Institutionen zu erkennen, denn Hegel dachte diesen Korporationen nicht nur eine Erziehungs- und Bildungsfunktion zu (dies sollte Tocqueville vor allem später aufgreifen) er sah in ihnen auch die Möglichkeit, eine Brücke zwischen *bourgeois* und *citoyen* zu schlagen (Adloff 2005: 33), das heißt zwischen Eigensinn und Gemeinwohl zu vermitteln. Die Korporationen sind der Ort, an dem der soziale »Kitt« einer Gesellschaft entsteht.

Wie dieser sehr knappe und keineswegs vollständige Abriss zur Begriffsgeschichte gezeigt hat, ist die Idee der Zivilgesellschaft schon seit ihren Anfängen in der griechischen Antike und der Aufklärung nie bloß eine wissenschaftliche Kategorie gewesen, sondern immer auch eine politische Utopie, deren inhaltliche Ausgestaltung immer an die jeweils herrschenden gesellschaftlichen Bedingungen ihrer Zeit geknüpft war. Trotzdem haben verschiedene Wissenschaftler versucht, aus all den unterschiedlichen ideengeschichtlichen Ansätzen der Jahrhunderte eine Definition von Zivilgesellschaft zu extrahieren. Dabei lässt sich auf unterschiedlichen Wegen vorgehen (vgl. hierzu auch Gosewinkel 2003):

Erstens lässt sich die Zivilgesellschaft *raumlogisch* definieren und so von anderen gesellschaftlichen Funktionsbereichen abgrenzen. Bereits Aristoteles hat die Zivilgesellschaft aus dem privaten Bereich ausgegliedert und sie in der öffentlichen Sphäre angesiedelt. Die Denker der Aufklärung wie Locke oder Montesquieu gingen noch einen Schritt weiter und differenzierten zusätzlich zwischen staatlicher und zivilgesellschaftlicher Sphäre. Und neuere Ansätze sehen die Zivilgesellschaft schließlich nicht nur unabhängig vom staatlichen Apparat, sondern auch von wirtschaftlichen Profitinteressen, und grenzen diese somit zusätzlich von der Ökonomie ab (Cohen & Arato 1995). Fasst man diese Überlegungen zusammen, lässt sich die Zivilgesellschaft als eine Art *Zwischenraum* begreifen, der zwischen Staat, Wirtschaft und Privatsphäre (insbesondere der häuslichen

und familiären Sphäre) angesiedelt ist (Gosewinkel 2003:3). Dieser Zwischenraum umfasst die Gesamtheit öffentlicher Assoziationen, Vereinigungen und Zu-
sammenkünfte, wie zum Beispiel Vereine, Verbände oder soziale Bewegungen,
die auf dem freiwilligen und selbstorganisierten Zusammenhandeln der Bürger
beruhen (Adloff 2005:8).

ABBILDUNG I **Raumlogische Abgrenzung der Zivilgesellschaft**

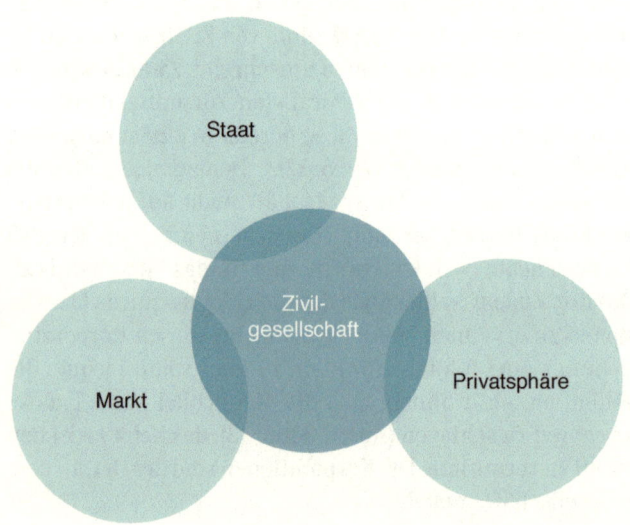

Die Schwierigkeit einer solchen raumlogischen Definition von Zivilgesellschaft besteht darin, dass sie ihrerseits bereits auf politischen Ideologien aufbaut (vgl. hierzu Adloff 2005:13–14): Wirtschaftsliberale und Konservative zum Beispiel sehen
die Grenzen zwischen Zivilgesellschaft und Ökonomie als sehr viel durchlässiger
an, indem sie etwa die Idee wirtschaftlicher Eigenverantwortlichkeit auf zivilgesellschaftliche Akteure anwenden, wohingegen Anhänger linksliberaler Ideen
diese Bereiche strikt trennen. Liberale Denker plädieren für eine klare Trennung
von Staat und Zivilgesellschaft und sehen letztere ganz im Sinne von John Locke
als unpolitischen Schutzraum gegenüber staatlichem Handeln. Ganz anders hingegen die Auffassung im Republikanismus oder Post-Marxismus: Deren Vertreter
betonen ganz auf der Linie von Montesquieu oder de Tocqueville den politischen
Charakter der Zivilgesellschaft. Hinzu kommt, dass eine raumlogische Differenzierung zwischen Zivilgesellschaft und anderen gesellschaftlichen Funktionsbereichen nicht über deren gegenseitige Abhängigkeit und Interdependenz hin-
wegtäuschen darf. Dies gilt in besonderer Weise für die Abgrenzung zwischen der
Zivilgesellschaft und dem Staat. Zivilgesellschaften benötigen gerade in Zeiten
ökonomischer oder sozialer Krisen einen starken Staat, der ihre Wertgrundlage
verteidigt (Bauernkämper 2010); und auf der anderen Seite ist der Staat nach dem

berühmten Böckenförde-Theorem (Böckenförde 1991) auf normative Grundlagen und zivilgesellschaftliche Ressourcen wie zum Beispiel Sozialkapital und geteilte Werte angewiesen, die er selbst nicht generieren kann. Trotzdem besteht alles in allem weitgehend Konsens darüber, dass die Abgrenzung der Zivilgesellschaft gegenüber dem Staat als »common core« bereichsbezogener Definitionen bezeichnet werden kann (Cohen & Arato 1995: 74).

Die *zweite* Möglichkeit zu einer Definition von Zivilgesellschaft zu gelangen, besteht darin, diese über eine *spezifische Handlungslogik* zu bestimmen (Gosewinkel 2003: 4). Dabei ist anzumerken, dass auch die raumbezogenen Definitionen bereits implizite Annahmen über eine spezifisch zivile Handlungslogik enthalten, indem sie etwa davon ausgehen, dass zivilgesellschaftliche Akteure im Gegensatz zur Wirtschaft keine Profitinteressen verfolgen, im Gegensatz zum Bereich des Privaten öffentlich agieren und im Gegensatz zu Staat und Politik in einem herrschaftsfreien Raum organisiert sind. Anders jedoch als bei der raumlogischen Argumentation wird bei den handlungsbezogenen Definitionen nicht versucht, den normativen Aspekt zu umgehen, der dem zivilgesellschaftlichen Handeln inhärent ist, sondern diesen unmittelbar in das Begriffsverständnis zu integrieren. Ausgangspunkt für diese Überlegungen sind die positiven Beiträge der Zivilgesellschaft in der Geschichte, etwa für die Demokratisierung von Gesellschaften oder für die Vermittlung zwischen Staat und Individuum (Gosewinkel 2003; Klein 2001). Aus den verschiedenen historischen Studien lässt sich dann ein Kanon von Werthaltungen und Verhaltensmodi isolieren, die eine gewisse überzeitliche Qualität aufweisen und in ihrer Gesamtheit als »Zivilität« bezeichnet werden können. Dieser Kanon aus zivilen Verhaltensstandards umfasst so unterschiedliche Inhalte, wie zum Beispiel Gewaltlosigkeit, Toleranz, Universalismus, die Anerkennung von Differenz, die Selbstorganisation oder die Gemeinwohlorientierung (Gosewinkel 2003: 25).

Das Problem solcher normativen oder handlungsbezogenen Definitionen von Zivilgesellschaft liegt auf der Hand: Die für die Bestimmung zivilgesellschaftlichen Handelns konstitutiven zivilen Werte sind zeitlich und räumlich volatil und kontrovers. Die Idee der Zivilität ist, wie bereits oben erläutert wurde, eng mit den Kämpfen für politische Partizipation der Bevölkerung zur Zeit der Aufklärung des 18. Jahrhunderts verbunden. Dies hat ein Bild der Zivilgesellschaft als demokratiefördernde und anti-totalitäre Kraft gefestigt, welches bei genauerem Hinsehen durch die Brille des Historikers nicht ganz zutrifft. In Deutschland lässt sich dies besonders eindrücklich am Beispiel des späten Kaiserreichs sowie der Weimarer Republik illustrieren. So haben Historiker darauf hingewiesen, dass das besonders ausgeprägte deutsche Vereins- und Assoziationswesen, welches in den 1920er Jahren in der Weimarer Republik seine Blüte hatte, die Entwicklung des totalitären Systems des späteren Nationalsozialismus nicht verhindern konnte, ja, im Gegenteil, dies sogar eher noch begünstigt hat (Lepsius 1993; Berman 1997). Demnach habe eine immer schärfere Abgrenzung der zivilen Assoziationen untereinander die Versäulung der Weimarer Gesellschaft in unterschiedliche, miteinander konfligierende politische Lager und Sozialmilieus vorangetrieben sowie eine Schwächung von Politik und Parteien begünstigt, die dann schließlich von den Nationalsozialisten ausgenutzt werden konnte (Lepsius 1993).

Das Beispiel der Weimarer Republik illustriert zweierlei Einsichten in das Konzept der Zivilgesellschaft: *Erstens* scheint das Tocquevillesche Argument, wonach eine robuste Zivilgesellschaft demokratische Systeme stabilisiert, nicht immer und überall zuzutreffen. Zivilgesellschaftliches Engagement fördert nicht *per se* das Gemeinwohl, sondern besitzt immer auch ein »dunkles« Potential, das Aggressivität, gesellschaftliche Spaltungen, soziale Unruhen oder kulturelle und identifikative Partikularität fördern kann (vgl. auch Klein 2004). Hierfür ist es nicht zwingend notwendig, in die Vergangenheit zu blicken: Auch im Deutschland der heutigen Zeit agieren nationalistische und rechtsextreme soziale Bewegungen unter dem schützenden Deckmantel der Zivilgesellschaft, wie zum Beispiel Pegida oder die identitäre Bewegung und ihre Ableger, die im Kern einen demokratiefeindlichen Impetus pflegen. *Zweitens* zeigt das Beispiel aber auch, dass eine Zivilgesellschaftsdefinition *nicht* ohne die Integration des normativen Konzepts der Zivilität auskommt, da eine Zivilgesellschaft ohne übergreifende zivile und demokratische Verhaltensstandards nur schwer als solche bezeichnet werden kann.

Der Historiker Dieter Gosewinkel kommt daher zu dem Schluss, dass die utopischen und normativen Elemente in der Konzeptualisierung von Zivilgesellschaft nicht grundsätzlich der wissenschaftlichen Verwendbarkeit widersprechen, sofern dieser normative Gehalt erkannt und expliziert wird (Gosewinkel 2003: 17). Neuere sozialwissenschaftliche Ansätze haben daher versucht, die analytisch-deskriptiven und normativen Elemente in einer Definition zusammenzubringen. Indem sie die raum- und handlungsbezogenen Definitionsansätze kombinieren, beschreiben sie die Zivilgesellschaft als einen Raum zwischen Staat, Markt und Privatsphäre, in dem freie und selbstorganisierte Assoziationen in besonderer Verdichtung vorkommen, die einen »normativen Minimalkonsens« bestehend aus Toleranz, Fairness und Gewaltlosigkeit teilen (Lauth 2003; Kocka 2003; zusammenfassend: Gosewinkel 2003).

2.3 Religion, Kirche und Zivilgesellschaft – eine vielschichtige Beziehung

In den bisherigen Ausführungen zur Zivilgesellschaft kamen Kirche und Religion nicht vor. In der Tat war die Bedeutung der Religion bis zur Jahrtausendwende ein blinder Fleck der Zivilgesellschaftsforschung. So kritisiert etwa Gosewinkel (2010), dass es zu den offenkundigen Blindstellen des theoretischen Konzepts der Zivilgesellschaft gehörte, die Rolle der Religion übergangen und unterbewertet zu haben. Als Grund hierfür führt er säkularistische Modernitätsvorstellung an, die vor allem im 20. Jahrhundert die Sozial- und Geschichtswissenschaft geprägt haben (ebd.).

Ob und in welcher Weise Religion und Kirche die Genese europäischer Zivilgesellschaften beeinflusst haben, ist jedoch umstritten. Auf der einen Seite argumentiert etwa Roßteutscher (2009: 20), dass die Wurzeln der heutigen europäischen Zivilgesellschaften auf liberalen und säkularen Ideen beruhen, insbesondere der Trennung zwischen Kirche und Staat, wie sie im Verlauf der Aufklärung entstanden sind. Die frühen europäischen Zivilgesellschaften der Neuzeit entstanden demnach als ziviler, bürgerlicher und säkularer Gegenpart zu der mächtigen Allianz aus Staat und Kirche, die das mittelalterliche Europa für Jahrhunderte geprägt hat (ebd.). Auch Jürgen Kocka (2000) bezeichnet die Entstehung der europäischen Zivilgesellschaften als ein durch und durch säkulares und anti-kirchliches Projekt. Dabei ging es vor allem darum, das von den Amtskirchen beanspruchte Deutungsmonopol, sowie die starke Kontrolle des Alltagslebens der Gläubigen zu durchbrechen, da diese der pluralistischen Idee der Zivilgesellschaft widersprachen (Bauernkämper & Nautz 2009: 14). Manuel Borutta (2005) hingegen argumentiert gegen eine solche säkularistische Deutung und arbeitet in seiner historischen Analyse die ambivalente Beziehung von Religion und Zivilgesellschaft heraus. Genau diese ambivalente und vielschichtige Beziehung zwischen Religion, Kirche und Zivilgesellschaft soll im folgenden Abschnitt noch etwas weiter vertieft werden, um auf diese Weise einen theoretisch-analytischen Rahmen für die spätere empirische Analyse aufzuspannen.

2.3.1 DIE DIFFERENZIERUNGSTHEORETISCHE PERSPEKTIVE

Beginnt man mit der im vorangegangenen Abschnitt vorgestellten Definition von Zivilgesellschaft, so ließen sich Kirchen (sofern es sich nicht um staatskirchliche oder theokratische Systeme handelt) qua Funktionslogik durchaus als zivilgesellschaftliche Akteure beschreiben (siehe hierzu Borutta 2005: 5). Kirchen agieren öffentlich und sind weder mit dem Staat identisch noch sind sie Teil des Marktes. Auf der Ebene der Gemeinden lebt die Kirche in hohem Maße von Selbstorganisation, Ehrenamt und freiwilliger Assoziation. Und nicht zuletzt agieren die Kirchen ihrem Anspruch nach gemeinwohlorientiert und verzichten auf physische Gewalt. Man könnte also argumentieren, dass die Kirche von ihrem Wesen her eine zivilgesellschaftliche Organisation ist (dies wird auch getan, etwa bei Schendel 2015, Schramm 2018 oder Pickel 2011a).

Ganz so einfach ist es allerdings dann doch nicht. Vor allem aus differenzierungstheoretischer Sicht ist die Zuordnung der Kirchen in Deutschland zur Sphäre der Zivilgesellschaft problematisch. Schwierigkeiten bereitet dabei nicht die trennscharfe Abgrenzung von der Privatsphäre oder vom Markt (auch wenn kirchliches Handeln zunehmend ökonomischen Gesichtspunkten folgen muss), sondern vielmehr die enge historisch gewachsene Verflechtung zwischen Kirchen und dem Staat (siehe hierzu ausführlich: Strachwitz 2009). Zwar gibt es seit dem Ende des Kaiserreiches 1918 in Deutschland keine Staatskirchen mehr, aber zahlreiche Verflechtungen zwischen Kirche und Staat haben die Zeit überdauert. Als Körperschaften des öffentlichen Rechts verfügen die Kirchen nach

Artikel 140 GG über eine Reihe von Privilegien und Rechten wie zum Beispiel der Steuerbefreiung von Spenden sowie der Möglichkeit, Kirchensteuern zu erheben oder Beamte einzuberufen. Während der Körperschaftsstatus auch bei zahlreichen anderen Religions- und Weltanschauungsgemeinschaften in Deutschland Anwendung findet, reichen die Verflechtungen zwischen den christlichen Kirchen und dem deutschen Staat jedoch noch weit darüber hinaus. Der noch auf die Weimarer Reichsverfassung zurückgehende Artikel 140 GG räumt den Kirchen einen Sonderstatus unter den Körperschaften des öffentlichen Rechts ein und gewährt ihnen damit ein weitreichendes Selbstbestimmungsrecht in inneren Angelegenheiten (Strachwitz 2009: 338). Die Kirchen haben daraus in der Vergangenheit das Recht zu eigener Rechtssetzung abgeleitet, was sich in besonderer Weise in einem eigenen Arbeits- oder Stiftungsrecht niederschlägt. Die zahlreichen finanziellen Verbindungen zwischen Kirche und Staat, die von Kompensationszahlungen bis hin zu Subventionsprogrammen reichen, sind zu vielfältig, um sie hier darzustellen (siehe ausführlich: Strachwitz 2009). Darüber hinaus besteht ein dichtes Netz an historisch gewachsenen Kooperationen zwischen Kirchen und Staat. Kirchenvertreter sitzen in staatlichen Gremien, wie zum Beispiel Rundfunkräten, während auf der anderen Seite Parlamentarier ganz selbstverständlich in kirchliche Gremien gewählt werden, sogar in den Rat der Evangelischen Kirche in Deutschland (EKD). Der Religionsunterricht in Deutschland ist in vielen Bundesländern nicht nur konfessionell organisiert, sondern wird auch an staatlichen Schulen durch Pfarrerinnen und Pfarrer durchgeführt, und auch an staatlichen Hochschulen werden die theologischen Fakultäten durch die Kirchen überwacht; durch Seelsorgeangebote wirkt die Kirche in Gefängnissen, dem Militär, sowie in öffentliche Krankenhäuser hinein; und nicht zuletzt übernimmt sie zahlreiche (teilweise durch den Staat refinanzierte) öffentliche Aufgaben, wie zum Beispiel die Unterhaltung von Kindertagesstätten, Krankenhäusern, Altenheimen, Jugendzentren oder Erwachsenenbildungseinrichtungen.

Diese unvollständige Trennung hat zur Folge, dass wir es in Deutschland mit einer Hybridform aus Kirche und Staat zu tun haben (siehe auch Strachwitz 2009), die sowohl laizistische Elemente enthält, indem sie die religiöse Neutralität des Staates zwar in der Verfassung kodifiziert, aber gleichzeitig an staatskirchlichen Privilegien und Strukturen festhält. Aber nicht nur die Nähe zum Staat erschwert die Zuordnung der Kirchen zur Zivilgesellschaft, sondern insbesondere bei der evangelischen Kirche auch ihre, den staatlichen Behörden entlehnte zentralistische, bürokratische und amtsförmige Organisationsstruktur. Dies trifft sicherlich eher auf die Struktur der Institution Kirche in Deutschland zu als auf die Religionsgemeinden, die mittlerweile vielerorts eine horizontale und partizipative Organisationsstruktur aufweisen; dennoch macht es eine eindeutige Zuordnung der Kirchen zur Zivilgesellschaft aus einer differenzierungstheoretischen Perspektive schwer. Dies hängt nicht zuletzt auch damit zusammen, dass die evangelische Kirche selbst kein einheitliches Selbstverständnis über ihre Beziehungen zum Staat aufweist und bislang kaum Interesse an einer Lockerung dieser engen

Verflechtungen zeigt. Dabei haben mittlerweile verschiedene Autoren darauf hingewiesen, dass die tradierten Staat-Kirche-Beziehungen in Deutschland nicht nur dem zivilgesellschaftlichen Engagement der Kirchen entgegenwirken, sondern deren Vitalität selbst gefährden (Strachwitz 2009; Hengsbach 2001).[19]

2.3.2 DIE HISTORISCHE PERSPEKTIVE

In der historischen Rückschau zur Rolle der Kirchen bei der Genese und neuzeitlichen Entwicklung moderner Zivilgesellschaften in Europa hat sich das Bild in den letzten zwanzig Jahren deutlich gewandelt. Bis zur Jahrtausendwende dominierte in der Geschichtswissenschaft die Idee eines antagonistischen Spannungsverhältnisses zwischen Kirche und Zivilgesellschaft (Kocka 2000; Herbert 2002). Die Entfaltung der bürgerlichen Gesellschaft als Trägerschicht zivilgesellschaftlicher Selbstorganisation war demzufolge nur durch eine Zurückdrängung der kirchlichen Alltagsbeherrschung im Verlauf der Neuzeit möglich. Auch die Entstehung kirchlicher Wohlfahrtsverbände und die dazugehörigen Einrichtungen seit dem 19. Jahrhundert, die man durchaus als eine frühe institutionelle Ausgestaltung zivilgesellschaftlichen Engagements der Kirchen interpretieren könnte, hat laut Historikern die Entwicklung einer autonomen zivilgesellschaftlichen Sphäre eher gehemmt als gefördert (zusammenfassend: Strachwitz 2009: 333). Einzig dem protestantischen Pfarrhaus wurde eine positive Bedeutung bei der Entfaltung der Bürgerlichkeit zugestanden (zusammenfassend hierzu Borutta 2005).

In den letzten Jahren haben Historiker jedoch auch vermehrt auf die positiven, entwicklungsfördernden Einflüsse von Religion und Kirche für die Genese europäischer Zivilgesellschaften hingewiesen (Borutta 2005; Bauernkämper & Nautz 2009). Hier ist natürlich zunächst die lange Tradition des sozialen und karitativen Engagements der christlichen Kirchen zu nennen. Als frühes Beispiel ließen sich hier etwa schon die christlichen Hospitäler im Mittelalter nennen, die sich um die armen und kranken Menschen gekümmert haben. Heute engagieren sich rund 1,1 Millionen Freiwillige allein in den evangelischen Kirchen in Deutschland (EKD 2018). Manuel Borutta (2005) kann in seinem Überblick darüber hinaus zeigen, dass die Kirchen eine sehr viel positivere Rolle bei der Entstehung der Zivilgesellschaften seit dem 19. Jahrhundert gespielt haben, als ihnen bislang zugedacht wurde. Vor allem protestantische Bildungsinstitutionen sowie ein spezifisches Bildungsethos haben demzufolge die Entwicklung einer bürgerlichen, gebildeten Mittelschicht vorangetrieben und die Verbreitung der

---

[19]   Auch Tocqueville sah eine enge Bindung der Kirche an weltliche Mächte als Gefahr für die Kirchen an, wenngleich er hier wohl eher die absolutistischen Regime Europas jener Zeit vor Augen hatte: »Wenn sich die Religion mit politischen Mächten verbindet, kann sie nur ein Bündnis eingehen, das sie belastet. Sie bedarf ihrer Hilfe zum Leben nicht, und ihnen dienend kann sie untergehen.« (Alexis de Tocqueville (1976): Über die Demokratie in Amerika, München: DTV, S. 343; hier zitiert nach Traunmüller 2011: 138).

Vorstellung von Zivilität unterstützt, die für die Entstehung moderner Zivilgesellschaften essentiell war. Darüber hinaus motivierte die Religion Akteure zu zivilgesellschaftlicher Selbstorganisation, die die Forschung bislang übersehen hat, da sie nicht zur »klassischen« Bürgergesellschaft gehörten, wie in erster Linie Frauen, Juden oder Katholiken (Borutta 2005: 23-34). Somit trug die Religion zur Herausbildung »paralleler« zivilgesellschaftlicher Strukturen bei, die jenseits einer säkularen bürgerlichen Schicht agierten (ebd.: 39). Schließlich weisen Bauernkämper & Nautz (2009: 13) zusätzlich auf die öffentlichen Stellungnahmen christlicher Würdenträger hin, durch welche die Kirchen ebenfalls immer schon als kritische und mahnende zivilgesellschaftliche Kraft agierten und ganz im Sinne der Ideen von John Locke staatliche Macht begrenzt haben.

2.3.3 DIE KIRCHLICH-THEOLOGISCHE PERSPEKTIVE

Innerkirchlich wird das Verhältnis von Kirche und Zivilgesellschaft gegenwärtig in Verbindung mit Themen wie »Öffentliche Kirche« (Schlag 2012), »Öffentliche Diakonie« (Kehlbreier 2009) oder »Öffentliche Theologie« (Bedford-Strohm 2015: 211ff.) thematisiert.

Um die Verbindung von individueller Freiheit und Gemeinschaft bzw. »sozialen Solidaritätspflichten« auszudrücken, bevorzugt Bedford-Strohm (2015: 214) dabei eine »kommunitär-liberale Interpretation« von Zivilgesellschaft vor einem rein individualistischen (z. B. wirtschaftsliberalen) Konzept. Die Funktion der Zivilgesellschaft ist danach nicht, staatliche Leistungen zu ersetzen, sondern als »kritische Kraft und Nährboden für eine politische soziale Infrastruktur« eine »notwendige Voraussetzung für staatliches Handeln« zu bieten (Bedford-Strohm 2015: 214). Nach diesem Modell kann und soll die Zivilgesellschaft den Staat als »institutionelle Form« der Gemeinschaft nicht ersetzen, sondern stützen und bereichern (Bedford-Strohm 2015: 214). Aber natürlich bleibt immer wieder auszuhandeln, worin die Zuständigkeitsbereiche von Staat und Zivilgesellschaft konkret bestehen. Das gilt gerade angesichts der Wandlungs- und Rückbauprozesse des Sozialstaats.

Die Rolle der Kirche wird in diesem Zusammenhang, ganz im Sinne Montesquieus (vgl. Kap. 2.2) als intermediäre Institution gesehen (Ludwig 2010: 384; vgl. Schlag 2012: 45) und zwar unter Bezugnahme auf die Analyse von Berger und Luckmann (1995: 59-62). Die intermediäre Funktion, die die Kirche erfüllen kann, besteht demnach in der Vermittlung zwischen »Privatleben« und der »Partizipation an den gesamtgesellschaftlichen Strukturen«; damit vermittelt sie dem Individuum nicht nur Sinn, sondern stellt auch eine Stabilitätsressource für die »großen Institutionen« wie den Staat dar (Berger & Luckmann 1995: 61). Huber (1998: 269) unterstreicht diese skizzierte Vermittlungsleistung »zwischen den Einzelnen und ihren gesellschaftlichen Lebenszusammenhängen«. Nach seinen Worten bietet die Kirche den Einzelnen die Möglichkeit, »selbst die Deutung der gesellschaftlichen Wirklichkeit mitzuprägen und an der Weiterentwicklung gesellschaftlicher Sinnmuster mitzuarbeiten« (Huber 1998: 34).

Huber verbindet dieses Konzept mit der Verortung der Kirche als »Verband unter Verbänden« (Ludwig 2010: 123)[20], schreibt ihr also eine bestimmte, nicht mehr »staatsanaloge« Rolle (Huber 1998: 268) in der pluralistischen Gesellschaft zu. Hier zeigt sich die realistische Einsicht in die gewandelte gesellschaftliche Rolle der Kirche.

Auf die Frage nach dem Beitrag, den Kirche als zivilgesellschaftliche Akteurin für die Gesellschaft erbringt bzw. erbringen kann und soll, gibt es deutlich mehr normative als empirische Antworten. Aus den gemäß Augsburger Bekenntnis äußeren Kennzeichen (notae externae) der Kirche: Predigt, Taufe und Abendmahl (Augsburger Bekenntnis, Art. 7), wurden »Bildungs-, Gerechtigkeits- und Hilfehandeln« als Aufgabe und Beitrag der Kirche abgeleitet (Reuter 2009: 44, zit. nach Ludwig 2010: 360; sowie Huber 1998: 115ff). Beim Bildungshandeln geht es um die »Suche nach Wahrheit« und den »gesellschaftlichen Diskurs darüber« (Ludwig 2010: 125), beim Gerechtigkeitshandeln z. B. um eine »politische Diakonie«, beim Hilfehandeln um eine »Hinwendung zu den Schwachen und Barmherzigkeit« (Huber 1998: 120 u. 116). Auch im kirchlich-theologischen Diskurs wird in diesem Zusammenhang gerne auf das Böckenförde-Theorem verwiesen (Bedford-Strohm 2015: 216; vgl. Kehlbreier 2009: 338) und damit zugleich unterstellt, dass eine der Quellen für die Grundlagen des demokratischen Staates in den kirchlichen Leistungen liegt.

Bleyer und Laux leiten dagegen die zivilgesellschaftliche Rolle der Kirche aus dem Wesen der Zivilgesellschaft selbst ab, die sie, unter expliziter Bezugnahme auf Jürgen Habermas[21], als »Ort der frei gewählten Auseinandersetzung« und der Artikulation von Interessen verstehen (Bleyer & Laux 2012: 5). Sie bestimmen Kirche als »gesellschaftliche[n] Befähigungsakteur« (ebd.: 8), der die Aufgabe hat, die »Selbstbefähigung der Handlungsunfähigen zu Handlungsfähigen« zu fördern (ebd.: 15) und damit zu einer »Vervollständigung des öffentlichen Diskurses« beizutragen (ebd.: 16).

Inhaltlich ergänzen sich die beiden normativen Konzepte, indem das von Reuter und Huber formulierte Themenfelder benennt, das von Bleyer und Laux ausgearbeitete eine Zielrichtung, nämlich die Befähigung zu jener Selbstverantwortung und Selbstständigkeit (vgl. Reuter 2009: 44; nach Ludwig 2010: 360), die der gottgeschenkten Würde des Menschen entspricht.

---

[20] Huber betont aber auch die Differenz zu anderen »großen gesellschaftlichen Organisationen«: »Die Kirchen sind [...] die einzigen Organisationen, die nicht unmittelbar in den Prozess gesellschaftlicher Produktion, Reproduktion und Erhaltung eingebunden sind« (Huber 1991: 635). In theologischer Perspektive wird zudem betont, dass Kirchen in der Bezeichnung als Teil der Zivilgesellschaft nicht aufgehen (Kehlbreier 2009: 339).

[21] Sie beziehen sich auf Habermas' diskurstheoretisches Verständnis der Zivilgesellschaft, das er formuliert hat in seinem Buch Faktizität und Geltung, Frankfurt am Main: Suhrkamp 1992, S. 443–445.

Der gesellschaftliche Kontext, in dem die Kirche mit ihrem zivilgesell-schaftlichen Beitrag steht, wird in einigen normativen Konzepten mit Haber-mas als der einer »postsäkularen Gesellschaft« bestimmt (Habermas 2001: 10; Habermas & Ratzinger: 2005: 33; vgl. Bleyer & Laux 2012: 11–13; Anhelm 2001: 1f.; Bedford-Strohm 2015: 117–119). Damit wird einerseits die alleinige Normativi-tät des Säkularismus bestritten (Anhelm 2001), aber zugleich die Aufforderung verbunden, das Reden der Kirche müsse »zweisprachig sein« und eine »bibli-sche Begründung« mit einer »Vernunftbegründung« verbinden (Bedford-Strohm 2015: 219; Bleyer & Laux 2012: 11–13) – ganz im Sinne Habermas' Aufforderung zu einer »kooperativen Übersetzung«, nach der sich säkular und religiös Denken-de darum bemühen, »die Perspektive der jeweils anderen [Seite] einzunehmen« (Habermas 2001: 12f.).

2.3.4 DIE SOZIALWISSENSCHAFTLICHE PERSPEKTIVE

Nachdem die deutschsprachige sozialwissenschaftliche Forschung zur Zivilge-sellschaft aufgrund der Dominanz des säkularisierungstheoretischen Paradig-mas auf ihrem religiösen Auge blind war, wurden auch hier in den letzten Jahren vermehrt die förderlichen Funktionen von Religion und Religionsgemeinschaf-ten für die Zivilgesellschaft in den Blick genommen. Ausgangspunkt war hier vielfach die Forschung aus den USA, wo man mit einer Zurechnung der Kirchen zur Zivilgesellschaft traditionell unbefangener umgeht. Ein besonderer Fokus der deutschsprachigen Forschung lag dabei in den letzten Jahren auf der zivilge-sellschaftlichen Relevanz von Religion und Religionsgemeinden als Agenturen für ehrenamtliches Engagement und Quellen für Sozialkapital. Als einer der ers-ten hat der Soziologe Richard Traunmüller (2008; 2009) diesen Zusammenhang in die Diskussion gebracht. Auf Grundlage der Daten des Sozio-ökonomischen Panels (SOEP) konnte Traunmüller zeigen, dass zwischen Religiosität und ak-tiver zivilgesellschaftlicher Einbindung ein positiver Zusammenhang besteht. Dieser Befund konnte für die USA schon häufiger demonstriert werden (Putnam 2000; Putnam & Campbell 2010; Verba et al. 1995), war für Deutschland jedoch neu. Ebenfalls ähnlich wie in den USA sind religiöse Protestanten stärker zivil-gesellschaftlich eingebunden als Angehörige anderer Religionsgemeinschaften. Mehr noch: Ein häufigerer Besuch des Gottesdienstes oder anderer religiöser Veranstaltungen geht laut Traunmüller mit einem größeren Freundesnetzwerk und einer regeren Soziabilität einher. Traunmüller kommt daher zu dem Schluss, dass Religionsgemeinden eine bedeutende Quelle sozialer Integration darstell-ten. Zu ganz ähnlichen Ergebnissen kommt auch Gert Pickel auf Basis der Daten der fünften Kirchenmitgliedschaftsuntersuchung der EKD (Pickel 2015). Auch er kann zeigen, dass evangelische Christen nicht nur engagiertere Mitglieder der Zivilgesellschaft sind, sondern auch ein erkennbar höheres soziales Ver-trauen besitzen als Konfessionslose (ebd.: 299). Die protestantischen Gemeinden können zudem als Keimzellen zivilgesellschaftlichen Engagements fungieren, als Begegnungsstätten zum Aufbau und zur Aufrechterhaltung sozialer Beziehungen oder, ganz im Tocquevilleschen Sinne, als Schulen der Demokratie, in denen die Ehrenamtlichen »Civic Skills« erlernen können, wie z. B. Kommunikationsfähigkeit oder Kompromissbereitschaft (Horstmann 2014; Verba et al. 1995). Einschränkend muss jedoch dazu gesagt werden, dass das Potenzial von Religionsgemeinschaften, auch Netzwerke über Status- und Identitätsgrenzen aufzubauen, sich also auch auf die Bildung von brückenbildendem Sozialkapital auswirkt, eher gering ausgeprägt ist (Ohlendorf 2015; Traunmüller 2008: 21; Kecskes & Wolf 1996: 156).

Man könnte also behaupten, einer der wesentlichen Beiträge der Religion und speziell der evangelischen Kirchen zur Zivilgesellschaft stellt die Generierung eines spezifisch religiösen Sozialkapitals dar (siehe hierzu vor allem Pickel 2011a; 2015). Dabei weisen die empirischen Studien darauf hin, dass diese stärkere zivilgesellschaftliche Einbindung der religiösen Protestanten gegenüber anderen Glaubensgemeinschaften weniger auf konfessionell bedingte Sozialnormen zurückzuführen ist, sondern vielmehr aus der Struktur der evangelischen Kirche heraus zu erklären ist (Traunmüller 2008: 20; zusammenfassend: Ohlendorf & Sinnemann 2017). Demzufolge ist es vor allem die im Vergleich zu anderen Religionsgemeinschaften stärker horizontale und weniger hierarchisch geprägte Organisationslogik protestantischer Kirchengemeinden, die das zivilgesellschaftliche Engagement der Mitglieder auch über die Mauern der eigenen Gemeinde hinaus fördern (Traunmüller 2008; Pickel 2015). Roßteutscher (2009) sieht in der Großstruktur der evangelischen Kirchengemeinden mit ihren institutionellen Kooperationen mit staatlichen Akteuren besonders günstige Voraussetzungen für die Entstehung von Freiwilligennetzwerken und zivilgesellschaftlichem Engagement. Traunmüller (2011) widerspricht dieser Annahme wiederum und zeigt in einer Auswertung des Eurobarometers von Daten zu 24 Ländern in Europa, dass eine größere Nähe zwischen Staat und Kirche dem zivilgesellschaftlichen Engagement der Kirche schadet.

2.3.5 ZIVILGESELLSCHAFT UND SOZIALRAUM

Ist die Befassung mit Zivilgesellschaft seit einem Vierteljahrhundert en vogue, so ist die Aufmerksamkeit für den Sozialraum noch neueren Datums, aber nicht weniger intensiv. Nicht zuletzt aufgrund des »spatial turn«, der Wiederentdeckung des Raumes als relevante Größe in der Analyse gesellschaftlicher Verhältnisse in den Sozialwissenschaften und der Sozialpädagogik, hat der Sozialraum seit einigen Jahren starke Aufmerksamkeit erfahren (Döring & Thielmann 2008). Das aktualisierte Raumkonzept ist aufgrund seiner stärker konstruktivistischen Ausrichtung unmittelbar handlungstheoretisch relevant. Der Raum wird nicht mehr allein als Determinante menschlichen Handelns betrachtet, sondern, in einem dialektischen Verständnis, auch als dessen Ergebnis. Welche Strukturen stärker sind: die im Sinne Berger und Luckmanns (1993) objektivierten Entäußerungen menschlichen Handelns und damit in schwer veränderbare Struktur gegossenen Realitäten oder die widerständigen Handlungen selbstbewusster Akteure, ist eine empirische

Frage. In jedem Fall wird das bei Berger und Luckmann angelegte dialektische Verhältnis von Externalisierung, Objektivierung und Internalisierung im neuen Raumparadigma ernst genommen und fruchtbar gewendet. Zugleich wird jedoch betont, dass Handlungsmöglichkeiten und -begrenzungen sozial variieren. »Soziale Praktiken sind immer räumliche Praktiken und zugleich konstituieren soziale Praktiken Geltung und Gültigkeit räumlicher Praktiken und können diese auch wieder verändern. Vor dem Hintergrund dieser Prämisse gehen Studien zur Sozialraumforschung davon aus, dass die bestehenden Raumordnungen Ausprägungen von sozialen Prozessen, diskursiven Formierungen und historischen Markierungen darstellen. Raumordnungen stellen somit wirkmächtige Materialisierungen politischer Kämpfe dar [...]«. (Kessl & Reutlinger 2008: 17).

Auf die Tatsache, dass sich soziale Ungleichheit in der Aneignung und Gestaltung von Lebens-, Nah-, Sozialräumen bemerkbar macht, ist in jüngster Zeit auch in der Raumplanung aufmerksam gemacht worden – und dies unter dezidiertem Rückgriff auf »Zivilgesellschaft in räumlichen Arenen« (Becker & Runkel 2010; Becker 2009). Diese Ungleichheit macht sich bemerkbar innerhalb der Räume, in dem sich nur spezifische Personengruppen beteiligen, aber auch zwischen Räumen unterschiedlicher Qualität, bei denen z.B. die Ressourcenausstattung divergiert. Dieser Dynamik der Ungleichheit etwas entgegenzusetzen, ist Ziel der Nationalen Stadtentwicklungspolitik (NSP).

»Mit der NSP verfolgt der Bund seit 2007 die Strategie, Stadt- und Raumentwicklung stärker zu einem öffentlichen Thema zu machen.« (Becker 2009: 6) Bereits mit der Umsetzung der Lokalen Agenda 21 in den frühen 2000er Jahren sollte der top-down-Logik des Verwaltungshandelns die Logik zivilgesellschaftlicher Selbstorganisation, Selbstverwaltung und Selbstermächtigung, wenn nicht entgegengesetzt, so doch zur Seite gestellt werden (vgl. Maecenata 2008). Stadtplanung beinhaltet nunmehr die »Aufgabe, die komplexen Prozesse in der Stadtentwicklung zu steuern, zu moderieren und die relevanten Akteure angemessen einzubeziehen.« (Becker 2009: 7) Es geht nicht mehr nur um bauliche Belange – Straßen, Wohn- und Geschäftsgebäude u. Ä. –, sondern um die Gesamtentwicklung räumlicher Einheiten.

Über verschiedene Beteiligungsverfahren werden unterschiedliche Personengruppen angesprochen (vgl. Becker 2008). Wurden auch zuvor bereits in formalisierten Verfahren Einrichtungen des Dritten Sektors, insbesondere »im Rahmen der freien Wohlfahrtspflege [...] auf der Grundlage des verfassungsmäßigen Subsidiaritätsprinzips« berücksichtigt (Becker & Runkel 2010: 129), so kommt jetzt sehr viel stärker die Eigeninitiative zivilgesellschaftlicher Organisationen zum Tragen. Oftmals sind dies institutionalisierte Einrichtungen, die über ausreichend Einfluss, Weitsicht, Professionalität und Geld verfügen, um »nicht nur auf Angebote für ein Zusammenwirken seitens der öffentlichen Hand zu reagieren, sondern aktiv Mitsprache, notwendige Handlungsschritte oder Entscheidungen einzufordern.« (ebd.) Hierzu zählen z.B. Kirchengemeinden und andere kirchliche Einrichtungen und Verbände, die flächendeckend präsent sind. Ansonsten sind es je nach räumlicher Arena spezifische starke Akteure, wie etwa im ländlichen Raum Landjugend und Landfrauen, anderswo Fördervereine, Stiftungen oder schlicht ehrenamtlich tätige Regionalbüros von bundesweit operierenden professionalisierten Verbänden. Aber auch Zusammenschlüsse von Bürgern melden sich mit einzelnen Anliegen selbst zu Wort und fordern Beteiligung ein: betreffend z. B. das Internet im ländlichen Raum, Schul- und Kindergartenversorgung in schrumpfenden Städten, sozialverträglichen Bau neuer Wohnanlagen in wachsenden Städten, Verkehrsprobleme in Metropolregionen. Eine großangelegte Studie zur Zivilgesellschaft in räumlichen Arenen zeigte, »dass die Zivilgesellschaft tendenziell elitärer und institutionalisierter wird, je komplexer die räumliche Arena ist [...] insbesondere die strukturschwachen Räume, in denen die Komplexität der Probleme einer engen Zusammenarbeit aller Akteure bedarf, [leiden] aufgrund der Lebenssituation ihrer Bewohner an einem Mangel an zivilgesellschaftlichen Akteuren« (Becker & Runkel 2010: 189).

Was für die Stadt- und Raumentwicklung gilt, trifft auch für die soziale Arbeit zu: Strategien müssen raumbezogen sein, d. h. nicht nur auf Individuen abzielen, wie dies lange Zeit in der Kinder- und Jugendarbeit, den Hilfen zur Erziehung, der Altenarbeit und anderen Feldern sozialpädagogischer Tätigkeit üblich war. Auch hier gibt es die problematische Seite, dass ein positiver Ansatz sich aufgrund sozialer Ungleichheit mit mehreren Dilemmata konfrontiert sieht. Unter anderem wollen Personen in prekären Lebenslagen mit Politik und Gesellschaft häufig nichts mehr zu tun haben. Deren Lebenszusammenhänge sind auf das Hier und Jetzt, »auf Situationsbewältigung und Unmittelbarkeit ausgerichtet« (May 2008: 60) und nicht an mittel- und langfristigen Perspektiven orientiert.

Damit stellt sich die Frage nach der Qualität einer lokalen Zivilgesellschaft noch einmal neu: wer hat Teil an ihr? Welche Interessen werden in die Diskurse eingebracht? Inwieweit wird das Versprechen der demokratischen, egalitären Bottom-up-Partizipation eingelöst?

2.4 Eine Heuristik

Dieser kurze Einblick in die historische und soziologische Forschung zeigt, dass die in der Debatte häufig anzufindende Dichotomie zwischen einer a priori postulierten Kongruenz oder aber Inkongruenz zwischen Religion, Kirche und Zivilgesellschaft entschieden zu kurz greift. Das Verhältnis ist hochgradig ambivalent und hängt von international und zeitlich variierenden politischen und gesellschaftlichen Konstellationen ab. Religion oder Kirchen per se als Stützpfeiler der Zivilgesellschaft zu bezeichnen ist daher analytisch ebenso kontraproduktiv wie eine säkularistische Verbannung alles Religiösen aus der Zivilgesellschaft (siehe hierzu auch Liedhegener & Werkner 2011: 29). Als theoretisch weiterführender dürften hingegen die deutlich differenzierteren (und wie Liedhegener & Werkner (2011: 15) feststellen, bislang auch kaum rezipierten) Überlegungen von

John F. Young sein. Young unterscheidet drei unterschiedliche Perspektiven auf Zivilgesellschaft, die er in Anlehnung an drei Schulen der politischen Theorie in den USA als *liberale, kommunitaristische* und *demokratische bzw. republikanische Perspektive* bezeichnet. Er argumentiert sodann, dass Religion aus Sicht jeder dieser drei Denktraditionen sowohl als destruktive wie auch als produktive Kraft der Zivilgesellschaft betrachtet werden kann (Young 2007: 11-17).

Im *Liberalismus* steht die Zivilgesellschaft demzufolge vor allem für einen Schutz der Gesellschaft gegenüber einem übermächtigen Staat und verhindert eine Entwicklung hin zu despotischen oder totalitären Regimen. Die theoriege-schichtlichen Bezüge hierzu sind die bereits in Kapitel 2.2.1 dargestellten Über-legungen von Locke und Montesquieu, die der Zivilgesellschaft erstmals diese Abwehr- und Kontrollfunktion gegenüber dem Staat zugedacht haben. Aus die-ser liberalen Perspektive ergeben sich laut Young zwei Möglichkeiten, wie die Religion mit der Zivilgesellschaft interagieren kann: Auf der einen Seite haben Religionsgemeinschaften durch ihren Kampf für Religionsfreiheit einen maß-geblichen Beitrag zum Grundrechtsschutz und somit zur Entstehung einer auto-nomen zivilgesellschaftlichen Sphäre geleistet. Mit dem Kampf für religiöse Frei-heiten gingen immer auch andere Grundrechte einher, wie die Versammlungs-oder Meinungsfreiheit, die für die Entwicklung einer stabilen Zivilgesellschaft essentiell waren. Auf der anderen Seite können Religionsgemeinschaften die Auto-nomie der Zivilgesellschaft dort bedrohen, wo sie zu Fundamentalismus oder Gewalt neigen. Diese Gefahr sahen auch bereits die Vordenker eines politischen Liberalismus wie David Hume oder Rousseau, die Sorge hatten, dass intolerante religiöse Sekten die soziale Ordnung bedrohen könnten und so den Staat zu einer kämpferischen Zurückdrängung von Religion und stärkerer staatlicher Regulie-rung nötigen würden. Diese Ausdehnung staatlicher Kontrolle würde schließ-lich auch die Autonomie der Zivilgesellschaft bedrohen, zum Beispiel durch eine Begrenzung der Assoziationsfreiheit.

Im *kommunitaristischen* Denken fällt der Zivilgesellschaft vor allem eine vergemeinschaftende und sozialkapitalgenerierende Funktion zu. Hier sind die Bezüge zu den intermediären Institutionen von Montesquieu unverkennbar, dem-zufolge zivilgesellschaftliche Assoziationen der Atomisierung und Individuali-sierung der Gesellschaft entgegenwirken, indem sie zwischen den egoistischen Interessen des Einzelnen und dem Gemeinwohl vermitteln. Glaube und vor allem Religionsgemeinschaften dienen in dieser Denkrichtung als Quellen von Sozial-kapital, da sie dabei helfen, »to draw the unencumbered, atomized individual into community«, (so Young 2007: 14). Darüber hinaus tragen Religionen zur Schaf-fung einer normativen Grundlage für zivilgesellschaftliches Engagement bei, indem sie einer Überbetonung individueller Freiheiten durch Normen der gegen-seitigen Verantwortung entgegenwirken. Auch Alexis de Tocqueville (2003: 506) begriff die Religion als Gegengewicht zu Egoismus und Vereinzelung, denn es gebe »keine Religion [...], die nicht einem jeden irgendwelche Pflichten gegenüber dem Menschengeschlecht oder im Verein mit ihm auferlegte und die ihn auf diese

Weise nicht aus der Betrachtung seiner selbst herausrisse.« Die wohl bekannteste Entsprechung einer solchen religiösen Transzendierung des eigenen Selbst ist das biblische Gebot der Nächstenliebe. Aber auch aus der kommunitaristischen Perspektive kann der Zusammenhang zwischen Religion und Zivilgesellschaft destruktive Auswüchse entfalten. Young sieht hier vor allem die Gefahr, dass Religionsgemeinschaften zu »greedy religious communities« werden, die sich von der übrigen Gesellschaft abschotten und nur noch ihre religiösen Partikularinteressen verfolgen. Indem sie dies tun, können sie die Bürgerrolle ihrer Mitglieder unterminieren und das zivilgesellschaftliche Engagement abschwächen. Diese nach innen gerichteten religiösen Gemeinschaften drohen sich dann zu Parallelgesellschaften zu entwickeln, die nicht nur eine Gefahr für die Zivilgesellschaft, sondern durch Spaltung und Fragmentierung auch eine Gefahr für das politische System insgesamt darstellen.

Die letzte Perspektive wird von Young als *democratic* bezeichnet, wobei sich dies im Deutschen eher *als republikanische Perspektive* übersetzen ließe (Liedhegener & Werkner 2011:15). Hier nimmt Young Bezug auf die von Alexis de Tocqueville entwickelte Deutung, wonach Religionsgemeinschaften wie auch andere zivilgesellschaftliche Assoziationen wie Vereine als »Schulen der Demokratie« wirken können. In Religionsgemeinschaften können die Gläubigen im Kleinen Kenntnisse und Fähigkeiten erwerben (sogenannte *Civic Skills*, siehe hierzu auch Verba et al. 1995), die benötigt werden, um sich aktiv in die Politik oder die Zivilgesellschaft einbringen zu können, wie zum Beispiel demokratische Mitbestimmung, Verantwortungsübernahme, Leitungsaufgaben oder die Fähigkeit, zu argumentieren oder zu debattieren etc. (siehe hierzu auch: Horstmann 2014). Auch hier weist Young allerdings auf eine Schwierigkeit hin: Religionsgemeinschaften können natürlich nur dann diese demokratieerziehende Funktion ausüben, wenn ihre eigenen Werte mit demokratischen Werten übereinstimmen und ihre eigenen Binnenstrukturen denjenigen einer demokratischen Gesellschaft entsprechen. Tun sie dies nicht, so Young, könnten die von ihnen vermittelten Werte und Verhaltensweisen die demokratische Willensbildung schwächen.

Alles in allem können Youngs Überlegungen als Heuristik für die Analyse der zivilgesellschaftlichen Funktionen von Kirchengemeinden in Deutschland dienen, da sie das weit verbreitete dichotome Verständnis einer Kongruenz oder Inkongruenz zwischen Religion und Zivilgesellschaft erweitern (Liedhegener & Werkner 2011:16). Religionsgemeinschaften sind nicht schon per se Teil der Zivilgesellschaft, sondern systemtheoretisch ein autonomes Subsystem der Gesellschaft, allerdings können sie unter bestimmten Rahmenbedingungen als zivilgesellschaftliche Akteure agieren (Liedhegener 2014:72). Die Aufgabe einer empirischen Untersuchung muss es folglich sein, die zivilgesellschaftlichen Funktionen von Religionsgemeinschaften zu identifizieren und eben jene Rahmenbedingungen herauszuarbeiten, unter denen diese als Teil der Zivilgesellschaft handeln.

Um diese Heuristik als theoretischen Rahmen für unsere Analyse nutzen zu können, ist schließlich noch eine weitere Differenzierung notwendig. Ein Verdienst der empirischen Religionssoziologie besteht darin, dass ihre Vertreter aufgezeigt haben, dass Religion nicht nur über mehrere Aspekte oder Dimensionen operationalisierbar ist, wie zum Beispiel religiöse Praxis, individueller Glaube oder die Identifikation mit der eigenen religiösen Bezugsgruppe (Glock 1969; Kesckes & Wolf 1996), sondern dass Religion sowohl als individuelles Phänomen der Religiosität, als institutionelle Ausgestaltung in Form von Religionsgemeinschaften oder als gesamtgesellschaftliches Phänomen auftritt, etwa in Gestalt religiöser Dachverbände oder aber auch im Sinne einer Religion als kulturelles Symbolsystem. Diese Unterscheidung ist deswegen von Bedeutung, da die unterschiedlichen Dimensionen der Religiosität sich auch unterschiedlich auf soziale Phänomene auswirken und daher getrennt voneinander analysiert werden müssen. Dies gilt in gleicher Weise für die Zusammenhänge zwischen Religion und Zivilgesellschaft, bei dem sich unterschiedliche Effekte der Religion erwarten lassen, je nachdem welche Analyseebene betrachtet wird (siehe hierzu Abb. 2).

Abbildung 2 **Zusammenhänge zwischen Religion und Zivilgesellschaft differenziert nach gesellschaftlichen Analyseebenen**

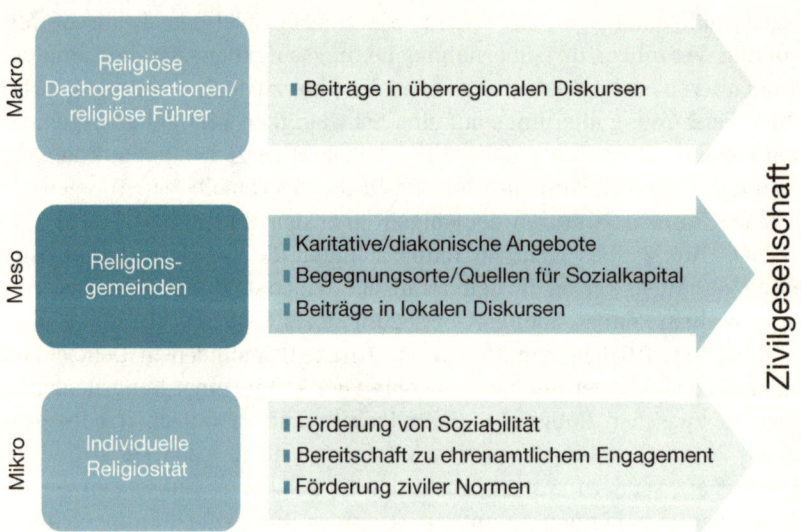

Auf der Mikro-Ebene individuellen Handelns liegt der Fokus dann zum Beispiel auf der Analyse der Zusammenhänge zwischen individueller Religiosität oder religiösen Werten einerseits und der Bereitschaft zu zivilgesellschaftlichem Engagement andererseits. Hier geht es vor allem um persönliche Motive oder

Werthaltungen, die zivilgesellschaftliches Engagement fördern oder behindern. Auf der Makro-Ebene, die sich mit gesamtgesellschaftlichen Phänomenen beschäftigt, liegt der Fokus hingegen auf der Rolle religiöser Institutionen wie »der Kirchen«, der Dachverbände der EKD oder der Deutschen Bischofskonferenz (DBK). Deren zivilgesellschaftliche Effekte liegen vor allem in ihren Diskursbeiträgen durch Denkschriften oder durch Einlassungen kirchenpolitischer Funktionäre. Zwischen diesen beiden Polen der Mikro- und der Makro-Ebene steht auf der Meso-Ebene hingegen die zivilgesellschaftliche Rolle der religiösen Gemeinden im Vordergrund. Wie in diesem Kapitel gezeigt wurde, können diese theoretisch auf ganz unterschiedliche Art und Weise auf die Zivilgesellschaft wirken, indem sie etwa als Plätze der Begegnung dienen, als Quellen für Sozialkapital, als Schulen der Demokratie oder schlicht durch ihr karitatives und soziales Engagement im Sozialraum. Empirisch fehlt es jedoch vor allem auf der Meso-Ebene der Kirchengemeinden an Forschungsarbeiten. Aus diesem Grund knüpfen die Ergebnisse der vorliegenden Studie genau an diesem Punkt an die Debatte an.

3. DATENGRUNDLAGE UND METHODE

Nach dieser konzeptuellen Analyse und dem Versuch einer Entflechtung der theoretischen Verbindungen zwischen Kirche, Zivilgesellschaft und Sozialraum stellt sich die nicht weniger komplexe Frage nach der Operationalisierung und empirischen Messung dieser Zusammenhänge. Wie im vorangegangenen Kapitel dargelegt, liegt das analytische Interesse unserer Studie auf der *Meso-Ebene*, das heißt, das Explanandum ist die *zivilgesellschaftliche Relevanz von Kirchengemeinden*. Aber wie lässt sich diese zivilgesellschaftliche Relevanz überhaupt messen? Welche sozialempirischen Methoden lassen sich hierfür nutzen? Und wie wurden die Gemeinden ausgewählt, die an der Studie teilgenommen haben?

Auch wenn sich eine Reihe von Anknüpfungspunkten an bestehende Forschungsstränge ergeben, betreten wir mit unserer Studie doch weitgehend empirisches Neuland. Es ist daher wichtig, zu betonen, dass die gesamte methodische Herangehensweise einer induktiven und vor allem *explorativen* Logik folgt. Aufgrund der lückenhaften Forschung zur Rolle von Kirchengemeinden im Sozialraum fehlt es an einem erprobten theoretischen Rahmen, der ein deduktives Verfahren, das heißt eine Ableitung und Überprüfung von Hypothesen rechtfertigen würde. Die Untersuchung ist zwar insgesamt als *Mixed-Methods-Studie* konzipiert (Flick 2007), das heißt sie enthält sowohl qualitative wie auch quantitative Elemente; sie folgt in ihrer Gesamtausrichtung allerdings einem qualitativ-komparativen Design im Sinne der *Grounded Theory* (Glaser & Strauss 1967; Strauss & Corbin 1990). Ihr Ziel besteht daher in der Generierung von Hypothesen- und Theorien mittlerer Reichweite und *nicht* in deren Überprüfung. Zu diesem Zweck wurde in sechs Sozialräumen verteilt über ganz Deutschland das Zusammenspiel zwischen Kirchengemeinde und Zivilgesellschaft analysiert.

Im folgenden Kapitel werden die methodische Herangehensweise und die dadurch gewonnene Datengrundlage ausführlich dargestellt. Zu Beginn stellen wir die Operationalisierung vor, das heißt die Umsetzung theoretischer Überlegungen in messbare empirische Kategorien (Kapitel 3.1); daran anschließend werden die genutzten empirischen Erhebungsmethoden präsentiert (Kapitel 3.2); im letzten Teilkapitel (3.3) werden schließlich das Vorgehen bei der Auswahl der Fälle und die Stichprobe dargestellt.

3.1 Operationalisierung – *was* wird untersucht?

Um die zivilgesellschaftliche Relevanz einer Kirchengemeinde im Sozialraum einschätzen zu können, knüpfen wir an einen Vorschlag an, den der Religionswissenschaftler Alexander-Kenneth Nagel ursprünglich in einer empirischen Untersuchung zur zivilgesellschaftlichen Relevanz (Nagel spricht hier von »zivilgesellschaftlichen Potenzialen«) von religiösen Migrantengemeinden entwickelt hat (Nagel 2015: 18f.). Demnach lässt sich dieses zivilgesellschaftliche Potenzial durch zwei Analysedimensionen operationalisieren: einerseits die Angebote einer religiösen Gemeinde und andererseits der Grad ihrer Vernetzungen im Sozialraum (ebd.). Dabei versteht Nagel unter *Angeboten* alle sozialen Dienstleitungen, die die Gemeinde für ihre Mitglieder oder darüber hinaus anbietet, etwa im Bereich der Bildungs-, Jugend- oder Seniorenarbeit, aber auch solche im kulturellen Bereich, Kirchenmusik, Gemeindefeste etc. *Netzwerke* beziehen sich hingegen auf alle Formen sozialer Interaktionen mit anderen individuellen oder korporativen Akteuren der Zivilgesellschaft, seien es Vereine, andere Religionsgemeinschaften, Quartiersmanager oder Bürgermeister etc. Hier ist wichtig, hinzuzufügen, dass diese Vernetzungen natürlich einen unterschiedlich hohen Grad an Verbindlichkeit oder Regelmäßigkeit aufweisen können. Hierunter fallen also situative Einzelaktionen (zum Beispiel: Die freiwillige Feuerwehr stellt den Weihnachtsbaum in der Kirche auf) genauso, wie langfristige und etablierte Kooperationen (zum Beispiel: Die Kirchengemeinde arbeitet mit Schulen vor Ort zusammen, um eine Nachmittagsbetreuung für Kinder und Jugendliche anbieten zu können).

Wir ergänzen diese beiden von Nagel vorgeschlagenen Analysedimensionen um eine dritte, nämlich die *Wahrnehmung* der Gemeinde, da wir davon ausgehen, dass dies eine distinkte Kategorie zusätzlich zu den Angeboten und der Vernetzung darstellt. Dabei geht es uns an dieser Stelle nicht um die Binnenperspektive, sondern um die Wahrnehmung von außen durch andere zivilgesellschaftliche Akteure im Sozialraum, sowie das Image bei der Bevölkerung vor Ort. So können zum Beispiel sowohl das Angebotsspektrum der Gemeinde als auch ihre Vernetzungen eine eindeutige Sozialraumorientierung aufweisen, ohne dass die Gemeinde jedoch jenseits ihrer sakralen Funktion als zivilgesellschaftliche Akteurin wahrgenommen wird. In diesem Fall wäre die zivilgesellschaftliche Relevanz der Gemeinde vermutlich eher gering. Aus diesem Grund ist es geboten, die Wahrnehmung bzw. das Image der Gemeinde als dritte Analysedimension aufzunehmen.

In den im vorangegangenen Kapitel vorgestellten Definitionsversuchen von Zivilgesellschaft wurden neben der Fähigkeit zur Selbstorganisation vor allem der Aspekt der Öffentlichkeit und derjenige der Gemeinwohlorientierung als zentrale Charakteristika zivilgesellschaftlicher Akteure genannt. Die zivilgesellschaftliche Relevanz einer Organisation ließe sich dann anhand des Ausmaßes beschreiben, in dem sich die Arbeit dieser Organisation über ökonomische, private oder auf Macht und Einfluss gerichtete Partikularinteressen hinaus am öffentlichen Wohl orientiert. Überträgt man diese Überlegungen wiederum auf die drei Analysedimensionen, Angebote, Vernetzung und Wahrnehmung, lassen sich diese jeweils auf einem Kontinuum der zivilgesellschaftlichen Relevanz anordnen, je nachdem, wie stark sie sich an den Interessen der eigenen Gruppe oder aber an den Belangen des Sozialraums orientieren. Abbildung 3 verdeutlicht diese Überlegungen.

ABBILDUNG 3 Dimensionen zivilgesellschaftlicher Relevanz von Kirchengemeinden

Die zivilgesellschaftliche Relevanz stellt in der vorliegenden Studie die *abhängige*, das heißt die *zu erklärende Variable* dar. Was aber sind die *unabhängigen*, also die *erklärenden* Variablen, die die zivilgesellschaftliche Relevanz einer Gemeinde im Sozialraum beeinflussen? Hier lassen sich anhand der theoretischen Vorüberlegungen und existierender Studien zu anderen zivilgesellschaftlichen Akteuren einige Faktoren bereits im Vorfeld der Analyse identifizieren. Dabei kann unterschieden werden zwischen *internen Faktoren*, also solchen, die die Kirchengemeinde selbst betreffen, und *externen Faktoren*, die durch das soziale und zivilgesellschaftliche Umfeld der Gemeinde entstehen (Abb. 4).

ABBILDUNG 4 **Einflussfaktoren auf die zivilgesellschaftliche Relevanz von Kirchengemeinden**

Zu den *internen Faktoren* zählt zum Beispiel die *Selbstwahrnehmung* der Gemeinde im Sinne einer kollektiven Identität. Dabei lässt sich annehmen, dass die zivilgesellschaftliche Arbeit der Gemeinde unterschiedlich ausfällt, je nachdem wie dieses Selbstverständnis aussieht, welches Profil verfolgt wird und natürlich in welcher Relation sich die eigene Gemeinde zum Sozialraum sieht. Des Weiteren nehmen wir an, dass die gemeindliche *Organisationslogik* eine entscheidende Rolle spielt. In den Definitionsversuchen zur Zivilgesellschaft wurde gezeigt, dass Selbstorganisation, Selbstverwaltung und Mitbestimmung zentrale Charakteristika zivilgesellschaftlicher Akteure sind. Es lässt sich folglich annehmen, dass eine Gemeinde, deren Organisation eher dieser »Bottom-up-Logik« folgt, sich eher zivilgesellschaftlich einbringen kann, als eine Gemeinde, die einem stärker hierarchisch geprägten Amtsverständnis und einem »Top-down« gerichteten Verwaltungshandeln folgt. Und nicht zuletzt ist anzunehmen, dass die finanzielle, räumliche und personelle *Ausstattung der Gemeinde* maßgeblich beeinflusst, in welchem Ausmaß und in welcher Form sich die entsprechende Gemeinde im Sozialraum einbringen kann.

Zu den *externen Faktoren* gehört an erster Stelle die *Siedlungsstruktur* des Sozialraums, da anzunehmen ist, dass die lokale Zivilgesellschaft Besonderheiten aufweist, je nachdem, ob sie sich im ländlichen oder im urbanen Raum befindet (Becker & Runkel 2010; Borstel 2010). So unterscheidet sich etwa die Zahl an sozialen und kulturellen Einrichtungen und folglich auch die Anzahl potenzieller zivilgesellschaftlicher Kooperationspartner je nach Siedlungsgröße (Rebenstorf et al. 2015). Genauso ist zu erwarten, dass die mit der Siedlungsstruktur verbundenen unterschiedlichen Lebensstile und strukturellen Bedingungen vor Ort auch unterschiedliche Anforderungen an zivilgesellschaftliche Akteure stellen. Ein weiterer potenzieller Faktor ist die *soziodemographische und ökonomische Entwicklung* des Sozialraums. Vor allem wirtschaftlich schwache Regionen mit rückgängiger Bevölkerungsentwicklung besitzen häufig einen erhöhten sozialräumlichen Koordinations- und Handlungsbedarf. Dieser kann jedoch nicht allein durch staatliche oder kommunale Behörden bewältigt werden, sondern fordert auch lokale zivilgesellschaftliche Akteure in besonderem Maße heraus (Liebmann 2010). Schließlich gehen wir davon aus, dass das *Bundesgebiet* (Ost- oder Westdeutschland) die zivilgesellschaftlichen Rahmenbedingungen maßgeblich beeinflusst. Hierfür gibt es mehrere Gründe: Einerseits haben verschiedene Studien darauf hingewiesen, dass sich bezüglich des sozialen Zusammenhalts wie auch des Ausmaßes an bürgerschaftlichem Engagement deutliche Unterschiede zwischen alten und neuen Bundesländern zeigen (Gensicke 2006; BMFSFJ 2016a). Dies zeigt sich ebenfalls bezüglich des ehrenamtlichen Engagements in evangelischen Gemeinden (Sinnemann 2017). Gleichzeitig ist die Kirchenbindung in den neuen Bundesländern deutlich geringer, der Grad der Säkularisierung dagegen deutlich höher als im Westen der Republik (Statistisches Bundesamt 2014). Ostdeutsche Kirchengemeinden können daher auf einen geringeren Pool an Mitgliedern und Ehrenamtlichen zurückgreifen und verfügen nicht selten über eine schlechtere finanzielle und räumliche Ausstattung, was die zivilgesellschaftliche Arbeit erschwert. Schließlich hat die stärkere Verbreitung rechtspopulistischer Bewegungen und Parteien insbesondere in der Folge der sogenannten Flüchtlingskrise die Zivilgesellschaft in den neuen Bundesländern zuletzt herausgefordert. In dieser Gemengelage aus schrumpfender Engagementbereitschaft bei gleichzeitig zunehmender Entkirchlichung und politischer Polarisierung der ostdeutschen Bevölkerung stehen auch Kirchengemeinden vor anderen zivilgesellschaftlichen Herausforderungen als in den alten Bundesländern.

Bei all diesen Faktoren, sowohl den internen wie auch den externen, ist es wichtig darauf hinzuweisen, dass es sich hier noch *nicht* um Hypothesen handelt, die empirisch getestet werden sollen, sondern lediglich um Vorannahmen, die bei der Erstellung der Erhebungsinstrumente und im Laufe der Feldforschung als Leitfaden der Untersuchung dienen. Ebenso wenig ist die Liste dieser Faktoren umfassend, sondern ganz im Sinne des allgemeinen Vorgehens nach der Grounded Theory bewusst offen gestaltet, um die Aufdeckung neuer Einflussfaktoren und Zusammenhänge während der Feldphase zu gewährleisten.

3.2 Methodische Herangehensweise – *wie* wird untersucht?

Die Frage, die sich an die Operationalisierung anschließt, lautet dann: Mit welchen empirischen Methoden lassen sich die Dimensionen der zivilgesellschaftlichen Relevanz (Angebote, Vernetzung und Wahrnehmung) sowie die internen und externen Faktoren bestimmen? Die größte methodische Herausforderung besteht darin, dass die Untersuchungseinheiten keine Personen, sondern Gemeinden sind. Anders als Individuen lassen sich solche kollektiven Akteure auf der Meso-Ebene, also Organisationen, Parteien, Vereine oder eben Kirchengemeinden nicht einfach mit Hilfe eines Fragebogens nach ihrer zivilgesellschaftlichen Relevanz »befragen«. Mehr noch: Es bedarf einer methodischen Herangehensweise, die ein nötiges Maß an Offenheit bietet, um zivilgesellschaftliche Funktionen von Kirchengemeinden überhaupt aufdecken zu können, da diese aufgrund der mangelhaften empirischen Forschung kaum bekannt sind. Es braucht darüber hinaus aber auch eine Sensibilität für die Varianz der Perspektiven, insbesondere der Binnen- und der Außenperspektive: Ein Kirchenvorsteher wird die zivilgesellschaftliche Relevanz der eigenen Gemeinde möglicherweise anders beurteilen als der Ortsbürgermeister oder die Bevölkerung vor Ort insgesamt. Und nicht zuletzt ist es erforderlich, die Gemeinde in ihrem sozialräumlichen Kontext zu erfassen, um ihre zivilgesellschaftliche Relevanz nachvollziehen zu können und um den moderierenden Einfluss externer Rahmenbedingungen einschätzen zu können. Um diesen und weiteren methodischen Herausforderungen gerecht werden zu können, ist es erforderlich, unterschiedliche Methoden der Datengewinnung miteinander zu kombinieren. Die vorliegende Studie ruht auf vier unterschiedlichen methodischen Säulen, die im Folgenden jeweils genauer vorgestellt werden.

a) Deskriptive Sozialraumanalysen
Zu jeder der sechs Gemeinden stand am Anfang eine Beschreibung des jeweiligen Sozialraums mit dem Zweck, die soziostrukturellen und zivilgesellschaftlichen Rahmenbedingungen vor Ort bestimmen zu können, die einen potenziellen Einfluss auf die zivilgesellschaftliche Ausrichtung der Kirchengemeinde ausüben. Damit berücksichtigt die Studie die seit einigen Jahren in den Sozialwissenschaften und der Sozialen Arbeit verstärkte Aufmerksamkeit für die Bedeutung des Sozialraumes (Kessl & Reutlinger 2010; Riege & Schubert 2014). Wie oben in Kapitel 2.3.5 ausführlicher dargestellt, wird in diesen neueren Konzepten der Raum nicht allein als Determinante menschlichen Handelns begriffen, sondern gleichsam aus einer konstruktivistischen Perspektive heraus auch als dessen Materialisierung. Diese neue Erfassung des Raumes nimmt somit die bereits bei Berger und Luckmann (1993) vorgeschlagene gesellschaftskonstituierende Dialektik aus Externalisierung, Objektivierung und Internalisierung ernst: Menschliches Handeln erzeugt dauerhafte sozialräumliche Strukturen, die sich dann im Gegenzug wieder befähigend oder begrenzend auf menschliches Handeln auswirken. Indem

sich also im Raum soziale Prozesse, diskursive Formierungen oder politische Kämpfe der Vergangenheit manifestiert haben, ermöglicht eine Analyse eben jenes Raumes, zu einem besseren Verständnis der Rahmenbedingungen zu gelangen, unter welchen die Kirchengemeinde wie auch andere zivilgesellschaftliche Akteure vor Ort agieren.

Nimmt man den konstruktivistischen Hintergrund dieses neuen Sozialraumkonzeptes ernst, dann stimmen die Grenzen eines Sozialraums nicht zwangsläufig mit politisch-administrativen oder kirchengemeindlichen Grenzen überein, sondern sind ein Resultat subjektiver Zuschreibung. Kurzum: Zur empirischen Feststellung sozialräumlicher Grenzen wäre es erforderlich, zunächst die Wahrnehmung des Raumes durch die vor Ort lebenden Individuen zu ermitteln. In der Praxis ist dies jedoch kaum handhabbar. Kleinräumige statistische Daten stehen gewöhnlich nur für festgelegte administrative Einheiten zur Verfügung. Zudem muss jeglicher Art von Sozialraumanalyse ex ante ein geographischer Raum zugrunde gelegt werden, innerhalb dessen dann erst subjektive Sozialräume abgegrenzt werden können. Für die Sozialraumanalysen in unserer Studie wurde daher zunächst das Einzugsgebiet der Kirchengemeinde als geographischer Bezugsraum festgelegt. Innerhalb dieses Raumes stützt sich die Analyse dann auf verschiedene Datenquellen: Zunächst nutzen wir Daten der amtlichen und kirchlichen Statistik, um bevölkerungsstatistische Eckdaten zu identifizieren. Neben Standard-Items wie der Bevölkerungsentwicklung, der Altersstruktur, dem Familienstand oder dem Migrationshintergrund in der Bevölkerung gehören hierzu auch sozio-ökonomische Eckdaten zur Arbeitslosigkeit, dem durchschnittlichen Einkommen, der mittleren Wohnungsgröße etc. Die genutzten Indikatoren variieren zwischen den Sozialräumen, was auf deren Verfügbarkeit zurückzuführen ist: Grundsätzlich stehen in urbanen Zentren mit eigenen statistischen Ämtern selbst für kleinräumige Bezüge umfangreichere Statistiken zur Verfügung als im ländlichen Bereich. Außerdem kommt in einigen Gemeinden erschwerend hinzu, dass aufgrund der historischen Entwicklung die kirchengemeindlichen Grenzen nicht mit den Grenzen des Stadtteils übereinstimmen, was die Beschaffung von exakten Statistiken deutlich erschwert. In den Gemeinden, in denen zusätzlich eine Bevölkerungsumfrage durchgeführt wurde, ergänzen wir die Sozialraumanalyse durch selbst erhobene Daten, etwa zur Religiosität oder zum Sozialkapital, die nicht über die amtlichen Statistiken zur Verfügung stehen.

Um zusätzlich zu diesen statistischen Eckdaten die subjektiven Bezüge der Individuen zum Raum einzubeziehen, vervollständigen wir die Analyse durch die Selbstbeschreibungen des Sozialraums durch die Interviewpartner sowie natürlich auch um unsere eigenen subjektiven Eindrücke als Forscher, die wir bei Begehungen im Sozialraum erfahren haben. Dabei werden die Begrenzungen des Sozialraums in den qualitativen Interviews nicht durch die Befragenden vorgegeben, sondern bleiben bewusst offen. Wie die Befragten das Quartier, das Dorf, den Stadtteil und die zugehörigen Begrenzungen räumlich definieren, bleibt ihnen selbst überlassen.

b) Qualitative Leitfadeninterviews mit Experten

Die qualitativen Leitfadeninterviews bilden das Kernstück der Studie. Die Stärke von Leitfadeninterviews liegt in ihrem Kompromiss zwischen Offenheit und Strukturierung: Indem sie der qualitativen Logik folgend keine festen Antworten vorgeben, sondern die Interviewpartner zu Erzählungen auffordern, bieten sie genügend Offenheit, um auch neue Zusammenhänge aufzudecken; gleichzeitig gibt der Leitfaden einzelne Themenkomplexe vor, die bei jedem Interviewpartner gleichermaßen durch einen Erzählimpuls eingebracht werden, und bietet so ein hinreichendes Maß an Struktur, um etwa Vergleiche ziehen zu können (Flick 2009).

Für die vorliegende Studie dienen die qualitativen Interviews vor allem dem Zweck, die Eigen- sowie die Fremdwahrnehmung der Kirchengemeinde einzufangen. Aus diesem Grund wurden Gespräche einerseits mit Vertretern aus der jeweiligen Kirchengemeinde durchgeführt (z. B. Pfarrer, Kirchenvorsteher sowie weitere Haupt- und Ehrenamtliche etc.) als auch mit weiteren zivilgesellschaftlichen Akteuren im Sozialraum (z. B. Vereinsvorsitzende, Lokalpolitiker, Vertreter anderer Religionsgemeinschaften etc.).[22] Der Gesprächsleitfaden beinhaltete jeweils fünf große Fragekomplexe: Neben einem Abschnitt zur Eigen- bzw. Fremdwahrnehmung der Kirchengemeinden umfasste der Leitfaden zusätzlich Fragen zur Wahrnehmung des Sozialraums, insbesondere zur Ergänzung der deskriptiven Sozialraumanalysen, zu den zivilgesellschaftlichen Angeboten der Gemeinde, zur zivilgesellschaftlichen Vernetzung des Sozialraums und der Zentralität der Kirchengemeinde innerhalb dieses Netzwerkes, sowie einen abschließenden Abschnitt, der das Gespräch auf eine abstraktere und diskursivere Ebene hebt, in dem es um die Rolle von Kirche in der Zivilgesellschaft allgemein geht. Jeder dieser Fragekomplexe besteht jeweils aus einem eingehenden Erzählimpuls, an den sich zuerst immanente und dann exmanente Nachfragen anschließen. Während die immanenten Nachfragen direkt an das zuvor Gesagte anknüpfen, um etwa eine detaillierte Ausführung angesprochener Themen herbeizuführen, werden die exmanenten Nachfragen nur zu Themen gestellt, die vom Gesprächspartner zuvor zwar nicht angesprochen wurden, aber für die Studie von inhaltlicher Relevanz sind.[23] Im Mittel dauerten die Interviews ca. 60 Minuten.

Für die Interpretation und Auswertung wurden die Interviews zunächst transkribiert und dann mit Hilfe der Software MAXQDA analysiert. Diese Software ermöglicht es, die Interviewtexte in inhaltliche Bestandteile zu zerlegen, die einzelnen (inhaltlich bestimmten) Kategorien, den sogenannten »Codes«, zugeordnet werden können. Diese Codes lassen sich dann in einen übergeordneten theoretischen Zusammenhang einordnen. Die Auswertung erfolgte dabei in zwei Teilschritten:

---

[22]   Zum Vorgehen bei der Auswahl der Interviewpartner siehe Abschnitt 3.3.

[23]   Der genaue Wortlaut der Fragekomplexe lässt sich im Anhang nachlesen.

Im *ersten Auswertungsschritt* wurden die Interviewpassagen sehr nah am Text interpretiert. Die interpretative Vorgehensweise in diesem Schritt ist *induktiv*, das heißt sie geht unter der pragmatischen Frage »Was erzählt die betreffende Person an dieser Stelle eigentlich gerade?« vom vorliegenden Material aus und erstellt für die jeweilige Textpassage eine Oberkategorie. Inhaltlich entsprechende Passagen aus demselben oder weiteren Interviews werden im Laufe der Interpretation derselben Kategorie zugeordnet, wohingegen für neue Inhalte fortwährend neue Codes und Untercodes gebildet werden. Zusätzlich wird laufend überprüft, ob neu gebildete Codes auch in bereits interpretierten Passagen zu finden sind.

Für den *zweiten Auswertungsschritt* wird das erstellte Kategoriensystem zunächst verfeinert und präzisiert. Hierzu werden die gebildeten Codes auf die Anzahl der ihnen inhaltlich zugeordneten Passagen, den sogenannten »Codierungen«, überprüft. Bei Codes oder Untercodes mit nur einer oder sehr wenigen Codierungen wird eine Zusammenfassung zu allgemeineren Codes angestrebt. Im Gegenzug werden Codes, die eine sehr große Anzahl an Codierungen enthalten, nach Möglichkeit in präzisere Unterkategorien zerlegt. An diesen Verfeinerungsprozess schließt sich der eigentliche Analyseprozess an, der anders als im ersten Schritt nun sowohl *induktiv* wie *deduktiv* erfolgt. Einerseits werden aus dem bestehenden Kategoriensystem in einem fortlaufenden Prozess der Abstrahierung allgemeinere Hypothesen im Hinblick auf die zentrale Forschungsfrage nach der Relevanz von Kirchengemeinden in der Zivilgesellschaft gebildet. Andererseits werden die erstellten Hypothesen auch wieder am Material überprüft und gegebenenfalls angepasst oder falsifiziert. Das Ziel dieses oszillierenden Prozesses zwischen induktiver Interpretation und deduktiver Überprüfung ist die Erstellung einer Theorie mittlerer Reichweite zu den Zusammenhängen zwischen Kirche und Zivilgesellschaft.

c) Egozentrierte Netzwerkkarten

Da die zivilgesellschaftliche Vernetzung der Kirchengemeinde über qualitative Leitfadeninterviews allein nur schwer zu erheben ist, wurden diese Interviews durch sogenannte *egozentrierte Netzwerkkarten* ergänzt (zusammenfassend zur Analyse egozentrierter Netzwerke: Wolf 2010). In einer solchen Karte steht in der Mitte »Ego«, also die befragte Person selbst, und darum befinden sich drei konzentrische Kreise.[24] Den Interviewpartnern wurde diese Netzwerkkarte zu Beginn des Fragekomplexes zur Vernetzung vorgelegt, mit der Bitte, die für sie persönlich relevanten zivilgesellschaftlichen Netzwerkpartner in diese konzentrischen Kreise einzutragen. Die drei konzentrischen Kreise bilden die Wichtigkeit der genannten Netzwerkpartner für die befragte Person ab: Je weiter der Kreis vom Zentrum entfernt ist, umso weniger wichtig ist der Netzwerkpartner für die Person selbst. Zusätzlich wird der Interviewpartner gebeten, zu den einzelnen Ak-

---

[24] Eine grafische Darstellung der genutzten Netzwerkkarten befindet sich im Anhang.

teuren, die in die Karte eingetragen werden, zu erläutern, wie der Inhalt dieser Beziehung aussieht oder wie sie entstanden ist.

Aus einer zusammenfassenden Auswertung aller Netzwerkkarten lässt sich dann der Umfang des zivilgesellschaftlichen Netzwerkes vor Ort insgesamt sowie der Stellenwert der Kirchengemeinde in diesem Netzwerk abschätzen. Es muss allerdings angemerkt werden, dass diese Netzwerkkarten in unserer Studie vor allem als Gesprächsunterstützung und Ergänzung der qualitativen Experteninterviews dienen. Eine komplexe netzwerkanalytische Auswertung, etwa zur genauen Bestimmung des Gesamtnetzwerkes vor Ort oder zur Berechnung der Zentralität der Kirche in diesem Ort, kann in unserer Studie nicht geleistet werden. Trotzdem erlauben die gesammelten Netzwerkdaten eine bessere Einschätzung der zivilgesellschaftlichen Vernetzung der Gemeinde, als dies bei einer bloßen Abfrage von Kontakten im Interview der Fall gewesen wäre.

d) Quantitative Bevölkerungsumfragen
Die letzte methodische Säule bilden quantitative Befragungen der Wohnbevölkerung, die aus Kostengründen im Vorfeld auf zwei der sechs Sozialräume beschränkt wurden. Die quantitativen Befragungen dienen insbesondere zwei Zwecken: Erstens soll auf diese Weise die Fremdwahrnehmung der Kirchengemeinde über den kleinen Kreis der Experteninterviews hinaus ausgeweitet werden. Dies ist notwendig, da davon auszugehen ist, dass die Wahrnehmung der Gemeinde unter den im Sozialraum aktiven zivilgesellschaftlichen Akteuren nicht zwingend auch die Wahrnehmung der breiteren Bevölkerung widerspiegelt. Zweitens verfolgen die quantitativen Befragungen das Ziel, zusätzliche Sozialraumindikatoren zu erfassen, die nicht über amtliche oder kirchliche Statistiken zur Verfügung stehen, von denen wir aber annehmen, dass sie einen moderierenden Einfluss auf den Zusammenhang zwischen Kirchengemeinde und Sozialraum ausüben. Hierzu zählen etwa Angaben zum Kirchgang, zur Religiosität, zum Sozialkapital etc.

Die quantitativen Befragungen wurden in zwei städtischen Sozialräumen durchgeführt, einer davon in West- und einer in Ostdeutschland. Die Begrenzung auf den urbanen Raum ergibt sich aus methodischen Gründen: In den dörflichen Sozialräumen in unserer Studie war die Gesamtbevölkerung zu niedrig um eine nicht verzerrte Stichprobe von angemessener Größe zu erreichen. In beiden Sozialräumen wurde eine Stichprobengröße von $n = 750$ Personen angestrebt. Die Grundgesamtheit umfasste jeweils die deutschsprachige Wohnbevölkerung ab einem Alter von 14 Jahren in dem jeweiligen Sozialraum, wobei zur Abgrenzung des Sozialraums das Einzugsgebiet der Kirchengemeinde herangezogen wurde. Die Dauer der Befragung war auf ca. 20 bis 30 Minuten ausgelegt und wurde über das CAPI-Verfahren realisiert (CAPI = Computer Assisted Personal Interview), das heißt, die Befragten wurden von zuvor geschulten Interviewern zuhause aufgesucht und persönlich mit Unterstützung eines Laptops befragt. Zuvor waren die Befragten zusätzlich über ein postalisch zugestelltes Informationsschreiben über die Befragung aufgeklärt worden. Der Fragebogen umfasste Themen zum Zusammenleben im Stadtteil, zum Sozialkapital, zur Religiosität, zur Wahrnehmung und Einschätzung der Arbeit der Kirchengemeinde, zur Bekanntheit und Nutzung kirchengemeindlicher Angebote sowie zur Demographie der Befragten.[25]

Für den ersten Sozialraum wurde die Befragung im Zeitraum von März bis Mitte Mai 2017 durchgeführt. Die Auswahl der Befragten geschah hier über eine Zufallsstichprobe auf Basis der Adressen des Einwohnermeldeamts. Realisiert wurde eine Stichprobengröße von n = 765 Interviews. Im zweiten Sozialraum fand die Befragung im Zeitraum zwischen Februar und Anfang April 2018 statt. Das Auswahlverfahren, das hier zum Einsatz kam, war eine geschichtete Zufallsauswahl per Random-Route-Verfahren. Zu diesem Zweck wurde das Befragungsgebiet nach vorheriger Erkundung zu Fuß und per Google Street View in insgesamt 80 sogenannte Befragungspoints unterteilt, die jeweils etwa 190 Adressen umfassen. Jedem Interviewer wurden einzelne Befragungspoints zugewiesen, in denen jeweils zehn Interviews realisiert werden sollten. Der Vorteil eines solchen Verfahrens besteht darin, dass die soziale und räumliche Struktur des Stadtteils durch die spätere Stichprobe besser repräsentiert wird. Über dieses Verfahren konnten in dem genannten Zeitraum n = 770 Interviews realisiert werden.

3.3 Fallauswahl – *wer* wird untersucht?

Schließlich bleibt noch die Frage nach der Fallauswahl, die sich in der vorliegenden Studie gleich doppelt stellt: Erstens muss eine Auswahl von Kirchengemeinden mit den sie umgebenden Sozialräumen getroffen werden, die Eingang in die Studie finden sollen; und zweitens muss in diesen Sozialräumen eine Auswahl von Personen getroffen werden, die befragt werden können. Ähnlich wie auch bei der Wahl der Methoden gilt auch bei der Fallauswahl: so viel Offenheit wie möglich, damit neue Zusammenhänge und Einflussfaktoren entdeckt werden können; und gleichzeitig so strukturiert und geschlossen wie nötig, um eine Vergleichbarkeit der Fälle untereinander zu ermöglichen sowie um zu gewährleisten, dass die im Vorfeld beschriebenen Einflussfaktoren auch tatsächlich durch die ausgewählten Fälle abgedeckt werden.

Um diesen Anforderungen gerecht werden zu können, nutzen wir eine Auswahlstrategie, die auf der Idee des *theoretischen Samplings* beruht, wie es im Rahmen der Grounded Theory erstmals von Barney Glaser und Anselm Strauss 1967 entwickelt wurde. Demnach folgt die Fallauswahl weder einer Zufallsstichprobe, noch einem im Vorfeld festgelegten Auswahlplan, sondern geschieht Schritt für Schritt im Verlauf des Forschungsprozesses (Glaser & Strauss 1967). Konkret sieht ein solcher Auswahlprozess folgendermaßen aus: Erste Fälle werden auf der Basis früher theoretischer Vorannahmen über den Forschungsgegenstand ausgewählt. Diese werden dann analysiert und codiert und auf Basis der daraus abgeleiteten

---

[25]   Für einen detaillierten Einblick befindet sich der Fragebogen im Anhang.

Hypothesen werden neue Fälle ausgewählt, um auf diese Weise die sukzessive entstehende Theorie zu prüfen und zu erweitern. Auch diese neu ausgewählten Fälle werden wiederum codiert, es werden gegebenenfalls weitere Fälle ausgewählt und so weiter ... Um zu vermeiden, dass bewusst oder unbewusst nur solche Fälle ausgewählt werden, die die verfolgte theoretische Argumentation der Forscher stützen, werden zudem Kontrastfälle in die Auswahl einbezogen, von denen erwartet wird, dass sie sich in relevanten Kategorien, Deutungen oder Sichtweisen von den bisher gesammelten Daten unterscheiden. Das zentrale Kennzeichen eines solchen theoretischen Samplings besteht in dem gleichzeitig ablaufenden, oszillierenden Prozess von Datenerhebung und Auswertung. Das Ziel besteht darin, allgemeine theoretische Zusammenhänge durch die sukzessive Abstraktion sogenannter Codes, das heißt am Material entwickelter Hypothesen, aufzudecken. Der Prozess der Datenerhebung endet laut Glaser und Strauss (1967), sobald eine theoretische Sättigung erreicht ist. Dies zeigt sich daran, dass die Aufnahme weiterer Fälle zu keiner Erweiterung oder Falsifikation der bereits entwickelten theoretischen Kategorien und Überlegungen führt.

In der Praxis ist ein solches Auswahlverfahren bis zum Zustand der theoretischen Sättigung aufgrund von Zeit- und Kostenbeschränkungen für gewöhnlich nicht nach dem Lehrbuch durchführbar. Bei der Auswahl der Sozialräume mussten wir das Verfahren daher leicht modifizieren, da eine sukzessive Auswahl der Fälle weder mit dem Zeit- noch mit dem Kostenplan eines solchen Forschungsprojektes in Einklang zu bringen gewesen wäre. Aus diesem Grund wurde die Fallzahl im Vorfeld der Untersuchung auf sechs Kirchengemeinden in ihren dazugehörigen Sozialräumen begrenzt. Um zu gewährleisten, dass diese sechs Gemeinden auch die nötige Varianz aufweisen, um den Einfluss sozialräumlicher Rahmenbedingungen untersuchen zu können, wurden die Fälle anhand der drei Faktorenbündel externer Einflussfaktoren, die bereits in Abschnitt 3.1 vorgestellt wurden, ausgewählt: Siedlungsstruktur (ländlich/urban); sozio-demographische und ökonomische Entwicklung (wachsend/schrumpfend); Bundesgebiet (Ost/West).

Pro Sozialraum wurden dann so viele qualitative Experteninterviews realisiert, bis annäherungsweise der Punkt theoretischer Sättigung erreicht wurde. Es lässt sich jedoch nicht völlig ausschließen, dass sich durch weitere Interviews neue Sichtweisen oder Deutungen ergeben hätten.

Die Auswahl der Gesprächspartner folgte einer doppelten Logik: Zum einen sind wir ausgehend von der Person der Gemeinde, über die die Kontaktaufnahme stattgefunden hatte (dies war in allen Fällen der Pfarrer/die Pfarrerin), nach einem Schneeballprinzip weiter vorgegangen. Das heißt, weitere Gesprächspartner wurden ausgehend von Hinweisen in bereits geführten Gesprächen kontaktiert, um auf diese Art möglichst umfassend das Netzwerk abzubilden, innerhalb dessen sich die Kirchengemeinde befindet. Um zu vermeiden, sich nur in einzelnen Ausschnitten von zivilgesellschaftlichen Netzwerken eines Ortes zu bewegen, haben wir dieses Schneeballverfahren durch eigene Recherchen nach relevanten zivilgesellschaftlichen Akteuren ergänzt, die möglicherweise nicht von bisherigen Gesprächspartnern genannt wurden. Wichtige Experten waren auch Lokalpolitiker wie ehrenamtliche Bürgermeister und kommunale Abgeordnete, die aufgrund ihrer politischen Tätigkeit mit Problemlagen, Stärken, zivilgesellschaftlich aktiven Personen, Vereinen und Organisationen sowie deren Kooperation wie auch Konfrontation besonders gut vertraut sind. Soweit es die Regeln der Anonymisierung zulassen, wird im folgenden Kapitel 4, bei der Analyse der Fallstudien, jeweils genauer angegeben, wer die Experten jeweils waren.

Auf Basis dieser Überlegungen setzt sich die Stichprobe unserer Untersuchung wie folgt zusammen:

TABELLE 1 **Empirische Basis der Studie**

Gemeinde	Siedlungs-struktur	Entwicklung	Bundesgebiet	Anzahl Interviews	Quantitative Befragung
Markus	urban (Randlage)	wachsend	West	18	ja
Lydia	ländlich	stabil	Ost	10	nein
Matthäus	ländlich	wachsend	West	9	nein
Lukas	urban (Innenstadt)	wachsend	West	9	nein
Junia	urban (Innenstadt)	schrumpfend	West	9	nein
Prisca	urban (Innenstadt)	wachsend	Ost	16	ja

4. Sechs Fallstudien

Im folgenden Kapitel werden die sechs Fallstudien zunächst jeweils einzeln vorgestellt. Für jeden Fall werden dabei der Sozialraum und die Kirchengemeinden beschrieben und schließlich die Ergebnisse entlang der drei zentralen Analysedimensionen (Wahrnehmung, Angebote und Vernetzung) präsentiert. Um die intersubjektive Nachvollziehbarkeit der Interpretationen und Kategorisierungen des empirischen Materials gewährleisten zu können, untermauern wir die Argumentationen mit entsprechenden Interviewpassagen, die sich bei der Auswertung als Schlüsselpassagen herausgestellt haben.

Alle Ergebnisse wurden anonymisiert, sodass eine Rückführung der zitierten Interviewpassagen auf einzelne Personen ausgeschlossen werden kann. Dies ist einerseits aus datenschutzrechtlichen und forschungsethischen Gesichtspunkten erforderlich; andererseits konnte durch eine Zusicherung der Anonymisierung im Vorfeld jedes einzelnen Interviews gewährleistet werden, dass die Interviewpartner kritische Aussagen über die jeweilige Kirchengemeinde nicht aus taktischen Gründen oder aufgrund von antizipierten sozialen Erwartungen zurückhalten. Da eine simple namentliche Anonymisierung der Interviewpartner hierzu nicht ausgereicht hätte, wurden in der folgenden Darstellung auch die Namen der Kirchengemeinden durch fiktive Namen ersetzt. Darüber hinaus wird auf genaue geographische Angaben zum Sozialraum verzichtet. Die Namen von Straßen, Plätzen und Gebäuden sind geändert, markante Angebote oder Aktivitäten der Kirchengemeinden mit anderen Begriffen umschrieben, zum Teil schien es sogar notwendig, die Angaben zum Geschlecht der Interviewpartner zu ändern. Zivilgesellschaftliche Funktionen oder Berufe der Interviewpartner werden nur dann angegeben, wenn sie für die Interpretation relevant sind und dadurch keine eindeutige Identifizierung der Person möglich ist.

4.1 Markusgemeinde: Zivilgesellschaftliches Engagement als Identität

4.1.1 SOZIALRAUMBESCHREIBUNG: EIN DORF IN DER STADT

Soziodemographisches Profil

Das Einzugsgebiet der Markusgemeinde umfasst einen ca. 8,4 km² großen Stadtteil einer westdeutschen Großstadt, in dem zur Zeit der Interviewführung 23.443
Menschen leben (Stand 2016). Die Entfernung zum Zentrum der Großstadt beträgt
etwa 14 km. Infrastrukturell besteht eine starke Hinwendung zum benachbarten Stadtteil, insbesondere aufgrund eines dort ansässigen großen Einkaufszen-
trums, sowie der nächstgelegenen S-Bahn-Station, die einen wesentlichen Ver-
kehrsknotenpunkt im Norden der Metropole darstellt.

Die Raumstruktur des Stadtteils ist vorwiegend durch die Bebauung mit Ein-
und Zweifamilienhäusern geprägt, die sich entlang ruhiger Wohnstraßen mit
viel Grün verteilen. Mit fast 70 Prozent ist der Anteil der Ein- und Zweifamilien-
häuser an allen Wohnungen deutlich höher als im Durchschnitt der Gesamtstadt
(20,1 Prozent). Ein Großteil dieser Wohnhäuser entstand in den 1950er-Jahren
und zeichnet sich durch sehr großzügig bemessene Grundstücks- und Wohnflä-
chen aus: Die durchschnittliche Wohnfläche je Einwohner beträgt 51,2 m² und
liegt auch hier deutlich über dem Mittelwert der umliegenden Stadt. Den Ortskern
bildet der Marktplatz, der in seiner heutigen Form in den 1930er-Jahren entstanden ist. Hier konzentrieren sich nicht nur kleinere Geschäfte, Gastronomie und
Dienstleistungen, sondern hier findet auch an zwei Tagen in der Woche ein über
die Grenzen des Stadtteils hinaus beliebter Wochenmarkt statt, weshalb sich der
Marktplatz so zu einem bedeutenden Nahversorgungszentrum entwickelt hat.
Mit dem Postgebäude im Westen, dem ehemaligen Rathaus im Osten und natürlich der evangelischen Kirchengemeinde mit ihrem markanten Kirchturm versammeln sich zudem die zentralen identitätsstiftenden Repräsentativgebäude des
Stadtteils rings um den Marktplatz.

TABELLE 2 Gebiet der Markusgemeinde

Zahlen & Fakten 2016		
Bevölkerung	Stadtteil	Stadt gesamt
Einwohner	23.443	
Anteil unter 18-Jährige (%)	18,8	15,9
Anteil über 65-Jährige (%)	25,6	18,5
Personen mit Migrationshintergrund (%)	14,6	32,7
Ausländeranteil (%)	5,1	15,7

Bevölkerungsentwicklung		
Relative Bevölkerungsentw. seit 2008 (%)	+3,8	+5,3
Natürlicher Saldo (Geburten/Sterbefälle je 1000 Ew.)	-0,2	+1,2
Wanderungssaldo (Zuzüge/Fortzüge je 1000 Ew.)	+7,4	+10,9
Soziale Lage		
Einpersonen-Haushalte (%)	36,7	54,4
Haushalte mit Kindern (%)	23,7	17,6
Durchschnittseinkommen je Steuerpflichtigem (€)	57.224	35.567
Arbeitslose in % der 15–65-Jährigen	2,5	5,6
SGB-II-Quote in % der Bevölkerung	1,5	9,9
Wohnen		
Anteil Ein- und Zweifamilienhäuser an allen Wohnungen (%)	69,3	
Wohnfläche je Einwohner (m²)	51,2	
Anteil Sozialwohnungen (%)	0,3	
Infrastruktur		
Kindergärten	12	
Grundschulen	3	
Niedergelassene Ärzte	31	
Zahnärzte	13	
Apotheken	2	

Quelle: Statistisches Amt von Großstadt und Bundesland, 2016

Ein Stadtteil ohne größere soziale Brennpunkte
Bedingt durch die Nähe zum Stadtkern, die verbreitete Einzelbebauung mit großen Grundstücken und die attraktive Lage, die sich durch viel Grün und Bewaldung auszeichnet, wird der Ort von den Befragten als »attraktiver Wohnstadtteil« beschrieben (MK10:7; MK12:9; MK17:41). Diese Attraktivität spiegelt sich auch in der Sozialstruktur der Bevölkerung wider: Das Durchschnittseinkommen ist mit 57.224 € jährlich vergleichsweise hoch, wohingegen der Anteil der Arbeitslosen mit 2,5 % aller Erwerbspersonen nur sehr gering ausfällt. Armut oder gar soziale Brennpunkte sind eher die Ausnahme (MK1:17; MK8:7; MK11:9), die wenigen Migranten, die es im Stadtteil gibt, werden als »gut integriert« beschrieben und die Kriminalitätsrate gehört zu den niedrigsten in der gesamten Region (Bezirksamt 2012:25). Eine Bewohnerin und Ehrenamtliche aus der Gemeinde unterstreicht das:

»Ja, das ist schon richtig, guter Mittelstand, obere Mittelschicht, teilweise auch eini-
ge sehr reiche Leute, die hier wohnen. So genau kenne ich mich nicht aus, aber das
ist so der Eindruck. Also hier herrscht so eigentlich keine größere Not [...]« MK17:45

Die Nahversorgung wird als besonders gut eingeschätzt, wozu eine Vielzahl an
Geschäften im Bereich des Marktes beiträgt, sowie eine gute infrastrukturelle
Anbindung an das Stadtzentrum (MK10:7; MK12:11). Der Stadtteil verfügt über
insgesamt 12 Kindergärten und 3 Grundschulen und auch die medizinische Versorgung ist mit 31 niedergelassenen Ärzten, 13 Zahnärzten und 2 Apotheken auf
einem sehr hohen Niveau. Auch das kulturelle Angebot wird als außerordentlich
umfangreich beschrieben.

»Das ist wirklich sehr gesund. Wir haben hier alles am Markt, die ganze Infrastruk-
tur ist da, vom Parken, vom Einkaufen, alles ist vorhanden, eine Poststelle haben
wir. Besser kann es gar nicht sein.« MK3:5

Ein sich in der Vergangenheit abzeichnendes Problem des Stadtteils bestand in
einem steigenden Anteil älterer Menschen. Im Jahr 2016 betrug der Anteil der
über 65-Jährigen bereits 25,6 Prozent und lag somit gut sieben Prozentpunkte über dem Durchschnittswert der Gesamtstadt. Durch die Teilung der großen
Siedlergrundstücke in kleinere und preiswertere Baugrundstücke ist es jedoch in
den vergangenen Jahren gelungen, vermehrt junge Familien mit Kindern in den
Stadtteil zu locken. Dadurch ist mittlerweile auch der Anteil der unter 18-Jähri-
gen im Stadtteil höher als im städtischen Mittel. Dieser Zuzug beginnt, das Bild
des Stadtteils allmählich zu verändern, was nicht von allen Bewohnern gleichermaßen gutgeheißen wird (siehe unten).

Der Bewohner als archetypischer Bürger
Den Stadtteil beschreiben die Befragten als »(gut)bürgerlich«. Der durchschnittliche Bewohner wird als »wohlhabend«, »überdurchschnittlich gebildet« und kulturell interessiert dargestellt (MK1:17; MK8:17; MK18:57; MK12:72/73). Dies zeigt
sich etwa an einem vergleichsweise hohen jährlichen Durchschnittseinkommen,
aber auch in den Bildungsabschlüssen der Bevölkerung, wie die im Zuge des Projektes durchgeführte Repräsentativbefragung im Stadtteil gezeigt hat.

ABBILDUNG 5   **Höchster Bildungsabschluss (alle Befragte, n = 755)**

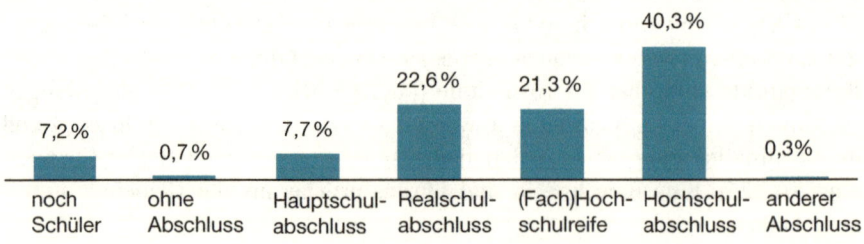

Der Anteil der Personen mit Hochschulabschluss ist mit 40,3 Prozent sehr hoch. Hinzu kommen weitere 21,3 Prozent der Bevölkerung, die über die allgemeine Hochschulreife oder Fachhochschulreife verfügen (Abb. 5). Die hohe Bildungsaspiration spiegelt sich darüber hinaus auch in einer Erwartungshaltung gegenüber kirchlichen Angeboten wider, wie eine Mitarbeiterin der Kirchengemeinde erzählt:

> *»Also die Kinder haben so zwei Hobbys immer, einen Sport, eine Musik. Also hoher Bildungswunsch und -bedarf. Das war schon, als ich hier anfing. Ein Vater sagte mal zu mir: ›Im Konfirmandenunterricht soll mein Kind aber was lernen.‹* MK18:64

Diese Bürgerlichkeit drückt sich ebenfalls in einer Wertekonservativität aus, die dem Stadtteil bisweilen ein biedermeierartiges, eher gediegenes, von manchen sogar als »langweilig« bezeichnetes Image verleiht (MK8:7; MK11:9/13), wie ein Bewohner es umschreibt:

> *»Also nett zum Wohnen mit Familien, ja, aber nicht irgendwie was los oder ein bisschen Aufregung.«* MK11:11

Als weiteres Kennzeichen der beschriebenen Bürgerlichkeit findet sich eine verbreitete politische und zivilgesellschaftliche Partizipation. Dies äußert sich etwa in einer hohen Bereitschaft zur Übernahme ehrenamtlicher Tätigkeiten in »klassischen« Institutionen wie etwa der Freiwilligen Feuerwehr oder der Kirchengemeinde.

> *»Die Leute hatten ihr Auskommen, haben darauf geachtet, dass ihre Kinder einen guten Schulabschluss machen, durchaus mit Engagement in einzelnen Bereichen, das kann Kirche sein, muss aber nicht Kirche sein, kann auch Sportverein sein usw. Das macht den Stadtteil eigentlich aus.«* MK1:17

Andererseits zeigt sich dies auch in einer gewissen »Protestkultur«. Verschiedene politische Aktionen in der Vergangenheit, wie etwa die Diskussionen zur Umgestaltung des Marktplatzes, zum Bau einer Unterkunft für schwererziehbare Jugendliche oder dem Bau einer Umgehungsstraße haben zu reger Beteiligung und öffentlichem Interesse in der Bevölkerung beigetragen und sind in die kollektive Identität des Stadtteils eingeflossen (MK14:43; MK11:59).

Die Bedrohung des dörflichen Charakters
Trotz der städtischen Randlage wird der Stadtteil als »dörflich« oder als »Dorf in der Stadt« beschrieben (MK3:5/9). Als wesentliches Kennzeichen dieses dörflichen Charakters werden ein starker sozialer Zusammenhalt der Menschen sowie ein sehr gutes Miteinander der Vereine und Institutionen vor Ort genannt. Hinzu kommt ein außerordentlich vitales und gut strukturiertes Vereinsleben (MK13:7/67). Dieser starke soziale Zusammenhalt zeigt sich auch besonders deutlich in den Daten der im Zuge des Projekts durchgeführt quantitativen Be-

völkerungsumfrage im Stadtteil. Eine knappe Mehrheit von 52 Prozent der Bevölkerung bewertet den sozialen Zusammenhalt insgesamt als »eher gut«. Weitere 15,9 Prozent schätzen ihn sogar »sehr gut« ein (Abb. 6).

Abbildung 6 **Wie gut ist der soziale Zusammenhalt insgesamt hier in [Stadtteil]? (alle Befragte, n = 731)**

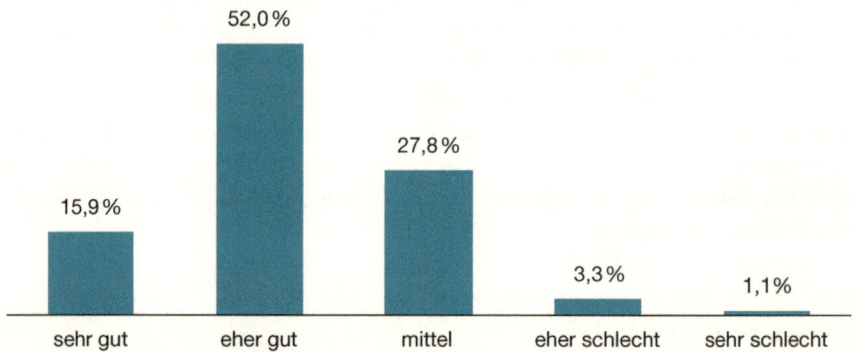

Bürgerlich, wohlhabend, dörflich – die Beschreibung des Status quo täuscht darüber hinweg, dass die grundlegenden kollektiven Identitätsmerkmale des Stadtteils ins Wanken geraten sind. Die Befragten beschreiben Veränderungen der letzten Jahre, nehmen ihren Ortsteil als einen »Stadtteil im Umbruch« wahr.

> *»Die Stadt rückt sozusagen in dieses dörfliche Milieu immer näher rein. Das kann man sehr deutlich verfolgen.«* MK17:43

Dieses von den Interviewpartnern erlebte Vordringen urbanen Lebens in das ehemals geschützte dörfliche Milieu ist soziologisch nüchterner ausgedrückt eine Auswirkung demographischer Veränderungsprozesse im Stadtteil. Um diese Veränderungen zu verstehen, lohnt sich ein Blick in die Entstehungsgeschichte des Stadtteils. In den 1920er-Jahren wurde durch neugegründete Siedlungsgenossenschaften Land im heutigen Gebiet des Stadtteils günstig aufgekauft und in sehr großzügig bemessene Parzellen zerteilt. Diese großen Siedlergrundstücke sind zwar bis heute präsent, allerdings hat man seit den 1980er-Jahren damit begonnen, die Grundstücke nach ihrem Verkauf in kleinere Baugrundstücke zu zerteilen. Das Resultat dieser sogenannten »Nahverdichtung« ist der seit einigen Jahren verstärkte Zuzug überwiegend junger Familien, die sich von der Kombination aus Innenstadtnähe und dörflichem Wohnidyll angezogen fühlen. Die neuzugezogenen Familien beginnen, das Gesicht des Stadtteils sukzessive zu verändern, was von den Interviewten unterschiedlich bewertet wird. Auf der einen Seite wird die zuzugsbedingte Verjüngung des Stadtteils als positive Entwicklung interpretiert. Der Zuzug lasse den Stadtteil »bunter« werden (MK3:5; MK12:5).

»Es wird jünger. Es war ganz klar in diesem Jahr auf dem Weihnachtsmarkt, das war total irre, ich habe noch nie so viele Kinder auf einem Haufen gesehen – außer in der Schule – mit ihren Eltern. Das war irre. Da sieht man auch, dass ganz viele junge Menschen herkommen. Das tut dem Stadtteil gut«. MK13:87

Auf der anderen Seite werden jedoch auch weniger positive Effekte benannt, die sich aus diesen demographischen Veränderungen ergeben. So bewirkt der Zuzug eine Zweiteilung der Bevölkerungsstruktur in eine Gruppe Ältere und »Alteingesessene« und eine zweite Gruppe Neuzugezogener.

»Wir haben sehr viele junge Menschen, die nachgezogen sind in den letzten Jahren. Das kommt durch die Grundstücksteilung, die ermöglicht wurde. Das ist das eine, und wir haben sehr viele ältere Menschen. [...] Das heißt, wir haben hier überproportional [...] wenig Bewohner, die im Mittelfeld sind. Das ist also schon mal sehr, sehr auffällig«. MK10:7

Die Integration dieser beiden Gruppen stellt eine Herausforderung an den Stadtteil dar. Dabei wird vor allem beklagt, dass der soziale Zusammenhalt und die Identifikation mit dem Stadtteil in der Gruppe der Jüngeren geringer ist als bei dem alteingesessenen Kern (MK8:13). Auch das Verständnis von ehrenamtlicher Tätigkeit wird für die Gruppe der Jüngeren anders beschrieben. Ehrenamt wird seltener als »Lebensaufgabe« aus dem Wunsch heraus, den Stadtteil aktiv mitzugestalten betrieben, sondern entspringt häufiger der Idee, sich in einem zeitlich begrenzten Rahmen individuell entfalten und weiterbilden zu können (MK7:77/89). Dieses veränderte Ehrenamtsverständnis stellt vor allem die Vereine wie auch die Kirchengemeinde vor neue Herausforderungen bei der Nachwuchsgewinnung.

»Ehrenamtliches Engagement als Stichwort, das ist ja doch eher als zeitliches Projekt vielleicht zu sehen, nicht mehr so als Lebensaufgabe, einmal Feuerwehr, immer Feuerwehr oder so, sondern das ist schon deutlich erkennbar. Das hat mit dem Zuzug von vielen neuen Familien zu tun, die natürlich in den Stadtteil kommen, die vielleicht anders sozialisiert worden sind und auch mit dem Absterben sozusagen der Alten natürlich, die das nicht mehr so weitergeben können.« MK14:9

Die Stadtteilentwicklung und die kommunale Politik hinken diesen demographischen Entwicklungen bislang noch hinterher. Deutlichstes Symptom hierfür ist das Fehlen von Angeboten für jüngere Menschen im Stadtteil, das von verschiedenen Befragten immer wieder beklagt wird (MK1:19; MK10:7; MK11:11; MK18:103). Auch der Bedarf an Schulen und Kindergärten ist deutlich gestiegen (MK7:10; MK18:64). Grundsätzlich resultiert aus diesen demographischen Veränderungen ein erhöhter diakonischer Bedarf von zwei Seiten: in der Jugend- und in der Seniorenarbeit. Allerdings ist der Stadtteil in der Seniorenarbeit nach wie vor deutlich besser aufgestellt als im Bereich der Jugendarbeit.

»Das heißt aber auch gerade für das Thema soziales Denken und soziales Handeln, dass wir gerade eine übermäßige Anzahl von Menschen haben, um die man sich kümmern muss. Das heißt also die Älteren auf der einen Seite und die Jüngeren.« MK10:7

Zu diesem Schluss kommt auch eine bereits im Jahr 2012 durch die Stadt in Auftrag gegebene Sozialraumbeschreibung. Demnach sei die vorhandene Infrastruktur des Stadtteils auf die demographischen Verschiebungen in der Altersstruktur nicht vorbereitet. Es fehle sowohl an Angeboten für die ältere Generation, insbesondere im Bereich von Wohn- und Pflegeeinrichtungen, wie auch an Angeboten im Bereich der Kinder- und Jugendarbeit (Bezirksamt 2012:27). Dies wird in den folgenden Jahren vermehrte Anstrengungen seitens Politik und zivilgesellschaftlicher Akteure vor Ort fordern, um die hohe Lebensqualität des Stadtteils für alle Altersgruppen gleichermaßen zu erhalten.

4.1.2 DIE KIRCHENGEMEINDE: EINE, DIE SICH EINMISCHT

Wachstum – Schrumpfung – Fusion

Die Entstehung der Kirchengemeinde ist noch nicht allzu lange her.[26] Seit dem Mittelalter gehörte das damalige Dorf zu einem übergeordneten Kirchspiel. Erst sehr viel später, in den ersten Jahrzehnten des 20. Jahrhunderts, machten ein rasantes Bevölkerungswachstum und die Eingemeindung des Dorfes in die angrenzende Großstadt eine Neuordnung des kirchlichen Lebens erforderlich. Der Stadtteil wurde im Jahr 1935 ein eigener Seelsorgebezirk und erhielt einen eigenen »Hilfsgeistlichen«. Gottesdienste wurden im umfunktionierten Saal einer Gastwirtschaft gehalten. Dies sollte jedoch nur ein Übergangszustand bleiben. Durch kriegsbedingte Flucht- und Wanderungsprozesse hatte sich die Bevölkerung im Jahr 1945 im Vergleich zur Vorkriegszeit verdoppelt. Um die kirchliche Versorgung weiterhin gewährleisten zu können, bekam der Stadtteil im Jahr 1948 eine selbstständige Kirchengemeinde mit eigener Pfarrstelle. Als Konsequenz wurde Anfang der 1960er-Jahre das heutige Kirchengebäude am Marktplatz errichtet und 1962 eingeweiht. Kontinuierliches Bevölkerungswachstum führte dazu, dass der südliche Bezirk der Gemeinde im Jahr 1963 eine eigenständige Kirchengemeinde wurde, mit eigener Pfarrstelle und ab 1965 auch mit einem zweiten Standort, einschließlich einem weiteren Kirchengebäude, zweitem Gemeindehaus und Pastorat. Kirchenaustritte, weniger Gottesdienstbesucher und sinkende Kirchensteuereinnahmen hatten jedoch zur Folge, dass die beiden Kirchengemeinden im Jahr 1998 wieder zu einer fusionierten.

---

[26]   Alle Daten und Informationen zur Geschichte der Kirchengemeinde, die im folgenden Abschnitt vorgestellt werden, stammen aus der sehr umfangreichen Darstellung auf der Website der Kirchengemeinde.

Tabelle 3 Markusgemeinde

Zahlen & Fakten 2015	
Gemeindemitglieder	7.649
Anteil Gemeindemitglieder in der Bevölkerung (%)	32,6
Standorte	2
Pfarrer	3
Kindergärten	2
Weitere Hauptamtliche	Gemeindesekretärin, Kirchenmusikerin, 2 Sozialpädagoginnen, 2 Küsterinnen

Quelle: Kirchenkreis

Heute ist die evangelische Kirchengemeinde zwar eine Gemeinde mit zwei Standorten, allerdings verlagert sich das kirchliche Leben in den letzten Jahren stärker in Richtung der Kirche am Marktplatz, was nicht zuletzt damit zusammenhängt, dass diese durch ihre Lage mit dem angrenzenden Gemeindehaus, dem zugehörigen Kindergarten, dem Weltladen und Café deutlich präsenter ist als die im Wohngebiet etwas versteckt gelegene zweite Kirche.

Günstige Voraussetzungen
Säkularisierung und Entkirchlichung haben auch die Markusgemeinde nicht verschont. Zwischen 1992 und 2015 ist die Zahl der Gemeindemitglieder von 10.020 auf 7.649 gesunken. Und das trotz positiver Bevölkerungsentwicklung im Stadtteil. Die Zahl der Einwohner ist im gleichen Zeitraum von 20.561 auf 23.458 gewachsen.[27] Der Anteil der Gemeindemitglieder an der Bevölkerung ist somit von 48,7 Prozent auf 32,6 Prozent geschrumpft. Deutliche Anzeichen dafür, dass die Säkularisierung auch vor dem bürgerlichen Stadtteil der Markusgemeinde nicht Halt macht, zeigen sich in der Verbundenheit der Menschen mit ihrer Religionsgemeinschaft. Im Zuge der quantitativen Bevölkerungsumfrage haben wir die Menschen im Stadtteil, die zuvor angegeben haben, einer Religionsgemeinschaft anzugehören, gebeten, eine Einschätzung abzugeben, wie stark sie sich mit eben dieser verbunden fühlen. Die Antwortoptionen waren auf einer fünfstufigen Skala angeordnet: Der Wert 1 bedeutete, dass man sich »gar nicht« mit der eigenen Religionsgemeinschaft verbunden fühlt, und der Wert 5 stand für eine »sehr starke« Verbundenheit. Die untenstehende Abbildung 7 zeigt den Anteil der Befragten,

---

[27]   Die Statistiken zum kirchlichen Leben der Markusgemeinde wurden vom zuständigen evangelisch-lutherischen Kirchenkreis zur Verfügung gestellt.

die sich entweder »eher verbunden« oder »sehr verbunden« mit ihrer Religionsgemeinschaft fühlen. Dabei fällt deutlich auf, dass die Verbundenheit in den jüngeren
Alterskohorten deutlich abnimmt: Während sich von den evangelischen Bewohnern, die 65 Jahre oder älter sind, noch immerhin fast die Hälfte (47,6 Prozent) eher
oder sehr verbunden mit ihrer Religionsgemeinschaft fühlt, beträgt dieser Anteil
in der mittleren Altersgruppe zwischen 35 und 64 Jahren nur noch 41 Prozent und
in der jüngsten Gruppe der unter 35-Jährigen sogar nur 24,1 Prozent. Natürlich
liegen unserer Befragung nur Querschnittsdaten zugrunde, aufgrund derer nicht
automatisch auf einen Effekt über die Zeit geschlossen werden kann. Theoretisch
wäre es möglich, dass es sich nur um lebenszyklische Effekte handelt, das heißt
die Verbundenheit steigt mit dem Lebensalter an (siehe hierzu auch Pollack et al.
2015: 192). Allerdings sind die Unterschiede zwischen den Altersgruppen derart eklatant, dass es sehr unwahrscheinlich erscheint, dass die Zahl der unter
35-Jährigen, die im Laufe des Lebens eine stärkere Bindung an ihre Religionsgemeinschaft entwickeln, in einigen Jahrzehnten auf das gleiche Niveau ansteigt,
wie das der über 65-Jährigen.

ABBILDUNG 7 Verbundenheit mit der Religionsgemeinschaft nach Alter (nur Mitglieder
von Religionsgemeinschaften), Anteil der Befragten, die sich ihrer Gemeinde »sehr«
oder »eher« verbunden fühlen

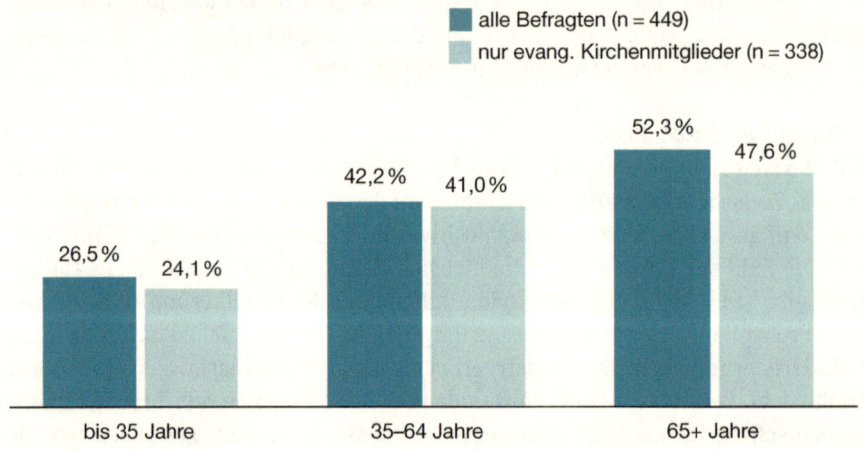

Trotz dieses Mitgliederrückgangs ist die Kirchengemeinde vor allem personell
und räumlich gut aufgestellt. Neben drei Pfarrern arbeiten eine Gemeindesekre-
tärin, zwei Sozialpädagoginnen, zwei Küsterinnen und eine Kirchenmusikerin
hauptamtlich in der Gemeinde. Die Gemeinde verfügt über zwei Kindergärten,
zwei Kirchengebäude mit angrenzenden Gemeinderäumen, einem mehrere
Räume umfassenden »Jugendkeller« und einem ehrenamtlich organisierten
Weltladen und -café am Marktplatz. Vor allem aber die Anzahl der Ehrenamtlichen in der Gemeinde wird von den Befragten als außergewöhnlich hoch beschrieben.

Dies liegt in Teilen sicher auch daran, dass die Kirchengemeinde trotz Mitgliederschwund für ihre Arbeit vergleichsweise günstige Rahmenbedingungen vorfindet. Ein Grund hierfür ist das bereits beschriebene bürgerliche Milieu des Stadtteils. Eine Aufgliederung der Bevölkerung nach Sinus-Milieus ergibt einen Anteil von 48 Prozent der Bevölkerung im Bereich des »konservativ-etablierten Milieus«: eine Gruppe, die sich als das klassische Establishment bezeichnen ließe und sich durch Verantwortungs- und Erfolgsethik sowie einem Bewusstsein des eigenen Standes auszeichnet. Auch wenn religiöse Orientierungen und kirchliche Bindung nicht unmittelbar mit einzelnen Milieutypen verknüpft sind (vgl. Ahrens & Wegner 2013), zeigt sich hier doch deutlich eine tradierte Affinität zwischen dieser bürgerlichen und der kirchlichen Lebenswelt. So gehört für viele Bewohner die Kirche zu einem »guten Bildungsprogramm« einfach dazu (MK18:140). Der Stadtteil wird sogar als »Oase der traditionellen christlichen Kultur« beschrieben (MK10:7). Dies äußert sich auch nicht zuletzt in den konstant hohen Zahlen von Konfirmandinnen und Konfirmanden (MK1:29; MK18:140).

> »Das liegt einmal daran, weil wir in einem Stadtteil liegen, ich nenne es bürgerlich, wo man sehr viele Leute trifft, die der Kirche nicht ablehnend gegenüberstehen.« MK1:5

Als ebenfalls günstige Rahmenbedingungen können auch die Alters- und Sozialstruktur des Stadtteils gelten: Der Ort ist gekennzeichnet durch einen vergleichsweise hohen Anteil an älteren Menschen auf der einen Seite und einem wachsenden Anteil jüngerer Familien auf der anderen Seite. Beide Gruppen finden in Kirchengemeinden traditionell zahlreiche Anknüpfungspunkte: einerseits die vielfältigen Angebote und Partizipationsmöglichkeiten für Senioren und »junge Alte«; und andererseits die Kindergärten, der Konfirmandenunterricht oder Angebote für Familien.

Das Selbstverständnis: Eine Kirche für den Stadtteil
Die Markusgemeinde sieht sich als eine Gemeinde, die sich einmischt. Die Mitgestaltung des sozialen Lebens im Stadtteil ist ein elementarer Grundgedanke ihres Selbstverständnisses. So heißt es etwa im offiziellen Leitbild der Kirche zur Gemeindearbeit:

> »Die Kirchengemeinde ist orientiert auf den Stadtteil und die Region. Sie wendet sich den hier lebenden Menschen zu und versucht im Rahmen ihres biblischen und verfassungsmäßigen Auftrages (Art. 7 Landeskirchenverfassung), sie in ihrer Lebensführung zu stärken und bedarfsgerecht zu unterstützen. Die Kirchengemeinde soll ein Ort der Begegnung sein und ein Ort, an dem Menschen ihre Vereinzelung oder Einsamkeit überwinden können, Unterstützung erfahren und ihre Fähigkeiten einbringen können«.

Die Hinwendung zum Stadtteil materialisiert sich bereits im Kirchengebäude selbst. Die Kirche dominiert das Gebäudeensemble am Marktplatz, der gleichzeitig das Zentrum des Stadtteils bildet. Westportal und Turm sind dem Platz zugewandt und versinnbildlichen die Verbindung zwischen Kirche und Stadtteil. Die Fokussierung auf den Stadtteil springt als Kennzeichen der Gemeinde schnell ins Auge, wie eine hauptamtliche Mitarbeiterin berichtet:

> *»Dann kann ich das auch begründen, was mich an dieser Kirchengemeinde sofort begeistert hat und fasziniert hat, war eben genau die Stellung im Stadtteil und die Öffnung zum Stadtteil hin.«* MK7:7

Auch von den Pfarrerinnen und Pfarrern wird verlangt, dass diese sich »einmischen«, etwa durch die Mitwirkung in Initiativen und Gremien im Stadtteil oder auch Auftritte in der lokalen Presse (MK1:13). Die Gemeinde hat darüber hinaus auch den Anspruch, »offen für Neues« zu sein und neue Möglichkeitshorizonte für die Menschen vor Ort zu eröffnen (MK12:5; MK1:8). Eine hauptamtliche Mitarbeiterin der Gemeinde fasst dies folgendermaßen zusammen:

> *»Also wir ermöglichen auch. Wenn Leute sagen: Ich will was machen, dann kriegen sie dazu dann auch hier die Möglichkeit, den Raum.«* MK18:40

Diese Orientierung am Leben des Stadtteils schlägt sich in der Schwerpunktbildung der Gemeindearbeit nieder. Für das Selbstverständnis der Gemeinde sind vor allem Aufgaben im diakonischen Bereich ausschlaggebend, einerseits die Kinder- und Jugendarbeit und andererseits die Seniorenarbeit. Mit je einer Sozialpädagogin für Jugend- und für Seniorenarbeit möchte die Gemeinde diakonische Angebote auf »hohem Niveau« für die Menschen im Stadtteil anbieten (MK18:14/16). In beiden Fällen orientiert sich die Kirche stark an den Bedürfnissen vor Ort. So wird mit den Schwerpunkten im Bereich der Jugend- und Seniorenarbeit unmittelbar an die Zweiteilung der Altersstruktur im Stadtteil angeknüpft und auf die sich daraus ergebenden diakonischen Bedürfnisse reagiert. Die Entscheidung, jeweils eine hauptamtliche Person für die Jugend- und für die Seniorenarbeit einzustellen, wird dabei als Hinwendung und Öffnung zum Stadtteil interpretiert:

> *»Naja, und dann muss man einfach für diese Kirchengemeinde sagen, dass sich diese Kirchengemeinde eine Sozialpädagogin/Diakonin für die Senioren leistet und eine Sozialpädagogin für die Jugendarbeit. Das ist ganz ungewöhnlich. Klar ist dieser Stadtteil jetzt auch gerade nicht im Brennpunkt und ein armer Stadtteil, muss man sagen, aber das heißt, das Schwergewicht auf diakonische soziale Arbeit, die ja auch ganz viel macht in dem Stadtteil, ist dieser Kirchengemeinde wichtig und dafür gibt es in anderen Bereichen Abstriche. Also wir haben keinen Hausmeister. Wir tragen unsere Stühle alle selber. Also es ist eine Prioritätenentscheidung für die inhaltliche Arbeit, sage ich jetzt mal so, für eine diakonische Arbeit, und mit den Einbußen oder mit den Mühen oder Anstrengungen auf anderen Seiten«.* MK7:7

Auch im Bereich der Kirchenmusik, die einen weiteren inhaltlichen Schwerpunkt der Gemeinde bildet, ist diese Ausrichtung auf die Bedarfe des Stadtteils zu erkennen (MK1:37; MK12:7), etwa an den kirchenmusikalischen Angeboten, die deutlich über den Rand der Gemeinde hinausreichen und darauf abzielen, das kulturelle Leben vor Ort durch Konzerte und verschiedene musikalische Mitmachangebote (Flötenkreis, Singschule, Gospelchor) zu bereichern. Angebote wie insbesondere die Singschule leisten zudem einen nicht zu unterschätzenden musikalischen Bildungsbeitrag für den Stadtteil (MK12:71).

Am deutlichsten wird das Selbstverständnis der Kirchengemeinde jedoch an ihren verschiedenen Interventionen und Diskussionsbeiträgen in lokalen politischen und zivilgesellschaftlichen Diskursen in der Vergangenheit. Zu verschiedenen Themen im Stadtteil, wie z. B. der Erweiterung einer Zubringerstraße durch den Stadtteil (Ausbau »Ring 3«), der verkehrstechnischen und baulichen Umgestaltung des Marktplatzes oder dem Bau einer Unterkunft für schwererziehbare Jugendliche im Stadtteil, hat sich die Kirchengemeinde zu Wort gemeldet und Stellung bezogen (MK1:13/69; MK7:17; MK17:85).

»Wenn da auch politische Aktionen stattfinden wie Vermeidung, dass unser Stadt- *teil noch mehr auseinanderdriftet durch Verbreiterung der Straße durch unseren* *Stadtteil hindurch oder Einflussnahme, wenn es zum Beispiel um Gelder ging in-* *nerhalb des Kinder- und Jugendhilfeausschusses oder sowas. Da war Kirche immer* *präsent, war immer dabei und hat sich da auch eingebracht«.* MK1:69

Auch hier wird eine Gemeinde deutlich, die nicht bloß präsent sein, sondern das Leben im Stadtteil aktiv mitgestalten will. Zwar waren diese politischen Interventionen in der Vergangenheit oft mit dem Namen des Vorgängerpfarrers verknüpft (MK1:69), allerdings bleibt auch nach dessen Weggang das Selbstverständnis der Gemeinde deutlich: Man möchte eine Gemeinde sein, die sich einbringt, die mitgestaltet und die sich für das Wohl aller Menschen vor Ort einsetzt – man möchte eine zivilgesellschaftliche Gemeinde sein. Die Motivation zu dieser starken Stellungnahme, insbesondere wenn es darum geht, die Stimme für die Schwachen zu erheben, wird von den Befragten auf den kirchlichen Auftrag oder das Wirken Jesu zurückgeführt (MK7:17). Dies zeigt sich etwa in den Worten eines Mitglieds des Kirchenvorstands:

»Aber durchaus hat Kirche auch einen Auftrag. Unser Auftrag hört nicht da auf, wo *es wehtut oder sowas, sondern wenn es um Flüchtlingsarbeit geht, um Obdachlose* *geht und solche Bereiche geht, dann muss Kirche auch mal Stellung beziehen. Das* *geht gar nicht anders [...].«* MK1:69

Diese deutlichen Stellungnahmen und Interventionen in außerkirchliche Angelegenheiten treffen jedoch nicht bei allen Haupt- und Ehrenamtlichen in der Kirchengemeinde auf Zustimmung. So gibt es auch sehr deutliche Gegenpositionen, die hierin eine Grenzüberschreitung kirchlicher Funktionen und einen

Amtsmissbrauch Hauptamtlicher sehen (MK17:85–95). Die daraus resultierenden Spannungen innerhalb der Gemeinde haben sich jedoch seit einigen Jahren wieder gelegt.

> *»Da gab es – ich weiß nicht, ob das schon an Sie herangekommen ist – geteilte Meinungen bei dem Vorgänger, da ging es auch immer um den Stadtteil und, und, und. Da war ich doch einigermaßen skeptisch, teilweise entsetzt, was da dann so lief, und auch mal protestiert. Aber das hat sich jetzt, glaube ich, etwas geändert.«*
> MK17:85

4.1.3 FREMDWAHRNEHMUNG: »ALSO SO VIEL KIRCHE AUCH WIEDER NICHT«

Die von der Gemeinde anvisierte Ausrichtung zum Stadtteil hin schlägt sich deutlich in der Außenwahrnehmung nieder. Die Kirche wird als Gestalterin angesehen, die sich aktiv in die Geschicke des Stadtteils einbringt (MK14:51). Auch die Einmischungen der Gemeinde in aktuelle lokalpolitische Diskurse stoßen auf Zustimmung, solange diese das Ziel haben, das Leben der Menschen vor Ort zu verbessern (MK3:49). Insgesamt attestiert man der Kirchengemeinde allgemein einen guten »Ruf« vor Ort (MK8:47; MK14:51).

> *»Da gibt es auch Beispiele für. Sie ist durch ihre Veranstaltungen, also neben den Gottesdiensten, den urkirchlichen Angeboten sozusagen, auch wahrnehmbar durch verschiedene Dinge. Sei es das Kitaangebot, das natürlich klar ist, oder durch Sommerfeste oder durch inhaltliche Veranstaltungen, wo diskutiert werden kann mit verschiedenen Persönlichkeiten, die eingeladen werden. Also sowas passiert hier alles. Ganz klar, die weiteren Faktoren dann auch, das Weltladen-Café, das sicherlich auch dazu beiträgt, sich zu öffnen, in den Stadtteil rein zu strahlen und auch Leute einzuladen. Das sind Dinge, die würden fehlen, wenn man sie nicht hätte [...].«* MK14:35

Kritikpunkte finden sich natürlich auch, wenn auch nur vereinzelt. So wird etwa kritisiert, dass die Kirche zu wenig für die mittlere Generation anbiete (MK8:63) oder dass die Öffnung der Gemeinde für nicht-kirchliche Anliegen noch stärker ausgeprägt sein könnte (MK10:39). Vor allem die vielfältigen Aufgaben im diakonischen Bereich werden hingegen sehr gelobt (MK3:37–39; MK13:59). Die Gemeinde wird als »sozial«, »familienfreundlich« oder »einladend« beschrieben (MK13:53; MK14:35) und darüber hinaus als wichtige Ansprechpartnerin in sozialen Fragen, die den Stadtteil betreffen, geschätzt (MK14:11). Insbesondere die Altenarbeit findet viel Anerkennung und Lob.

> *»Dann muss ich sagen, macht die Kirche eine verdammt gute Altenarbeit. Die ist mit Sicherheit nicht in jedem Ortsteil oder Stadtteil so. Das ist schon sehr gut. Gerade letztes Jahr haben sie im großen Stil sogar Adventsfeiern gemacht, wo sie über 1.000 Leute eingeladen haben, und letztlich waren das vier Veranstaltungen mit immer um die 70, 80 Personen. Das ist schon enorm. Da muss ich sagen, macht die Kirche wirklich viel.«* MK3:37

Auffällig ist jedoch, dass die Jugendarbeit (mit Ausnahme der kirchlichen Kitas) deutlich weniger bekannt ist als die Angebote für Senioren. So wird in verschiedenen Zusammenhängen darauf hingewiesen, dass es im Stadtteil vor allem an Angeboten für die jüngere Generation mangele, obwohl es zumindest von kirchlicher Seite zahlreiche Angebote gibt (MK1:19/21; MK10:7; MK11:11). Eine mögliche Ursache für diese Nicht-Wahrnehmung liegt in der Ausrichtung kirchlicher Jugendarbeit: Die kirchliche Jugendarbeit wird nicht als »vollwertige« Jugendarbeit betrachtet, weil sie konfessionell ausgerichtet ist (MK18:121).

> *»Das heißt also, dieses Thema [...], dass man für die Jugend was macht, was nicht konfessionell ausgerichtet ist, dass das immer wichtiger wird. Bemerkung am Rande: Wir hatten früher hier einen Jugendclub, der war zwar von der Kirche organisiert, aber nicht konfessionell. Das liegt an den unterschiedlichen Strömungen, wie man Gemeindearbeit betrachtet. Die wurde zu dem Zeitpunkt so betrachtet, dass man den Fokus darauf legte, man macht was und die Menschen kommen dann vielleicht und dann auch zum Glauben. Im Augenblick ist es sehr stark der Fokus darauf, dass man was für die Gemeindemitglieder macht und auch sonst, wenn man die kirchliche Arbeit anguckt, eher sehr konfessionell ausgerichtet ist, zumindest hier in dieser Kirche.«* MK10:7

Diese zweigeteilte Wahrnehmung der Jugendarbeit ist dabei exemplarisch für einen grundsätzlich verbreiteten Blick auf die Kirchengemeinde: Zwar wird sie einerseits als wichtige Kooperationspartnerin geschätzt, die insbesondere im Bereich der Jugend- und Seniorenarbeit essentielle Funktionen für den jeweiligen Sozialraum erfüllt; andererseits sollen sich die genuin religiösen Aktivitäten lediglich auf die eigenen Mitglieder beschränken. Die Kirchengemeinde soll sich zwar um Arme, Alte und Kranke kümmern, soll sich in Debatten einbringen oder Menschen zusammenbringen, aber sie soll bei alledem möglichst wenig religiös bzw. kirchlich auftreten.

> *»Es gibt auch viele kleine Dinge, die ich wertschätze, zum Beispiel dass es hier sowas gibt wie eine Gemäldeausstellung. Natürlich Schwerpunkt Kirchenmitglieder, macht aber nichts, das ist doch wunderbar. Aber dass man so Dinge macht, wo man nicht Kirche gleich spürt.«* MK10:25

Auch soll sich die Kirche zum Beispiel nur dann öffentlich zu Wort melden, wenn sie dies aus der Motivation heraus tut, sich für die Allgemeinheit oder für die Schwächeren einzusetzen, aber nicht aus missionarischen Beweggründen (MK3:49).

Während für die kirchlich verbundenen Personen eine Kongruenz zwischen christlichem Glauben und zivilgesellschaftlicher Öffnung besteht, wird diese Kopplung aus der Außenperspektive eher als Problem wahrgenommen. Ein Beispiel hierfür sind einige Ehrenamtliche: Die Kirche kann auf einen außerordentlich großen Pool an Ehrenamtlichen zurückgreifen, von denen nicht wenige selbst keine Kirchenmitglieder sind. Die religiösen Rituale und Traditionen sind dieser Gruppe von Ehrenamtlichen eher fremd. Zwar wird von einzelnen Fällen berichtet, die durch ihr kirchliches Engagement zur Religion gefunden haben, aber der Großteil betrachtet die Kirche als Möglichkeit, sich zu engagieren, möchte das sonstige kirchliche oder religiöse Leben aber eher auf Distanz halten (MK18:56; MK11:25). So berichtet etwa einer der Ehrenamtlichen über das Projekt des Weltladens & Cafés und der bestehenden Ambivalenz zwischen dem Wunsch nach sozialem Engagement in der Kirche und der Ablehnung gegenüber der kirchlichen Prägung dieser Angebote:

> *»Die Leute kamen jetzt nicht nur in den Weltladen. Einige sind sogar von den Leuten sonntags zur Kirche gekommen. [...] Wenn wir das schaffen, Aufwand riesengroß, aber hat ja auch noch andere Aspekte. Ich glaube auch, die wenigstens Leute, die da mitarbeiten, sind Kirchenmitglieder. [...] Aber trotzdem, wenn wir hier alle sechs Wochen eine Versammlung haben, dann wird erstmal ein Lied gesungen aus dem Gesangbuch. Die Pfarrerin nennt nochmal so einen Vers und sagt nochmal drei Sätze zu dem Vers. Klaglos nehmen sie das hin. Einmal hat die Pfarrerin einen schlimmen Fehler gemacht. Da hat sie dann ... wir machen gerade wieder so eine Aktion Fasten. Das war zu kirchlich. Dann hat sie eine halbe Stunde einen Vortrag über Jesus und das Fasten erzählt. Da sind jede Menge Leute zu mir gekommen: Wenn das nochmal passiert, haben wir Ärger. Also so viel Kirche auch wieder nicht.«* MK11:25

4.1.4 ANGEBOTE: DAS LEBEN DER MENSCHEN IM STADTTEIL VERBESSERN

Auch bei den Angeboten der Kirchengemeinde wird die Leitidee einer Kirche für den Stadtteil deutlich: Die Gemeinde verfügt nicht nur über ein vielfältiges Spektrum an Angeboten, die meisten davon im Bereich der Jugend- und Seniorenarbeit sowie der Kirchenmusik, sondern fast immer richten sich diese Angebote auch an ein breiteres Publikum jenseits der kirchlich Gebundenen und sind an den Bedürfnissen des Stadtteils orientiert. Dies wird am deutlichsten im Bereich der Seniorenarbeit: Aktionen wie z. B. eine Aktionswoche zur Mobilität im Alter, eine Ausstellung zum Thema Demenz, ein Besuchsdienst, die »klassischen« Seniorennachmittage oder auch ein Mittagstisch für ältere Menschen zielen vordergründig darauf ab, das Leben aller älteren Menschen im Stadtteil lebenswerter zu machen. So berichtet etwa eine der Hauptamtlichen über ihre Motivation, eine Ausstellung zum Thema Demenz zu organisieren:

> *»Aber es gab ein anderes gutes Beispiel, das Thema Demenz [...], liegt uns beiden am Herzen und wir haben hier eine Ausstellung gehabt zum Thema Demenz usw. Dann war klar, es wäre toll, wenn wir mit den Geschäftsleuten was machen, und sind richtig persönlich rumgegangen, haben die eingeladen und haben eine super Referentin gehabt zum Thema »Demenz für Geschäftsleute«, weil, und das ist auch wieder, was hat das für eine Auswirkung, wenn Geschäftsleute damit hierherkommen sozusagen und sich dazu schlaumachen, dann bedeutet das in der Konsequenz möglicherweise, dass Menschen mit einer beginnenden Demenz länger im Stadtteil leben können, weil sie einkaufen können [...]«.* MK7:29

Auch die kirchliche Jugendarbeit versteht sich als Angebot für alle Jugendlichen im Stadtteil. Prominentestes Angebot ist die »Jugendwelt«, ein aus mehreren Räumen bestehender Jugendkeller, der als Treffpunkt für Kinder und Jugendliche verschiedener Altersgruppen gedacht ist (MK1:31/35). Die Verantwortlichen sehen ihre Aufgabe darin, Kindern und Jugendlichen die Möglichkeit zu bieten, Gemeinschaft zu erfahren, und einen »Freiraum« zu schaffen, der es ihnen ermöglicht, sich jenseits von schulischem Leistungsdruck oder elterlichen Erwartungshaltungen zu entfalten und mit Fragen von Glauben, Spiritualität und Religion auseinanderzusetzen (MK18:287–290/297/332). Eine Mitarbeiterin beschreibt dies gar als »Kontrapunkt« zum Elternhaus:

> *»Und noch mal ein Kontrapunkt zum Elternhaus, ne? Das ist hier eben auch manchmal, ihnen Freiräume ohne Zweck zu geben. Also zu Hause ist immer entweder Schularbeiten oder Musik oder ich weiß nicht was, also eben zweckgebunden, und hier ist es: Erst mal sei du selbst und überlege dir, was du selber willst. Woanders könnte es was anderes sein.«* MK18:292

Obwohl die kirchlichen Angebote für Jugendliche durch die Schaffung dieses Freiraums und angesichts der ansonsten fehlenden Alternativen für Jugendliche im Stadtteil eine zivilgesellschaftliche Kompensationsfunktion erfüllen, werden sie von außen stärker als binnenkirchliches Angebot zur eigenen Nachwuchsrekrutierung angesehen. Die konfessionelle Prägung wird dabei eher als »Defizit« der kirchlichen Jugendarbeit angesehen (MK10:7). Auch hier zeigt sich wieder die Ambivalenz in der Fremdwahrnehmung auf die Kirchengemeinde: Ihr zivilgesellschaftlicher Nutzen wird vor allem dann honoriert, wenn Kirche nicht als religiöse Organisation auftritt.

Die verschiedenen Angebote erfüllen dabei (intendiert oder eher als »Nebeneffekt«) zivilgesellschaftliche Aufgaben und Funktionen für den Stadtteil. So äußern sich die Befragten positiv über die integrative Funktion vieler kirchlicher Angebote (MK7:99; MK18:33–35). Insbesondere »niedrigschwellige« Angebote wie etwa der Weltladen oder die Gemeindefeste schaffen Begegnungsorte für die Menschen im Stadtteil und erreichen auch diejenigen, die sonst nicht am kirchlichen Leben teilnehmen. Mit Angeboten wie »Zeit zu zweit« oder den »Trauergruppen« sorgt die Kirchengemeinde dafür, dass Menschen im Alter oder in existenziellen Krisen nicht aus der Gemeinschaft »herausfallen«.

> *»Das ist immer in der Gruppe und das bewährt sich vor allen Dingen deshalb, es gibt eine ganze Reihe von Gründen, aber es bewährt sich vor allen Dingen deshalb, weil - das versuche ich auch besonders - Netzwerke aufgebaut werden. Die Menschen sind ja in der Stadt manchmal sehr einsam. Viele haben niemanden mehr, keine Kinder, keine Angehörigen mehr. Der letzte Mensch, den sie noch kannten, das war der Partner, der ist gestorben und das ist ganz furchtbar. Es werden immer mehr. Da baut man dann mit so einer Gruppe eben Netzwerke auf, die lernen sich dann im Laufe der Zeit kennen und bleiben auch je nach Sympathien dann zusam-*

men, manchmal in größeren, manchmal auch in kleineren Gruppen. Das halte ich für sehr sinnvoll als Begleiterscheinung sozusagen.« MK17:35

Darüber hinaus reagiert die Gemeinde mit verschiedenen Mehrgenerationsprojekten (Singen für Jung und Alt, Mehrgenerationskochen, Großeltern lesen im Kindergarten vor) auf die vorhandene Teilung der Altersstruktur im Ort.

Auch im Bereich der kirchlichen Angebote gibt es jedoch Schwierigkeiten. Obwohl viele der Angebote auf große Resonanz stoßen, sehen sich die Verantwortlichen einem wachsenden Konkurrenzdruck ausgesetzt (MK1:37; MK11:7; MK18:70/103). Dieser Druck entsteht weniger durch eine direkte Konkurrenz zu anderen kirchlichen oder säkularen Anbietern vor Ort, sondern besteht in einem Konkurrenzkampf um die Zeit der Menschen. Gerade bei den Jüngeren wird ein gestiegener Zeitdruck genannt, der es schwer mache, kirchliche Angebote überhaupt noch in ansonsten schon vollen Terminkalendern unterzubringen.

»Man konkurriert um die Zeit der Jugendlichen, so eigentlich. Das ist das. Also ganz explizit auch was Reisen angeht. Wenn ich eine Sommer- oder eine Herbstreise anbiete, eine Sommerreise habe ich auch angeboten, dann muss man sich halt überlegen: Was macht man für ein Angebot? Wenn man sich umhört, dann fahren die im Sommer halt in die USA, nach Kanada, nach Dubai, auf die Seychellen, also unter anderem, aber das ist halt so deren normaler Urlaubsalltag. Oder dann auch mal für ein verlängertes Wochenende wohin.« MK18:87

Neben der Konkurrenz besteht ein weiteres Problem kirchlicher Angebote in dem Dilemma zwischen einer möglichst großen Öffnung und einer Ausrichtung am diakonischen und kulturellen Bedarf vor Ort auf der einen Seite und der Wahrung des religiösen Profils und dem eigenen Missionsanspruch. So werden niedrigschwellige Angebote als »Lockangebote« bezeichnet, mit denen man die Menschen wieder für Kirche begeistern möchte (MK11:25/33). Dies gelingt einerseits nur in wenigen Fällen, und andererseits wird dieser mit den Angeboten verbundene Missionsanspruch (wie etwa in der Jugendarbeit) von außen als problematisch angesehen. Die Gemeinde ist mit dem Dilemma konfrontiert, dass genuin kirchlich-religiöse Angebote kaum interessieren und gleichzeitig diakonische und kulturelle Angebote vor allem dann nachgefragt werden, wenn die Religion allerhöchstens »Beiwerk« bleibt. Eine zivilgesellschaftliche Ausrichtung taugt offenbar nicht, um die religiöse Vitalität vor Ort zu erhöhen.

»Im Endeffekt denke ich schon, dass die Kirche wahrgenommen wird selbst von Leuten, die ein bisschen ... oder insgesamt der Kirche fernstehen. Wahrnehmung ja. Andererseits was praktizierende Christen dann bezogen auf Kirche sind, denke ich schon, gerade bei jungen Menschen wird es weniger, ganz massiv.« MK1:29

4.1.5 Vernetzung: Zu groß, um ignoriert zu werden

Als besonderes Kennzeichen des Stadtteils heben die Befragten die dichte zivilgesellschaftliche Vernetzung hervor (MK2:13; MK12:13; MK3:5; MK14:7). Das Vereinsleben wird als vital und gut strukturiert beschrieben; die einzelnen zivilgesellschaftlichen Akteure stehen miteinander in regelmäßigem Kontakt, wozu vor allem zweimal jährlich stattfindende Netzwerktreffen beitragen, die gewissermaßen eine »Vollversammlung« der zivilgesellschaftlichen Akteure vor Ort darstellen.

> »[u]nd es gibt ein starkes Vereinsleben, das muss man auch dazusagen, ein ganz wichtiger Teil, und ein Vereinsleben, das strukturiert ist. Es ist strukturiert in der Art und Weise, dass alle Institutionen und Vereine sich zweimal im Jahr zum Austausch treffen und wo man Probleme bespricht und sich gegenseitig hilft. Es ist kein Entscheidungsgremium für den Stadtteil, weil da sind wir alle der Meinung, das ist die politische und verwaltungstechnische Ebene, aber ein kommunikativer Bereich, und andere Stadtteile würden sich sowas wünschen, solche runden Tische, die es seit 40 Jahren gibt. Aber das gibt es hier nun mal und das ist natürlich auch ein Pfund für diesen Stadtteil. [...] Insofern ist das ein sehr gutes Miteinander auf dieser Ebene und auch das ist sehr erfreulich.« MK19:7

Die Kirchengemeinde wird als elementarer Bestandteil dieses zivilgesellschaftlichen Netzwerkes betrachtet. Diese große Bedeutung ergibt sich bereits aufgrund der Tatsache, dass die Kirchengemeinde allen Säkularisierungstendenzen zum Trotz über die meisten Mitglieder im Stadtteil verfügt. Allein quantitativ besitzt die Kirche also einen gewissen Gestaltungsanspruch im Stadtteil, weshalb sie als Netzwerkpartnerin für die anderen zivilgesellschaftlichen Akteure von Bedeutung ist, wenn man im Stadtteil etwas auf die Beine stellen will. Ein Vereinsvorsitzender aus dem Stadtteil begründet die Bedeutung der Kirchengemeinde im zivilgesellschaftlichen Netzwerk wie folgt:

> »Ganz simpel dadurch, dass sie die größte Mitgliederzahl [im Stadtteil] hat, wenn man das von der reinen Zählgröße her nimmt. Von daher hat Kirche im Zweifelsfall immer die wichtigste Funktion in einer Gemeinde. [...] Ich weiß nicht, wie viele Menschen Mitglied zumindest auf dem Papier in der Kirche sind, aber auch in jedem Bereich gibt es sicherlich genügend Menschen, die den [...] Kirchenboten regelmäßig kriegen usw. Das heißt, mit der Kirche zusammen können alle anderen Organisationen was bewegen. Ohne die Kirche eher etwas schwierig.« MK2:15

Hinzu kommt, dass die Kirche auch über strukturelle und personelle Ressourcen verfügt, um im Stadtteil Dinge zu bewegen. In diesem Zusammenhang werden vor allem die Räumlichkeiten und die zentrale Lage am Marktplatz genannt (MK2:13). Dabei nutzt die Kirche das zivilgesellschaftliche Netzwerk nicht nur, sondern bringt sich aktiv ein und fördert zivilgesellschaftliche Strukturen im Stadtteil. So sind beispielsweise Pfarrer und einzelne Kirchenvorsteher bei zweimal jährlich stattfindenden Netzwerktreffen vertreten, die Kirche stellt ihre

Räumlichkeiten für Treffen von Netzwerken oder Arbeitsgruppen zur Verfügung oder lädt andere zivilgesellschaftliche Akteure ein, um Fragen, die den Stadtteil betreffen, zu diskutieren (so etwa im Zuge der sogenannten Flüchtlingskrise). Schließlich ist in diesem Zusammenhang noch der jährliche Neujahrsempfang zu nennen, der von der Kirchengemeinde ausgerichtet wird und bei dem Vertreter aus Politik, Zivilgesellschaft und Gewerbe vertreten sind und der sich zu einem zentralen Vernetzungsevent des Stadtteils entwickelt hat. Aber auch andere »Events« wie das Sommerfest und das Osterfeuer der Gemeinde besitzen diesen »Vernetzungseffekt« (MK3:11).

> »Einmal im Jahr gibt es einen Neujahrsempfang am 06.01. Das ist immer mit Oratorium normalerweise, also mit unserem großen Chor, und da haben wir einen Sekt aufgemacht und ich schätze, so 200 Leute waren bestimmt beim Empfang. Im Gottesdienst selbst waren bestimmt 400, 500 Leute. Da habe ich Politik gesehen, da waren unsere Abgeordneten aus der Bezirksversammlung, SPD, CDU war da, Linke war da, die Grünen waren da. Also sie sind präsent. Das Jugendamt war vertreten. Teilweise kommen auch Schulleiter. Dieses Mal habe ich keinen gesehen. Aber es kommen auch Gewerbetreibende [...], die dann erscheinen, oder auch Menschen werden eingeladen, die was gespendet haben oder sowas. Das ist fast ein Event, würde ich sagen.« MK1:37

Der Großteil der Kooperationen mit anderen zivilgesellschaftlichen Akteuren vor Ort ist personengebunden. Hier sind vor allem die Pfarrer und der Kirchenvorstand die wesentlichen Netzwerker in der Gemeinde (MK2:13/17; MK3:45). Sie initiieren die meisten Kontakte, sorgen für ihre dauerhafte Aufrechterhaltung und werden auch von außen als die wesentlichen Repräsentanten der Gemeinde wahrgenommen. Anders ist dies bei einzelnen themenorientierten Netzwerken, etwa im Rahmen der Seniorenarbeit, des Weltladens oder bei den Trauergruppen (MK17:29/31; MK7:25/53–57; MK12:13). Hier sind es für gewöhnlich die einzelnen Verantwortlichen in diesen Bereichen, die die Netzwerkkontakte pflegen. Allerdings bleiben diese Netzwerke auch auf einen thematischen Bereich beschränkt.

Auch wenn die Kirchengemeinde sicherlich als zentraler Teil des zivilgesellschaftlichen Netzwerkes des Stadtteils bezeichnet werden kann, sehen Befragte in einzelnen Bereichen Potenzial, das Netzwerk auszubauen. Dies betrifft einerseits interreligiöse Kontakte: Weder zu der katholischen Nachbargemeinde noch zu den Muslimen oder den Freikirchen bestehen nennenswerte Kontakte (MK17:102–103; MK11:71; MK6:9). Der Grund wird von den Befragten allerdings überwiegend darin gesehen, dass diese anderen Gemeinden bislang kaum nach außen agieren und daher kein ausgeprägtes Interesse an einer Vertiefung der Beziehungen bestünde.

»Natürlich auch zu den Evangelen, im Zweifel auch mal zur katholischen Gemeinde [...]. Das ist aber eher ein bisschen geringer, das liegt aber auch ein bisschen an denen. Die haben das bisher vielleicht auch noch nicht so abgerufen. Da tun sich aber auch Prozesse auf bei einigen freien evangelischen Gemeinden, zu sagen, wir müssen wohl auch stärker mal nach draußen gehen.« MK14:61

ABBILDUNG 8 **Zivilgesellschaftliches Netzwerk der Markusgemeinde**

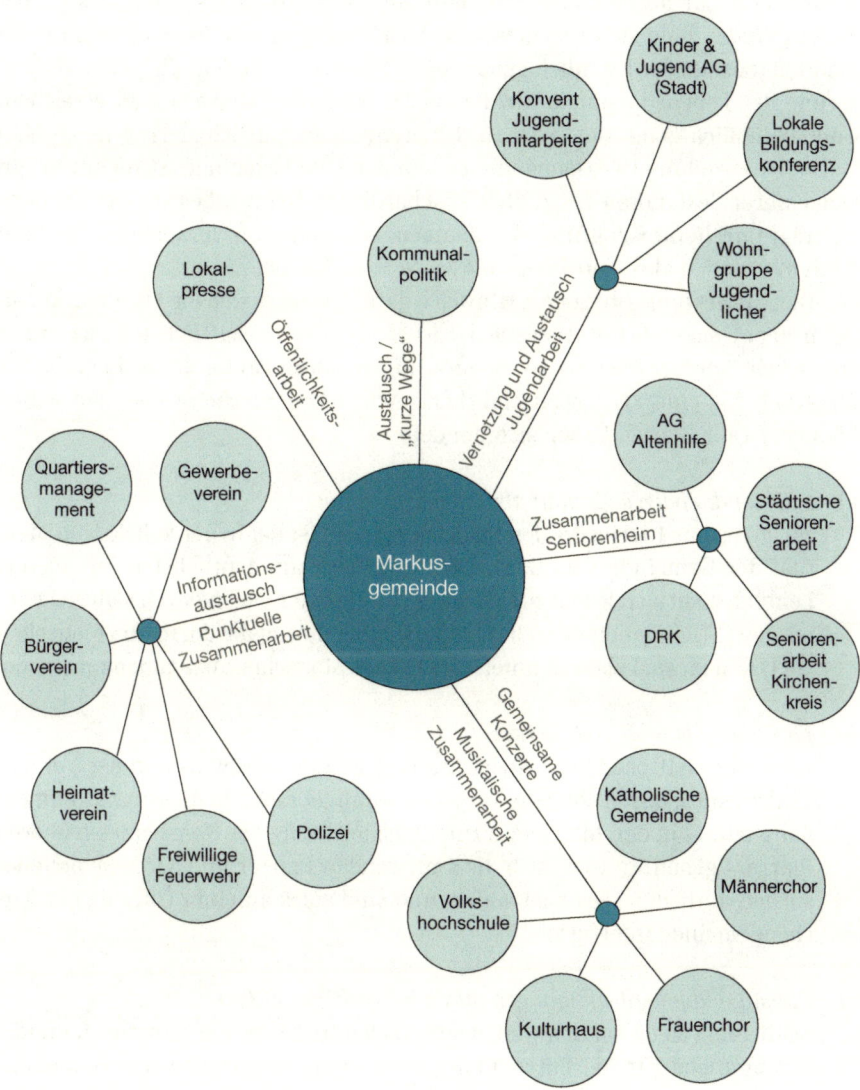

4.1.6 ZWISCHENFAZIT: PROTOTYP EINER ZIVILGESELLSCHAFTLICHEN KIRCHENGEMEINDE

Es ist nicht übertrieben, die Markusgemeinde als Prototypen einer zivilgesell-schaftlichen Gemeinde zu bezeichnen. Dies schlägt sich bereits im Selbstbild der Gemeinde nieder und hat sich darüber hinaus entlang aller drei Analysedimen-sionen zeigen lassen: In der *Wahrnehmung* anderer zivilgesellschaftliche Akteure im Stadtteil wird die Markusgemeinde als »Gestalterin« beschrieben, als wichtige Kooperationspartnerin und als streitbare Gemeinde, die sich zu Wort meldet. Bei den *Angeboten* zeigt sich eine deutliche Ausrichtung an ein breites Publikum im Stadtteil jenseits der kirchlich gebundenen Personen, mit dem Ziel, eine Verbes-serung der Lebensumstände für die vor Ort lebenden Menschen zu erreichen. Und schließlich zeigt sich auch in der zivilgesellschaftlichen *Vernetzung* eine starke Hinwendung der Gemeinde nach außen: Die Gemeinde ist nicht nur ein elementarer Bestandteil des zivilgesellschaftlichen Netzwerkes vor Ort, sondern sie trägt durch die Schaffung von Räumen sowie eigenen Veranstaltungen und Aktivitäten auch aktiv zur Pflege dieses Netzwerkes bei.

Die Auswertung gibt zudem Hinweise darauf, warum sich die Markusgemein-de zu einer Gemeinde mit einer solch starken zivilgesellschaftlichen Ausrichtung entwickeln konnte. Hieraus lassen sich allgemeinere Faktoren ableiten, die als förderlich für eine zivilgesellschaftliche Arbeit von Kirchengemeinden gelten können. Drei Faktoren lassen sich bündeln:

a) *Selbstbild: Zivilgesellschaft als Teil der Identität*
    Die Idee, eine Kirche für den Stadtteil zu sein, ist tief in der kollektiven Iden-tität der Gemeinde verankert. Dies zeigt sich am deutlichsten im eigenen Leitbild, zieht sich jedoch gleichzeitig wie ein roter Faden durch sämtliche In-terviews. Die Gemeinde sieht ihre wesentliche Aufgabe darin, die Menschen vor Ort in ihrem Leben zu unterstützen bzw. Menschen zusammenzubringen.

b) *Einzelpersonen als Netzwerker*
    Die zivilgesellschaftliche Ausrichtung der Gemeinde wurde in der Vergan-genheit stark durch einzelne Personen vorangebracht. In diesem Zusammen-hang wurde in den Interviews zum Beispiel häufig der Name eines früheren Pfarrers genannt. Aber auch die amtierenden Pfarrer und Kirchenvorsteher suchen aktiv den Weg nach außen und sind stark an einer Öffnung der Kir-chengemeinde interessiert.

c) *Günstige Rahmenbedingungen durch bürgerliches Milieu*
    Schließlich bietet der Stadtteil in mehrfacher Hinsicht sehr günstige Rahmen-bedingungen für die Entwicklung einer zivilgesellschaftlichen Gemeinde. Dies liegt vor allem in der bereits weiter oben beschriebenen Wahlverwandt-schaft zwischen Bürgertum und Kirche. Die Kirche gehört trotz Mitglieder-schwund für viele noch zum Leben dazu und kann nicht zuletzt deswegen

auch auf einen großen Pool an Ehrenamtlichen zurückgreifen, um ihre zivilgesellschaftlichen Aufgaben wahrzunehmen.

Analytisch ist die Markusgemeinde aufschlussreich, da sie in gewisser Hinsicht
als eine Art »most likely case« für eine zivilgesellschaftliche Gemeinde steht
und somit prototypisch die Vor- und Nachteile dieser Ausrichtung zu Tage fördert. Dies betrifft auf der einen Seite die Interventionen der Gemeinde in öffentlichen Debatten. Die starke Einmischung der Kirchengemeinde in außerkirchliche
Belange wird von einigen als Kompetenzüberschreitung der Kirche wahrgenommen. Während man es der Kirche durchaus noch zubilligt, sich für Arme,
Schwache und Kranke einzusetzen, soll sie zu anderen Themen, wie etwa dem
Bau einer Umgehungsstraße, schweigen. Während der eine Teil die Einmischung
der Kirche befürwortet, wird sie von einem anderen Teil der Befragten stark
abgelehnt. Die Uneinigkeit darüber, wie politisch eine Kirchengemeinde zu sein
hat, hat in der Vergangenheit zu Diskussionen und Spaltungen in der Gemeinde
geführt. Die grundsätzlich damit einhergehende Fremdperspektive auf Kirche,
die sich herauskristallisiert, ähnelt in einigen Aspekten dem von Grace Davie vorgeschlagenen Begriff der »vicarious religion« (Davie 2000; 2007). Davie versteht
darunter »the notion of religion performed by an active minority but on behalf of
a much larger number, who (implicitly at least) not only understand, but, quite
clearly, approve of what the minority is doing". Religiöse Organisationen haben
laut Davie für die Mehrheit kaum noch eine persönliche Relevanz, doch gesteht
man Religionsgemeinschaften eine gewisse »public utility« zu. Allerdings geht es
um mehr als nur um diesen öffentlichen Nutzen: Es geht vielmehr darum, dass
diese Religionsgemeinschaften die Religion »stellvertretend« für alle Menschen
ausüben, indem sie sich auf Grundlage ihres christlichen Glaubens für die Menschen vor Ort einsetzen. Auch wenn man persönlich nicht religiös ist, erfährt das
religiös motivierte Engagement der Kirchengemeinde oder einzelner Mitglieder
eine hohe Wertschätzung.

Eine zweite Einsicht ist, dass selbst eine sehr starke zivilgesellschaftliche
Ausrichtung und Öffnung der Gemeinde nicht zu einer Steigerung der religiösen Vitalität vor Ort geführt hat, wie dies teilweise gehofft wird. So beklagen
die Befragten etwa, dass zum Beispiel der Weltladen viele Ehrenamtliche bindet
und viele Menschen aus dem Ort anzieht, diese Menschen aber trotzdem nichts
mit Kirche zu tun haben wollen oder in den Gottesdienst gehen. Bedient man
sich ökonomischer Termini, ließe sich behaupten, dass die Kirche durch ihre
zivilgesellschaftliche Öffnung eine Erweiterung ihres Angebotsspektrums unter-
nommen hat. Dies geschieht vor allem aus der Motivation heraus, dass das haus-
eigene Produkt – die Religion – nicht mehr ausreichend nachgefragt wird. Diese
Erweiterung des Angebots bringt jedoch Probleme mit sich: Auf der einen Seite
besteht die Sorge darüber, die »Kernaufgabe«, nämlich die Verkündigung des
Evangeliums, neben der zivilgesellschaftlichen Aufgabe aus den Augen zu verlieren. Und auf der anderen Seite führt eine Erweiterung des kirchlichen Angebots

dazu, dass die Kirche stärker in eine Konkurrenzsituation mit anderen Anbietern tritt. Hier finden sich Parallelen zu der von Jörg Stolz (2013) vorgeschlagenen Theorie der religiös-säkularen Konkurrenz: Es sind weniger andere Religionsgemeinschaften, mit denen die Kirche in Konkurrenz tritt, als vielmehr Vereine, Freizeitangebote etc., mit denen die Kirche um die knappe Zeit der Menschen im Stadtteil konkurriert.

Das Gebiet der Markusgemeinde ist deckungsgleich mit einem Stadtteil, und dieser Stadtteil repräsentiert im Selbstverständnis der Befragten einen *Sozialraum*. Deutlich wird dies in der hohen Identifikation, die in den Interviews zum Ausdruck kommt, bei Beschreibungen von Entwicklung, Zustand und möglichen Gefahren des Zusammenlebens im Stadtteil. In diesem Sozialraum/Stadtteil agiert die Gemeinde im Hinblick auf die drei Perspektiven der *Heuristik nach Young* (vgl. oben Kapitel 2.4) jeweils in einer produktiven Art: Mit ihrem politischen Engagement vertritt sie liberale und republikanische Positionen, mit ihrem breiten Angebot bietet sie Möglichkeiten der Gemeinschaftsbildung im Sinne eines kommunitarischen Verständnisses von Zivilgesellschaft. Ihre *zivilgesellschaftliche Relevanz* ist gemessen an den drei Dimensionen Angebote, Vernetzung und Wahrnehmung (vgl. oben Kapitel 3.2) hoch: Die Angebote sind weitgehend geprägt durch einen universellen Anspruch, die Vernetzung weist deutlich über die Gemeinde hinaus in den Sozialraum und die Wahrnehmung der Gemeinde zeigt, dass sie als wichtiger Teil der lokalen Zivilgesellschaft angesehen wird. Die *internen Faktoren* (Selbstwahrnehmung als aktive Gemeinde, tendenzielle Bottom-up-Struktur, gute Ausstattung) wie *externen Faktoren* (günstiges soziodemographisches Profil, westdeutsche Großstadt mit ländlichem Gepräge, hohes gesellschaftliches Sozialkapital) begünstigen das zivilgesellschaftliche Engagement. Aber es scheint einen Preis dafür zu geben: den des Verlustes der religiösen Authentizität (siehe zum Vergleich unten Kapitel 4.4 Lukasgemeinde).

4.2 Lydiagemeinde:
Zivilgesellschaftliche Rollensuche in der Diaspora

4.2.1 SOZIALRAUMBESCHREIBUNG: NAHERHOLUNGSIDYLL MIT DDR-VERGANGENHEIT

Soziodemographisches Profil

Die räumlichen Grenzen des zu beschreibenden Sozialraums sind bei der Lydiagemeinde etwas schwieriger zu bestimmen als bei den anderen Fallstudien, da die Kirchengemeinde aus drei Standorten in drei unterschiedlichen Wohnorten besteht. Zwei der Standorte befinden sich jeweils in einem Ortsteil einer übergeordneten Gemeinde mit 22.095 Einwohnern, von denen 11.366 im Gemeindegebiet leben. Der dritte Standort hingegen befindet sich in einem Dorf mit lediglich 2.148 Einwohnern und gehört auch geographisch zu einer anderen Ortsgemeinde. Die statistischen Eckdaten (Tabelle 4) berücksichtigen diesen dritten, kleineren Standort nicht, da hier keine umfassenden Sozialstatistiken erhältlich waren. Zudem liegt der Schwerpunkt der kirchlichen Infrastruktur in den beiden anderen Ortsteilen.

Gemeinsam liegen die Orte in der Nähe einer Großstadt im Osten der Bundesrepublik. Die Nähe zur Stadt spiegelt sich in der Sozialstruktur und Demographie des Ortes wider. Anders als in vielen ähnlichen ländlichen Gemeinden dieser Größe in den neuen Bundesländern steigt die Einwohnerzahl hier seit der Wende stetig an und wird laut Prognose bis 2030 auch weiterhin wachsen. Dieses Wachstum resultiert aus einem stetigen Zuzug: Der Ort ist durch seine Großstadtnähe, die Anbindung an die Regionalbahn und die landschaftlich attraktive Umgebung aus Wäldern und Seen ein beliebter Zuzugsort. Der überwiegende Teil der Zuzügler besteht aus Familien, während vor allem Personen zwischen 18 und 25 Jahren den Ort eher verlassen.

Gleichzeitig ist es auch ein typischer »Pendlerort«. Arbeitszeit und auch Teile der Freizeit verbringt ein Großteil der Bewohner in der nahegelegenen Großstadt, während der Ort selbst überwiegend als Wohn- und Schlafort dient. Laut Statistik liegt der Anteil der sogenannten Auspendler [also der Personen, die zwar vor Ort wohnen, aber anderswo arbeiten] an allen sozialversicherungspflichtig Beschäftigten bei 84,3 Prozent.

Die beiden größeren der drei Ortsteile des Gemeindegebiets verfügen über eine gut ausgebaute Infrastruktur: Es gibt Ärzte, Schulen, viele Einkaufsmöglichkeiten und eine Bahnanbindung an die Regionalbahn in die nächstgelegene Großstadt. Der dritte, deutlich kleinere Ortsteil hingegen ist etwas abgelegen, deutlich dörflicher und verfügt aufgrund seiner geringen Größe kaum über Infrastruktur. Der Hauptort ist hingegen vor allem geprägt durch seine Bedeutung als Naherholungsort. Die Seen auf dem Gebiet der Gemeinde bieten verschiedene Möglichkeiten zum Baden oder Sporttreiben, locken im Sommer Touristen aus der Region an. Dies hat den Nebeneffekt, dass der Ort vergleichsweise viele Angebote an Gastronomie und Hotels bietet.

Von den Interviewpartnern wird der Ort als »wohlhabend« beschrieben, das Wohnen hier müsse man sich leisten können (LY6:17). Dies resultiert nicht zuletzt aus der Lage am See mit vielen Grünflächen und dementsprechend hohen Grundstücks- und Wohnungspreisen. Auch wenn die Gemeinde als wohlhabend beschrieben wird, ist es dennoch kein Wohnort für Superreiche. Die Bevölkerung entspricht am ehesten der oberen Mittelschicht: 18,2 Prozent der Haushalte verfügen über ein hohes Einkommen, das sind lediglich knapp drei Prozent mehr als im landesweiten Durchschnitt (15,4 Prozent). Entsprechend gibt es keine sozialen Brennpunkte. Der Arbeitslosenanteil liegt bei 6,8 Prozent (zum Vergleich: der landesweite Schnitt liegt bei 10,9 Prozent), die SGB-II-Quote liegt bei lediglich 4,3 Prozent (landesweit: 8,8 Prozent) und die Kinderarmut ist mit 6,1 Prozent ebenfalls deutlich geringer als im übrigen Bundesland (17,3 Prozent).

TABELLE 4 Gebiet der Lydiagemeinde

Zahlen & Fakten für das Jahr 2015	
Bevölkerung	
Einwohner	22.095
Anteil Frauen (%)	50,0
Anteil unter 18-Jährige (%)	15,8
Anteil Elternjahrgänge (%)	13,1
Anteil über 65-Jährige (%)	19,2
Durchschnittsalter (Jahre)	46,6
Medianalter (Jahre)	49,7
Jugendquotient (unter 20-Jährige je 100 Pers. der AG 20-64)	28,6
Altenquotient (ab 65-Jährige je 100 Pers. der AG 20-64)	36,5
Ausländeranteil (%)	3,6
Bevölkerungsentwicklung	
Relative Bevölkerungsentw. seit 2011 (%)	+6,8
Prognose Bevölkerungsentw. bis 2030 (%)	+8,8
Natürlicher Saldo (Geburten/Sterbefälle je 1.000 Ew.)	-1,9
Wanderungssaldo (Zuzüge/Fortzüge je 1.000 Ew.)	+16,6
Familienwanderung (je 1.000 Ew.)	+33,0
Bildungswanderung (je 1.000 Ew.)	-35,1

Soziale Lage	
Einpersonen-Haushalte (%)	30,6
Haushalte mit Kindern (%)	29,0
Haushalte mit niedrigem Einkommen (%)	51,0
Haushalte mit mittlerem Einkommen (%)	30,8
Haushalte mit hohem Einkommen (%)	18,2
Arbeitslosenanteil an den SvB (%)	6,8
SGB-II-Quote (%)	4,3
ALG-II-Quote	5,0
Einpendler an den SvB (%)	62,8
Auspendler an den SvB (%)	84,3

Quelle: wegweiser-kommune.de, Bertelsmann Stiftung, Berechnung auf Basis der Daten des Statistischen Landesamtes

DDR-Vergangenheit
Der Ort blickt auf eine wechselvolle Geschichte zurück. Bis zur Wende befand sich in unmittelbarer Nähe des Ortes eine zentrale Einrichtung der SED. Nicht wenige der dort beschäftigten Personen, vom Wachpersonal bis zum Fahrer, wohnten im nahegelegenen Ort und prägten dessen Gesicht über mehrere Jahrzehnte. Im Ort selbst wurden zu DDR-Zeiten zwei Gästehäuser, ein Schulungsheim und eine Grundschule errichtet, in der die Kinder der DDR-Funktionäre unterrichtet werden konnten. Hinzu kommt eine polizeiliche Ausbildungsstätte, die einer der Befragten als eine »Kaderschmiede« der Volkspolizei der DDR bezeichnete (LY3:53). Nach der Wende musste der Ort lernen, mit dieser Vergangenheit umzugehen. Einer der Befragten beschreibt einen gewissen »Generalverdacht« der DDR-Mittäterschaft, der mit dem Ort und seinen Bewohnern assoziiert wurde:

> »Und die Besonderheit nach der Wende [...] sehe ich darin, dass einerseits der Ort nach 1989 irgendwie fertigwerden musste mit der Hinterlassenschaft, dass er in Ost wie in West als Synonym für Parteibürokratie genommen wurde. Man sagt mir, dass angeblich Bürger des Umlands eifersüchtig waren [...], weil die Versorgungslage besser war. Dann kommt der nächste Schritt: Alles Stasi! Das waren also alle Bewohner [...]. Das ist natürlich völliger Quatsch. Auf der anderen Seite haben das Wachpersonal und das Hilfspersonal [...] natürlich hier gewohnt. Also eine sehr schillernde Problematik der spezifischen DDR-Geschichte [...]«. LY5:5

Nach der Wende: Rasantes Wachstum und Suche nach einem neuen Profil
Das rasante Bevölkerungswachstum nach der Wende (die Bevölkerung der beiden größeren Ortsteile hat sich seit der Wende verdoppelt), das insbesondere durch Zuzugsströme aus der nahegelegenen Stadt sowie den alten Bundesländern ausgelöst wurde, führte zu einer stetigen Diversifizierung der Bevölkerung und ließ die Rolle des Ortes in der ehemaligen DDR in den Hintergrund treten (LY2:39; LY6:5). Heute wird der Ort eher als Speckgürtelort oder als landschaftlich reizvoller Ausflugsort für die Bewohner der Region gesehen. Für die Menschen im Alltag, so berichten die Interviewten, spiele die DDR-Vergangenheit heute kaum mehr eine Rolle (LY1:53–55; LY6:21). Allerdings mit einer Ausnahme, die weiter unten noch genauer analysiert wird: Als Überbleibsel der besonderen DDR-Vergangenheit berichten die verschiedenen Interviewpartner von einer ausgeprägten Entkirchlichung und Kirchenskepsis, die bis hin zu einer offenen Ablehnung gegenüber der Institution Kirche reicht (LY2:43; LY3:51/87; LY4:37; LY5:7–9; LY6:21; LY7:35).

Der starke Bevölkerungszuwachs und der damit verbundene Wandlungsprozess der Gemeinde bringen jedoch auch negative Auswirkungen mit sich. Die Ortsteile leiden unter einer deutlichen Fragmentierung und Desintegration. Dies zeigt sich auf den ersten Blick bereits in der räumlichen Struktur: Durch die im Zuge des Bevölkerungswachstums notwendig gewordene rasche Erschließung neuer Siedlungsflächen sind die Orte stark »zersiedelt«, ohne Zentrum oder andere Treffpunkte, an denen sich zivilgesellschaftliches oder kulturelles Leben entfalten könnte (LY6:9; LY3:35):

> »Es gibt zwar einen alten Dorfkern, wo wir uns jetzt befinden, aber es ist doch sehr zerstreut, sehr zersiedelt. Und für mich so das Dorfzentrum könnte ich jetzt gar nicht benennen.« LY1:41

Einer der Kirchenvorsteher beschreibt den Ort als »lose Häuseransammlung ohne geschlossenen Ortskern« (LY3:7). Diese Fragmentierung des Ortes spiegelt sich auch im zivilgesellschaftlichen und sozialen Leben vor Ort sowie der sozialen Identität der Bewohner wider. So wird die Gemeinde etwa als »konturlos« (LY3:9) beschrieben, als ein Ort im Wandel, ein Hybrid zwischen Dorf und Kleinstadt, »der sich erst finden muss« (LY3:9). Zwar gibt es einen kleinen Kern von Aktiven und auch eine Vielzahl an traditionsreichen Vereinen, die das zivilgesellschaftliche Leben tragen; die Mehrheit nutze die Orte jedoch hauptsächlich als »Schlaforte« und zeige keinerlei Interesse an einer aktiven Mitgestaltung des örtlichen Lebens. In den Interviews wird daher bemängelt, dass ein typisches dörfliches Leben, oder ein stärkerer sozialer Zusammenhalt, den man ja sonst aus ländlichen Gemeinden kenne, hier nicht vorhanden sei. Ein Ehrenamtlicher aus der Kirchengemeinde beschreibt sogar ein »Getrenntsein« sozialer Gruppen als ein Charakteristikum des Ortes:

»Also wir haben einen unglaublichen Umwandlungsprozess und schon auch, würde ich behaupten, immer noch ein Getrenntsein, gar nicht unbedingt ein ... zum Teil auch ein Gegeneinander von Ossis und Wessis, aber vor allem ein Getrenntsein. Ich sehe es vor allem auch an den Generationen. Für die junge Generation spielt das kaum mehr so eine Rolle. [...] Also dieses Ost-West-Gemisch, was sich ... und diese Transformation der ostdeutschen Gesellschaft, was sich finden muss.« LY5:5

4.2.2 DIE KIRCHENGEMEINDE: AUF DER SUCHE NACH IDENTITÄT

Veränderung und Konsolidierung

Ähnlich wie der Ort erweckt auch die Kirchengemeinde zum Zeitpunkt der Interviews den Eindruck, sich in einer Konsolidierungsphase zu befinden. Dabei beschreiben die Befragten vor allem den Wechsel im Pfarramt und die Fusion der drei ehemals eigenständigen Ortsteilgemeinden zu einem sogenannten »Pfarrsprengel« als einschneidende Ereignisse der jüngeren Vergangenheit (LY2:9–11; LY4:5/9/13; LY7:5/10–11/13). Die »Narben« der Fusion seien jedoch mittlerweile weitgehend verheilt, die ehemals drei Gemeinden finden immer näher zueinander und verstehen sich mittlerweile auch tatsächlich als eine Gemeinde mit drei Standorten (LY4:5; LY7:5/10–11/13). Der Pfarrwechsel wird einhellig als positiv und vitalisierend für die Kirchengemeinde beschrieben. Die Gemeinde sei »lebendiger« geworden, der neue Pfarrer ziehe wieder mehr Menschen in die Gottesdienste oder regte sie zur Mitarbeit in der Gemeinde an (LY1:9/11; LY2:9; LY3:13; LY4:13).

»Die Gemeinde ist durch den neuen, ich sage jetzt immer noch neuen Pfarrer [...] viel enger zusammengerückt, finde ich, auch diskussionsfreudiger und – vielleicht ein bisschen kühn geschlussfolgert – auch verjüngt. Also ich habe so den Eindruck, dass doch jetzt jüngere Leute hier häufiger kommen.« LY1:9

»Auf alle Fälle ist eine Entwicklung sehr eindeutig mit dem Pfarrerwechsel zu beobachten, dass die Gemeinde lebendiger wird, dass auch die Mitarbeit zunimmt von Kirchenmitgliedern, die dazu mehr angeregt werden oder Raum dafür bekommen, auch für die Anliegen der einzelnen Kirchenmitglieder.« LY2:9

Während diese strukturellen und personellen Veränderungen der Kirchengemeinde also durchaus positive Entwicklungen nach sich gezogen haben, stellt der bereits beschriebene Strukturwandel des Ortes die Gemeinde vor größere Herausforderungen. Analog zur Ortsgemeinde ließe sich der Zustand der Gemeinde daher am ehesten als Phase der Identitätsfindung umschreiben: Es mangelt ihr an einem eindeutigen Profil, sie wird als »konturlos« beschrieben und scheint ihre Rolle in diesem sich so stark verändernden Ort bisher noch nicht so recht gefunden zu haben.

TABELLE 5 **Lydiagemeinde**

Zahlen & Fakten 2015	
Anzahl Gemeindemitglieder	1.316
Anteil Protestanten Bevölkerung des Gemeindegebietes	9,7%
Standorte	3
Anzahl Pfarrer	1
Kindergarten?	Nein
weitere Hauptamtliche	Gemeindepädagogin, Gemeindesekretärin (Teilzeit)

Gemeinde ohne Schwerpunkt
Am deutlichsten wird dies an der Tatsache, dass keiner der Befragten, weder der Pfarrer noch die Mitglieder des Kirchenvorstandes, inhaltliche Schwerpunkte der Gemeinde benennen können. Die Antworten bleiben stets allgemein und vage, man versuche eben »in viele Richtungen die Hände auszustrecken« (LY4:19); oder man böte ein »abwechslungsreiches Gemeindeleben für alle Generationen« (LY6:31).

> *»Einen Schwerpunkt? Nein, ich denke nicht. Ich denke, das ist eine breite ... man versuch, ein breites Spektrum hier, soweit es in den Bereichen, in denen wir hier leben, möglich ist, abzudecken von Kinder- und Jugendarbeit bis zum Musikalischen. [...] Bis zu den klassischen Dingen, die ja auch im Osten Deutschlands üblich sind, die Christenlehre, die so genannte. Die gibt's ja, glaube ich, im ehemaligen Westteil so in der Form nicht. Die Seniorenarbeit, Bibelarbeit, Gesprächskreise. Also es sind eigentlich so ... die Konfirmandenarbeit, die Klassiker, sage ich mal, die Kirche so anbieten sollte. [...]. Also es gibt keinen Schwerpunkt, wo man sagen würde, dafür steht die Kirchengemeinde [...], sondern einfach eine Vielfalt dessen, was Kirche bieten kann, abzubilden, glaube ich. Das trifft es wahrscheinlich am ehesten.«* LY3:25

Tatsächlich lässt sich aus den Interviews und den Angeboten der Gemeinde am ehesten ein klassisch religiöses Profil ablesen, mit einem starken Fokus auf Gottesdiensten und mit einer »klassischen« Angebotsstruktur, die von der Konfirmandenarbeit bzw. Christenlehre über die Kirchenchöre und Bastelgruppe bis hin zu den christlichen Pfadfindergruppen reicht (zu den Angeboten siehe weiter unten).

Ebenso wenig wie ein inhaltlicher Schwerpunkt, lässt sich aus den Interviews auch eine eindeutige Funktion erkennen, die die Kirchengemeinde im Sozialraum übernimmt. Eine herausragende – wenn auch temporär begrenzte – Ausnahme ist das Engagement der Kirchengemeinde im Rahmen der sogenannten Flüchtlingsinitiative. Bereits vor den großen Flüchtlingsbewegungen nach Deutschland im Sommer 2015 sollte vor Ort ein sogenanntes »Übergangswohnheim« für

Geflüchtete errichtet werden, was schnell zu heftigen Kontroversen zwischen Gegnern und Befürwortern einer solchen Unterkunft führte. Die damalige Pfarrerin der Kirchengemeinde initiierte daraufhin einen runden Tisch, an dem unterschiedliche Institutionen aus Politik und Zivilgesellschaft sowie engagierte Bürgerinnen und Bürger zusammenkommen konnten. Nicht zuletzt durch dieses moderierende Eingreifen der Pfarrerin gelang es, die Wogen vor Ort zu glätten, so dass die Flüchtlingsunterkunft gebaut werden konnte und – mehr noch – verschiedene Bürger sich bis heute in der Flüchtlingshilfe engagieren, wodurch der Ort bundesweite Aufmerksamkeit erlangte als ein Ort mit einer gelungenen Flüchtlingsintegration. Mit dem Abebben der großen Flüchtlingsbewegungen hat sich auch das Engagement für Geflüchtete in Kirche und Gesellschaft vor Ort wieder verringert. Zwar engagieren sich nach wie vor der Pfarrer und eine Handvoll Personen aus der Kirchengemeinde im Übergangswohnheim; als einen gemeindlichen Schwerpunkt kann man die Flüchtlingshilfe allerdings nicht beschreiben. Laut Auskunft eines Mitglieds des Kirchenvorstandes sei die Flüchtlingshilfe auch nie ein konzertierter Schwerpunkt der Kirchengemeinde gewesen, sondern eher das Engagement einiger weniger Personen aus der Gemeinde:

> »Und da sind einige dabei, die auch in der Kirche dabei sind, aber jetzt zu behaupten, es wäre eine ureigenste kirchliche Initiative, das wäre … da würde man sich was Falsches ans Revers stecken, wie man so sagt. Also das ist es nicht. Aber es wird dem hier Raum geboten, und der Pfarrer bietet das mittlerweile an, um diese Initiative aufrechtzuerhalten. Insofern hat sich das jetzt schon ein bisschen zur Kirche hin verlagert. Aber es ist keine kirchliche, ausschließlich kirchliche Initiative, die nur von der Gemeinde getragen wird, nein.« LY3:27

Ein noch im Aufbau befindlicher Schwerpunkt der Gemeinde lässt sich dagegen im Bereich Umwelt, Ökologie und Nachhaltigkeit erkennen. Vor allem durch die Initiative einer kleinen Gruppe von Aktiven in der Kirchengemeinde soll in der nächsten Zeit ein ehrenamtlich geführter Weltladen mit fair gehandelten Produkten entstehen. Außerdem gibt es in der Gemeinde den sogenannten »Koffair«, der nach dem Gottesdienst ausliegt und der einige Fairtrade-Produkte enthält, die die Gottesdienstbesucher erwerben können. In Kooperation mit der katholischen Gemeinde finden zudem regelmäßig sogenannte »Klima-Fastenandachten« statt. In diesem Bereich lassen sich also bereits erste Konturen eines Schwerpunkts zivilgesellschaftlicher Arbeit der Kirchengemeinde erkennen, allerdings war dieser zum Zeitpunkt der Interviews noch im Aufbau und ruhte zudem auf den Schultern sehr weniger Aktiver.

Auch hier zeigt sich, dass die Kirchengemeinde ihre Aufgabe und Funktion im Sozialraum noch nicht eindeutig gefunden hat. Neben der Flüchtlingshilfe und der Umweltinitiative lassen sich auch noch Tastbewegungen in andere Bereiche erkennen, etwa als Ort für Entschleunigung und Einkehr (LY3:103; LY6:83), als Begegnungsstätte bzw. sozialer Treffpunkt (LY3:69; LY7:65) oder sogar als ethisches »Rückgrat« der Gemeinde (LY7:59–61). Dies bleiben jedoch bislang lediglich Ideen der Interviewpartner, die noch keine weitere Konkretisierung erfahren haben.

Gemeinde in der Diaspora

Eine Konstante in der Selbstbeschreibung der Gemeinde ist eine Art »Diaspora-Bewusstsein«. Die Gemeinde sieht sich selbst in der Rolle einer religiösen »Insel« in einer ansonsten weitgehend entkirchlichten oder sogar kirchenfeindlichen Umgebung (LY2:43/67; LY3:51/87; LY4:37; LY5:7–9; LY6:21; LY7:35). Als Ursache hierfür wird neben den niedrigen Kirchenmitgliedschaftszahlen in Ostdeutschland vor allem die spezifische DDR-Vergangenheit des Ortes gesehen:

> »Es gibt einfach Vorbehalte, starke Vorbehalte gegenüber der Kirche. Das habe ich sehr deutlich gemerkt, als ich in der ersten Sitzung war, als es um unser Weltladen-Projekt ging. Wir wollten eine E-Mail-Adresse festlegen, und ich sagte: Die können wir sehr schön an unsere Kirchenseite anbinden, die könnte weltladen@... usw. lauten. Und dann sagten die von der Ehrenamtsagentur: Die können wir auch sofort bei uns anbinden. Also die Hemmschwelle, war die Einschätzung, die Hemmschwelle für die allgemeinen Bürger wäre niedriger, wenn es eine andere Internet-Adresse ist als die der Kirche.« LY2:43

> »Ja, und was hier immer noch ganz fest in den Köpfen steckt, ist halt auch die DDR-Vergangenheit. Ich nenne es immer noch hier (lacht) ein bisschen christbefreite Zone, weil hier alle halt ... die Gemeinschaft hier durch die SED und Pionier-Organisationen [...].« LY4:37

> »Wir haben ja im Westen genauso zu kämpfen mit den abnehmenden Kirchenbesuchern. Aber als ich das erste Mal in diese Kirche hier kam, war da die Pfarrerin und vier, also meine Frau und ich und weitere zwei Leute. Und keine Orgel. Und die Pfarrerin hat aus tiefstem Ton wunderbar die Kirchenlieder vorgesungen. Aber ich kam mir vor wie, keine Ahnung, bei der Christenverfolgung oder sonst irgendetwas. Dann habe ich gemerkt, dass für viele ostdeutsche Christen das als normal akzeptiert wird. Wir sind in feindlichem Umfeld, und man will uns nicht.« LY5:7

Diese Wahrnehmung eines »feindlichen Umfelds« spiegelt sich auch in einer gewissen Passivität oder »Komm-Mentalität« des Kirchenvorstandes wider. Die Gemeinde konzentriert sich überwiegend auf die eigenen Mitglieder oder aber zumindest auf diejenigen, die die Gemeinde von sich aus aufsuchen. Dies zeigt sich am stärksten am Angebotsprofil und der Vernetzung der Gemeinde vor Ort. Die Gemeinde sieht sich dabei zwar als offen für alle Menschen, vor allem die Arbeit des Kirchenvorstandes sei aber noch zu wenig an den Belangen der Menschen vor Ort ausgerichtet, wie eine ehrenamtliche Mitarbeiterin der Gemeinde beklagt:

> »Zum anderen weiß ich nicht, ob das Selbstverständnis unserer Kirchengemeinde ... Wenn ich jetzt unseren Kirchenvorstand mal betrachte, da geht es wirklich um die rein innerkirchlichen Aufgaben und wenig ... es rückt wenig ins Blickfeld die Kommune, dass wir für die Kommune etwas anzubieten haben, sondern eigentlich für die Christen hier vor Ort. Ja, das sehe ich so. Also der Ist-Zustand, den beschreibe ich jetzt. (lacht)« LY2:63

Pastorale Zentralität

Schließlich ist auffällig, dass die Organisierungsstruktur der Gemeinde eine starke Zentralität bezüglich der Funktion des Pfarrers aufweist. Dies zeigt sich schon in der Eigenwahrnehmung der Gemeinde, die ein Interviewter als Gemeinde »mit Herrn [Name des Pfarrers] an der Spitze« beschreibt (LY7:5). Auch in anderen Interviews wird der Pfarrer als die zentrale Figur der Kirchengemeinde dargestellt, der die Kirche nach außen hin maßgeblich repräsentiere (LY3:81; LY4:73). Und nicht zuletzt wird auch der in den letzten Jahren erlebte Aufschwung der kirchlichen Vitalität einzig und allein auf die Person des Pfarrers zurückgeführt; gleichzeitig wird für das schlechte Funktionieren der Gemeinde zuvor die Vorgängerin des jetzigen Pfarrers verantwortlich gemacht (LY4:13). Dabei zeigt sich auch, dass diese zentralistische Organisationsstruktur durch die Erwartungen des Kirchenvorstands an die Person des Pfarrers befördert wird und weniger durch die Person des Pfarrers selbst. Ganz im Gegenteil: Durch den Wechsel im Pfarramt wird sogar ein Abnehmen dieser zentralistischen Strukturen beschrieben (LY2:9). Am deutlichsten wird diese pastorale Zentralität bei der Auswertung des gemeindlichen Netzwerks, das überwiegend durch den Pfarrer getragen wird.

Mangelhafte Raumsituation

Auch wenn die Kirchengemeinde in einer vergleichsweise wohlhabenden Gegend angesiedelt ist, wird ihre personelle und räumliche Ausstattung von den Befragten als unzureichend beschrieben (LY2:21; LY3:57–59; LY4:74–75; LY6:49/51). Neben dem Pfarrer, der für drei Standorte zuständig ist, arbeiten hauptamtlich nur noch eine Gemeindepädagogin für die Jugendarbeit sowie eine Bürokraft in der Gemeinde, letztere allerdings nur für wenige Stunden in der Woche. Als problematischer wird jedoch die beengte Raumsituation beschrieben. Die Gemeinde verfügt lediglich an zwei der drei Standorte über weitere Gemeinderäume (außer dem Kirchengebäude selbst), allerdings sind dies jeweils nur relativ kleine »Säle«, die nur für kleinere Versammlungen oder Veranstaltungen geeignet sind. Verschiedene Initiativen der Kirchengemeinde scheiterten daher an der mangelhaften Raumsituation, wie ein Gemeindemitglied im Interview an einer Reihe von Beispielen illustriert:

> *»Und wir hatten jetzt ... hier gab's vor zwei Jahren noch diese vielen Sprachkurse, nee, vor einem Jahr war das, die da mit dem ersten Integrationspaket kamen. Und die suchten ja auch Räume. Und wir konnten diesen Raum hier anbieten für Sprachkurse. Aber wir hatten natürlich das Problem: Wir haben nur einen. Also es muss dann immer alles genau koordiniert werden mit anderen Gemeindeveranstaltungen und so. Also da wäre wirklich noch Entwicklungspotenzial für unsere Gemeindearbeit. Auch was die Angebote angeht. Es stand gar nicht zur Diskussion, den Weltladen in den eigenen Räumen zu eröffnen, weil wir gar keinen Platz dafür haben. Wir sind auch mal angefragt worden, ob wir die Tafel, die gibt's hier in der Region, beherbergen würden. Prinzipiell hätten wir Interesse gehabt, aber es war wirklich nicht möglich. [...]Die Theatergruppe für das Übergangswohnheim suchte*

ein neues Domizil. Aber die haben Kulissen und Requisiten, die sie irgendwo unter-
stellen mussten. Dann musste ich denen sagen: Nein, es geht nicht. Und ich glaube,
ja, wir hätten also wirklich Potenzial, unsere Räumlichkeiten zu öffnen für anderes.
Wir machen das ja auch schon. Also die Musical-Arbeit der Kantorei [des Ortes],
die treten dann natürlich auch in unserer Kirche auf und bauen auf. Also es gibt
bei all dem, was ich gesagt habe, noch Luft nach oben. Aber es gibt noch andere
dörfliche Initiativen, von denen ich mir vorstellen könnte, sie durchaus ins Dorf zu
holen. Wir hatten gerade [...] eine sehr schöne Fotoausstellung [...], die in unserem
Übergangswohnheim fotografiert hatte. Und die lief jetzt aus. Und ich hätte die
Ausstellung gerne [in die beiden Dörfer] geholt, aber wir haben keinen Raum, in
dem man eine solche Ausstellung aufbauen kann. Es geht einfach nicht. Wir haben
nicht die Wände, nicht die Flächen, nicht die Räume, die so was hergeben. Und das
fand ich sehr schade.« LY6:49–51

Hier wird deutlich, wie eng die Möglichkeiten einer Kirchengemeinde, sich im
Sozialraum zu engagieren, an ihre eigene Raumsituation gebunden sind. Die genannten Initiativen, wie etwa Sprachkurse für Geflüchtete, die Unterbringung der
Tafel, die Eröffnung eines Weltladens oder auch kulturelle Angebote wie Konzerte
oder Ausstellungen hängen maßgeblich von der Verfügbarkeit von Gemeinderäumen ab.

4.2.3 Fremdwahrnehmung: Alte Konfliktlinien und
neue Wertschätzung

Die Diaspora-Mentalität zeigt sich auch bei der Fremdwahrnehmung der Gemeinde durch andere Akteure im Sozialraum. Während es aus der Perspektive der
kirchlich Aktiven vor allem die verschiedenen Institutionen vor Ort sind, die
kirchenskeptisch oder eben sogar kirchenfeindlich eingeschätzt werden, wird der
Kirchengemeinde von Außenstehenden attestiert, sie habe immer noch Angst vor
zivilgesellschaftlicher Öffnung, verharre in einem Diaspora-Denken und kümmere sich daher überwiegend um die eigenen Mitglieder. Grund hierfür sei eine
historisch tradierte Skepsis gegenüber staatlichen oder öffentlichen Institutionen. Ein Ehrenamtlicher aus dem Umfeld der Flüchtlingsinitiative beschreibt dies
anhand seiner eigenen Erfahrungen mit der Kirchengemeinde:

»Aber ich bin trotzdem traurig, weil ich so viele Intrigen, so viel Kleingeisterei, so
viel Angst, Ängstlichkeit vor Öffnung erlebe. [...] Alles, was mit Öffentlichkeit ... Ich
sage, alles, was mit Öffnung der Kirchentüren zusammenhängt, das ist wieder
dieses Diaspora-Denken, ist doch sehr stark verbreitet. Und für mich war faszinie-
rend, ich weiß nicht, vor 30, ja, 25 Jahren muss es gewesen sein, mit den Kindern
in Dänemark im Urlaub das erste Mal Kirche unterwegs auf dem Campingplatz. Da
habe ich gedacht: Wow, das ... so wünsche ich mir meine Kirche: zu den Menschen
gehen und nicht warten, ob die Menschen kommen, und Vorwürfe machen, wenn
sie nicht jeden Sonntag kommen.« LY5:15

Im Unterschied zur kirchlichen Binnenperspektive sieht der Befragte die Bringschuld hier jedoch eher bei der Kirchengemeinde, die ein antiquiertes Bild ihrer Umwelt besitzt:

»Also die Kirche wird wahrgenommen als Bestandteil der Zivilgesellschaft, aber die Kirchgemeinde selbst sieht sich zu wenig als solche. Sonst würden die sich freuen aufs Strandbadfest. Was machen wir dieses Mal? Machen wir was für die Kinder oder die Alten oder für die Flüchtlinge? Machen wir irgendein tolles Glücksrad oder irgendwas, wo wir auffallen? Ach, dann kriegen wir doch nur wieder zu hören: die Kirchensteuer. [...] Die haben alle Angst vor der Kirchensteuerdiskussion. [...] Aber die sagen alle: Ja, dann wird man auf die Kirchensteuer angesprochen. Und das ist Diaspora-Verhalten, glaube ich. Also die Zivilgesellschaft sieht die Kirchgemeinde positiver als die Kirchgemeinde sich als Bestandteil.« LY5:43

Auch wenn die Befragten in den Interviews betonten, dass die DDR-Vergangenheit im Alltag nicht mehr relevant sei, findet sie sich dennoch nach wie vor in diesen alten Konfliktlinien zwischen Kirche und Zivilgesellschaft. Der Staatsatheismus der DDR hat zu einer Entfremdung zwischen Kirche und großen Teilen der Bevölkerung geführt und wirkt bis heute nach. Eine ehrenamtliche Mitarbeiterin der Kirchengemeinde schildert im Interview die Irritationen, die kirchliches Engagement bis heute hervorruft:

»Einfach weil es nicht als Institution, als Treffpunkt, als Treffpunkt zum Gemeindeleben notwendig war, sondern da wurde halt die Arbeiterwohlfahrt gegründet, da gab's ... ja, andere Sachen. Ich weiß gar nicht. Da gab's halt den ... Das wurde halt durch die Betriebe organisiert. Ja. Und da gibt's dann halt einfach so einen Bruch. Und wenn ich das nicht kenne von Kind auf an, dann muss ich mich erst mal überwinden, irgendwo reinzugehen. Also andere Freunde, die im Ort wohnen, kommen aus [Name einer ostdeutschen Großstadt] und sagten, sie haben mit Kirche noch nie was zu tun gehabt.« LY4:49

Eine offene Ablehnung der Kirche wird dabei allenfalls noch bei Einzelpersonen wahrgenommen und sei eher ein Phänomen der älteren Generation. Für die jüngeren Menschen lässt sich die Beziehung der Kirche hingegen eher mit dem Begriff Indifferenz beschreiben und weniger als offene Ablehnung. Aufgrund der vielfach fehlenden Tradierung christlicher Glaubensinhalte an die jüngeren Generationen herrscht vor allem unter Kindern und Jugendlichen ein eklatantes Unwissen bezüglich kirchlicher und religiöser Themen vor. Diesbezüglich beschreibt ein Mitglied der benachbarten katholischen Gemeinde ein ökumenisches Projekt der Kirchen in Kooperation mit den Schulen, um überhaupt wieder Berührungspunkte mit der Kirche zu schaffen:

»Jedes Jahr kommt das Gymnasium hier mit den siebten Klassen, alle siebten Klassen, hier her und machen Kirchenbesichtigung. Hier und im Dorf. Dann geht immer alle dreiviertel Stunde, wechselt immer eine Klasse hin- und herlaufen die dann.

> *Dies und jene. Und das war ja undenkbar zu DDR-Zeiten. Die kommen jetzt. Da*
> *hat sich der katholische, der evangelische Religionsunterricht und REL, die haben*
> *sich zusammengetan und haben gesagt: Okay, dann machen wir einen Projekttag*
> *Kirche. Und dann können die alles fragen, was sie wollen. Und das finde ich gut.*
> *Und da merkt man, dass von wegen so überhaupt nicht ist, sondern ist eher bei*
> *den nicht-kirchlich gebundenen Schülern und Schülerinnen ist eher so, die große*
> *Unwissenheit.«* LY8:29

Anders als in den westdeutschen Gemeinden der Studie zeigt sich ein Unterschied zudem darin, dass die Kirchengemeinde nach wie vor weniger als selbstverständlicher Teil der Zivilgesellschaft wahrgenommen wird. So illustriert etwa ein Mitglied der Kirchengemeinde diese Missachtung damit, dass die Ortsgemeinde bei einer Vorstellung eines Leitbildes zum Thema Zivilgesellschaft und Ehrenamt die Kirche in keiner Weise berücksichtigt hat:

> *»Ich weiß jetzt nicht genau, wie die sich nennt. Zum Beispiel die Kommune hat einen*
> *... jetzt müssen Sie mir mit dem Wort helfen: was jeder macht, was für ein Konzept*
> *entwickelt man? Ein Leitbild. Da weiß ich nicht, inwieweit wir da so beteiligt waren.*
> *Ich glaube, gar nicht. Das wäre natürlich schön, weil wir einfach zu dem Bild der*
> *Kommune gehören oder Bestandteil sind.«* LY2:67

Auch bei der Gründung der Ehrenamtsagentur im Ort wurde die evangelische Kirche nicht angefragt, sondern die Kooperation entstand erst auf offizielle Anfrage des Pfarrers (LY6:73). Auch beim halbjährlichen Begrüßungstag neuer Freiwilliger durch die Ehrenamtsagentur, an dem sich die verschiedenen zivilgesellschaftlichen Akteure des Ortes vorstellen, wurde die Kirchengemeinde bisher nicht mit ins Boot geholt. Ein Mitarbeiter der Kirche beschreibt dies ebenfalls nicht als Ablehnung gegenüber der Kirche, sondern vielmehr mit einer geringeren Sensibilität und Wahrnehmung:

> *»Aber das ist, glaube ich, wirklich eher ... Also das ist keine böse Absicht, sondern*
> *die denken einfach nicht dran. [...] Aber es ist eben wirklich eine Distanz und keine*
> *Ablehnung. Also ich kann mir gut vorstellen, wenn ich der Bürgermeisterin sage:*
> *›Übrigens, ich möchte auch fünf Minuten was sagen‹, dann sagt sie: ›Ach, ja, gerne.‹*
> *Sie hat da eben einfach nicht dran gedacht. Dumm gelaufen.«* LY6:73–76

Allerdings ist in den letzten Jahren eine deutliche Veränderung spürbar: Kirche und Zivilgesellschaft sind auf dem Weg, einen neuen Modus der Interaktion auszuloten: weg von der Opposition oder Missachtung und hin zu einer in den letzten Jahren stetig gewachsenen Kooperation und gegenseitigen Wahrnehmung. Auch hier wird vielfach der Pfarrer als Triebfeder hinter diesem zivilgesellschaftlichen Öffnungsprozess beschrieben, aber auch die Kommune geht mittlerweile aktiver auf die Kirchengemeinde zu. So gab es in der Flüchtlingskrise zum ersten Mal eine direkte Anfrage durch die Kommune an die Kirchengemeinden im Ort:

»Naja, weil, erst mal die Anfrage kam ja von außen. [...] Also von der Politik. Und die haben gesagt: »Also wir müssen starke Partner suchen.« Wir wissen nicht, wie die Bevölkerung in Dorf X tickt. Wir wissen aber, wie das Credo der Kirchengemeinden ist. Also anderen in Not beistehen. Flüchtlingsarbeit. Also – Barmherzigkeit, blablablablabla. Und so kamen die dann darauf, sicherlich. Dass sie dann wissen, – die Kirche existiert schon ewig nur weil – also eigentlich der Grund ist ja da oben. Aber weil Ehrenamt da ist. Ja, also und von daher die wissen auch, wie man Ehrenamt ranzieht, wie die Aufgaben org – so hat man uns eigentlich da mit reingeholt. Und dann waren wir ja mit drinnen, das war gewollt und es wurde nie hinterfragt. Also der größte Teil der am »Runden Tisch« Engagierten sind überhaupt nicht kirchlich gebunden und akzeptieren trotzdem, dass der Pfarrer [...] da mit drin ist. Oder dass es unter meiner Führung dann mitgeht. Das wird eigentlich akzeptiert.« LY8:27

Hier entwickelt sich zunehmend eine Fremdwahrnehmung, wie sie auch in den anderen Gemeinden in ähnlicher Weise zu erkennen ist: Die Kirche wird vorwiegend als soziale Kraft im Ort wahrgenommen. Anders als aber etwa im Fall der Markusgemeinde, bei welcher das Christentum als Wertgrundlage eines religiös motivierten zivilgesellschaftlichen Engagements eine hohe Wertschätzung erfahren hat, gerät die religiöse Komponente hier in den Hintergrund bzw. wird sogar als hinderlich betrachtet. Aufgrund einer größeren Kirchenskepsis, die durch das atheistische Erbe der DDR geprägt ist, zeigt sich hier sogar eine deutlich größere Ablehnung, wenn die Kirche zu sehr in einer religiösen Funktion auftritt. So wird selbst von der Kirchengemeinde zugegeben, dass das Miteinander am besten funktioniert, wenn die Kirche die Religion nicht allzu präsent platziert:

»Also alles schon Tradition, da fragt gar keiner weiter. Da ist ein freundliches Miteinander. Es ist so, wie wenn man freundlich hineinruft in den Wald, dann schreit es eigentlich normalerweise auch wieder freundlich heraus, ja. Und das ist es eben. Und wenn man dann –, wenn die außerhalb merken, man möchte nicht nur religiös irgendwas oder man will den gleich mit jeder Aktion hier dann Weihwasser über den Kopf gießen, dann ist das doch okay. Dann ist das, also ja. Also ich sag mal: Lieber mit Taten sprechen, als mit einer großen Kreuzfahne hier durch den Ort laufen.« LY8:21

Ein Mitglied der kommunalen Verwaltung merkt hingegen positiv an, dass die Kirche mittlerweile weniger als Kirche empfunden werde, dafür jedoch stärker als soziale Kraft im Ort, was in ihren Augen das Ansehen der Kirchengemeinde deutlich gesteigert habe.

»Das Gelände ist auch wieder unter die Leute gekommen. [...] Die Kirche ist sonst zu sehr als Kirche empfunden worden. Da geht ja Ihre Frage auch hin. Jetzt wird es Lebensraum in vielen, vielen anderen Bereichen. Es ist für mich auch die Zukunft. Wir haben immer noch eine alte Generation, die eine sehr große Scheu hat. Für mich ist die Kirche nichts Besonderes mehr. Doch sie ist etwas Besonderes, dadurch, dass sie ein großes soziales Engagement auch in unserer Gemeinde mitträgt.« LY9:35

4.2.4 Aɴɢᴇʙᴏᴛᴇ: Kʟᴀssɪsᴄʜ, ᴀʙᴇʀ ᴏꜰꜰᴇɴ ꜰüʀ ᴀʟʟᴇ

Die Rollensuche der Gemeinde zeigt sich auch in der Bandbreite ihrer Angebote, Aktivitäten und Kreise. Hier finden sich zunächst eine Reihe »klassischer«
kirchlicher Aktivitäten wie Gesprächskreise, Bibelkreis, Seniorenkreis oder Konfirmandenunterricht bzw. Christenlehre. Daneben spielt auch die Kirchenmusik
eine große Rolle, insbesondere durch einen Kinder- und Jugendchor, oder den
örtlichen Chor, der zwar kein genuin kirchlicher Chor ist, aber in der Kirche probt
und auch zu Gottesdiensten auftritt. Wie bereits weiter oben angesprochen, entsteht zudem durch Initiative einiger Gemeindemitglieder ein neuer ökologischer
Schwerpunkt der Gemeinde mit der Planung des Weltladens, aber auch mit den
Klima-Fastenandachten. Die Flüchtlingsarbeit zeigt sich in den Interviews zwar
nach wie vor als ein Bereich mit starker Identifikationswirkung für die Gemeinde,
allerdings gibt es in diesem Bereich zum Zeitpunkt der Befragung keine konkreten Angebote der Gemeinde mehr. Hier sind vielmehr der Pfarrer und einige
aktive Gemeindeglieder zu nennen, die sich nach wie vor in der Flüchtlingshilfe engagieren. Schließlich hoben alle Befragten die besondere Bedeutung des
Adventsmarktes hervor. Dieser findet einmal jährlich statt und hat sich mittlerweile zu einem Aushängeschild der Kirchengemeinde entwickelt (LY1:61; LY4:51;
LY5:37; LY7:31).

Der überwiegende Teil dieser hauptsächlich religiösen Angebote richtet sich
an die »klassischen« Kirchenmitglieder. Zwar betonen die befragten Gemeindemitglieder, dass ihre Angebote und Kreise dezidiert offen für alle Menschen vor
Ort sind, allerdings bleibt die angesprochene Zielgruppe aufgrund der engen
religiösen Ausrichtung der Angebote beschränkt. Sowohl befragte Kirchenmitglieder als auch Außenstehende monieren daher, die Kirche richte sich mit ihren
Angeboten noch zu stark an ihre eigenen Mitglieder und habe noch zu wenig den
Sozialraum als Ganzes im Blick. Ausnahmen waren und sind die Flüchtlingsinitiative und ganz besonders auch der Adventsmarkt, mit dem die Gemeinde ein
niedrigschwelliges Angebot zur Verfügung stellt, das sich dezidiert an alle Menschen im Ort richtet und laut eigener Auskunft auch sehr gut angenommen wird:

> »Also es ist auch schwer, Menschen … ja, wie gesagt Kirchenferne zu gewinnen. Wo
> es gelingt, das sind so … das sind sehr schöne Veranstaltungen hier, der Advents-
> markt, der von der Kirchengemeinde seit geraumer Zeit durchgeführt wird, wo man
> sich einfach der Gemeinde, also der Ortsgemeinde zeigt und die Sache sehr schön
> angenommen ist und die Kirche dann auch voll ist und unendlich viele da drin
> sitzen, die wahrscheinlich noch nie in der Kirche waren, die Gefallen daran haben.
> Wenn der Pfarrer dann Weihnachtslieder singt, also das ist dann schon … sind dann
> schon sehr schöne Begegnungen.« LY3:53

Auch mit der Initiative, einen Weltladen im Bahnhofsgebäude zu eröffnen, versucht
die Gemeinde, mit neuen Angeboten stärker als vorher auf die Menschen im Ort
zuzugehen. Trotzdem bleibt ein Großteil der Angebote noch in einer »Komm-Logik«
verhaftet: Sie sind zwar einladend und offen für alle, werden zum Teil auch in der
lokalen Presse beworben, richten sich aber in erster Linie an Kirchenmitglieder

und sind wenig an die Bedürfnisse der Menschen vor Ort angepasst. Sie erfordern letztlich, dass die Menschen ein genuines Interesse an Kirche und Religion haben und dann aus eigener Motivation heraus die Gemeinde aufsuchen.

»Ja, Angebote, die Angebote hier stehen ja bekanntermaßen allen offen, jeder ist willkommen zu allem, was hier stattfindet. Hm. Da müsste ich mal scharf nachdenken. Das sind ja alles, das, was ich vorhin auch so aufzählte, was angeboten wird, natürlich klassische kirchliche Aktivitäten. Aber gut, sie stehen halt jedem offen. Aber so exponiert Veranstaltungen, ich will uns jetzt nicht unter den Scheffel stellen, aber nein, mir fällt jetzt erstmal gar nichts ein auf Anhieb, wo man jetzt sagen würde, das sind über den Rahmen hinausgehende Aktivitäten, die ins Auge fallen. Aber das würde die Gemeinde auch nicht leisten können, die Kirchengemeinde. Weil wie gesagt, der kleine Stamm derer, die etwas machen, ich denke, das würde den Rahmen auch sprengen.« LY3:55

Die Befragten aus der Kirchengemeinde nehmen die eigenen Angebote als vielfältig und umfangreich wahr (LY2:5). Mehr anzubieten, würde die Gemeinde an ihre Kapazitätsgrenzen bringen. Als ausbaufähig wird lediglich die Jugendarbeit angesehen, da es hier über die klassischen Kirchenangebote hinaus (Konfirmandenunterricht, Christenlehre, Kindergottesdienst, Jugendchor) keine weiteren Angebote für Jugendliche im Ort gebe (LY2:7/27; LY4:65). Gleichzeitig seien viele der angebotenen Kreise und Gruppe nur sehr schlecht besucht. Die Ursache hierfür wird allerdings eindeutig auf der Nachfrageseite verortet: Die Menschen im Umfeld der Kirchengemeinde hätten kein Interesse an kirchlichen Angeboten und viele könne man daher nicht erreichen. Auf die Frage, ob die Angebote von den Menschen vor Ort überhaupt wahrgenommen würden, antwortet eine Interviewpartnerin:

»Von den Menschen, die gläubig sind, ja. Von den anderen? Also diese gewisse Ablehnung hatte ich schon erwähnt. Wahrgenommen? Also diese Feste werden auch besucht, aber da habe ich auch schon gehört, dass Leute [...] das boykottieren, weil, das ist eben Kirche, da wollen sie nicht hingehen. Da war ein ganz nettes Sommerfest irgendwie um die Kirche herum, und manche solcher Hardliner können da nicht hingehen. Die haben sich über die Leute aufgeregt und so. Manchen ist das, glaube ich, glatt egal, die nehmen es auch wahr unter Umständen, wenn es da Bratwürstchen gibt oder so. Ja, von den Nachbarn bin ich respektiert mit meiner Kirchenzugehörigkeit. Die sind zwar auch nicht in der Kirche, aber die sind nun wirklich ganz nett. Haben nichts dagegen. Also ob die das nun wirklich sehr nutzen, Angebote von der Kirche, das könnte ich nicht bestätigen.« LY7:51

Auch hier zeigt sich also wieder eine gewisse Diaspora-Mentalität: Das Umfeld wird als kirchenfern betrachtet, daher richten sich die Angebote stärker an diejenigen, die der Kirche gegenüber offen sind. Gleichzeitig ist die niedrige Teilnehmerzahl bei kirchlichen Angeboten wie immer auch ein Zeitproblem, gerade in der Gruppe mittleren Alters. Dies zeigt sich hier in besonderer Schärfe, da der Ort für einen Großteil der Bewohner eher Schlafort ist und sie daher tagsüber ohnehin keine Zeit für weiteres Engagement haben.

»Na, die Berufstätigen in unserer Kirchengemeinde sind wahrscheinlich sehr ausge-
lastet. Mir geht es selbst auch so. Ich arbeite in [nahegelegener Großstadt], das ist ja
schon mal ein Weg, drei Stunden am Tag, die zur Arbeitszeit dazukommen. Und da
ist dann der Abend natürlich, gerade wenn noch Kinder in der Familie sind, wahr-
scheinlich einfach zu kurz, um noch andere Angebote wahrzunehmen.« LY2:15

4.2.5 Vernetzung: Neue Kontakte und pastorale Zentralität

Auch bei der zivilgesellschaftlichen Vernetzung lässt sich erkennen, dass die
Kirchengemeinde derzeit einen Veränderungsprozess durchläuft. Alle Kontakte
zu anderen zivilgesellschaftlichen Partnern vor Ort sind noch relativ jung und
bestehen erst seit wenigen Jahren. Auch hier war es vor allem der Wechsel im
Pfarramt, der zu einer zivilgesellschaftlichen Öffnung und stärkeren aktiven Vernetzung der Kirchengemeinde beigetragen hat (LY2:11).

In den Interviews werden vor allem vier Akteure als wichtige Partner der
Kirchengemeinde identifiziert: Ein regelmäßiger Austausch besteht erstens mit
der Kommunalverwaltung und hier in erster Linie mit der amtierenden Bürger-
meisterin. Hier gibt es regelmäßige Kooperationen wie die Zusammenarbeit bei
der Organisation des Adventsmarktes, aber auch andere Formen des gegenseitigen Austausches oder der gegenseitigen Hilfe. Vor allem im Zuge der Planung
zur Eröffnung eines Weltladens gibt es zweitens eine Kooperation mit der Freiwilligenagentur, etwa zur Mobilisierung von freiwilligen Helfern. Darüber hinaus
ist die Kirchengemeinde Mitglied der Freiwilligenagentur und fördert sie auch
finanziell mit. Eine regelmäßige Zusammenarbeit gibt es auch drittens mit der katholischen Kirche vor Ort. Die beiden Kirchen arbeiten in der Flüchtlingshilfe zusammen und veranstalten monatlich die ökumenischen Klima-Fastenandachten.
Schließlich viertens ist die Kirchengemeinde immer noch Teil des sogenannten
Runden Tisches zur Flüchtlingshilfe, auch wenn sich der Vorsitz hier mittlerweile
in den Händen der katholischen Kirche befindet.

Alle weiteren Netzwerkpartner spielten in den Interviews nur eine sehr geringe Rolle. Hier gab und gibt es zum Teil gemeinsam organisierte Projekte,
wie etwa die Mitwirkung der Kirchengemeinde bei der Durchführung eines
Erntefestes gemeinsam mit einem lokalen Tourismusverband oder die Veranstaltung von Konzerten in der Kirche im Rahmen eines Musikfestivals gemeinsam
mit einem lokalen Musikverein. Regelmäßige Kontakte gibt es zudem mit den
Schulen (Religionsunterricht und Schuljahresanfangsgottesdienste) oder mit
der nicht-kirchlichen Kantorei, die in der Kirche probt oder auch Konzerte dort
veranstaltet. Mit den Vereinen vor Ort (z. B. Feuerwehr, Fußballvereine, Polizei-
sportverein) gibt es nach eigener Auskunft so gut wie keine Zusammenarbeit,
außer dass einige Vereine beim Adventsfest der Gemeinde teilnehmen (LY3:83).
Allerdings werden hier auch keine weiteren Möglichkeiten einer sinnvollen Zusammenarbeit seitens der Gemeinde gesehen (LY3:89; LY4:80–83). Ein Mitglied
des Kirchenvorstandes sieht hier sogar eher eine Konkurrenzsituation zwischen
einzelnen Vereinen und der Kirche (LY4:77/103). Schließlich zeigt sich jedoch

auch die Diaspora-Situation wieder als deutliche Bremse einer weitreichenderen zivilgesellschaftlichen Vernetzung. So beklagt etwa ein Mitarbeiter, dass es aufgrund der DDR-Vergangenheit nach wie vor Vorbehalte gegenüber der Kirche bei potenziellen Netzwerkpartnern gebe:

> »Bis heute ist es noch so, dass also einige Vereine, die schon länger bestehen, große Berührungs – na, ich will gar nicht sagen Ängste ... also keinerlei Kontakt zur Kirche haben wollen. Da gibt es also immer noch ... manchmal sogar bis hin zur Kirchenfeindlichkeit.« LY6:21

Ein Mitglied des Kirchenvorstandes ergänzt hierzu, dass eine weitere Vernetzung der Gemeinde im Sozialraum zwar wünschenswert wäre, aber wenig Aussicht auf Erfolg habe, da die Kirche zu sehr als Fremdkörper wahrgenommen werde:

> »Ja, natürlich wünscht man sich auf allen Gebieten eine Zusammenarbeit, aber die Realitäten sind ja irgendwo andere. Für viele ist Kirche ja doch was irgendwie ... ich sage es mal vorsichtig, was sehr Ungewöhnliches, oder man hat vielleicht sogar wenig Verständnis dafür oder konsequentes Desinteresse bis offene Ablehnung. Man kann das nicht erzwingen.« LY3:87

Auch sei eines der Probleme bei der Vernetzung, dass die Kirche weniger als in Westdeutschland als Bestandteil der Zivilgesellschaft betrachtet wird und daher sehr viel stärker auf sich aufmerksam machen muss und die Vernetzung selbst aktiv voranbringen muss.

> »Das ist sozusagen das Einzige, woran man eben auch den kulturellen Unterschied merkt: Die kommunalen und wirtschaftlichen Träger kommen nicht von sich aus auf die Kirchgemeinde zu. Also das mag in anderen Regionen der Bundesrepublik anders sein.« LY6:69

Auffällig ist zudem auch bei der Vernetzung eine pastorale Zentralität der Gemeinde: Die Etablierung und Aufrechterhaltung der Vernetzung ist überwiegend an den Pfarrer gebunden. Er ist gewissermaßen der Knotenpunkt, an dem die Fäden des Netzwerks zusammenlaufen. Die Bedeutung des Pfarrers als Verantwortlicher für die Repräsentation und Öffentlichkeitsarbeit der Kirchengemeinde betont einer der Kirchenvorstandsmitglieder im Interview:

> »Ja, das funktioniert über den Pfarrer, ja. Im Wesentlichen schon. Ja, das ist ja okay. Ich meine, Kirche wird nach außen hin natürlich immer durch den Pfarrer ... da muss man sich nichts vormachen, damit steht und fällt natürlich das Erscheinungsbild. Kirche ist, ich will nicht sagen, gleich Pfarrer, aber wenn es am Pfarrer hakt, dann hakt es früher oder später auch in der Gemeinde oder das Erscheinungsbild wird negativ geprägt, wenn da nichts kommt an Impulsen.« LY3:81

Lediglich im Zuge des Aufbaus des Weltladens wird von signifikanten Vernetzungen durch die beteiligten Aktiven aus der Gemeinde berichtet. Darüber hinaus treibt vor allem der Pfarrer die Vernetzung nach außen voran, während der Kirchenvorstand kaum selbst aktiv wird bzw. teils sogar als Bremse der zivilgesellschaftlichen Vernetzung beschrieben wird. Ein Ehrenamtlicher aus der Flüchtlingsinitiative lobt die gute Präsenz des Pfarrers und sieht gleichzeitig eine Gefahr darin, da der Pfarrer als alleiniger Knotenpunkt der zivilgesellschaftlichen Vernetzung an seine Kapazitätsgrenzen gelange:

> *»Ja, insofern kann ich da keine wirkliche auf Tatsachenerfahrung basierende Antwort geben, außer dass unser Pfarrer … dass ich das toll finde, dass unser Pfarrer da überall dabei ist und auch geachtet, aber eben man wünscht sich eben auch, dass mal … muss ja auch nicht aus dem Kirchenvorstand, da mal noch zwei, drei andere da sind. Weil, der schafft einfach nicht alleine. Und Kirche ist ja nicht Pfarrer. Das ist ja … das ist ja das Leid … Jeder Pfarrer klagt darüber, dass die Gemeinde immer denkt, das muss der Pfarrer da machen.«* LY5:43

ABBILDUNG 9 **Zivilgesellschaftliches Netzwerk der Lydiagemeinde**

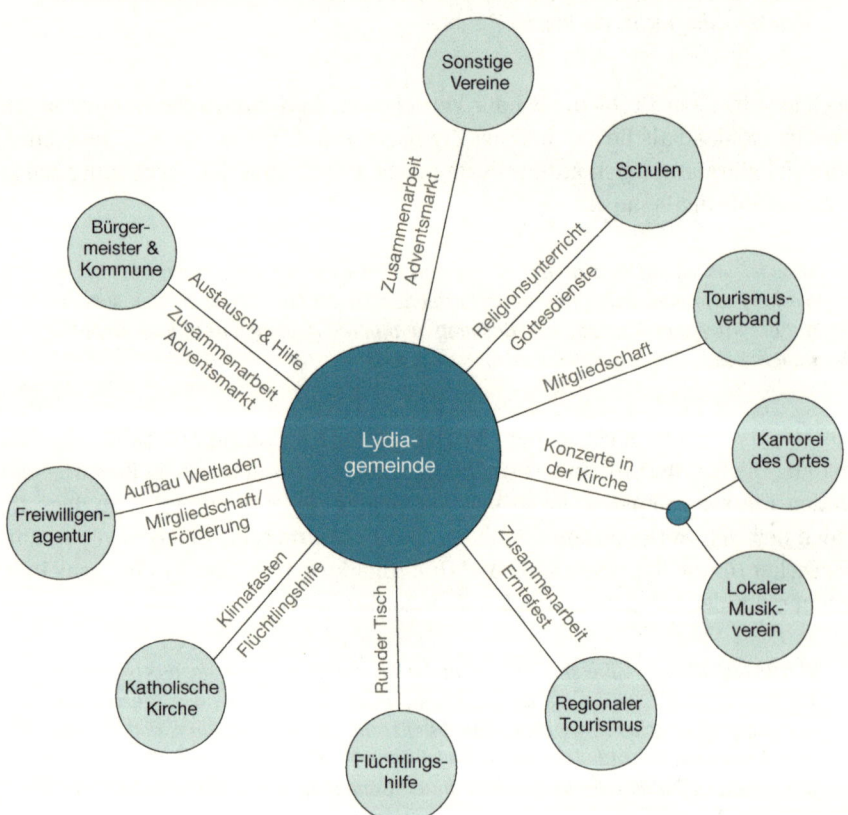

4.2.6 ZWISCHENFAZIT: ZIVILGESELLSCHAFTLICHE KINDERSTUBE

Nach einer längeren Phase der Neuorientierung, ausgelöst vor allem durch den wendebedingten, raschen sozialen und demographischen Wandel des Ortes, aber auch durch strukturelle Veränderungen der Gemeinde, wie Wechsel im Pfarramt und Gemeindefusionen, lässt sich in der Kirchengemeinde heute ein Prozess der zivilgesellschaftlichen Öffnung und Vernetzung ausmachen. Diese frühe Phase der zivilgesellschaftlichen »Rollensuche« ist analytisch allerdings besonders aufschlussreich, da sie eine Reihe hemmende Faktoren erkennen lässt, die eine zivilgesellschaftliche Öffnung der Kirchengemeinde derzeit noch bremsen. Dabei lassen sich viele der Faktoren auf die spezifische Situation der Kirchengemeinden in den neuen Bundesländern zurückführen.

a) *DDR-Geschichte*

Besonders aufschlussreich ist der Fall der Lydiagemeinde aufgrund der spezifischen Anforderungen, die das Erbe des Staatsatheismus der DDR hinterlassen hat. Anders als in Westdeutschland, wo sich nach dem zweiten Weltkrieg ein Modus der Kooperation zwischen staatlichen und kirchlichen, aber auch zivilgesellschaftlichen Akteuren etablieren konnte, wurden die ostdeutschen Kirchengemeinden durch den staatlich propagierten Atheismus der ehemaligen DDR eher in eine Oppositionsrolle gedrängt.

Als ein Relikt dieser spezifischen DDR-Vergangenheit hat im Ort eine symbolische Grenze überdauert, die zwischen kommunalen und kirchlichen Akteuren der Zivilgesellschaft verläuft. Erfahrbar wird diese Grenze in den Interviews anhand von tradierten Vorurteilen und gegenseitiger Skepsis: Die Gemeinde selbst sieht sich in einer religiösen Diaspora. Im Interview wird sie von einem Mitglied des Kirchenvorstandes als »religiöse Insel« in einer »christbefreiten Zone« beschrieben (LY4:37; LY6:21). Diese Diaspora-Mentalität hat zur Folge, dass einer weiteren zivilgesellschaftlichen Vernetzung oder einer stärkeren Öffnung kirchlicher Angebote seitens einiger kirchlicher Interviewpartner nur wenig Aussicht auf Erfolg zugestanden wird, da viele Menschen oder auch Institutionen vor Ort eine indifferente oder sogar ablehnende Haltung gegenüber der Kirche vertreten würden und man diese somit ohnehin nicht erreiche (LY2:67–73). So wünsche man sich zwar mehr Zusammenarbeit, das scheitere aber an der ablehnenden Haltung vieler Menschen gegenüber der Kirche.

Umgekehrt wird der Kirchengemeinde aus der Außenperspektive attestiert, sie habe immer noch Angst vor einer zu starken zivilgesellschaftlichen Öffnung, verharre in einem Diaspora-Denken und kümmere sich daher überwiegend um die eigenen Mitglieder. Grund hierfür sei eine historisch tradierte Skepsis gegenüber staatlichen oder öffentlichen Institutionen.

Es muss jedoch ergänzt werden, dass auch bezüglich dieser Diaspora-Mentalität ein Wandel in der Kirchengemeinde spürbar ist. Vor allem der neue Pfarrer setzt sehr stark auf die Zusammenarbeit mit der Kommune und ist darum bemüht, die Sichtbarkeit der Gemeinde durch eine aktive Vernetzung voranzutreiben. Grundsätzlich scheinen Kirche und Zivilgesellschaft derzeit einen neuen Modus der Interaktion auszuloten: weg von der historisch erlernten Oppositionsrolle, hin zu einer stetig wachsenden Kooperation und gegenseitigen Wahrnehmung.

b) *Komm-Logik*
Eng mit diesem Diasporadenken verbunden sind eine gewisse zivilgesellschaftliche Passivität und eine überwiegende »Komm-Struktur« der kirchlichen Angebote. Dabei wird der Kirche von außen vorgeworfen, sich überwiegend auf ihre eigenen Mitglieder zu konzentrieren und sich zu wenig um die Belange aller Menschen im Sozialraum zu kümmern. Die Gemeinde selbst betont, dass ihre Angebote grundsätzlich immer für alle Menschen offenstehen (LY3:55; LY6:83–85). Durch ihr überwiegend klassisch religiöses Profil erreicht sie damit jedoch kaum Menschen jenseits des klassischen Kirchenpublikums. Erst in den letzten Jahren hat die Gemeinde mit Projekten wie dem Adventsmarkt stärker versucht, auch eher kirchenferne Personen anzulocken.

c) *Mangelhafte personelle und räumliche Ausstattung*
Aufgrund der geringen Kirchenmitgliederzahlen verfügt die Kirchengemeinde über deutlich weniger personelle und räumliche Ressourcen als die anderen, vor allem westdeutschen Gemeinden in unserer Studie. Der Fall illustriert, wie zentral die Verfügbarkeit von Räumlichkeiten für die zivilgesellschaftliche Arbeit einer Kirchengemeinde ist. Während andere Kirchengemeinden in unserer Studie (→ Matthäusgemeinde) durch den Besitz von Gemeindehäusern oder -sälen sogar eine kompensatorische Funktion in der Zivilgesellschaft wahrnehmen können, gestaltet sich die Situation bei der Lydiagemeinde konträr: Eine Reihe von Versuchen zivilgesellschaftlichen Engagements scheiterte in der Vergangenheit daran, dass die Gemeinde nicht über ausreichenden Platz und adäquate Räume verfügte. Auch wenn der Zusammenhang zwischen Räumen und zivilgesellschaftlichem Engagement wenig überraschend oder gar banal erscheint, wird er doch in aktueller kirchlicher Tagespolitik häufig missachtet: Durch die Schrumpfung oder Fusion vieler Kirchengemeinden und den damit häufig notwendigen Verkauf von Immobilien und Gemeinderäumen, verliert die Kirche massiv an zivilgesellschaftlichem Handlungsspielraum.

d) *Pastorale Zentralität*
Die Auswirkungen der eher zentralistischen Organisationstruktur der Gemeinde sind ambivalent zu beurteilen: Auf der einen Seite ist es vor allem dem Pfarrer zu verdanken, dass sich die Gemeinde in den letzten Jahren zivilgesellschaftlich geöffnet hat. Auf der anderen Seite wird die pastorale

Zentralität als hinderlich beschrieben, da im Gegensatz zu stärker horizontal aufgebauten oder »Bottom-up«-Strukturen auf vorhandene personale Ressourcen verzichtet wird. So werden zivilgesellschaftliche Funktionen wie etwa die Teilnahme an öffentlichen Diskursen einzig als Aufgabe des Pfarrers gesehen, nicht als Aufgabe der Mitglieder des Kirchenvorstandes (LY1:87; LY4:109). Auch die Vernetzung der Gemeinde in den Sozialraum wird von den Befragten als pastorale Aufgabe beschrieben (LY1:77; LY3:81; LY4:71; LY7:96). Die Kontakte der Gemeinde zu Politik oder Vereinen laufen daher auch fast ausschließlich über die Person des Pfarrers und verschenken das weitere Vernetzungspotenzial des Kirchenvorstandes.

Das Gebiet der Lydiagemeinde ist amorph, und inwiefern es tatsächlich einen *Sozialraum* im Verständnis der Bewohner repräsentiert, ist nicht wirklich ersichtlich. Deutlich wird eine etwas gebrochene Identifikation, die sowohl aus der DDR-Vergangenheit herrührt, wie auch aus der Veränderung der Bevölkerungsstruktur durch den starken Zuzug. In diesem Gebiet agiert die Gemeinde im Hinblick auf die drei Perspektiven der *Heuristik nach Young* (vgl. oben Kapitel 2.4) punktuell und in der Summe in nicht ganz eindeutige Richtungen: Mit ihrem politischen Engagement beim Runden Tisch zum Übergangswohnheim vertritt sie liberale Positionen, im Engagement in der Ehrenamtsagentur erkennt man deutlich republikanische Positionen. Beide gehen in die Richtung, die Young als produktiv für die Zivilgesellschaft bezeichnet. Im Hinblick auf die kommunitaristische Perspektive schafft sie Sozialkapital durch Gemeinschaftsbildung, dieses scheint aber kaum über den Kreis der Gemeindeglieder hinauszureichen. Ihre *zivilgesellschaftliche Relevanz* ist gemessen an den drei Dimensionen Angebote, Vernetzung und Wahrnehmung (vgl. oben Kapitel 3.2) denn auch gemischt: Die Angebote sind weitgehend auf die Gemeindeglieder ausgerichtet, abgesehen von Adventsmarkt und Rundem Tisch. Die Vernetzung weist zwar deutlich über die Gemeinde hinaus in den Sozialraum, aber sie erfolgt nahezu allein über den Pfarrer. Und die Wahrnehmung der Gemeinde schließlich zeigt, dass sie als Teil der lokalen Zivilgesellschaft bemerkt, aber nicht wirklich eingeplant wird. Die *internen Faktoren* (Selbstwahrnehmung als Diasporagemeinde, tendenzielle Top-down-Struktur, schlechte Ausstattung) wie *externen Faktoren* (weitgehend entkirchlicht mit indifferenter bis ablehnender Haltung gegenüber der Kirche, ostdeutscher verdichteter ländlicher Raum, unklares Gefüge von Sozialkapital) erschweren das zivilgesellschaftliche Engagement. Aber: Es scheint eine gewisse Bewegung zu geben über neue Projekte mit größerer Reichweite, wie das Nachhaltigkeitsprojekt, die Beteiligung an der Ehrenamtsagentur und die beginnende Zusammenarbeit mit Tourismuseinrichtungen.

4.3 Matthäusgemeinde: Kirche und Zivilgesellschaft auf dem Land

4.3.1 SOZIALRAUMBESCHREIBUNG: VERTEIDIGUNG DES DÖRFLICHEN

Soziodemographisches Profil

Das Einzugsgebiet der Matthäusgemeinde erstreckt sich über drei Dörfer.[28] Bezüglich ihres Standorts aber auch in puncto Angebote und Aktivitäten liegt der inhaltliche und identifikative Schwerpunkt der Matthäusgemeinde auf dem größten der Dörfer, in welchem 3.356 Menschen leben. Die beiden anderen Dörfer sind mit ihren 498 bzw. 301 Einwohnern eher als Außenstellen der Kirchengemeinde ohne eigene Schwerpunktsetzung zu begreifen. Aus diesem Grund wird sich auch die Sozialraumanalyse überwiegend auf dieses größte der drei Dörfer beziehen. Seit einem kommunalen Zusammenschluss im Jahr 1974 gehören die drei Dörfer zusammen mit neun weiteren Orten zu einer übergeordneten Gemeinde mit insgesamt 28.682 Einwohnern. Diese Zuordnung spielt jedoch eher eine verwaltungstechnische Rolle; die einzelnen Dörfer der Großgemeinde liegen geographisch recht verstreut auseinander und werden von den Befragten als eigenständige Orte wahrgenommen.

TABELLE 6 Gebiet der Matthäusgemeinde

Zahlen & Fakten 2016			
Bevölkerung	**Dorf 1**	**Dorf 2**	**Dorf 3**
Einwohner	3.356	498	301
Jugendquotient (unter 20-Jährige je 100 Pers. der AG 20-64)	34	32	32
Altenquotient (ab 65-Jährige je 100 Pers. der AG 20-64)	37	38	36
Durchschnittsalter (Jahre)	45	45	45
Anteil Personen mit Migrationshintergrund (%)	10,0	5,0	3,6
Ausländeranteil (%)	3,4	1,8	2,0
Bevölkerungsentwicklung			
Relative Bevölkerungsentw. 2014-2016 (%)	-0,3	-0,6	-0,7
Natürlicher Saldo (Geburten/Sterbefälle je 100 Ew.)	-0,4	-1,0	0,0
Wanderungssaldo (Zuzüge/Fortzüge je 100 Ew.)	0,3	0,2	3,3

---

[28] Wir danken Dr. Antje Bednarek-Gilland, die uns im Gebiet der Matthäusgemeinde tatkräftig bei der Rekrutierung der Interviewpartner, der Durchführung der Expertengespräche, der Interviewauswertung und der Sozialraumbeschreibung unterstützte.

Soziale Lage	übergeordnete Gemeinde
Arbeitslosenanteil an den SvB (%)	9,0
SGB-II-Quote	9,3
ALG-II-Quote	7,9
Anteil Einpersonen-Haushalte (%)	36,3
Anteil Haushalte mit Kindern (%)	27,0
Kinderarmut (%)	16,4
Altersarmut (%)	2,1
Anteil Einpendler an den SvB (%)	54,8
Anteil Auspendler an den SvB (%)	69,8

Quelle: Statistisches Amt der Region (2017): Statistische Kurzinformationen;
Sonderauswertungen des statistischen Amtes für die Autoren

Von den drei Dörfern, die zur Parochie der Kirchengemeinde zählen, stellt das größte Dorf das infrastrukturelle und kulturelle Zentrum dar. Hier befindet sich eine S-Bahn-Haltestelle, wodurch das Dorf sowohl an zwei größere regionale Mittelzentren in der Umgebung, als auch an die etwa 25 km entfernte Großstadt angebunden ist. Die gute verkehrstechnische Anbindung wird zusätzlich über eine Bundesstraße gewährleistet, die das Dorf im Norden durchschneidet. Zwei Autobahnen sind ebenfalls nur jeweils 25 Autominuten entfernt. Des Weiteren kann die spezifische geographische Lage der Dörfer als Gunstlage beschrieben werden. Am Fuß eines nach Süden exponierten Höhenzuges im Regenschatten gelegen, genießt die Ortschaft pittoreske Aussichten, verhältnismäßig geringe Niederschläge und ein relativ mildes Mikroklima.

Schließlich ist der Ort, trotz seiner geringen Größe und seiner ländlichen Lage, noch durch eine vergleichsweise gut funktionierende Infrastruktur und Nahversorgung gekennzeichnet (MT1:14; MT1:19; MT2:17; MT2:21–23). Gleichzeitig zeigen sich jedoch auch die »typischen« Probleme ländlicher Siedlungsgebiete: das Fehlen eines Treffpunkts oder Zentrums, da es keine Gaststätten mehr gibt (MT3:40; MT1:17), die wachsende Anonymität und Individualisierung unter Teilen der Bevölkerung (MT3:40/42) oder auch die Nachwuchsprobleme der Vereine und der Kirchengemeinde (MT3:44). Dennoch wird das Dorf von den Menschen insgesamt als »lebhafter Ort« beschrieben, der »für viele was bietet« (MT2:17; MT1:14) und ein sehr ausgeprägtes Vereinsleben aufweist (MT2:17; MT1:17). Ein dörflicher Charakter zeigt sich zumindest im alten Dorfkern und hier insbesondere unter den Älteren noch durch einen stärkeren sozialen Zusammenhalt:

> »Das ist wirklich ein Ort, der für viele was bietet, der noch überschaubar ist, wo es auch noch sowas wie Nachbarschaft gibt, wo es auch noch vor allem von den Älteren eigentlich oder von den lang hier Wohnenden sowas wie das gegenseitige Wahrnehmen gibt.« MT1:14

Hinsichtlich des soziodemographischen Profils des Ortes zeigen sich sonst kaum nennenswerte Besonderheiten. Der Ausländeranteil und der Anteil der Personen mit Migrationshintergrund sind, typisch für die meisten ländlichen Gebiete in Westdeutschland, eher gering. Größere soziale Brennpunkte gibt es nicht, die Indikatoren zur sozialen Lage, insbesondere die Arbeitslosenquote oder SGB-II-Quote, entsprechen dem landesweiten Durchschnitt. Hinsichtlich des Alters teilt sich die Bevölkerung recht homogen in drei Segmente auf: Ein Drittel zählt zu den unter 20-Jährigen, ein Drittel zur mittleren Altersgruppe unter 65 und ein Drittel ist älter. Einzig der Altersdurchschnitt von ca. 45 Jahren ist vor allem aufgrund des wachsenden Anteils der Hochbetagten vergleichsweise hoch. Die Bertelsmann Stiftung schätzt die übergeordnete Großgemeinde sogar insgesamt als Demographietyp 8 ein, das heißt zum Typus stark alternder Kommunen zählend, mit hohem Wegzug jüngerer Kohorten, und prognostiziert daher bis 2030 eine Schrumpfung der Bevölkerung der Gemeinde um rund 5,5 Prozent (Wegweiser Kommune). Allerdings konnte das Dorf, in dem die Matthäusgemeinde liegt, diesen negativen Trend bisher durch den Zuzug von Familien noch aufhalten.

Zuzug und Integrationsprobleme
Aufgrund der insgesamt attraktiven Lage ist das Dorf in der zweiten Hälfte des 20. Jahrhunderts durch Bevölkerungszuzug und durch die Ansiedlung verschiedener großer Industriebetriebe auf der grünen Wiese gewachsen. Der alte Dorfkern wurde um mehrere Baugebiete für Wohnhäuser, die sich größtenteils den Hang hinauf erstreckt haben, und ein Industriegebiet ergänzt. Die Zugezogenen, in den 1950ern noch Kriegsflüchtlinge aus den östlichen Provinzen des ehemaligen Deutschen Reiches, sind seit den 1970ern Berufstätige, die in den umliegenden urbanen Zentren arbeiten. Auch heute ist der Ort noch attraktiv für Menschen, die zwar auf dem Land leben wollen, aber in der nächstgrößeren Stadt arbeiten. Zwar gibt es nach wie vor mittelgroße Unternehmen, die Arbeitsplätze direkt vor Ort sichern; der Großteil der Berufstätigen gehört jedoch zu den sogenannten Auspendlern, die zwar vor Ort wohnen, aber andernorts arbeiten.

Trotz des konstanten Zuzuges neuer Menschen ist das Wachstum des Ortes in den letzten Jahren weitgehend zum Stillstand gekommen bzw. sogar leicht rückläufig. Dies ist vor allem auf den demographischen Wandel und den Anstieg des Anteils älterer Menschen in der ländlichen Bevölkerung zurückzuführen. Die Zahl der Gestorbenen übersteigt in den letzten Jahren die Zahl der Geburten, woraus sich ein negativer natürlicher Saldo ergibt, der durch Wanderungsgewinne nicht komplett ausgeglichen werden kann.

Dies hat unter anderem zur Folge, dass die Bevölkerungszusammensetzung in den letzten Jahren heterogener geworden ist. In der Wahrnehmung der Einwohner bestehen Unterschiede zwischen »Zugezogenen« bzw. »Neubürgern« und »Alteingesessenen«, die im Gemeinschaftsleben prägnanten Ausdruck finden. Die Heterogenität in der Bevölkerung bildet sich räumlich in der Unterscheidung zwischen dem »Kerndorf«, dem »Oberdorf« und den »Neubaugebieten« ab. Dadurch bestehen Integrationsprobleme vor Ort: Die Befragten nehmen hier einen Kontrast wahr, zwischen einem dörflichen Zusammenhalt im Kerndorf auf der einen Seite und einer weitgehend fehlenden Anbindung der Bewohner der Neubaugebiete an diese Dorfgemeinschaft.

>*»Deswegen sage ich, hier ist es wirklich so, was ich Ihnen schon gesagt habe, es ist neu, viele Neue sind drin und im Altdorf sind viele alte Leute. Das ist eben das Problem, und die Jüngeren sind alle in den Neubaugebieten usw. und der Ort selber muss zusammenwachsen.«* MT3:16

Durch die attraktive Lage des Ortes in der Nähe einer Großstadt, ziehen immer mehr Menschen her, die das Dorf eher als Schlaf- und Wohnort nutzen, ihre Freizeit und Arbeitszeit hingegen in der nahegelegenen Stadt verbringen. Dabei ziehen sie auch in ihrem dörflichen Wohnumfeld eine urbane Anonymität der sozialen Kontrolle der Dorfgemeinschaft vor. Insbesondere von den älteren Bewohnern wird dies als Bedrohung des dörflichen Charakters wahrgenommen. Der von den Befragten beklagte schwindende Sinn für Gemeinschaft materialisiert sich dabei auch in einem für viele ländliche Bereiche typischen, schleichenden Verödungsprozess: Zwar verfügt das Dorf derzeit noch über ein vergleichsweise reges Vereinsleben und einzelne kulturelle Angebote, aber auch hier bestehen mittlerweile deutliche Nachwuchsprobleme. Hinzu kommt, dass seit der Schließung der letzten Gaststätte im Ort vor mehreren Jahren der letzte soziale Treffpunkt des Dorfes verschwunden ist.

4.3.2 Die Kirchengemeinde: Offenheit als oberste Direktive

Gemeindehaus und Kirche der Matthäusgemeinde liegen inmitten des Kerndorfes. Vom Bahnhof aus in wenigen Gehminuten zu erreichen, thront die Kirche als Feldsteinbasilika auf einem zunächst als klein anmutenden Kirchengelände, an das sich jedoch linker Hand ein großzügiges Backsteinpfarrhaus und ein sich links daneben befindendes kleineres Gemeindehaus, ebenfalls ein Backsteinbau, anschließen. Die Grünflächen sind nicht extensiv, aber doch groß. Im äußeren linken Winkel der Grünflächen befindet sich ein Spielplatz. Das Gartengelände weist einige feste Sportgeräte auf, wie sie seit einigen Jahren häufiger in Parkanlagen zur Nutzung für die allgemeine Bevölkerung installiert werden. Dieser Teil des Gartens wurde erst vor wenigen Jahren neugestaltet; er wird als »Mehrgenerationengarten« bezeichnet. Direkt an das Kirchengelände grenzen der Kindergarten des Deutschen Roten Kreuzes (DRK) und die Grundschule an.

Das Kirchengelände ist über mehrere Gehwege mit den engen Gassen, die den Anliegern als Zufahrtsstraßen dienen, verbunden. Zwei Gehwege durchkreuzen das Kirchengelände direkt neben der Kirche; diese Wege werden von Pendlern auf dem Weg zum und vom Bahnhof und von anderen Fußgängern im Alltag regelmäßig benutzt. Unweit der Matthäuskirche befindet sich der Dorfplatz, an dem der Supermarkt und einige kleinere Geschäfte liegen. Die Hauptstraße, die diesen Teil des Ortes mit den anderen Teilen verbindet, beschreibt einen sich von Osten nach Norden hinziehenden Bogen, in dessen Mitte das Kirchengelände (samt Kindergarten und Grundschule) liegt, und verläuft zwischen der Kirche und dem Dorfplatz. Die zweite einsäumende Straße umschließt das Gelände von Süden her und mündet schlussendlich nordwestlich in die Hauptstraße ein.

TABELLE 7 Matthäusgemeinde

Zahlen & Fakten 2016	
Anzahl Gemeindemitglieder	2.227
Anteil Protestanten Bevölkerung	53,6%
Standorte	3
Anzahl Pfarrer	1
Kindergarten?	Nein
weitere Hauptamtliche	Gemeindesekretärin (stundenweise)

Die Gemeinde sieht sich selbst als eine »Gemeinde für den ganzen Ort« (MT1:6/8) und nicht nur als religiöse Institution für die Gläubigen. Ihrem eigenen Selbstverständnis nach ist sie daher in hohem Maße »offen«. Textbelege dafür häufen sich auffällig: Es ist von einer »offenen Gemeinde« und einem »offenen Haus« (MT1:6) die Rede; von Angeboten, »die offen sind für alle« (MT1:9); von einem Gelände, das »offen für alle« ist (MT1:10) und von Offenheit gegenüber allen, die Interesse zeigen, Räume im Gemeindehaus für Veranstaltungen zu mieten (MT2:21; MT3:6; MT5:53). Als Zeichen der Offenheit wird auch das Verschicken des Gemeindebriefes an alle Haushalte im Gemeindegebiet gesehen (MT1:11). Die Häufung von Aussagen zur eigenen Offenheit suggeriert, dass sie als ein Alleinstellungsmerkmal gesehen wird. Dieses Selbstbewusstsein hat einen direkten Bezug zu der jüngeren Vergangenheit in der Gemeinde.

In der Vergangenheit ist die Gemeinde nicht offen gewesen, und zwar in vielerlei Hinsicht. Beim Vorvorgänger des jetzigen Pfarrers »durfte nicht mal wer über das Gelände gehen, das war alles zugemacht« (MT3:26). Man konnte sich nicht einbringen und man hat die Gemeinde »auch nicht so erlebt damals, dass man – *damals* – [...] dass sie offen waren« (MT5:9). Das Kirchengelände war eher »wie ein Urwald« und »das Pfarrhaus war eine Festung« (ebd.). Dann kam ein Pfarrerehepaar in das Kerndorf und mit ihm eine große Veränderung. Die Gemeinde »öffnete sich in Richtung junge Familien und Kinder« (MT5:13). Die Ehefrau des Pfarrers war dabei sehr wichtig, denn sie ermöglichte flachere Hierarchien und informelle Kooperationen. »Also man konnte quasi *um den Pfarrer herum* operieren und dann aber mit ihm, also er war dann nicht beleidigt, und das war vorher *überhaupt* nicht so« (MT5:22), erinnert sich eine Kirchenvorsteherin.

Sie bezeichnet den kooperativen, offenen Stil, der dann in der Gemeinde gepflegt wurde, als »weibliche Linie« und »eine softere Gemeindeleitung« (MT5:24). Dieses Pfarrerehepaar bereitete den Weg für eine noch größere Öffnung; sie haben »*vorgerodet*« (MT5:16) und der Vorgänger des derzeitigen Pfarrers hat dann »wirklich gesagt, hier kann jeder durch« (MT3:26). Das Außengelände wurde umgestaltet und »es wurde umgebaut ohne Ende. Der hat wahnsinnig viele Baustellen aufgerissen und hat auch *ganz viel* gerissen unter den Leuten und auch im Dorf.« (MT5:16) Der musikalische Schwerpunkt hat sich erst mit ihm vollkommen durchgesetzt.

Dass man sich um die Offenheit fortwährend bemühen muss, scheint der Konsensus in der Gemeindeleitung zu sein. Statt eines normativen offenen Ansatzes sieht sich die Gemeindeleitung verpflichtet, »wirklich auf die Leute einzugehen und nicht nur zu sagen, es ist so und muss so sein« (MT3:64). Offene Kommunikation und offener Dialog sind wichtig geworden (MT3:46). Die Kommunikation der Kollekten zu verbessern (MT3:69) und die Kirchenfinanzen auf eine verständliche Weise für Gemeindemitglieder transparent zu machen (MT3:28/72), sind weitere Schritte hin zu mehr Offenheit. Den Dorfbewohnern näherzukommen, ist dabei nur ein implizit verfolgtes Ziel. Wichtig ist auch, das Image der Kirche allgemein zu verbessern, und dazu trägt Offenheit in jeder Hinsicht bei:

»*Je mehr wir uns öffnen, dass auch bei uns was genutzt wird, und je mehr wir auch mit den Leuten reden, auf die Leute eingehen, auch in Sachen Unterstützung geben, desto mehr, gehe ich von aus, wird die Kirche sich öffnen und wieder mehr angesehen in der ganzen Gemeinschaft.*« MT3:66

Die Offenheit der Gemeinde zeigt sich in der Innensicht auch ganz konkret darin, dass die Gemeinde ihr Gelände und ihre Räumlichkeiten für Nicht-Kirchenmitglieder zur Verfügung stellt. Das klingt in obigem Zitat in der Rede von »etwas wird bei uns genutzt« an; deutlicher wird es in dieser Passage:

»*Nicht, dass wir sagen, wenn jetzt jemand kommt: Du kriegst den Raum nicht, weil du nicht in der Kirche bist. Nein, das machen wir nicht. Der muss seine Miete bezahlen und die, die in der Kirche sind, müssen auch ihre Miete bezahlen.*« MT2:21

Das unternehmerische Argument »das kostet ja alles Geld« (MT2:21) wird als hauptsächlicher Grund für diese Einstellung genannt. Insofern kann man bei der Öffnung der Räumlichkeiten für die Vermietung von einer instrumentellen Offenheit zugunsten der Kostendeckung laufender Ausgaben sprechen. Ähnlich instrumentell gelagert ist die Offenheit in Bezug auf gleichgeschlechtliche Ehen. »Da kann man sich eigentlich nicht gegen wehren, weil dann haben wir irgendwann keine Leute mehr« (MT2:57), sagt ein Mitglied des Kirchenvorstandes. Um also die »Leute« zu behalten, muss sich die Gemeinde bzw. die Kirche dem Zeitgeist anpassen und sich neuen Formen des Zusammenlebens gegenüber öffnen.

Mit der relativ neuen Offenheit in der Matthäusgemeinde geht eine Tendenz einher, die Gemeindemitglieder in Abläufe zu integrieren, zu denen sie in der Vergangenheit als Laien keinen Zugang gehabt hätten. Große Betonung legt die Gemeindeleitung diesbezüglich auf den Konfirmandenunterricht, der schon seit 15 Jahren in der Gemeinde praktiziert wird (MT2:15). Nach dem von der Gemeinde praktizierten Modell ist er »offen für alle« (MT1:32) und bindet die Eltern mit ein.[29] Die Eltern, die sich an dem Unterricht beteiligen, werden selbst in den relevanten Themen geschult, damit sie dann allein den Unterricht durchführen können. Die Kirchenvorsteherin, die ursprünglich vor vielen Jahren über die Arbeit mit Kindern als engeres Gemeindeglied gewonnen werden konnte, ist hier eine besonders wertvolle Gesprächspartnerin. Sie ist eine »Zugezogene«, die erst nach und nach in die Gemeinde hineingewachsen ist. Sie erinnert sich an den Konfirmandenunterricht: »Und erst habe ich mir das gar nicht zugetraut und habe gedacht: Nein, also das kannst du jetzt nicht.« (MT5:17) Dank guten Schulungsmaterials und der Freiheit, den Konfirmandenunterricht so zu gestalten, wie sie es wollte, war er jedoch eine sehr positive Erfahrung für sie (MT5:18/47). Sie wurde dadurch befähigt, sich an theologischen Gesprächen zu beteiligen. Diese Art von Befähigung scheint ihr ein wichtiger Punkt zu sein, den sie ein zweites Mal erwähnt. Im Kindergottesdienstteam hatte sie nämlich eine weitere derartige Erfahrung bezüglich der Befähigung zu theologischen Gesprächen gemacht. Über den damaligen Pfarrer sagt sie:

> »[...] er hat dafür gesorgt, dass wirklich normale Menschen, die keine theologische Grundbildung, also so eine ganz normale, also Religionsunterricht in der Schule hatten, aber nichts weiter, der hat dafür gesorgt, dass die Menschen eine Stimme kriegten in der Gemeinde.« MT5:16

Impliziert wird hier, dass der genuin theologische Gehalt des Kirchenlebens die Laien abschreckt und sie keine Stimme haben, wenn sie zu theologischen Debatten nicht befähigt sind. Die Freiheit, sich mit dem Pfarrer auch mal hitzig auseinandersetzen zu können, weil die Hierarchien flach sind (MT5:17), sowie eine grundlegende Schulung in theologischen Sachverhalten sind ihrer Wahrnehmung nach die bedeutendsten Instrumente zu ihrer eigenen Befähigung gewesen. Als in ähnlicher Weise befähigend wird die Schulung von Ehrenamtlichen zu Hospizbesuchen geschildert (MT1:63).

Ein drittes Attribut, das die Selbstwahrnehmung der Gemeinde beschreibt, ist »integriert«. Dadurch, dass die Räumlichkeiten frei angemietet werden können und die Gemeinde (wie beschrieben) mannigfaltig mit den verschiedenen Akteuren im Dorf kooperiert, sieht sie sich als integriert an. Eine zentrale Passage stellt das so dar:

---

[29]   Das heißt insbesondere, »Kinder müssen, um daran teilnehmen zu können, nicht getauft sein, sondern die können erstmal teilnehmen und irgendwann im ersten Jahr oder Ende des ersten Jahres getauft werden« (MT1:32).

»[...] wir haben hier zum Beispiel die Kaffeestube, wir haben hier die Schule mit
drin und wir haben hier noch den Kindergarten vom Roten Kreuz mit drin bei uns
im Gebäude, die jetzt zum Beispiel so Sachen mit anbieten. Also wir sind integriert
in dem Augenblick.« MT3:8

Die Vermietung der Räumlichkeiten und die Zusammenarbeit mit den Vereinen
und Verbänden ist für dieses Integrationsgefühl in hohem Maße verantwortlich,
denn, so die Kirchenvorsteherin, »wir kommen über die Vereine und Verbände
ins Dorf« (MT5:45).

4.3.3 FREMDWAHRNEHMUNG: ETWAS WERTSCHÄTZUNG UND VIEL »UNWISSENHEIT«

Die Außensicht von Experten aus dem Dorf stimmt mit der Innensicht in einer
Hinsicht überein, und zwar darin, dass sich die Gemeinde geöffnet hat. In der
Außensicht wird die Öffnung in erster Linie darin erlebt, dass das Gelände nun
öffentlich zugänglich ist. Dass es das in der Vergangenheit nicht war, wird sehr
genau und mit einigem Groll erinnert:

»Der Pfarrer, mit dem es Ärger gab vor 20 Jahren, 30 Jahren, der hatte Schafe,
private Schafe, und der hat das gesperrt als Weidefläche. (Int: Ach, deswegen war
das gesperrt! Der hat das für seine Schafe genommen!) (N2: Der wollte das aber
auch nicht.) Der wollte keine Leute da so haben: ›Nein, das ist privat hier. Das ist
meins.‹ Und der neue Pfarrer hat gesagt: ›Ja selbstverständlich, alle können da
durchlaufen.‹« MT6:192–196

Der Kirchgarten ist unter diesem neuen Pfarrer, der der Vorgänger des derzeitigen Pfarrers war, »neugestaltet und aufgepeppt und geöffnet worden« (MT6:191).
Somit kann er nicht nur für den »Durchgangsverkehr« zu Fuß, sondern von den
Schulkindern, Konfirmanden und Jugendlichen auch als Treffpunkt genutzt werden (MT6:196). Dies wird explizit als Verbesserung wahrgenommen.

Dass es innerhalb der Gemeinde darüber hinaus einen Einstellungswandel
hin zu mehr Offenheit und informellerem Zusammensein gegeben hat, wird
ebenfalls positiv wahrgenommen. So hat ein Mitglied des Gesangvereins »mit
der Kirche auch in der letzten Zeit bessere Erfahrungen gemacht« (MT7:73). Er
vergleicht mit der Gemeinde zu seiner Jugendzeit und konstatiert: »Da durfte
nicht geklatscht werden, da durfte nicht gelacht werde, das war – das ist jetzt ein
bisschen anders.« (ebd.) Unter dem vorherigen Pfarrer schon sei die Gemeinde
etwas moderner geworden, sagt auch er: »Der hatte auch ein bisschen was Modernes reingebracht in die Kirche, weil er selber auch noch jünger war.« (MT7:238)

Darüber hinaus wissen die externen Experten eigentlich wenig von der
Gemeinde. Den Gemeindebrief erhalten sie zwar und auf die Frage, ob man so
ungefähr Bescheid wüsste, was die Gemeinde an Veranstaltungen so anbietet,
wird auch sofort auf den Gemeindebrief verwiesen. Nur scheint sich der Erhalt
des Gemeindebriefs nicht in Informationsgewinn zu übertragen. Prägnant sehen
kann man das an diesen beiden Antworten:

»(Int.: Würden Sie sagen, dass man das so oder so mitkriegt, was in der [Matthäus-gemeinde] passiert?) Ja, wir kriegen ja so ein Brieflein, da ist also viel Werbung auch drin, und da kriegt man schon das eine oder andere mit. Die Katholische Kirche ist da auch häufig noch mal so mit benannt. Also das eine oder andere kann man schon mitbekommen. Meine Frau guckt sich das auf jeden Fall an, nicht, die weiß dann auch, wer gestorben ist oder nicht oder wer 80 wird. Das steht da alles drin. Manche Dinge kriegt man dann schon mit.« MT8:75-76

»Ja, die gibt ja einen Gemeindebrief raus. (kurze Pause) Also ich habe jetzt die einzelnen Sachen nicht im Kopf.« MT7:219

Die Frage nach den Veranstaltungen der Gemeinde wird also mit dem Gemeindebrief assoziiert, ohne dass er unbedingt als Informationsquelle genutzt wird. Diese Erkenntnis aus dem Material steht scheinbar losgelöst neben zwei weiteren Möglichkeiten, von den Veranstaltungen und Angeboten der Gemeinde zu erfahren. Auf der einen Seite besteht die Ansicht, man könne eigentlich nur genau Bescheid wissen von den Angeboten der Gemeinde, wenn man den Gottesdienst besucht (MT7:247). Eine Vereinsvorsitzende aus dem Ort hält dies auch für die effektivste Lösung und sagt: »Ich müsste da auch mal zur Versammlung hingehen. Bin ich eigentlich *nie* gegangen.« (MT9:83) Auf die Nachfrage, warum das dann jetzt wichtig ist, kommt die Antwort: »Ja, dass man auch mal weiß, was machen sie überhaupt.« (MT9:85) Der Gemeindebrief spielt in dieser Schilderung als Informationsquelle offensichtlich keine Rolle. (Ein Grund dafür könnte sein, dass manche ihn gleich wegwerfen: »Die sagen: ›Das ist Werbung. Kirche geht mich sowieso nichts an.‹« (MT6:213)) Auf der anderen Seite ist es durch die besondere Art und Weise des dörflichen Zusammenlebens eigentlich nicht möglich, von den Aktivitäten der Gemeinde *nichts* mitzubekommen. Dieser Punkt wird in der folgenden Passage hervorgehoben:

»Das kriege ich schon über meine Schwester [die ein aktives Gemeindemitglied ist, d. Verf.] mit, dass die dann sagt, dann und dann haben wir wieder was, oder damals, als meine Mutter noch gelebt hat, da war das auch so, dass die gesagt haben, es ist das und das. Also man kriegt es über Mundpropaganda mit, wenn man nicht unmittelbar ständig in der Kirche ist. [...] Es ist halt ein kleiner Ort. Bei uns spricht sich so was rum.« MT7:250-252

Dass trotz der potentiell großen sozialen Nähe keine genaue Kenntnis über die Angebote der Gemeinde vorherrscht, ist vor diesem Hintergrund also auffällig.

Dafür kann es mehrere Gründe geben. Ein allgemeines Desinteresse an kirchlichen Belangen spielt, wie oben angedeutet, hier herein. Als weiterer Grund wird genannt, dass einige der »Zugezogenen« das Kerndorf lediglich als »Schlafort« benutzen. Das Gemeinschaftsleben ist für sie irrelevant, denn »das sind Leute, die wollen keinen Kontakt haben, die wollen nur im Grünen wohnen« (MT6:66). Veranstaltungen im Dorf gehen an ihnen einfach vorüber. Ein dritter Grund ist darin zu sehen, dass trotz der Öffnung des Gemeindegeländes das Image der Kirche im Allgemeinen keine positive Wandlung erfahren hat. Kirche wird partiell immer noch als ein Ort wahrgenommen, den nur alte und sehr alte Menschen aufsuchen. »Was soll ich da, ich bin doch noch zu jung« (MT9:174) bringt dies zum Ausdruck – Unkenntnis über die Gemeinde kann auch in dieser Einstellung begründet sein. Dies wurde einer Vereinsvorsitzenden aus dem Dorf im Laufe des Interviews klar. »Da habe ich mich ja eben auch noch zu jung gefühlt« (MT9:306), bringt sie schlussendlich als Erklärung fürs Fernbleiben von der Kirchengemeinde an. Deswegen ist sie nie in den Gottesdienst gegangen.

Stellenweise verhält es sich jedoch auch so, dass die Kontakte, die man zur Gemeinde mal hatte, eher negativ waren. Sie haben dazu beigetragen, die Gemeinde für eine in sich geschlossene Gemeinschaft zu halten, in der Außenstehende nicht willkommen sind. Die erste diesbezügliche Passage ist folgende:

> *»Also mir geht es so, ich bin also auch schon vor Jahren mal zu so einer Gesprächsrunde gewesen, aber außer den Vertretern der Kirche hat mir dieser Kreis nicht zugesagt. Das war also sehr, ich sage es mal in meinen Worten: hochtrabend. Da habe ich gedacht: Nee, hier wirst du nicht warm. Wenn man mal irgendwo eine normale Frage gestellt hat und warum man das nicht aus der und der Richtung wieder – dann habe ich gedacht: Nee, einmal gehst du noch hin und [...] Aber man hat dann manchmal so das Gefühl: Da ist dann so ein Kreis, so ein Gesprächskreis, und man liest das im Gemeindebrief und denkt: Mensch, ja, da kannst du jetzt auch mal hingehen. Dann hat man da so von den Teilnehmern da so, das ging nicht nur mir so, die so diese Empfindung hatte, andere auch, die gesagt hatten: ›Ja, irgendwie fühlte es sich da so an, als würde man jetzt gerade mal stören.‹«* MT4:79

Diese kleine Anekdote eröffnet ein Spannungsfeld zwischen Außendarstellung der Gemeinde im Gemeindebrief und tatsächlichem Umgang mit anderen bei Gesprächsveranstaltungen. Man könnte jetzt vermuten, dass das Gefühl, man »würde jetzt gerade mal stören«, bei anderen Veranstaltungsformen nicht in derselben Weise aufkommt, dass dies also vor allem eine Begleiterscheinung bei Gesprächsabenden mit theologischen Gehalten ist. Das scheint nicht so zu sein; die zweite derartige Passage impliziert ebenfalls, dass »Gemeinde« im Ort eigentlich nur sehr wenige Menschen sind:

> *»Dann haben sie so ein kleines Gemeindefest gemacht. Das ist ja dann erstmal schon mal – also das ist ja schon, ›also das ist ja nur ein Gemeindefest‹. Sind ja schon viele: ›Da gehe ich nicht hin, weil es ist ja ein Gemeindefest, mit da von der Kirche, da brauche –‹; es gibt ja schon viele, die gar nicht mehr mit Kirche was zu tun haben wollen. Da fallen also schon mal eine ganze Ecke weg. Und da bei diesem Sängerfest, da ist es ganz erheblich aufgefallen, da sind die Sänger gekommen, [...] Kantorei haben wir ja auch, dann kamen noch ein paar Angehörige und dann ist schon Schluss. (N2: Wenn die dann wieder gehen, dann ist – dann sind dann die meisten weg.)«* MT6:200–201

Das Gemeindefest war also gut besucht, aber laut dieser Schilderung nicht von Dorfbewohnern, sondern von denjenigen, die sowieso eng mit der Gemeinde zusammenarbeiten, beispielsweise weil sie ehrenamtlich in der Gemeindeleitung oder in einer der vielen Gruppen in der Gemeinde tätig sind. Was hier nicht explizit gesagt wird, aber mitschwingt, ist, dass es für Nicht-Gemeindemitglieder ab einem bestimmten Zeitpunkt im Veranstaltungsverlauf unangenehm sein kann, der oder die Einzige außerhalb des »inneren Kreises« der Gemeinde zu sein.

4.3.4 ANGEBOTE: KULTUR, JUGEND & KOMPENSATION

Die Matthäusgemeinde ist nach ihrem Selbstverständnis eine Kirchengemeinde, die für den Ort da ist. Dies spiegelt sich in den Angeboten der Gemeinde wider. Neben den Gottesdiensten am Sonntag in der Kirche gibt es einerseits eine sog. »Winterkirche«, in der die Gottesdienste im Gemeindehaus abgehalten werden; während des Sommers wiederum gibt es die sog. »Sommerkirche an anderen Orten« (MT5:60), im Rahmen derer die Gottesdienste an Vereinsstätten und im Freien gefeiert werden, »also vollkommen losgelöst« (ebd.) von dem Kirchengebäude an sich. Gottesdienste für bestimmte Zielgruppen schließen Krabbel- und Kindergottesdienste mit ein, die vom Wesen her Andachten sind »mit der Krippe, mit dem Kindergarten, mit der Schule, wo dann auch die Schule was einbringt oder der Kindergarten einbringt« (MT1:8). Es findet jährlich ein Gottesdienst anlässlich der Einschulung statt, und das »anschließende Kaffeetrinken ist hier auf dem Hof in der Gemeinde« (MT5:55).

Die darüber hinausreichenden Angebote der Gemeinde richten sich an alle Menschen vor Ort, sollen offen für alle Altersklassen und Bevölkerungsschichten sein (MT1:6/12) und sich durch Niedrigschwelligkeit auszeichnen (MT1:8). Kirchenmitgliedschaft soll kein relevantes Kriterium sein, um teilnehmen zu dürfen (MT2:33). Exemplarisch lässt sich hier zum Beispiel das Gemeindefest nennen (V1:10; MT2:25), zu dem jeder kommen darf, genauso wie eine Reihe musikalischer Angebote (MT1:8; MT2:25), wie z.B. Konzerte im Kirchgarten, Kunstausstellungen oder das »Wasserfest« (MT1:8). Bei letzterem Fest handelt es sich um ein lokal-spezifisches Fest mit dörflichem Charakter, bei dem eine kleine Brunnenquelle am »Tag des Wassers« vom gesamten Ort gefeiert wird:

> »[...] der Kindergarten hat den [Brunnen] geschmückt hier ganz toll, und dann haben sie da gesungen, und der Bürgermeister hat wohl auch ein paar Worte wohl gesprochen. [...] früher haben da die Menschen Wasser zum Waschen geholt und so, von dem heiligen Brunnen.« MT9:98

Die Gemeinde, deren Gemeindehaus sich sehr nahe am Brunnen befindet, beteiligt sich maßgeblich an diesem Fest. Zu dieser Veranstaltung und allen anderen sind alle gleichermaßen eingeladen.

Musikalische Angebote bilden in der Gemeinde einen weiteren Schwerpunkt (MT1:6; MT2:46; MT3:14; MT5:32). Hierzu gehören die Konzerte im Kirchgarten, die mehrmals im Jahr stattfinden, sowie ein Posaunenchor und der Chor der Gemeinde, die unter semi-professioneller Leitung stehen und mehrere Konzerte im Jahr aufführen. Ein »Sängerfest«, bei dem sich die Chöre der Umgebung beteiligt haben, wurde ebenfalls erwähnt (MT6:200). Diese spezielle Schwerpunktsetzung geht in erster Linie auf den Einfluss des vorherigen Pfarrers zurück. In den Worten der Kirchvorsteherin »hat er hier ganz viel reingebracht, er hat musikalische Termine und Konzerte hier herangezogen [...] wir zehren bis heute aus dieser Zeit« (MT5:30). Der Kirchenchor insbesondere hat in den Augen des Mitglieds des Gesangvereins »mittlerweile an Qualität sehr gewonnen« (MT7:167). Im Kontext der musikalischen Angebote zieht die Gemeinde viele begeisterte Ehrenamtliche an, die »noch nicht mal alles Kirchenmitglieder« sind (MT5:32). Bei den Konzerten im Kirchgarten scheinen hohe Besucherzahlen keine Seltenheit zu sein. Die Besitzerin eines Ladens im Ort erzählt dazu:

> *»Ich habe heute im Laden gehört, gestern war Kirchkonzert. Konzert im Kirchgarten gibt es ja hier immer so paar Mal, ich weiß gar nicht wie oft, nicht jeden Monat, so ein paar Mal in den Sommermonaten. (N2: Draußen oder drinnen, genau.) Da waren gestern 120 Gäste. [...] das etabliert sich so ein bisschen und doch, das wird gut angenommen.«* MT6:225/229

Im Vergleich dazu beläuft sich der wöchentliche Gottesdienstbesuch auf ca. 20 Teilnehmer, was laut der Einschätzung einer Kirchenvorsteherin »ein normaler Sonntagsgottesdienst« (MT5:8) ist.

Ein weiterer Schwerpunkt der Angebote der Gemeinde liegt in der Jugendarbeit (MT2:9; MT3:16). Diese schließt den Konfirmandenunterricht, Musikunterricht für Jugendliche und Sportveranstaltungen mit ein. Der Konfirmandenunterricht wird hier schon ab Klasse 4 und in Zusammenarbeit mit Eltern angeboten. Dieses Modell, oft als KU4 abgekürzt, involviert in erster Linie nicht die Hauptamtlichen, sondern die Eltern der Vorkonfirmanden:

> *»[...] dieses [...]Modell, das machen eigentlich die Eltern von den Kindern aus dem Schulalter. Die machen dann praktisch – immer eine Mutter oder zwei Mütter nehmen sich dann immer so vier, fünf Kinder unter Anleitung des Pfarrers, und die machen dann praktisch dieses Modell, und dadurch ziehen wir die Kinder natürlich auch schon relativ früh so ein bisschen hier in die Kirchengemeinde rein.«* MT2:13

Beim Konfirmandenunterricht insbesondere, aber auch bei anderen Veranstaltungen agiert die Matthäusgemeinde in missionarischer Absicht.

> *»Nein, so ein Gemeindefest oder so, das ist ja das, wo wir auch, sage ich mal, die Leute mit holen wollen.«* MT2:25

Funktionieren tut das nicht immer; in der musikbezogenen Jugendarbeit zum Beispiel war es in der Vergangenheit, als es mehr Kinder in der Gemeinde gab, möglich, einen Posaunenchor und Gitarrenunterricht für Kinder anzubieten. Zum Zeitpunkt der Interviewdurchführung ruhten diese Angebote, »weil keine Kinder da sind, keine Kinder Lust haben und die Kinder natürlich auch viel zu tun haben von der Schule« (MT3:14).

Die neue Öffnung der Gemeinde zum Sozialraum hin wird unter anderem daran deutlich, dass die Gemeinde all ihre Angebote sehr stark am (erwarteten) Bedarf der Bevölkerung vor Ort ausrichten möchte (MT3:16; MT1:38; MT1:36; MT1:28). Dabei versucht die Gemeinde, an verschiedenen Stellen entstandene »Leerstellen« in der öffentlichen Daseinsvorsorge zu kompensieren. Dies wird vor allem an den sozialen und diakonischen Angeboten der Gemeinde deutlich. »Klassische« Angebote, wie der Besuchsdienst bei »Geburtstagskindern« ab 75 (MT1:25) ebenso wie der Seniorennachmittag oder das geplante Projekt »Wohnen im Alter«, verfolgen das Ziel einer potenziellen Vereinzelung und Vereinsamung im Alter entgegenzuwirken. Die Kirchengemeinde reagiert damit unmittelbar auf den Rückgang dörflicher Netzwerke sowie den höheren Anteil älterer Menschen in der Bevölkerung. Andere Angebote wie etwa ein Kleiderbasar oder Flüchtlingshilfe sind eine Reaktion auf eine akute Nachfrage und nicht von Dauer.

Am deutlichsten wird dieser kompensatorische Anspruch der Matthäusgemeinde bei der Vermietung des Gemeindehauses als Veranstaltungsraum und als Treffpunkt für Vereine. In gewisser Hinsicht gleicht die Gemeinde den »Notstand« aus (MT5:53), welcher mit der Schließung des Gasthofes im Ort entstanden ist. In erster Linie wurde der Gasthof als Veranstaltungsraum benutzt. Familienfeiern, Vereinstreffen, Beerdigungen – »das war immer bei Jakob auf dem Saal [...]. Immer. Man ging zu Jakob Kaffee trinken, fertig.« (MT6:187). Für kurze Zeit wurde dann das nahe gelegene Schulgebäude genutzt, »das war natürlich sehr, sehr aufwändig auch für den Hausmeister« (MT4:69), dann öffnete die Kirchengemeinde ihre Räumlichkeiten. »Die Ortsgemeinde geht [jetzt] hier ein und aus, und das zu sehr moderaten Aufwandsentschädigungen« (MT5:53), fasst die Kirchenvorsteherin die momentane Situation zusammen. Die Öffnung ihrer Räumlichkeiten für die *Orts*gemeinde ermöglichte der Matthäusgemeinde in den letzten Jahren die Vernetzung mit einer Reihe von neuen Akteuren vor Ort.

»Wir versuchen, bestimmte Punkte aufzunehmen für bestimmte Feiern«, sagt ein Kirchenvorstandsmitglied, und er ergänzt: »Wir haben [hier im Ort] keine Gaststätten mehr, keine Lokalitäten mehr, wo die Leute in dem Augenblick irgendwo hingehen können.« (MT3:6) Die Matthäusgemeinde ist in gewisser Hinsicht da »so ein bisschen eingesprungen« (MT6:172). Als Folge dessen wird jetzt das Gemeindehaus »mehr frequentiert« (ebd.). So probt der Gesangverein nun im Gemeindehaus; der Sozialverband hat bis zu seiner Schließung 2016 ebenfalls im Gemeindehaus getagt (MT1:10); die Chöre nutzen das Gemeindehaus als Übungsraum; und auch das DRK nutzt jetzt das Gemeindehaus für Seniorennachmittage (MT9:10).

Aus diesem kompensatorischen Anspruch erwächst jedoch eine Schwierigkeit: Es besteht die Gefahr, das eigene Profil zu »verwässern«. Denn gerade im Bereich religiöser Angebote zeigt sich nur ein geringer Bedarf.

> »(...) und so Bibelarbeiten, das sind solche Sachen, wo die Leute sagen: Mensch, die kauen da auf dem Alten Testament rum oder auf dem Neuen, da habe ich keinen Bock zu.(...) Da ist dann schon, wenn sie zum Konzert kommen können, ist das schöner, da kriegen sie was zu hören.« MT2:29

Bibelabende oder Gesprächskreise zu religiösen und spirituellen Themen erfreuen sich nur mäßiger Beliebtheit und entsprechende Angebote wurden oft nach kurzer Zeit wieder eingestellt (MT2:29). Außerdem besteht in diesem Bereich eine leichte Konkurrenz mit den Angeboten der landeskirchlichen Gemeinschaft, die ebenfalls eine Gemeinde im Ort hat.

4.3.5 VERNETZUNG: MAN KENNT SICH IM DORF

Die Matthäusgemeinde ist durch ihre unterschiedlichen Arbeitsschwerpunkte vor Ort in thematisch verschiedene Netzwerke eingebunden. Im Wesentlichen lassen sich drei Netzwerkschwerpunkte erkennen:

Erstens ergeben sich eine Reihe von Vernetzungen durch die religiöse Haupttätigkeit der Gemeinde. Hierzu zählen natürlich einerseits stark institutionalisierte, binnenkirchliche Netzwerke zu Verwaltung, Kirchenkreis oder Superintendentur. Auf dieser Verwaltungsebene wird vor allem der Bauausschuss als sehr wichtig eingeschätzt, da nur mit dessen Hilfe Großprojekte wie der Umzug der Kinderkrippe in das ehemalige Küsterhaus geregelt werden können (MT5:35). Dorthin einen guten Kontakt zu haben, »ist unbezahlbar gut« (MT5:104). Die Superintendentur und das Kirchenkreisamt »sind natürlich, was die eigentliche Gemeindearbeit angeht, schon wichtig« (MT1:81), auch wenn das nur punktuell, beispielsweise bei Besuchen des Superintendenten deutlich wird. Beziehungen zu anderen Religionsgemeinschaften unterhält die Matthäusgemeinde hingegen fast gar nicht. Dies hängt jedoch damit zusammen, dass es vor Ort nur noch eine landeskirchliche Gemeinschaft gibt, die von den Befragten als sehr »fromm« und auf sich selbst konzentriert wahrgenommen wird, so dass eine Zusammenarbeit in der Vergangenheit nicht zustande kommen konnte. Ein Mitglied des Kirchenvorstands beschreibt das Problem:

> »So allgemein [...] grenzen die sich so ein bisschen aus. [...] Gut, das liegt natürlich auch daran, die haben keine Kirche, aber die haben so eine Familie, so einen Keller, wo die sich dann treffen und wo die ihre Bibelarbeiten machen und sowas. Das ist dann so ein bisschen ... die stehen ein bisschen neben uns. Ich will jetzt nicht sagen, dass die uns hassen oder wir die hassen, aber das ist immer so ein bisschen schwierig, mit denen zu kooperieren.« MT2:51

Die katholische Kirche im Ort wurde vor wenigen Jahren geschlossen. Seitdem verwaltet die Matthäusgemeinde das Gelände mit und hat im Gemeindebrief eine Seite für die katholische Gemeinde eingerichtet. Zu einer sehr praktischen Art der Zusammenarbeit kam es bei der Übernahme der Glocke aus der katholischen Kirche. »Im Ort, über die Ortsvereine usw. sind [die] Gelder zusammengekommen« (MT3:74), die dafür benötigt wurden, und durch diese Aktion insbesondere, so der Kirchenvorstandsvorsitzende, »sind wir natürlich mit denen auch so ein bisschen näher zusammengerückt« (MT2:31). Gerade zu den »besonderen Gottesdiensten« (MT2:34) kommen nun auch Katholiken.

Ein *zweiter* Schwerpunkt des gemeindlichen Netzwerkes beruht auf überwiegend projektgebundenen, aber dennoch bereits seit einigen Jahren etablierten und regelmäßigen Kooperationen mit verschiedenen Vereinen zur Durchführung von Veranstaltungen und Festen im Ort. Bei einzelnen Veranstaltungen kommt es dann zu einer Zusammenarbeit aller am jeweiligen Anlass interessierten Vereine. Wie genau die aussieht, ergibt sich meistens aus der Natur der Veranstaltung. Zu verschiedenen Gottesdiensten wird mit den Chören bzw. Gesangvereinen zusammengearbeitet. Zum 3. Advent und zum Volkstrauertag beispielsweise werden die Dienste der Gesangvereine in Anspruch genommen (MT1:25; MT7:75/153). Auch beim Gemeindefest werden diese Vereine einbezogen (MT7:75) sowie viele weitere auch:

> »Alle zwei Jahre findet ein Gemeindefest statt, wo dann auch die Chöre eingeladen werden, die aus den umliegenden Dörfern, also bis zu 10 Chöre kommen, die sich mit beteiligen. Der Musikverein, der hier ganz stark ist vor Ort, die eine große Kapelle, also eine Band haben, und die beteiligen sich, die Feuerwehr ist mit dabei und, und, und.« MT1:34

Darüber hinaus haben die Vereine sich vor einigen Jahren in einer Gemeinschaft zusammengeschlossen, die als »Vereine und Verbände« bezeichnet wird. Ein Hauptamtlicher der Gemeinde erklärt diese Interessengemeinschaft so:

> »[...] das ist ein Zusammenschluss eben aller Vereine und Verbände, die die Jahresplanung machen, gucken, was ist Dorfanliegen, die dann auch, wenn der Weihnachtsbasar war, die Gelder verwalten und Sachen für den Ort mit anschaffen. Die unterstützen von der Weihnachtsbeleuchtung, die es im Ort auf der Hauptstraße gibt, bis, ich glaube, den Wagen für die Krippe, den wir haben, wo die Kleinkinder ausgefahren werden können. Alles Mögliche, also ganz verschiedene Projekte im Dorf. Das ist ja auch schon was. Da gehören wir mit dazu, bringen uns mit ein und dass wir da wahrgenommen werden.« MT1:25

In diesen Verbund hat sich die Kirche in den letzten Jahren recht selbstverständlich eingegliedert, so dass ein Mitglied des Kirchenvorstandes sie im Interview als »einen Verein im Dorf« (MT2:5) bezeichnet. Die Kooperationen bei Festen und Veranstaltungen beruhen stark auf der Idee einer »Dorfgemeinschaft«: Wenn was los ist im Ort, wenn besondere Aktionen stattfinden, dann helfen alle mit. Wer im konkreten Fall für Kooperationen angefragt wird, beruht einerseits auf Tradition (beim Volkstrauertrag wirken schon immer die Vereine mit (MT7:155) oder bei Beerdigungen wird »schon seit Urzeiten« mit dem Gesangverein zusammengearbeitet); andererseits spielen hier Reziprozitätsnormen eine große Rolle: Im Dorf »wäscht eine Hand die andere«, was in verschiedenen Beispielen anklingt: Beim Gemeindefest »holen wir uns die Würstchen [...] von den anliegenden Gewerbebetrieben und fahren nicht irgendwo hin und kaufen billig ein oder so« (MT2:47). Gute Beziehungen zum Metzger durch derartige Bevorzugung zu unterhalten, ist wichtig, »weil wir die ja auch irgendwann wieder brauchen« (MT2:47). Bei der Umsetzung der Glocke aus der katholischen Kirchengemeinde gab es eine punktuelle Zusammenarbeit mit dem Technischen Hilfswerk (THW), die ebenfalls mit solchen Reziprozitätsnormen begründet wird:

> *»Durch die Hilfe des THWs, die es abgebaut haben und wiederaufgebaut haben, und dafür haben wir dann, als die Einweihung war, Kuchen verkauft usw. und dann Spenden gesammelt. Dann hat das THW davon für die Jugendarbeit die Spende gekriegt. So kann man dann auch arbeiten.«* MT3:74

Ein Mitglied des Kirchenvorstandes beschreibt diese Art der Zusammenarbeit hingegen nicht als reziprok, sondern eher als pragmatische und häufig auch unidirektionale Zweckverbindung:

> *»Momentan ist es so, dass ›wenn die unsere Kirche brauchen‹, um es mal platt zu formulieren, dann arbeiten die mit uns zusammen [...].«* MT5:116

Ein *dritter* Bereich der Vernetzung besteht mit der Grundschule und der Kinderkrippe. Beide Gebäude sind Teil des Ensembles, in dem sich die Matthäuskirche befindet. Allein dadurch ergibt sich eine gewisse Nähe, aber »wir sitzen ja nicht nur genau daneben, sondern wir haben auch eine gute Verbindung mit denen« (MT2:9). Der Einschulungsgottesdienst mit anschließender Feier findet in der Kirche bzw. der Gemeinde statt (MT5:55). Zur Zusammenarbeit kommt es auch im Rahmen einer »Bibelwoche«, die die Gemeinde mit den Schulkindern ab und an durchführt. In dieser Bibelwoche beginnen die Tage mit einem Gottesdienst in der Kirche, und die Kinder sind »dann hier die ganze Woche praktisch immer im Gemeindehaus, morgens in der Kirche und haben dann in der Kirche auch Abschluss« (MT2:9). Unterstützend beteiligen sich daran auch Eltern (»sechs, sieben Eltern«, MT2:9) und eine Diakonin. Hinzu kommen die Zusammenarbeit mit den Viertklässlern im Konfirmandenunterricht und die musikalischen Förderangebote (Posaunenchor, Gitarrenunterricht), die es bei ausreichender Anzahl von interessierten Kindern gibt. Die Kinderkrippe ist eine weitere Kooperationspartnerin. Bis 2014 wurde sie komplett von der Matthäusgemeinde getragen, seitdem gibt es einen Krippenverband, in dem die Gemeinde Mitglied ist (MT5:35). Die Intention bei diesen Kooperationen ist missionarisch:

»Gerade wenn man junge Familien oder wenn man die nächste Generation auch irgendwie im Glauben – oder nicht dem Glauben entfremden will oder wenn man versuchen will, das zumindest zu den Menschen hinzukriegen, hinzubringen. Und das gelingt, glaube ich, ganz gut mit der Krippe.« MT5:37

Darüber hinaus bestehen und bestanden eine Reihe von einmaligen und punktuellen Kooperationen vor Ort wie etwa mit einer überregionalen Kulturstätte, dem Schützenverein oder dem THW, auf die hier jedoch aufgrund ihrer Singularität nicht ausführlich eingegangen werden soll.

ABBILDUNG 10   **Zivilgesellschaftliches Netzwerk der Matthäusgemeinde**

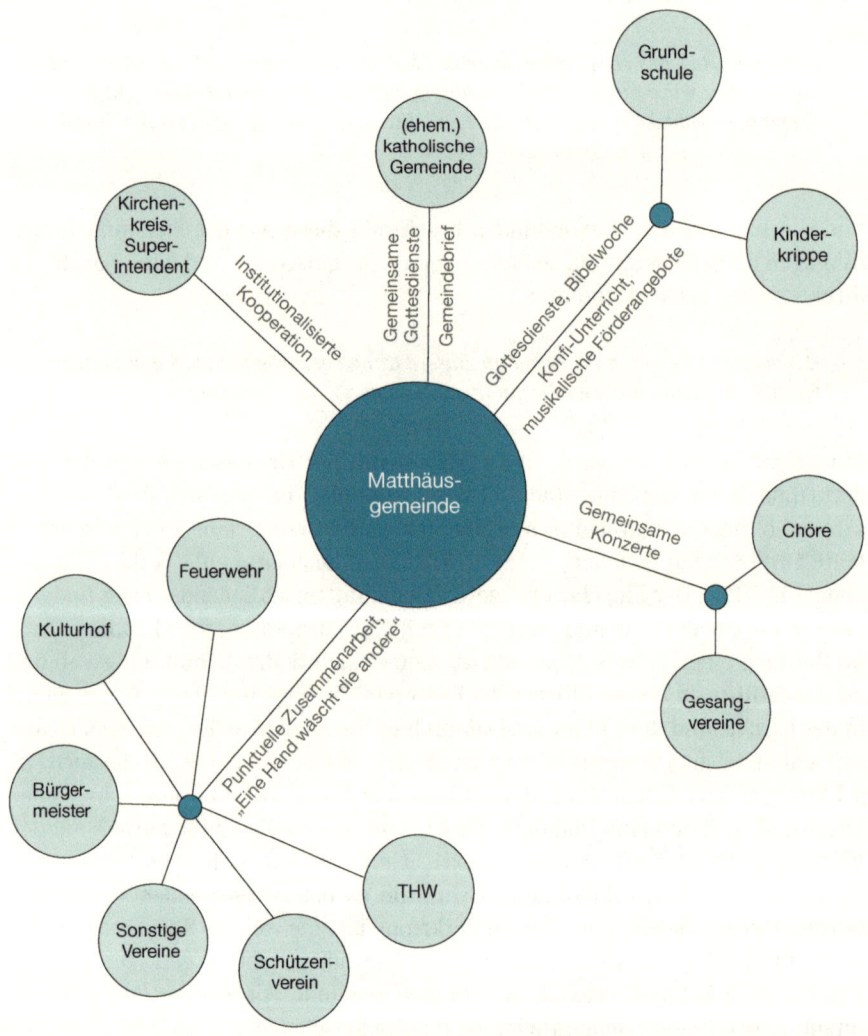

Vernetzungsstrategien: Von Gatekeepern, Brokern und Face-to-Face-Kontakten
Am Fall der Matthäusgemeinde lassen sich insgesamt drei verschiedene Vernetzungsstrategien beobachten, die die Gemeinde nutzt, um neue zivilgesellschaftliche Kontakte im Sozialraum zu etablieren.

Die erste Strategie ist der dörflichen Struktur geschuldet, insbesondere der im Vergleich zum Stadtteil wenig anonymen Lebensweise des Dorfes. Sie beruht auf der klassischen Nutzung von Face-to-Face-Kontakten. Besonders auffällig betreibt diese Strategie ein Kirchenvorsteher, der selbst bereits seit vielen Jahren im Dorf lebt. Er geht »viel im Ort spazieren« (MT3:30) und »wenn was ist«, sagt er, »kann man mich auch ansprechen. Viele wissen ja, dass ich im Kirchenvorstand bin.« (ebd.) Im Wesentlichen scheint es so, als würde sich der Sprecher verfügbar machen, sollte ihn jemand in seiner Funktion als Kirchenvorstandsmitglied ansprechen wollen. Später im Interview wird deutlicher, dass er mit dem Spazierengehen tatsächlich eine Vernetzungsstrategie verfolgt:

>*»Entscheidend für mich ist wichtig, dass man auch Gespräche auf der Straße machen kann. Ich werde von jedem angesprochen. Wenn ich sage, ich habe keine Zeit, sondern man muss auf die Leute eingehen [...] ich gehe auch viel ins Dorf rein, dass man viel mitkriegt. Sonst kriegt man ja nicht viel mit. Also an der Ecke sehen Sie den, dann kommt wieder einer dazu, dann geht einer weg, der nächste usw., so kriegen Sie bestimmte Sachen immer irgendwie mit, was auch im Ort passiert.«* MT3:57

Die Informationen, die er dabei sammelt, werden in laufenden Prozessen genutzt. Ein Merkmal dieser Strategie ist es, dass viele wichtige Dinge erst einmal von Angesicht zu Angesicht besprochen werden, bevor sie in einer größeren Runde erörtert werden.

Die *zweite* Vernetzungsstrategie läuft über Personen, die in der sozialwissenschaftlichen Forschung als »Broker« bezeichnet werden. Bei diesen Brokern handelt es sich um Haupt- und Ehrenamtliche in der Gemeinde, die gleichzeitig im Ort weitere Funktionen in der lokalen Zivilgesellschaft übernehmen, etwa als Vereinsmitglieder, Ortsrat etc. oder einfach schon sehr lange dort wohnen und daher über zahlreiche Kontakte verfügen (MT1:48–50/62/70; MT2:9; MT5:48). So ergeben sich in den verschiedenen Handlungsfeldern Möglichkeiten, die Gemeinde als Akteurin einzubringen. Die Gemeinde ist u. a. deswegen bei so vielen Veranstaltungen beteiligt, »weil der eine oder andere [aus den Vereinen] mit im Kirchenvorstand ist« (MT8:24). So ist der Küster beispielsweise, der sein ganzes Leben bereits im Dorf wohnt und »das Prinzip des Gebens und Nehmens sehr verinnerlicht hat« (MT1:53), zugleich Vorsteher der SPD im Ort. Daraus ergibt sich Folgendes:

>*Das heißt, er hat wirklich überallhin Kontakte, ist unheimlich hilfsbereit und ist dann zur Stelle, wenn was gebraucht wird, leiht was aus. Wir haben hier Sachen, die zum Beispiel der SPD oder dem Ortsrat oder sonst wem gehören, die dann aber auch von hier aus verliehen werden mit unseren Sachen, die der Gemeinde gehören. Aber das macht das Miteinander in manchen Dingen überhaupt möglich und so einfach möglich. Dass auf der Ebene es funktioniert, das ist total wichtig.« MT1:53*

Der letzte Satz suggeriert, dass die Gemeinde ohne derartige unbürokratische Kontakte nicht in der gleichen Weise funktionieren könnte, wie sie es innerhalb des zivilgesellschaftlichen Gefüges des Dorfes tut.

Information, die zur richtigen Zeit zur Hand ist, ist in allen Vernetzungen eine sehr wichtige Währung. Eine hauptamtliche Mitarbeiterin wird gerade in dieser Hinsicht als eine wichtige Brokerin beschrieben. Sie ist Mitglied im Friedhofsausschuss und kennt sehr viele Menschen im Dorf (MT5:106). Das bedeutet, sie verfügt nicht nur über sehr viele Informationen, sondern »über sie geht auch Information wieder an ganz andere Bereiche, die durch Ortsbürgermeister oder KV und Küster nicht abgedeckt werden« (MT1:65). Das Geben und Nehmen, das schon einige Male als wichtige Alltagslogik für zivilgesellschaftliches Handeln im Ort erwähnt wurde, wird durch derartige Broker möglich.

Neben Küster und Sekretärin ist der Kirchenvorstand das zentrale Organ der Gemeinde, das die Vernetzung über Broker vorantreibt. Die Kirchenvorsteher nutzen ihre bestehenden Beziehungen gezielt, um Dinge in Erfahrung zu bringen und Projekte voranzutreiben. Ein Kirchenvorsteher hat über die Vereine viele Kontakte, die Kirchenvorsteherin über ihr tägliches Pendeln in die nahegelegene Stadt (MT1:46). Das sieht sie selbst auch so: »Wir vernetzen uns ja auch wirklich auf der Heimfahrt in der S-Bahn. Also das ist einfach so. Wir haben ganz viele Dienstbesprechungen, wenn wir nach Hause fahren« (MT5:99).

Auch die *dritte* und letzte Vernetzungsstrategie der Gemeinde lässt sich durch einen netzwerktheoretischen Fachbegriff beschreiben: Sie beruht auf sogenannten *Gatekeepern*. Das sind Personen, die als »Türöffner« dienen, um Zugang zu ansonsten in sich geschlossenen Netzwerken zu erhalten. Die Mitglieder der Kirchengemeinde treten hierzu an kirchennahe Gatekeeper, sie nutzen also einen gemeinsamen Glauben oder eine gemeinsame Kirchenmitgliedschaft dazu, um Kontakte zu Vereinen oder politischen Netzwerken zu erhalten. Letztlich heißt das, dass man bei zu organisierenden Veranstaltungen und Projekten »über bestimmte Leute rangehen [muss], wo sie mehr Kontakt haben, die auch ein bisschen mehr aufgeschlossen sind zur Kirche« (MT3:60). Im Gegenzug kann eine zu große weltanschauliche Differenz oder ablehnende Haltung gegenüber Kirche den Aufbau von zivilgesellschaftlichen Netzwerken hemmen:

>*Also da ist ein erster Vorsitzender von diesem Förderverein, und der ist aber kirchenfern. Den können wir nicht knacken so richtig, der ist sehr aufgeklärt.« MT5:114*

Dass soziale Beziehungen vor allem unter Personen mit übereinstimmenden oder zumindest ähnlichen Überzeugungen und Werteinstellungen aufgebaut werden, ist in der Sozialforschung eine bereits sehr alte Erkenntnis (Lazarsfeld & Merton 1954; McPherson et al. 2001). Ob und inwieweit dieses sogenannte Homophilie-Prinzip in den säkularisierten Gesellschaften Europas allerdings auch heute noch religiöse Zugehörigkeiten umfasst, ist hingegen umstritten (Kecskes & Wolf 1996). Dass die Religiosität oder Kirchenzugehörigkeit beim Aufbau von zivilgesellschaftlichen Netzwerken als Identitätsmarker aktiviert wird, scheint somit zumindest erwähnenswert.

4.3.6 Zwischenfazit: Kompensation als Überlebensstrategie?

Der Fall der Matthäusgemeinde ist vor allem deshalb aufschlussreich, weil sich an seinem Beispiel eine Reihe von Besonderheiten aufdecken ließen, die prototypisch für die spezifische zivilgesellschaftliche Funktion von Kirchengemeinden in ländlichen Räumen stehen können.

Dies betrifft in erster Linie die kompensatorische Strategie, die die Kirchengemeinde mit ihren Angeboten und Aktivitäten verfolgt. Durch sozialen und demographischen Wandel verursachte funktionale Leerstellen im Dorf werden durch die Kirchengemeinde besetzt. Solche Leerstellen wurden von den Befragten an verschiedenen Stellen berichtet: Sie treten etwa dort auf, wo der demographische Wandel zu einem höheren Anteil älterer Menschen in der ländlichen Bevölkerung geführt hat, der gemeinsam mit einer Erosion familiärer Strukturen eine Vereinsamung und Vernachlässigung älterer Menschen zur Folge hat, insbesondere derjenigen, die nicht oder nur mehr eingeschränkt mobil sind. Die Kirchengemeinde hat hier versucht, gegenzusteuern, indem sie das Projekt »Leben im Alter« gestartet hat, sowie weitere Angebote für Senioren bietet und hier explizit jene anzusprechen versucht, die von Vereinsamung und Vereinzelung bedroht sind. Ein anderes Beispiel ist ein durch Zuzug ausgelöstes Vordringen einer individualisierten und anonymeren, urbanen Lebensweise und einer damit einhergehenden sukzessiven Auflösung der ehemaligen Dorfgemeinschaft sowie eine räumliche und soziale Segregation von »Alteingesessen« und »Neuzugezogenen«. Hier versucht die Kirchengemeinde, zu integrieren und die Dorfgemeinschaft zu schützen, indem sie etwa gemeinsam mit den Vereinen vor Ort ein Neubürgerfest ausrichtet oder Angebote für Familien anbietet, die sich an die Neuzugezogenen richten. Und schließlich hinterlässt auch der Rückbau vorhandener Nahversorgung, insbesondere im Bereich der Gastronomie und des Einzelhandels eklatante funktionelle Leerstellen in der dörflichen Gesellschaft. Von den Befragten als besonders problematisch wurde in diesem Zusammenhang die Schließung der Gaststätte empfunden, da es infolgedessen keinen Ort mehr gab, an dem sich Vereine versammeln oder Veranstaltungen und Feiern durchgeführt werden können. Auch hier hat die Kirche durch die günstige Vermietung ihres eigenen Gemeindehauses an Vereine oder Privatleute eine kompensatorische Rolle eingenommen.

So paradox es klingen mag: Die Probleme des Strukturwandels in ländlichen Gebieten könnten den Kirchengemeinden (zumindest kurzfristig) zum Vorteil gereichen, da sie aufgrund ihres Parochieprinzips eine Art »letztes Bollwerk« der Zivilgesellschaft darstellen: Die Kirchengemeinde hilft durch ihre Ressourcen und ihre Haupt- und Ehrenamtlichen bei der Schaffung der notwendigen Rahmenbedingungen, damit eine lebendige Zivilgesellschaft überhaupt bestehen kann. Im Gegenzug profitiert die Kirchengemeinde davon, indem sie stärker wahrgenommen wird. So hat etwa die Vermietung der Gemeinderäume zu einer Vitalisierung der Beziehungen zwischen Kirche und anderen zivilgesellschaftlichen Akteuren vor Ort geführt (vgl. auch Hauschildt & Heinemann 2016; Schlegel et al. 2016).

Dies setzt natürlich voraus, dass eine Kirchengemeinde auch über die personelle und räumliche Ausstattung verfügt, um eine kompensatorische Rolle einnehmen zu können. Im Kontrast hierzu steht die ebenfalls ländliche Lydiagemeinde in Ostdeutschland in der vorliegenden Studie, der die Übernahme einer Kompensationsrolle in der Zivilgesellschaft aufgrund mangelhafter Ressourcenausstattung nicht möglich ist (vgl. oben Kapitel 4.2).

Neben dieser Kompensationsfunktion hat der Fall der Matthäusgemeinde auch einen besonderen Einblick in zivilgesellschaftliche Vernetzungstaktiken der Kirchengemeinde ermöglicht. Ebenfalls als Spezifikum des ländlichen Raums kann hier die Dorfgemeinschaft angesehen werden, die zumindest unter den »Alteingesessenen« im Dorfkern noch eine wesentliche Rolle spielt. So zeigt sich, dass ein Großteil der zivilgesellschaftlichen Vernetzung aus einer dörflichen Nähe der Einwohner (»jeder kennt jeden«) entsteht. Der Kirchengemeinde nützt diese Nähe, insbesondere im Fall der »Broker«, Mitglieder des Kirchenvorstands, die gleichzeitig weitere Posten im Ort besetzen. Aus der Tatsache, dass »jeder jeden kennt«, erwächst jedoch auch eine gewisse kollektive Identität der Reziprozität und der Gemeinschaft. Die Kirchengemeinde konnte ihr zivilgesellschaftliches Ansehen vor allem dadurch steigern, dass sie sich in dieses dörfliche Reziprozitätsnetzwerk eingebracht hat und in diesem Zusammenhang nach eigener Auskunft eher »als Verein im Dorf« agiert.

Es bleibt offen, inwieweit das Agieren der Kirche als »Verein« im Dorf auch eine gewisse Selbstsäkularisierung zur Folge hat. Die religiösen Angebote werden nach eigener Auskunft trotz einer deutlichen Öffnung und stärkeren zivilgesellschaftlichen Vernetzung der Kirchengemeinde kaum frequentiert.

Das Gebiet der Matthäusgemeinde erstreckt sich über drei verstreut liegende Dörfer, der *Sozialraum*, um den es hier gehen kann, liegt eindeutig im Altdorf. Und dort ist die Frage, ob er sich auf den alten Dorfkern beschränkt oder zumindest Teile der Neubaugebiete einbezieht. Die *Heuristik nach Young* (vgl. oben Kapitel 2.4) hilft bei der Betrachtung dieser Gemeinde nur wenig. Liberale Positionen sind deutlich in der Kooperation mit der von Schließung betroffenen katholischen Gemeinde. Da sich aber keine Herausforderungen im Hinblick auf diese Dimension ergeben, ist sie auch von geringer Relevanz. Kommunitaristisches Agieren wird sehr deutlich in der Kompensationsfunktion, durch die verschiedenen Gemeinschaftsbildungen im Wortsinn Raum gegeben wird im Gemeindehaus und den weiteren Örtlichkeiten, die zur Gemeinde gehören. Bei der Einschätzung, inwiefern diese Gemeinschaften offen oder geschlossen sind, gehen die Meinungen der Interviewten auseinander. Punktuell findet auf jeden Fall Zusammenarbeit statt. Ihre *zivilgesellschaftliche Relevanz* ist gemessen an den drei Dimensionen Angebote, Vernetzung und Wahrnehmung (vgl. oben Kapitel 3.2) ähnlich gemischt: Die Angebote sind zwar grundsätzlich offen, der Teilnehmerkreis beschränkt sich aber überwiegend auf die Gemeindeglieder, abgesehen von den musikalischen Angeboten und Festen. Die Vernetzung weist alleine schon durch die Mitgliedschaft in der Gemeinschaft »Vereine und Verbände« deutlich über die Gemeinde hinaus in den Sozialraum. Auffallend ist dennoch, dass die Gemeindeaktivitäten wenig bekannt sind. Die Wahrnehmung scheint in erster Linie über das Reziprozitätsprinzip zu funktionieren, oder auch: »Wenn wir was von denen brauchen, erinnern wir uns an sie«. Die *internen Faktoren* (kein eindeutiges Profil, demokratische Organisation mit starkem Kirchenvorstand, gute räumliche Ausstattung) wie *externen Faktoren* (hoher Anteil älterer Menschen, Zuzug durch Familien, doch zugleich geringe übergreifende Kohäsion, zahlreiche Vereine) wirken unterschiedlich auf das zivilgesellschaftliche Engagement. Die Vernetzung in den Sozialraum erfolgt über Schlüsselpersonen in der Gemeinde und den anderen Vereinen. Ob diese Beziehungen darüber hinaus tragfähig sind, ist nicht deutlich. Die Wahrnehmung der Gemeinde wird aber gesteigert durch ihr Raumangebot und die Beteiligung in der Gemeinschaft der Vereine und Verbände.

4.4 Lukasgemeinde: Zivilgesellschaftliches Engagement als Ausdruck religiöser Authentizität

4.4.1 SOZIALRAUMBESCHREIBUNG: EIN STADTTEIL ZWISCHEN »GOLDSTAUB« UND »BRENNPUNKT«

Soziodemographisches Profil

Die Stadt, in der die Lukasgemeinde liegt, ist eine nahezu prototypische Groß-stadt des 21. Jahrhunderts – zumindest für deutsche Verhältnisse. Und dies gilt in besonderem Maße für den zentralen innerstädtischen Stadtteil, der die Lu-kasgemeinde beherbergt: Im 19. Jahrhundert noch selbstständige Stadt, war der Ort später ein moderner Industriestandort. Heute stellt der Stadtteil zwar nicht das Zentrum des modernen Dienstleitungswesens der umgebenden Großstadt, liegt aber hart an dessen Grenzen. Gleichermaßen stark und auch bereits früh war neben der Industrie die im frühen 20. Jahrhundert gegründete Universität prägend für den Stadtteil. Sozialstruktur, Atmosphäre und Einrichtungen des Stadtteiles wurden und werden durch diese drei Strukturmerkmale – Industrie, Dienstleistung, Wissenschaft – nachhaltig beeinflusst.

> *»... durch die Uni, die ja über hundert Jahre hier war, wo ja auch viele Leute, die da gearbeitet haben oder Studierende dann in so einem Stadtteil gelebt haben. Und sich durch die Industrie halt viele Migranten hier auch angesiedelt haben, die schon sehr lange hier sind. Und dann später nochmal so ein Schub kam, nach dem Zweiten Weltkrieg, wo hier ganz viele Neubauten entstanden sind [...], Deutschrussen. Kro-aten. [...] viele aus den Ostgebieten, die [...] hier leben. Und gleichzeitig hat [dieser Stadtteil] ja auch nochmal so ein Villenviertel [...]. Sehr schöne Bauten ...«* LK6:6

So wohnen vor Ort derzeit Menschen aus 121 Nationen. Die Ausländerquote liegt bei 31,2 Prozent und damit leicht über dem Durchschnitt der Gesamtstadt (28,8 Prozent). Insgesamt stellen Personen mit Migrationshintergrund (ausländi-sche und deutsche Staatsbürger zusammengenommen) rund die Hälfte der Bevöl-kerung. Der Anteil von Bewohnern mit ausländischem Pass in der Altersgruppe über 64 Jahren liegt im Stadtteil deutlich über dem gesamtstädtischen Durch-schnitt (22,1 Prozent im Vergleich zu 17,9 Prozent insgesamt), was als Hinweis auf eine frühe Arbeitsmigration in den noch industriell geprägten Stadtteil gele-sen werden kann. Aber natürlich prägten in der Nachkriegszeit auch die starke Präsenz ausländischer, zunächst Besatzungs- später Bündnistruppen mitsamt Administration, der international bedeutsame Wirtschaftssektor sowie zahlrei-che Wissenschaftseinrichtungen den internationalen Charakter der Stadt und des Stadtteils.

TABELLE 8 Stadtteil der Lukasgemeinde

Zahlen & Fakten 2016		
Bevölkerung	**Stadtteil**	**Stadt gesamt**
Einwohner	39.179	
Anteil unter 18-Jährige (%)	14,7	16,6
Anteil über 65-Jährige (%)	11,7	15,8
Pers. mit Migrationshintergrund (%)	52,0	51,8
Ausländeranteil (%)	31,2	28,8
Bevölkerungsentwicklung		
Bevölkerungsentw. seit 2011 (%)	+13,3	+9,4
Natürlicher Saldo (Geburten / Sterbefälle je 1000 Ew.)	+ 9,5	+4,5
Wanderungssaldo (Zuzüge / Fortzüge je 1000 Ew.)	+15,2	+3,0
Soziale Lage		
Einpersonen-Haushalte (%)	59,6	54,5
Haushalte mit Kindern (%)	15,2	17,8
Einkommensmedian sozialversicherungspflichtiger Beschäftigter / Monat (€)	4.310	3.771
Arbeitslosendichte	3,5	4,7
SGB-II-Quote in % der Bevölkerung (2014)	7,4	10,1
Wohnen		
Anteil Ein- und Zweifamilienhäuser an allen Wohnungen (%)	4,0	13,1
Wohnfläche je Einwohner (m²)	38,7	37,1
Anteil Sozialwohnungen (%)	3,0	8,2
Infrastruktur		
Niedergelassene Ärzte gesamt	67	1146
Niedergelassene Zahnärzte	29	546
Apotheken		

Quellen: Strukturdaten der Stadt – online (abgerufen am 22.02.2018),
Monitoring 2017

Dabei versinnbildlichen die älteren Ausländer die klassische Arbeitsmigration und den nach wie vor in manchen Gegenden erkennbaren Arbeitercharakter des Stadtteils. Der hohe Anteil junger Erwachsener wiederum verweist auf den großen Einfluss der Universität, das studentische Milieu, einen großen »Alternativ«- und »Kreativ«-Sektor. Rund 21 Prozent der Einwohner sind zwischen 18 und 29 Jahre alt, im Vergleich zu lediglich gut 16 Prozent in der Gesamtstadt. Diese Merkmale korrespondieren mit dem niedrigen Abhängigenquotienten, der im Stadtteil bei lediglich 38,9 Prozent liegt, in der Gesamtstadt insgesamt bei 52 Prozent[30].

Entsprechend der Alterszusammensetzung weist der Stadtteil auch eine überdurchschnittliche Erwerbsfähigen- und Beschäftigtendichte auf: 75,2 Prozent der Einwohner sind im erwerbsfähigen Alter von 15 bis 65 Jahren (Gesamtstadt: 70 Prozent), von denen 59,7 Prozent auch tatsächlich einer sozialversicherungspflichtigen Beschäftigung nachgehen (Gesamtstadt: 57,4 Prozent). Die Arbeitslosendichte lag 2016 mit 3,5 Prozent unter dem städtischen Durchschnitt von 4,7 Prozent. Zugleich, und in gewisser Weise korrespondierend hiermit, weist die Bevölkerung vor Ort auch bei einigen Wohlstandsindikatoren ein überdurchschnittliches Niveau auf: Beim durchschnittlichen Bruttoarbeitslohn liegt der Stadtteil deutlich über dem städtischen Mittel, beim Wohnraum stehen, statistisch gesehen, jedem Einwohner 38,7 qm zur Verfügung, für das gesamte Stadtgebiet sind es 37,1. Im Stadtteil mit der stadtweit geringsten Wohnfläche sind es pro Kopf 28,5 qm, mit der höchsten 49,2 qm. Die Einkommensspanne ist ebenfalls recht groß.[31]

Heterogene Sozialstruktur
Die Extreme, wie sie in den wenigen Strukturdaten zum Ausdruck kommen, finden sich auch innerhalb des Stadtteils selbst, umschrieben mit den eingängigen Begriffen »Diplomatenviertel« im nordwestlichen Bereich des Stadtteils und »Bahnhofsviertel« für die Gegend im Süden des Gemeindegebietes mit sozialem Wohnungsbau, wie es ein Mitglied der Kirchengemeinde prägnant zum Ausdruck bringt:

> *»Die Spanne zwischen sehr reich und sehr arm ist recht groß [...] Also wir haben hier ein Viertel, das Diplomatenviertel, [...], also ich glaube, die haben so viel Geld im Keller, die brauchen jemanden, der das immer umdreht, damit es nicht schimmelt. [...] das sind richtig reiche Leute, die da wohnen und dann hinten am Westbahnhof ist halt genau die andere Seite dieser Spanne.«* LK1:25

Diese Spanne innerhalb des Stadtteils lässt sich aufgrund der mehrfachen Verwaltungsgliederung der Stadt auch statistisch nachvollziehen. Der Stadtteil ist in insgesamt sieben Stadtbezirke untergliedert, von denen vier im Gebiet der

---

[30]   Der Abhängigenquotient setzt sich zusammen aus dem Jugendquotienten (Einwohner unter 20 Jahren in Prozent der 20- bis 64-Jährigen) und dem Altenquotienten (Einwohner ab 65 Jahren in Prozent der 20- bis 64-Jährigen).

[31]   Im westlich gelegenen Stadtteil betrug das durchschnittliche monatliche Bruttoeinkommen (Medianeinkommen) im Jahr 2016 5.895 Euro, im östlich gelegenen Stadtteil lag es bei 2.621 Euro. Der Stadtteil um die Lukasgemeinde liegt mit 4.310 Euro im Vergleich aller Stadtteile an 8. Stelle.

Lukas-Kirchengemeinde liegen. Das letzte Sozialmonitoring, aus dem kleinräumige Daten vorliegen, bezieht sich auf statistische Kennzahlen des Jahres
2015 (Monitoring 2017).

Die kleinräumige Betrachtung legt die Vermutung nahe, dass – wie auch in
den Äußerungen der Interviewpartner deutlich wird – das Gemeindegebiet in
sozialstruktureller Hinsicht hochgradig heterogen ist. Die imaginäre Scheidelinie
verläuft dabei entlang der zentralen Einkaufsstraße. Südwestlich dieser Linie liegen die zwei Stadtbezirke mit relativ hohem Benachteiligungsindex, nordöstlich
zwei Stadtteile mit sehr niedrigem Benachteiligungsindex. Der Index reicht von
1 bis 112 und wird berechnet aus den drei Merkmalen: Arbeitslosendichte, Anteil an
Empfängern von existenzsichernden Mindestleistungen und der Pro-Kopf-Wohn-
fläche. Die beiden Stadtbezirke nordöstlich der zentralen Einkaufsstraße weisen
mit den Werten 18 und 23 sehr niedrige Belastungswerte auf, die beiden südwestlich gelegenen Stadtbezirke sind mit Indexwerten von 60 und 64,5 deutlich
stärker benachteiligt (Sozialmonitoring 2017, Teil 1: 108–111), aber im Vergleich
zur Gesamtstadt eher im Mittelfeld. So liegt die Arbeitslosendichte mit 4,6 bzw.
4,1 Prozent zwar deutlich über dem in den beiden anderen Stadtbezirken (2,5 bzw.
2,6 Prozent), aber in etwa gleichauf mit der in der Stadt insgesamt (4,8 Prozent)
(ebd.: 60–62). Ähnlich verhält es sich auch mit dem Bezug von existenzsichernden
Mindestleistungen. In den beiden eher benachteiligten Bezirken des Stadtteils
liegt der Prozentsatz bei 14,3 bzw. 12,8 Prozent, was in etwa dem gesamtstädtischen Durchschnitt von 12,9 Prozent enspricht. In den beiden nicht-benachteilig-
ten Stadtbezirken liegt diese Quote aber nur bei 5,6 bzw. 4,8 Prozent, also deutlich
niedriger (ebd.: 69–71).

TABELLE 9 **Gebiet der Lukasgemeinde 2017 – kleinräumig**

	Nord-Ost I	Nord-Ost II	Süd-West I	Süd-West II	Stadtteil	Stadt (gesamt)
Benachteiligungsindex	18,0	23,0	60,0	64,5	k. A.	56,5
Arbeitslosendichte	2,5	2,6	4,6	4,1	3,4	4,8
Bezug existenzsichernder Mindestleistungen	5,6	6,3	14,3	12,8	7,3	13,1
Bezug Grundsicherung im Alter	11,5	3,7	20,9	11,1	12,4	8,6
Alleinerziehenden-HH an allen Familien-HH	26,2	21,6	35,0	31,7	25,6	25,7

Quelle: Monitoring 2017; für den Stadtteil eigene Berechnungen aus Strukturdaten der
Stadt

Ein paar Merkmale stechen jedoch nicht nur im Vergleich der Stadtbezirke untereinander hervor, sondern auch im Vergleich zur Gesamtstadt. Dies ist zum einen
der sehr hohe Anteil an Ein-Personen-Haushalten, der in drei Stadtbezirken mit
64 bis 68 Prozent deutlich über dem städtischen Durchschnitt von 55 Prozent
liegt. Dieser hohe Anteil wird dominiert durch die Gruppe der 25 bis unter 45 jäh-
rigen (ebd.: 40–42), also durch eine Personengruppe, die nach Erkenntnissen des
statistischen Amtes häufiger hochgebildet, einkommensstark und eher postmate-
rialistisch eingestellt ist (Sozialmonitoring 2011: 24). Ebenfalls deutlich über dem
städtischen Durchschnitt liegt in einem der südöstlichen Bezirke des Gemeindegebiets der Anteil Alleinerziehender unter den Familienhaushalten mit 35 Prozent – in der Stadt gesamt 25,7 Prozent, in einem der nordwestlichen Stadtbezirke
bei lediglich 21,6 %. Alleinerziehendenhaushalte werden von Sozialstatistikern
durchaus als Zeichen für moderne Lebensformen angesehen (Sozialmonitoring
2011: 19). Andererseits sind Alleinerziehendenhaushalte stärker »von Benachteiligungen ‚betroffen' als Paar-Haushalte mit Minderjährigen« (Monitoring 2017,
Teil 1: 32). Zugleich liegt in dem Bezirk mit dem höchsten Alleinerziehendenanteil
ebenfalls der Anteil von Personen ab 65 Jahren, der Grundsicherung im Alter
erhält, weit über dem Durchschnitt der Stadt: 20,9 Prozent gegenüber 8,6 Prozent.
Hier treffen zwei Merkmale aufeinander, die beide für Armut bzw. Armutsrisiko
stehen.

Für die weitere Beurteilung der sozioökonomischen Struktur des Gemeindegebietes lohnt sich ein Blick auf die Infrastruktur. Auf dem Gemeindegebiet liegen
zwei Krankenhäuser, eines in evangelischer, das andere in katholischer Trägerschaft, beide im Stadtbezirk mit dem niedrigsten Benachteiligungsindex. Die Zentrale der Notfalleinrichtungen liegt in den weniger gutbürgerlichen Bereichen. Auf
dem Gebiet gibt es zwei Grundschulen, ein Gymnasium, eine Hauptschule sowie
weiterführende Berufs-, Berufsfach-, Fachober- und Fachschulen in einem größeren Schulkomplex. Letzterer liegt im Stadtbezirk mit höherem Benachteiligungsindex wie auch die private Montessori-Schule, die Bundesagentur für Arbeit, das
Sozialrathaus und ein Nachbarschaftsheim mit Vereinen der freien Jugendhilfe,
für Mädchen- und Elternarbeit. Ebenfalls in diesem Bereich des Gemeindegebietes
finden wir einen Verein mit großem Gebäude, der anderen Vereinen Räume zur
Verfügung stellt und das alternative Stadtteilbüro. Kunst- und Kultureinrichtun-
gen wie Galerien und Theater gibt es über das ganze Gemeindegebiet verbreitet.

Ein politischer Stadtteil zwischen Bürger- und Alternativkultur
Der Stadtteil wird von allen Interviewpartnern als lebendig und politisch beschrieben, mit einem relativ hohen Maß an Vernetzung verschiedener Initiativen
(LK1:61; LK5:13; LK9:17; LK6:20/28). Als Gründe hierfür gelten: die Prägung durch
das intellektuell-reflexive Milieu der Universität (LK1:25; LK6:6; LK9:17; LK2:26);
die spezielle Bevölkerungsstruktur, die sich aus der unmitelbaren Nachbarschaft
von Hochschule und Industrie entwickelte (LK6:6); die bereits früh bestehende
ethnische Vielfalt aufgrund von internationalen Messen, Industrie, Wissenschaft
und den damit verbundenen Austauschprozessen (LK9:141–170).

Nachdem um die Jahrtausendwende, bedingt durch die ökonomische Strukturkrise der 1980er Jahre, Läden schlossen, Immobilienpreise drastisch fielen und dem Quartier der Absturz vorausgesagt wurde (lokale Tageszeitung im Juli 2002), ist der Stadtteil inzwischen von starken Mietpreiserhöhungen betroffen und wurde zu einem der teuersten Quartiere der Stadt. Entwicklungen um den Mietspiegel sowie die Planungsprozesse zum Umbau des Campus nach dem Umzug einiger Institute in ein anderes Quartier brachten zwei zentrale Initiativen hervor: Das Stadtteilbüro, das sich aus einer Bürgerinitiative heraus zu einer Anlauf- und Beratungsstelle zunächst für Mieter entwickelte. Hieraus wurde dann schließlich eine Koordinierungsstelle für alle Belange um die Strukturplanungen für den Stadtteil im Zusammenhang mit Bau- und Strukturentwicklungsprojekten. Ein Haus der Kulturen und dessen Trägerverein entstanden in Reaktion auf den geplanten Abriss eines historisch-politisch bedeutsamen Gebäudes im Stadtteil. Wie die Bürgerinitiative ist auch dieser Verein involviert in die Debatten zur Stadt(teil)entwicklung, stößt Diskussionen an und bringt sich mit eigenen Positionen ein, will jedoch in erster Linie mit dem Haus eine Stätte und Raum für Begegnungen, Diskussionen, Kunst usw. bieten. Beide Intitiativen und Orte sind bedeutsame Knoten im stadtteileigenen Netzwerk mit Geflüchteten. Beide sind auch Mitglied im Vereinsring des Stadtteils, in dem rund 40 Vereine, Initiativen, Gemeinden u. Ä. organisiert sind.

Das Haus der Kultur will der Alternativkultur eine Stätte geben, die im Stadtteil vielfältig vertreten ist in zahlreichen Richtungen bildender, darstellender, Installations- und Aktions-Kunst. Daneben gibt es im Stadtteil und direkt in dem Gebiet der Lukas-Kirchengemeinde freie Schauspielensembles mit festen Spielstätten sowie eine Spielstätte, in der neben dem Schauspiel und der Oper auch eine Balettgruppe auftritt, sowie mehrere Galerien. Auf der Gemeinde- und Stadtteilgrenze in östlicher Richtung befinden sich noch zwei Museen, ein Naturkundemuseum und ein naturwissenschaftliches Mitmach-Museum, das als Projekt von Bürgern entstand.

»...dieses Wir-wollen-mitgestalten-Gefühl ist hier einfach groß in diesem Stadtteil und man kennt sich.« LK1:57

Funktionierendes Zusammenleben
Die spezifische historisch gewachsene Mischung aus alternativer und bürgerlicher Kultur, aus Intellektuellen und Arbeiterschaft, aus Alteingesessenen wie in- und ausländischen Zugewanderten, aus Erfahrungen der Blüte und des Niedergangs mag mit zu der Wahrnehmung beitragen, dass die Lukasgemeinde in einem Stadtteil liegt, in dem das Zusammenleben funktioniert. Dies drückt sich einerseits in der einfachen Wahrnehmung aus, dass »der Stadtbewohner das [gemeint ist die ethnische Diversität, d. Verf.] kaum noch so wahrnimmt« (LK7:9; ähnlich LK6:6). Eine grundsätzliche Offenheit kommt auch zum Ausdruck im Umgang mit der Unterbringung Geflüchteter. So wird beispielsweise geschildert, dass man beim

Gang über die zentrale Einkaufsstraße des Stadtteils, gar nicht mehr wahrnähme, wer denn als Geflüchteter hier lebe (LK8:15), und eine Lokalpolitikerin hebt ausdrücklich hervor, dass in einem angrenzenden Bezirk des gleichen Stadtteils bei einer Versammlung aus Anlass der Unterbringung Geflüchteter die Stimmung deutlich konfrontativer gewesen sei (LK5:11). Dagegen fanden sich bei der Versammlung, die durch die Initiativen vor Ort, also im Gebiet der Kirchengemeinde, organisiert wurde, unter Beteiligung politischer Verteter, direkt mehrere Hundert Personen, die sich auf Listen zur Unterstützung eintrugen, woraus sich das stadtteileigene Netzwerk mit Geflüchteten entwickelte (LK8:55; LK5:11; LK9:18; LK6:20). In den Gesprächen wird erwähnt, dass nicht alle Bewohner den Zuzug begrüßen (LK9:26) und dass es durchaus unterschiedliche Traditionen je nach Herkunftsland gibt (LK3:45). Aber im Grundsatz akzeptiere man sich.

Unterstützt wird das Zusammenleben außerdem durch die Infrastruktur, beispielsweise durch den regelmäßig tagenden Vereinsring, in dem auch Migrantengemeinden organisiert sind; durch den Gewerbeverein, der alljährlich das Straßenfest organisiert, bei dem sich nicht nur die Gewerbetreibenden, sondern auch religiöse Gemeinden, Vereine, Initiativen etc. beteiligen; durch die Schulen, in denen alle zusammenkommen und man sich so einfach kennenlernt (LK6:6); durch Faschings- und Martinsumzüge, organisisert von den freien Trägern, an denen Eltern und Kinder ganz unterschiedlichen Hintergrunds teilnehmen.

> *»[H]ier hat man [...] das Gefühl, es ist alles relativ harmonisch, obgleich unterschiedlich. Also es gibt sehr viele Unterschiede unter den Leuten, aber es ist nicht aggressiv. [...] das ist eigentlich so das, was es auszeichnet, [...], den Stadtteil. [ ] Man muss jetzt gar nicht so wahnsinnig viel miteinander machen. Spätestens auf der Schule sind die Kinder dann zusammen, wobei ich auch nicht sagen würde, dass das dann sofort alles toll ineinanderfließt [...]. Aber es gibt so ein gutes Miteinander ...«* LK6:6

»Identitätswandel« und »Gentrifizierungsdruck«

Wie lange diese Struktur noch trägt, ist nicht ausgemacht. Wie andere Innenstädte auch, erlebt der Stadtteil einen starken Anstieg der Immobilienpreise und damit einhergehend tendenziell die Verdrängung alteingessener Bevölkerung (LK3:49; LK3:53; LK7:7; LK5:41; LK6:4; LK9:22).

> *»[D]er Prozess, der am stärksten und auch, wie ich finde, am schwierigsten ist, ist die Gentrifizierung, dass eben auch neue Mieter nur noch einziehen können, wenn sie wirklich sehr hohe Mieten zahlen. [...] Wir sind [ein] ganz attraktiver, city-naher Stadtteil, mit viel Grün [...], sehr attraktiv, aber eben auch immer teurer.«* LK2:26

Aus den Beschreibungen der Interviewpartner geht hervor, dass kaum geförderter Wohnungsbau erfolgt und dass die städtische Wohnungsbaugesellschaft genau wie private Wohnungseigner die Möglichkeiten des Mietspiegel voll ausschöpft – eine Situation, die die Gründung des Stadtteilbüros zur Folge hatte (s.o.) (LK3:53; LK6:4).

Die Sorge um die Folgen der Entwicklung im Immobilienmarkt ist ein Aspekt, der von den Gesprächspartnern unter dem Stichwort »Identitätswandel« gefasst wird, zusammen mit der Herausforderung, die sich aus dem Wegzug von Teilen der Universität und der Neugestaltung des Campusgeländes ergibt (LK9:23). Aus der Bevölkerung heraus entwickelten sich einige Initiativen, die Konzepte für Wohnprojekte erarbeiteten, dann aber im Bieterwettbewerb mit Großinvestoren um den Erwerb von Gebäuden den Kürzeren zogen. »Wo die Stadt praktisch in letzter Minute so das Stoppschild hinhielt und gesagt hat: ›Was? Ihr habt die acht Millionen noch nicht zusammen? Wieso denn nicht?‹« (LK6:4; ähnlich LK9:18)

Das Stadtteilbüro sowie das Haus der Kulturen, die man in diesem Themenfeld als zentrale Akteure im Stadtteil beschreiben kann, haben sich über die Jahre viel Anerkennung erarbeitet, so dass sie inzwischen mit Unterstützung nahezu aller Parteien öffentliche Fördermittel erhalten – die Entwicklung um die Wohnprojekte ist also noch im Fluss.

4.4.2 DIE KIRCHENGEMEINDE: EINE GEMEINDE MIT PROFIL UND UNAUFDRINGLICHER OFFENHEIT

Fusion und Veränderung
Die Lukasgemeinde ging aus der Fusion zweier Gemeinden im Jahr 1997 hervor. Die erste dieser beiden ehemaligen Gemeinden liegt zwar deutlich näher am geographischen Zentrum des Gemeindegebietes, aufgrund baulicher Gegebenheit entschied man sich jedoch für die andere Gemeinde als zukünftigen gemeinsamen Standort.[32] Wenn auch eher am Rande des Gemeindegebietes gelegen, eignete sie sich besser, den offenen Charakter der Kirchengemeinde herauszustreichen. Direkt am Pfarramtsplatz, ein wenig erhöht, ist die Kirche gut sichtbar und von mehreren Seiten zugänglich. Das 2003 neu errichtete Gemeindehaus unterstreicht diesen Eindruck durch die sehr offene Bauweise mit großen Fenstern und breiten barrierefreien Eingängen zu zwei Seiten des Gebäudes.

»Rein von dem Standort und der Räumlichkeit und der Anlage, wenn Sie die sehen, ist es dem Stadtteil zugewandt. Also wenn Sie jetzt hier zum [...]Platz zum Beispiel rausschauen, das war, früher war da ein großer Zaun davor, ein großes Tor [...] Das war halt immer abgeschlossen, war nur sonntags offen oder eben zu Zeiten, in denen das Gemeindebüro offen hat. Dann haben wir uns [...] im Kirchenvorstand viele Gedanken dahingehend gemacht, dass wir gesagt haben: ›Wie können wir dokumentieren, dass die Kirchengemeinde, die evangelische Kirchengemeinde im Stadtteil zugewandt und offen ist?‹ Ich denke, das ist rein so von der Architektur gut gelungen. [...] Das war uns auch wichtig, dass Menschen, die hier im Stadtteil leben, Kirche als eine offene, aber in ihren Standpunkten nach klare Einrichtung erleben.« LK3:7

---

[32]   Der dadurch gemeindlich nicht mehr genutzte zweite Standort wurde infolgedessen ausgebaut zu einem Fortbildungs- und Beratungszentrum für alle Fragen um das Arbeitsfeld Verkündigung.

TABELLE 10 **Lukasgemeinde**

Zahlen & Fakten 2015	
Gemeindemitglieder	4.603
Anteil Gemeindemitglieder in der Bevölkerung (%)	18,4
Standorte	1
Pfarrer	2
Kindergärten	2
Weitere Hauptamtliche	Gemeindesekretärin, zwei 50%-Kirchenmusiker, Hausmeister

Das Pfarrerehepaar, das die Fusion begleitete, verließ inzwischen die Gemeinde, zwei neue Pfarrpersonen wurden 2012 eingeführt. Eine weitere Veränderung war der Wechsel in der Leitung der Kirchenmusik: Sowohl die klassische Kantorei als auch die moderne Kirchenmusik ist nun mit jeweils einer halben Stelle ausgestattet. Neu gestaltet wurde auch der Gottesdienst am Heiligabend, der wegen Kirchenüberfüllung nach draußen verlegt wurde.

Im Unterschied zur Entwicklung im gesamten Stadtgebiet ist die Mitgliederentwicklung der Kirchengemeinde nur leicht rückläufig. 2012 hatte sie 4.668 Mitglieder, was bei einem Bevölkerungsstand von damals 23.977 Personen in den vier Stadtbezirken einem Anteil von 19,5% entsprach. 2015 hatte die Gemeinde noch 4.603 Mitglieder. Bei einem Bevölkerungsstand von 25.063 Personen ist dies ein Anteil von 18,4%.

Die beiden Kindergärten der früher getrennten Gemeinden blieben in der Trägerschaft der neuen, fusionierten Kirchengemeinde.

Jung, »bildungsbürgerlich«, selbstorganisiert
Die kirchlichen Interviewpartner schildern ihre Gemeinde als relativ jung.

> *»[...] wobei »Junge« immer so ein dehnbarer Begriff ist. Man freut sich ja schon, wenn so Menschen um die 40 im Gottesdienst sitzen – und davon haben wir erstaunlich viele, also viele junge Paare, viele junge Familien.«* LK1:7; *ähnlich auch* LK4:9

Diese jüngeren Menschen besuchen nicht nur die Gottesdienste, sondern kommen auch zu anderen Veranstaltungen und sind in den Chören aktiv, von denen es neben der Kantorei noch einen Gospel- und einen Posaunenchor gibt. Auch die Konfirmandenjahrgänge sind relativ stark. Von den Studierenden sieht man allerdings nicht viel:

*»Also von den Studenten nicht jetzt, ich habe das Gefühl, die erreichen … wir er-
reichen nicht allzu viele, das sind eher Ausnahmen. Vielleicht sind die dann auch
eher über die Uni organisiert, dass sie da in Hochschulgemeinden gehen.«* LK4:29

Die junge Prägung des Stadtteils spiegelt sich damit zumindest teilweise im Gemeindeleben wider. Ähnliches gilt auch für den Einfluss, den die Universität auf
den Stadtteil hat, denn auch wenn sich die Studierenden kaum in der Kirchengemeinde finden, so gilt dennoch:

*»Es gibt es schon so eine breite bildungsbürgerliche Basis, die sich auch in unserer
Gemeinde dann widerspiegelt«.* LK2:26

*»Was ich ein bisschen bedauere, ist, dass ich das Gefühl habe: Der soziale Rand
derer, die nicht so gut betucht sind, erreichen wir nicht, weil es hier auch schon so
ein bisschen was Bildungsbürgerliches … Tja, ich weiß nicht, wie ich es beschreiben soll. Ja, vielleicht schon: also auch durch die Leute, die hier arbeiten und sich
engagieren.«* LK1:25

Diese Einschätzung im Hinblick auf die sozioökonomische Spannbreite derjenigen, die die Kirche oder gemeindliche Veranstaltungen besuchen, wird nicht un-
eingeschränkt geteilt. So wird von anderen Gemeindegliedern beschrieben, dass
die Konfirmanden »aus den unterschiedlichsten Schichten« kämen (LK3:65) und
auch in den Chören, zumindest im Gospelchor, »die ganze Bandbreite vertreten«
sei (LK4:29), und auch über die Kasualien wird nach Einschätzung einiger Interviewpartner durchaus ein breiteres sozioökonomisches Spektrum erreicht. Aber
es sind doch »weit überwiegend Deutschstämmige« (LK4:33), die in der Gemeinde vertreten sind; die meisten Immigranten gehören einfach anderen religiösen
Glaubensrichtungen an, und die Tendenz geht auf jeden Fall »mit einer Tendenz,
sage ich mal vorsichtig, zu den sozial Bessergestellten.« (LK4:29)

Die Leitung der Kirchengemeinde obliegt in der Lukasgemeinde nicht nur
formal dem Kirchenvorstand, sondern dieser nimmt die Verantwortung auch
faktisch wahr.

*»Das ist hier ein großes Glück, ich glaube, es liegt aber auch am Stadtteil. Es gibt
hier eben ein großes Potenzial an Menschen, die bereit sind, solche Verantwortung zu übernehmen, [...] was jetzt sozusagen auch die wirtschaftlichen Sachen
anbelangt oder die Verantwortung für die Gebäude usw. Also auch alles [...] ginge
nicht ohne diesen KV. Also die nehmen sowohl die geistliche Leitung als auch die
Verwaltungsleitung einfach sehr ernst.«* LK1:103

»[...] es sind Menschen, denen wirklich die Gemeinde am Herzen liegt, die wirklich mitgestalten wollen, auch sehr schnell reagieren [...] Also es ist eine sehr solidarische Gemeinschaft, [...] ein solidarisches Miteinander [...], viel mehr als nur ein Arbeitsverhältnis. [...] Und dennoch kann man sich in der Sache sehr streiten. [...] Natürlich gibt es auch hier den Frust von einigen, die sehr viel arbeiten, andere machen weniger [...]. Es gibt viele Alphatiere, die sehr stark sind, sehr meinungsstark sind, und ja, das ist auch nicht so ganz einfach, sich dann auch durchzusetzen, aber es ist so eine Grundsympathie da und man trägt sich gegenseitig. [...] der Kirchenvorstand ist sehr selbstbewusst, also da will man sich auch von übergeordneten Einheiten manchmal nicht zu viel sagen lassen«. LK2:74

Das Selbstverständnis: Authentisch religiös, sich anbietend aber nicht aufdrängend
Die Lukas-Kirchengemeinde ist, in den Worten ihrer Protagonisten, »lebhaft, kontaktfreudig, feierfroh« (LK1:7), »urban, jung, sehr rege, sehr vielseitig, aktiv« (LK4:7). Ihr Selbstverständnis als Gemeinde weist dabei zugleich ein Profil auf, das stark von Gottesdiensten, (kirchen-)musikalischem Engagement und authentischer Religiosität geprägt ist. Es wird berichtet, dass »unglaublich großer Wert auf Gottesdienst gelegt werde« und die Gottesdienste stets gut besucht seien, selbst während der Ferienzeit. Eine Mitarbeiterin sagt ganz direkt: »Es ist ein Traum, hier Gottesdienst zu feiern.« Dabei werden auch neue Formate ausprobiert, wie z. B. ein Friedenslicht-Gottesdienst im Advent, Gottesdienste mit moderner Musik, sei es vom Gospelchor oder auch eingespielt vom Band. Dieser Schwerpunkt auf der Verkündigung hat eine gewisse Tradition, wurde durch die Vorgängerin im Pfarramt während der vergangenen zwanzig Jahre bereits geprägt (LK2:18).

Beispielhaft für die Öffnung der Gemeinde nach außen steht das besondere Format des Heiligabendgottesdienstes. Zunächst quasi aus der Not heraus geboren – was macht man mit einer übervollen Kirche an Heiligabend, wenn man trotz großer Sicherheitsbedenken keine Kirchgänger abweisen will – wurde ein Event mit hohem Ausstrahlungscharakter. Der Gottesdienst wurde nach draußen verlagert:

»Das ist ja ein Format, das wir entwickelt haben, und das wirklich innovativ ist. Das ist [...] schon ein Format, das sehr viele Menschen anspricht. Wenn hier 1.000 Leute an Heiligabend [...] stehen [...], die jetzt ihre Sektflaschen mitbringen und sagen: Da muss man hin, das ist ein Gottesdienstformat, das auch ein Stück, wie ich immer sage, öffentlicher Theologie ist. [...] auch mal raus aus dem Kirchengebäude, öffentlichen Platz bespielen, kirchenferne Milieus ansprechen, das ist schon toll [...]. Das ist unheimlicher Aufwand, aber ein Projekt, das sich super etabliert hat. Da ist ganz sichtbar: Das ist eine Sache, über die man spricht [...]. Wir haben da auch das, was wir gut können, Gottesdienste gestalten, verbunden mit einer innovativen Sache.« LK2:88

Die nach der Gemeindefusion architektonisch betonte Offenheit findet hier ihr Pendant in einer liturgischen Offenheit. Diese soll aber mit klaren Standpunkten einhergehen (LK3:7) – Offenheit heißt nicht Beliebigkeit. Sei es in den Kasualien, der Lebensbegleitung, der Deutung, dem Lebenssinn, »der sich füllt mit dem, woran wir glauben, was einfach ein Stück mehr ist als soziale Hilfe [...], gefüllt mit der christlichen Botschaft, dem Evangelium.« (LK1:125/127)

> *»Für mich persönlich ist es eigentlich so die Vision, die ich habe: Jeder, der in dem Stadtteil lebt, [...] der mal da war, soll eigentlich mitbekommen haben, dass hier eine Kirchengemeinde ist und dass ihm vermittelt wird durch die Begegnung, durch das, was er hört, dass er ein von Gott geliebter Mensch ist und die Freiheit hat, da auf ihn zuzugehen, weil Gott auch auf ihn zugeht und sich seiner Probleme ... ihn mit seiner Lebenssituation, mit seinen Problemen nicht allein lässt. Natürlich versucht man, dann auch mit anzupacken, wenn jemand auch Hilfe benötigt.«* LK3:27

Besonders deutlich wird dieser Anspruch in dem Bild der Gemeinde als Herberge, die noch als Vision beschrieben wird:

> *»Gemeinde als Herberge ist ein Leitbild, das es seit 15, 20 Jahren so gibt*[33], *finde ich attraktiv, weil es heißt: Wir haben offene Türen. Wir haben hier Gäste, die selber zu Gastgebern werden. Das Leitbild spricht mich an. Und wir schauen nicht, also wir prüfen nicht so sehr, ob die unserer Konfession sind, wie auch immer, sondern dass es hier einen Ort gibt, an dem sich das Leben abspielt und so. Das finde ich ein interessantes Leitbild, [...] auch in einer Herberge gibt es einen Herbergsvater und eine Herbergsmutter, die dann aufräumen oder die Zimmer wieder reparieren, wenn die Gäste weg sind. [...] da gibt es dann Menschen, die eine Verantwortung tragen oder an denen viel hängenbleibt, wenn etwas nicht so läuft. Also, aber grundsätzlich [...] finde ich das gut, weil es nicht mehr darum gehen kann, Menschen das ganze Leben zu binden, sondern Kontaktflächen zu schaffen, Berührungspunkte mit Kirche. [...] Das stelle ich mir vor. Und ich glaube, dass das für den Stadtteil oder Kirche im Stadtteil auch was austrägt.«* LK2:80

Die in diesen Interviewauszügen deutlich werdende Zurückhaltung, sich anzubieten, aber nicht aufzudrängen, durch Authentizität zu überzeugen, aber dezent, zeigt sich auch in dem Verhalten der Kirchengemeinde bei politischen Themen, die im Stadtteil virulent sind. Es wird im Hinblick auf die »Zukunft des Stadtteils« durchaus der Anspruch formuliert: »Wenn sich jetzt schon etwas verändert, wollen wir mitreden.« (LK1:15) Dabei geht es aber weniger darum, den eigenen Standpunkt durchzusetzen, als vielmehr darum, Themen diskursiv zu verarbeiten, sei es im Rahmen eines regelmäßigen Gesprächsforums, das von einem Team aus dem Kirchenvorstand veranstaltet wird, oder in größeren Diskussionsversammlungen, in denen Bürgerinitiativen Raum und Plattform für den Austausch geboten werden.

---

[33] Eine Idee, die ihren Ursprung in den Niederlanden hat. Vgl. Hauschildt & Pohl-Patalong 2013: 293-297.

> *»Ich glaube, die Gemeinde ist oft so ein Angebot, wo sich die verschiedenen Gruppierungen treffen können. Es ist gar nicht unbedingt so, dass wir versuchen – also das ist jetzt meine Einschätzung, wie ich das wahrnehme – durchzusetzen, was wir gut finden, sondern dass wir versuchen, eine Plattform zu bieten und zu sagen: Hier wäre eine Möglichkeit, zusammenzukommen und gemeinsam zu überlegen, Kräfte bündeln.«* LK1:47

Grenzen und Begrenzungen – Vorstellungen für die Zukunft

Die Lukasgemeinde ist nach dem personellen Wechsel auf beiden Pfarrstellen und in der Kirchenmusik nach wie vor in einer Phase, in der Neues probiert, Vorstellungen für die Zukunft entwickelt werden. Dabei berichten Hauptamtliche über empfundene Begrenzungen und Grenzen, aber auch über Entlastungen, die sich aufgrund der Organisation des Stadtdekanats und seiner Einrichtungen ergeben.

So wird das Anliegen betont, stärker auf die konkrete Umwelt zu reagieren: »Wir müssten noch stärker in der Gemeindearbeit abbilden, in welchem Stadtteil wir sind. Bei manchen Formaten sage ich manchmal: ›Die könnten auch in jedem anderen Ort stattfinden‹, da müssten wir noch ein bisschen mehr das abbilden, was in [...] passiert und wie der Stadtteil zusammengesetzt ist.« (LK2:28) Dies geschieht konkret in der Vernetzung vor Ort und in spezifischen Angebotsformaten (s.u.), sollte sich aber nach Ansicht des Interviewpartners auch oder vielleicht gerade darin ausdrücken, dass die spezifische Sozialstruktur des Stadtteils berücksichtigt wird, insbesondere die Fluktuation in der Einwohnerschaft, was mit der Vorstellung der Gemeinde als Herberge korrespondiert.

> *»Welche Leute tauchen bei uns manchmal auf, [...] die wir noch anders binden können? Zum Beispiel Leute, die [...] zuziehen, und die also hier eine Heimat, Heimat auf Zeit finden wollen, dass wir da noch mal genauer hinschauen und einfach auch mal reflektieren: Was, wollen die was von der Kirchengemeinde? Können wir denen was bieten[...]? Also da den Menschen sozusagen zu zeigen: Es gibt hier auch diesen kirchlichen Ort, der für euch interessant sein könnte, wenn ihr eine Zeitlang in [...] lebt. [...] für dieses Zeitfenster oder diese Etappe könnte die Kirchengemeinde etwas bieten oder können wir einladen [...].«* LK2:42

Auch in der Kinder- und Jugendarbeit wünschen sich Hauptamtliche ein stärkeres Engagement, spüren aber, dass dies zeitlich nicht zu leisten ist, nicht mit allen Einrichtungen Kontakt aufgenommen, gehalten oder ausgebaut werden kann.

Im diakonischen Bereich, der in der Lukasgemeinde in Zusammenarbeit mit der katholischen und der altkatholischen Gemeinde mit dem Obdachlosenfrühstück ein Institut gefunden hat (vgl. unten 4.4.4), sind die Vernetzung mit den entsprechenden Einrichtungen oder auch mit einzelnen Personen des Stadtdekanats oder auch der Stadt sowie die persönlichen Beziehungen besonders wichtig.

»Es gibt ja Beratungsstellen von der Kirche in der Stadt. Also was soll ich hier eine Arbeit oder eine Beratung anbieten, die das Zentrum am [Adresse anonymisiert] viel, viel besser kann als ich, weil da die Leute sitzen, die davon Ahnung haben? [...] Wo ich weiß: Da kann ich die Leute hinschicken oder da kann ich Hilfe oder eine Beratung besorgen, die wirklich gut ist, wo ich nicht etwas leisten muss, was ich eigentlich nicht kann.« LK1:115/119

4.4.3 Fremdwahrnehmung: Unterstützend, aber da könnte noch mehr sein

Die Experten aus Lokalpolitik und Zivilgesellschaft, die sich zur Rolle der Lukas-Kirchengemeinde im Sozialraum äußern, gehören nicht zu den regelmäßigen Kirchgängern, und nur eine Person erwähnt, selbst Mitglied der Gemeinde zu sein, dabei aber nicht aktiv und auch eher selten im Gottesdienst. Umso bemerkenswerter ist es, dass sich Selbst- und Fremdwahrnehmung in zwei zentralen Punkten decken: Die Kirchengemeinde als Plattform für und Moderatorin von Diskussionen über Themen, die den Stadtteil bewegen (LK5:41; LK7:5; LK9:154; LK6:20), und die Glaubensdimension, die ihrem Handeln zugrunde liegt (LK6:46, 48; LK9:159/163). Dies wird besonders an zwei Themen illustriert, der Diskussion um die Zukunft des Stadtteils sowie an dem Umgang mit der Unterbringung Geflüchteter vor Ort; beides Themen, die Fragen von Identität, Gentrifizierung und Zusammenleben berühren.

Erste Diskussionen um die Zukunft des Stadtteils in einem Zusammenschluss Aktiver in einem »Forum« wurden bereits vor über einer Dekade unter Beteiligung und auch in den Räumen der evangelischen Kirchengemeinde durchgeführt, initiiert von einer Bürgerinitiative, aus der später das Stadtteilbüro hervorging, das von allen Gesprächspartnern als zentrale Institution im Stadtteil genannt wird. Einer der Hauptprotagonisten des Büros kommt immer wieder auf die Unterstützung zurück, die die Initiative von der Kirchengemeinde erfahren hat, sei es durch die Veranstaltungen in den Räumen der Gemeinde, sei es durch die Teilnahme an offiziellen Gesprächen oder einfach durch die Multiplikatorenfunktion, die eine Kirchengemeinde erfüllen kann. Besonders hervorgehoben wird jedoch, dass der Rückhalt durch die Gemeinde für das Stadtteilbüro bei seiner Gründung durchaus bedeutsam war:

»... wir versprechen euch, wir machen mit, versuchen Spenden zu bekommen [...] Für mich jetzt mal persönlich war das [...] einfach sehr ermutigend. Weil das war halt schon ein großer Sprung. Für uns, wir haben alle unser privates Geld genommen, um die Kaution zu bezahlen. Wir hatten nichts, ne? Wir haben gesagt, wir machen das Büro jetzt auf, wir hatten gar nichts. Keine Tische, keine Stühle, nichts, ne? [...] Und da war das so dieser Rückhalt, dass die gesagt haben: ›Das ist super, macht!‹ War wichtig. Die haben auch schon mal von der Kanzel aus zu Veranstaltungen von uns aufgerufen. Dann haben wir ja später viele Veranstaltungen mit der Kirche gemacht.« LK6:18

Der personelle Wechsel hat an dem Verhältnis nichts geändert, zumal neue Pfarrer von sich aus das Büro kontaktieren (LK6:24) und es mit allen religiösen Gemeinschaften Beziehungen gibt, wobei der Kontakt von den Religionsgemeinschaften[34] gesucht würde und diese so, nach Einschätzung des Stadtteilbüros, »durch eine glaubensneutrale Instanz« auch gut in Kontakt miteinander kommen (LK6:24).

Ähnliches wird geschildert im Hinblick auf verschiedene Aktionen zur Unterstützung von Initiativen, die mit der Unterbringung Geflüchteter befasst sind. Initiiert wurde das Netzwerk des Stadtteils zum Thema Geflüchtete nach einhelliger Aussage der Gesprächspartner durch ein Mitglied der katholischen Gemeinde und das Stadtteilbüro. Die evangelische Gemeinde wurde jedoch sehr schnell ein Teil davon, nahm selbst zweimal Personen im Kirchenasyl auf und war wiederum in Diskussionsforen, Multiplikatorenfunktion, ideeller und materieller Unterstützung wichtig. Eine Protagonistin aus der Politik schildert in diesem Zusammenhang eine Situation, bei der es um Unterstützung für ehrenamtliche Lehrkräfte für die Deutschkurse geht:

> »Und ich hatte hier dann [...] auch Kontakt und habe gesagt: Wissen Sie, was diese Initiative braucht? Die brauchen einfach mal ein bisschen Geld, um die Lehrer, die das ja ehrenamtlich auch gemacht haben, zu unterstützen. Und da hat [...] gesagt: Ja, kommen Sie doch mal, dann machen wir eine Kollekte, [...] und es wäre doch schön, wenn Sie das dann vorstellen. [...], und das war für mich eigentlich auch so ein Zeichen für Offenheit, dass [...] sagen: Ja, da können Sie das vorstellen [während des Gottesdienstes, d. Verf.]. Und da sind die Leute sicher bereit, auch was zu geben.« LK5:41

Ganz konkrete Förderung gibt es auch bei anderen Veranstaltungen wie dem Willkommensfest für Geflüchtete, dem Sonntagscafé u. Ä. Erwähnt wird in diesem Zusammenhang besonders die Erfahrung mit der Organisation von Großveranstaltungen und die Verfügbarkeit der entsprechenden Ausstattung:

> »Die haben ja ihre Routinen, die sie sich auch erworben haben bei anderen Aktivitäten, wie zum Beispiel bei diesen Obdachlosen-Geschichten. Dass die dann von der Kanzel: Wir brauchen noch 30 Kuchen, macht mal. Und da und da hinbringen. Und dann haben die alles schon so unter Kontrolle und fahren dann an, mit mehreren Autos. Das fand ich einfach, das war genial.« LK6:20

Deutlich wird in diesen Schilderungen, dass die Kirchengemeinde die jeweiligen Aktivitäten nicht initiiert, aktiv einleitet, aber in Situationen, in denen ihre Unterstützung gefragt ist (z. B. Stadtteilbüro, Willkommensfest, Sprachlehrkräfte), nicht nur symbolisch Hilfe leistet, sondern in den ihr eigenen Formen Initiative entfaltet. Dies wird auch von den Gesprächspartnern so gesehen. Aus dem Stadtteilbüro heißt es z. B., dass man immer froh sei, wenn jemand aus der Gemeinde

---

[34]   Aufgezählt werden christliche Gemeinschaften.

die Moderation bei Großveranstaltungen übernehme, da seien sie einfach »begnadet« (LK6:48). Der Glaube wird als wichtiger Impulsgeber gesehen und dies nicht beschränkt auf die evangelische Lukas-Kirchengemeinde, sondern als generelles Merkmal der Kirchen, das von Fall zu Fall unterschiedlich ausgeprägt sein mag. Der Glaube als »wesentliche Säule«, das Engagement als Versuch, den Glauben zu leben.

> *»Ich denke, der Glaube ist das oberste Prinzip [...] und das andere ist letztendlich die Konsequenz des Glaubens. Die Kirchen [im Stadtteil, d. Verf.] waren auch schon an anderen Punkten massivst aktiv, was weiß ich, in der Obdachlosenarbeit, in diesen offenen Tafeln – also vielleicht nicht so super brennend sichtbar, aber eben aktiv! So ein Stück versuchend ihr Christentum auch irgendwie über ihre Kirchen hinaus oder über das Gebäude und die Gemeinde hinaus einfach lebhaft zu machen.«* LK9:163

Dem Anspruch der Gemeinde, entsprechend stärker abzubilden, was im Stadtteil vor sich geht, auch unter Bezug auf die spezifische Sozialstruktur, entspricht die Wahrnehmung von außen über die kirchengemeindliche Kompetenz in der Gemeinwesenarbeit.

> *»Also, dass die Systeme haben, wo ich den Eindruck habe, dass Leute auch aufgefangen werden und eine Stabilität da ist, die es sonst überhaupt nicht gibt. Also dieses Mitfühlen, dieses Bedingungslose, also nicht hinterfragen, ist der jetzt auch fromm oder sonst was. Oder auch dieses Mitgefühl zu haben [...].«* LK5:44

Personen, die selbst besonders aktiv sind, z. B. in der Arbeit mit Geflüchteten, meinen allerdings, dass noch mehr konkrete Hilfe von der Kirchengemeinde angeboten werden sollte, z. B. in der Frage von Wohnraum und finanzieller Unterstützung, schließlich würden die Kirchen doch über ausreichend Ressourcen verfügen.

4.4.4 ANGEBOTE: GOTTESDIENST – IN KIRCHE, MUSIK UND WOHLFAHRT

In den Schwerpunkten der Kirchengemeinde spiegelt sich das Selbstverständnis der Gemeinde wider. Als Schwerpunkte lassen sich ganz deutlich Verkündigung, (Kirchen)Musik und Diakonie identifizieren, wobei Letztere überwiegend in der Arbeit mit und für Kinder und Senioren besteht sowie in dem ökumenischen Projekt der Obdachlosenspeisung.

Die Gottesdienste als Zentrum der Verkündigung werden in der Lukaskirche augenscheinlich gut besucht: Die Kirchenstatistik für das Jahr 2015 weist im Durchschnitt 103 Besucher bei den Sonntagsgottesdiensten aus. Parallel zu den Sonntagsgottesdiensten für die Erwachsenen findet jeweils ein Gottesdienst für Kinder ab vier Jahren statt, und ungefähr einmal im Quartal wird auch in den Kindergärten der Kirchengemeinde ein Gottesdienst angeboten. Eine der beiden Pfarrpersonen hält darüber hinaus regelmäßig Gottesdienste in zwei Altenheimen, von denen eines in freier, das andere in katholischer Trägerschaft ist.

Zu den üblichen 52 Sonntagsgottesdiensten plus Gottesdiensten an Feiertagen kommen so noch einmal rund 40 Gottesdienste in Kindergärten und Altenheimen im Jahr. Die neuen Gottesdienstformen wurden bereits erwähnt, Taufen werden nicht nur im Gottesdienst, sondern auch danach noch gefeiert.

> *»Es hat sich so ein bisschen etabliert, dass nach Taufgottesdiensten die Taufeltern gemeinsam die ganze Gottesdienstgemeinde zu einem Sektempfang einladen. Dann versuchen wir, das möglich zu machen, indem wir sagen: ›Okay, ihr bringt den Sekt und den Orangensaft oder keine Ahnung was, und wir sorgen für die Logistik.‹, weil das einfach schön ist. [...] es ist eine schöne Atmosphäre zu sagen: ›Wir haben hier ein neues Gemeindemitglied, das möchten wir auch feiern, indem alle auch nach dem Gottesdienst noch teilhaben.‹»* LK1:9

Ein weiteres festes theologisches Angebot ist der offene Bibelgesprächskreis, der unter Leitung eines langjährigen Mitglieds des Kirchenvorstandes im 14-tägigen Rhythmus stattfindet. In eher lockerer Folge finden darüber hinaus Gesprächs-runden zu einzelnen Glaubensthemen statt, deren Termine auf der Internetseite, im Gemeindebrief und Newsletter angekündigt werden. Relativ neu hat sich auch ein Hauskreis zusammengefunden.

Am stärksten in der Außenwahrnehmung ist zweifellos das musikalische Angebot (LK3:31; LK4:59; LK1:167; LK2:16). Gleich zwei Kirchenmusiker, jeweils in Teilzeit, betreuen die Konzertreihe sowie die drei Musikgruppen, die je nach in-dividuellem Gesangvermögen und musikalischer Erfahrung Möglichkeiten zum Mitmachen bieten und sehr unterschiedlich in die Gestaltung von Gottesdiensten, Gemeindefesten und Konzerten eingebunden sind. Die Kantorei »führt nicht nur christliche Werke auf, also es geht von Jazz bis Bach, über Carmina Burana [...] und solche Sachen. Das zieht viele Menschen an. Ich persönlich denke an einen Mann, der zu mir gesagt hat, er hat durch die Kirchenmusik wieder Zugang zu Gott gefunden.« (LK3:35) Auf der Internetseite der Kirchengemeinde können Interessierte sich das Jahresprogramm der Konzertreihe herunterladen, das für das Jahr 2016 mehr als ein Dutzend hochkarätige Konzerte unterschiedlicher Stil-richtungen umfasst, darunter auch Veranstaltungen mit »externen« Musikern.

Die Kirchenmusik, auch wenn sie mit der Vielzahl an Chören Menschen mit unterschiedlichen Zugängen eine Teilnahme und Teilhabe ermöglicht, wird am ehesten als »elitär« empfunden – wenn dies auch in den Interviews nur einmal erwähnt wurde, dafür gleich in zweifacher Hinsicht. Zum einen als Prüfung, ob man denn als Sänger den Anforderungen genüge, zum anderen, dass die finan-zielle Hürde für den Besuch der Konzerte exkludierend wirke.

> *»Ich bin für Professionalisierung, aber ich gehe nicht in einen Kirchenchor, um mich prüfen zu lassen, wobei, ich weiß, ich war jetzt nicht persönlich betroffen [...] Das war einer der wenigen unangenehmen Seiten, [...] das stört mich eigentlich auch, die machen jetzt sehr viele Konzerte [...], dass die eigentlich teuer sind, finde ich.*

*Und auch, auch die ermäßigten Preise, finde ich, auch nicht besonders günstig,
weil wenn jemand jetzt wirklich von Grundsicherung oder Hartz IV lebt, wird der
nicht acht Euro ausgeben können. Und das finde ich eigentlich auch nicht okay.
Was soll das? In dieser Stadt gibt es genug teure Konzerte. [...] das plakatieren die
immer auch, [...] wo ich dann denke: Muss diese Art von Anpassung sein? Warum?
Haben die das denn nötig oder was ist da los, ja?«* LK6:48

Der Hang zum »bildungsbürgerlichen Touch« (LK6:82) wird auch innerhalb der
Gemeinde durchaus erkannt, was z. B. dazu führte, eine Veranstaltungsreihe, die
unter dem Titel »Salon am Pfarramtsplatz« lief, umzubenennen in »Pfarramtsplatz Gespräche«. Hierbei handelt es sich um ein Format, in dem in lockerer Folge
Themen, die die Menschen bewegen, aufgegriffen, durch Referenten vorgestellt
und dann diskutiert werden. Es ist also ein betont offenes Format. Unter diesen
Typus von Angebot fallen auch die Filmabende, die, wie auch die Pfarramtsplatz
Gespräche, von einem Team aus dem Kirchenvorstand geplant und durchgeführt
werden. Weitere in den Stadtteil hineinreichende »Teams« des Kirchenvorstandes
sind eines, das sich im Bereich der Kooperation zwischen der Kirchengemeinde
und anderen Initiativen engagiert, und ein weiteres, das mit anderen Initiativen
und Einrichtungen der Flüchtlingsarbeit in Kontakt steht. Hier, wie auch in der
Wohnsitzlosenarbeit, bestehen ökumenische Kooperationen.

Neben der Kirchenmusik wird das spezielle Angebot für Obdachlose nicht
nur von den Interviewpartnern aus der Gemeinde, sondern auch von den externen
Experten öfter erwähnt. Es handelt sich hierbei um ein ökumenisches Projekt,
das seit ca. 30 Jahren besteht: »Armenspeisung« als Mittagstisch während des
Winters einmal monatlich, ein Café im 14-tägigen Rhythmus.

*»Jede Gemeinde, es sind drei Gemeinden, die sich daran beteiligen, stellt [...] für
ein Jahr ihre Räume zur Verfügung [...]. Und das sind nicht nur Obdachlose, es
sind einfach auch wirklich arme Leute. [...] Unser Bestreben ist es, auch Gemeinde
mit einzuholen. Also die Konfis zum Beispiel haben immer einen Projekttag in der
Armenspeisung, einfach [...], damit die das sehen, aber auch damit die Menschen,
die als Gäste dahin kommen, [...] die werden bedient, ganz normal wie in einem
Café, also sie sitzen an Tischen usw., dass die auch einen Kontakt kriegen zu denen,
die hier sind. Das ist immer ein wundervoller Tag, [...] weil das auch zwei Gruppen
sind, die sonst wenig Berührungsfläche haben, und das tut allen gut.«* LK1:47

Aus dem Projekt ist auch eine Kleiderkammer hervorgegangen.

Weit in den Stadtteil hinein reichen auch die verschiedenen Angebote in der
Arbeit mit Kindern. Zum einen sind dies die beiden Kindergärten, eine wöchent-
lich stattfindende Kreativwerkstatt für Kinder im Schulalter, ein Kinderfest zu
Ferienbeginn und, wiederum in ökumenischer Kooperation, Ferienspiele für
Schulkinder im Alter von sieben bis zwölf Jahren. Kooperationen gibt es darüber
hinaus zu dem Zentrum der Arbeit mit Kindern im Stadtteil sowie mit einer

Kinderbuchhandlung, die mitunter Lesungen in den Räumen der Gemeinde durchführt.

Die Offenheit der Kirchengemeinde macht sich auch daran fest, dass die Gemeinde Gruppen und Initiativen auf Anfrage Räume zur Verfügung stellt. Hierbei ist sie dennoch durchaus zurückhaltend, schaut sich genau an, wer denn Räume haben möchte, zumal es mehr Anfragen gibt, als Möglichkeiten, diese zu bedienen: »Wir schauen uns sehr genau an, wer möchte bei uns Räume nutzen. Wenn es möglich ist, dann versuchen wir, die nutzen zu lassen. Aber das ist, finde ich, auch ein Dienst an der Gesellschaft.« (LK2:32) Neben der Möglichkeit der dauerhaften, regelmäßigen Nutzung werden Räume anlassbezogen zur Verfügung gestellt, etwa für Informationsveranstaltungen. »Dann muss man natürlich immer genau schauen, in welcher Rolle und Funktion sind wir da dabei. Sind wir Mitveranstalterin, stellen wir nur die Räume, sind wir personell stark vertreten, sodass wir moderieren oder sogar ein Eigeninteresse vertreten?« (LK2:34) Neben den bereits erwähnten Veranstaltungen zur Zukunft des Stadtteils und Fragen der Unterbringung von Geflüchteten bzw. Asylpolitik (auch Kirchenasyl) gibt es auch kleinere Projekte, deren Initiatoren offene Türen finden, wie etwa eine Initiative zum Urban Gardening auf dem Pfarramtsplatz. Das eine spielt sich vor der Tür ab, das andere betrifft den ganzen Stadtteil, und die Kirchengemeinde hat den Anspruch, sich einzubringen. »Da haben sich viele Verknüpfungen zwischen Gemeinde und Stadtteilinitiativen [...] ergeben. Auch da ist es so, dass hier die Kirche [...] zur Verfügung stand als Ort, um sich zu treffen und um gemeinsam zu überlegen, wie geht man das hier im Stadtteil gut an« (LK1:61).

Die klassischen Seniorennachmittage, wie man sie aus nahezu jeder Kirchengemeinde kennt, sind in der Lukasgemeinde thematisch gestaltet, mit Vorträgen zu ausgewählten Themen bei Kaffee, Kuchen und geselligem Beisammensein.

Veränderungsbedarf in der Angebotsstruktur sieht man in der Gemeinde noch im Bereich der Jugendarbeit, in der Kooperation mit den Altenheimen und ganz besonders in der Ausweitung der christlichen Ökumene in eine interreligiöse Kooperation.

4.4.5 Vernetzung: Auf Zuruf und dennoch stabil

Dem Selbstverständnis und der Angebotsstruktur entsprechend geben die Interviewpartner der Lukas-Kirchengemeinde in erster Linie kirchliche Einrichtungen und Personen überwiegend in der eigenen Gemeinde als sehr wichtige und stabile Kontakte für ihre Arbeit an. Mit Schwerpunkten in Verkündigung und Kirchenmusik kommen weitere Einrichtungen der evangelischen Kirche in der Stadt dazu, wie das Fortbildungs- und Beratungszentrum zu Fragen von Predigt und Verkündigung, das ja sogar im Gemeindegebiet liegt.

Stabil und mit regelmäßigen Veranstaltungen präsent ist die ökumenische Zusammenarbeit mit der katholischen und der altkatholischen Gemeinde. Sowohl in der Obdachlosenarbeit mit »Armenspeisung« und Café als auch beim regelmäßigen Neujahrsempfang, bei den Ferienspielen für Jugendliche und bei Gemeindefesten. Für die darüber hinaus gehende diakonische Arbeit als Einzelfallarbeit und Beratung gibt es enge Beziehungen zu den entsprechenden Einrichtungen des Stadtdekanats und der Bahnhofsmission.

Nichtsdestoweniger wird das Stadtteilbüro in verschiedenen Kontexten erwähnt. Es ist eine Art Kristallisationspunkt im Stadtteil, von dem aus zentrale Themen stets wieder angestoßen und Kräfte gebündelt werden. »Nicht, dass wir jetzt irgendwie ununterbrochen etwas mit denen machen würden, aber der Austausch mit denen hält uns auch unheimlich auf dem Laufenden, was jetzt gerade im Stadtteil so los ist oder abgeht.« (LK1:91) Das Engagement im Bereich Flüchtlinge und Asyl nahm auch hier seinen Ausgang – in Zusammenarbeit mit der katholischen Gemeinde, d. h. es waren zwei Frauen jeweils aus einer Einrichtung. »... aber als dann gesagt wurde, es soll ein Netzwerk geben und einen Koordinierungskreis, da waren wir dann auch sehr schnell dabei.« (LK2:16) »[...] jetzt mit dem Flüchtlingsnetzwerk, da war es mir schon wichtig, [...] uns ins Spiel zu bringen.« (LK2:35) »[W]ir [sind] in diesem Netzwerk [...]. seit sich das gegründet hat, halt sehr aktiv und eben auch schauen: Wie können wir Ehrenamtlichen es ermöglichen, in der Flüchtlingsarbeit aktiv zu sein?« (LK2:14)

Umgekehrt wird die Kirchengemeinde auch von den externen Experten nicht als zentrale Kooperationspartnerin benannt – aber dennoch als eine themenspezifisch sehr wichtige. Als besonders treffend mag hierfür die Äußerung einer Stadtteilaktivistin stehen, in der das Selbstverständnis und auch die Fremdwahrnehmung der Gemeinde als religiöse Einrichtung, als Herberge, als durchaus gemeinwesenorientiert, aber unaufdringlich, auf den Punkt gebracht wird:

> *»Die haben doch ihr Hauptaktionsfeld. Die Kirchen – deren Hauptanliegen ist es doch nicht, mit uns irgendwie ein offenes Haus der Kulturen zu gestalten. Aber dass sie dieses Haus vielleicht partiell mal mit bespielen können: wunderbar! So wie sie es jetzt auch tun.«* LK9:113

Ähnlich in den Worten eines Lokalpolitikers:

> *»Also ich nehme die Kirche wahr, wahrlich in klassisch kirchlichen Angelegenheiten, aber das was zivilgesellschaftlich geht, da [...] tritt sie kaum in Erscheinung. Also, ja, immer ein bisschen mit. Also, wenn wir das Engagement in der Flüchtlingsbetreuung ansehen, da ist die Kirche immer mit dabei. Aber so richtig als tragende Kraft in Erscheinung, habe ich die da wenig wahrgenommen. Jedenfalls nicht treibend, sondern immer nur als Teil dessen. Und das zieht sich eigentlich komplex durch alle Themen durch [...].«* LK7:5

Ähnlich wie in der diakonischen Arbeit scheint für das eher politisch orientierte zivilgesellschaftliche Engagement zu gelten: Warum sollen wir etwas tun, was andere viel besser können? Wir bringen das ein, was unser Spezifikum ist. Geleitet wird diese Haltung offenbar von einem zutiefst religiösen Verständnis. Auf die Frage nach dem, was nach Ansicht der Interviewpartner die Funktion der Kirche in einem Stadtteil sei, welche Aufgaben sie für die Menschen in ihrem Umfeld wahrnehmen sollte, kann beispielhaft eine Äußerung stehen:

> »Also wir können das anbieten, wofür wir stehen. Wir können sozusagen ein An-
> gebot machen oder ein Angebot in den Stadtteil reintragen, das nur wir anbieten
> können, das ist für mich mehr als soziales Engagement, sondern es ist ein Angebot,
> Leben zu deuten, auch. Ja. Also Lebensbegleitung und Lebenssinn, das klingt jetzt
> gleich wieder so hochtrabend, der sich mit dem füllt, woran wir glauben, was ein-
> fach ein Stück mehr ist als nur soziale Hilfe. [...] ich finde ja, dass die Kasualien
> immer wichtiger werden, dass da so Berührungspunkte sind, wo ich merke: Das ist
> etwas, was wirklich nur wir im Gepäck haben, was punktuell dann auch eine große
> Wirkung entfaltet [...].« LK1:125

Bei all dieser Zurückhaltung gilt die Gemeinde aber als stabile und verlässliche Partnerin für andere zivilgesellschaftliche Akteure.

ABBILDUNG 11 **Zivilgesellschaftliches Netzwerk der Lukasgemeinde**

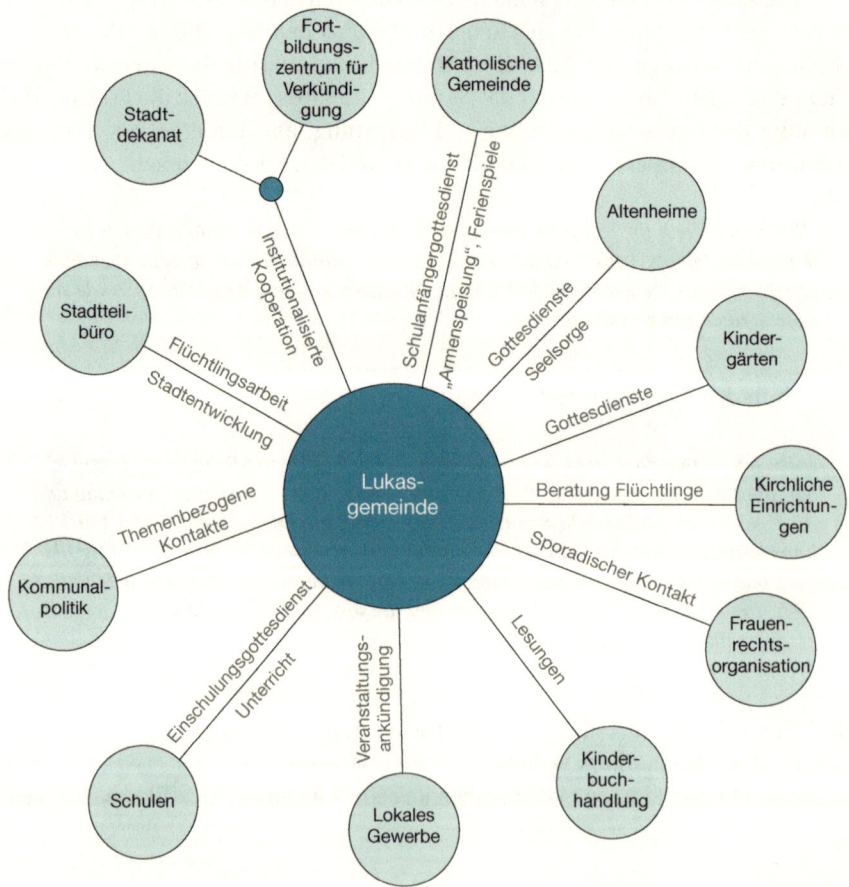

4.4.6 Zwischenfazit: Moderation statt Intervention

Die Lukasgemeinde hat ein ausgesprochen ausgeprägtes *religiös-kulturelles Profil*. Dies resultiert einerseits aus dem *Schwerpunkt Kirchenmusik*, und andererseits aus dem *Schwerpunkt Gottesdienste und Verkündigung*. Die Gemeinde versucht durch vielfältige und auch innovative Gottesdienstformate möglichst viele Menschen anzusprechen. Die Gemeinde möchte ein Ort sein, an dem spirituell Suchende Antworten finden können. Das religiöse Profil spiegelt sich auch in der Vernetzung der Gemeinde wider. So gibt es besonders gute Kontakte im Bereich der *Ökumene* zu den katholischen Nachbargemeinden; zu anderen Religionsgemeinschaften bestehen aufgrund unterschiedlicher Gegebenheiten noch keine Beziehungen. Starke Zusammenarbeit gibt es mit dem Fortbildungszentrum für Gottesdienst und Verkündigung. Wichtig, wenn auch weniger intensiv, ist der Kontakt zu Schulen und Altersheimen im Stadtteil, bei denen sich die Gemeinde auf ihre religiöse Kompetenz beschränkt.

Das Selbstverständnis der Gemeinde für das eigene Wirken im Sozialraum könnte man am ehesten als eine *Moderationsrolle* beschreiben. Zwar ist die Gemeinde auch aktiv mit einigen Angeboten im Sozialraum beteiligt (Flüchtlingsnetzwerk, Obdachlosenhilfe) oder brachte sich in der Vergangenheit in verschiedenen zivilgesellschaftlichen Debatten ein (Urban Gardening, Forum zur Stadtentwicklung), allerdings kam die Initiative eher *von außen*. Die Gemeinde scheint stärker auf das zu reagieren, was in ihrer Umwelt passiert, als dass sie den Anspruch hat, aktiv in die Gestaltung der Zivilgesellschaft einzugreifen (LK 2:14). Sie sieht ihre eigene Aufgabe weniger darin, zu allen Themen eine eigene Position zu vertreten, sondern den verschiedenen Initiativen und Strömungen eine Plattform und ein Forum zum Austausch zu bieten (LK 2:14).

Die *Offenheit* der Gemeinde ist für die Ausübung dieser Moderationsfunktion eine wesentliche Rahmenbedingung. *Gastfreundschaft und Willkommenskultur* werden nicht nur als wesentliche Elemente des kirchlichen Selbstverständnisses aufgefasst (die Gemeinde als »Herberge«), sondern auch faktisch sichtbar in der *Offenheit der Räume*, die architektonisch in Pfarramtsplatz, Kirche und Gemeinderäumen zum Ausdruck kommt. Auch »kirchenfremden« Gruppen werden durchaus Räume zur Verfügung gestellt. Die Öffnung der Gemeinde bei gleichzeitiger Beschränkung auf die religiöse Kernkompetenz wird dabei als Garant für kirchliche *Authentizität* beschrieben.

Diese tendenziell zurückhaltende Position der Gemeinde, etwa durch Beschränkung auf die Rolle einer Moderatorin, das rezeptive Reagieren auf Anliegen Dritter im Stadtteil, die grundsätzliche Offenheit und das Verlangen nach religiöser Authentizität, geht einher mit – hat vielleicht sogar zur Folge – einer ausgeprägten *»Komm-Struktur«*, was in einem Interview auch kritisch reflektiert wird. Sie will Ort sein für alle, die auf der Suche sind, die Hilfe benötigen oder aufgrund beruflicher Mobilität nur zeitliche Bindung wollen oder können. Diese Komm-Struktur hat jedoch zur Folge, dass diejenigen, die immer stärker partizipieren, auch in dieser Gemeinde dominieren: das bildungsbürgerliche Element und weniger die Gruppierungen, die für den historisch gewachsenen *linksgrünen, alternativen »Sponti«-Stadtteil* stehen oder die ärmeren Bevölkerungsgruppen, die obendrein noch durch die Gentrifizierung verdrängt werden. Das Bewusstsein, dass durch das Profil der Gemeinde vor allem die religiös-musikalischen Menschen oder das Bildungsbürgertum angesprochen werden, besteht. Die Buntheit des Stadtteils und insbesondere seine sozialen Ränder erreicht die Gemeinde dadurch jedoch kaum. Andererseits werden die vielfältigen Gottesdienstformate, mit denen die Gemeinde versucht, in Altersheimen, Schulen oder Kindergärten einen weiteren Kreis anzusprechen (LK2:22), durchaus auch in diesem Sinne einer weiteren Öffnung verstanden (exemplarisch könnte man hier auch den Heiligabend-Gottesdienst unter freiem Himmel nennen, LK1:17).

Drei Überlegungen erscheinen ausschlaggebend für die Zurückhaltung der Gemeinde bei initiierenden sozialen und zivilgesellschaftlichen Projekten zu sein: Zum einen geht es um Aufrechterhaltung der religiösen Authentizität, die eine Absage an offensiven Missionsdienst umfasst – das Evangelium wird »niemandem um die Ohren geschlagen« (LK3:29). Ein zweites Moment ist die Ressourcenknappheit, die weniger im Materiellen gesehen wird, als in nur begrenzt verfügbarer Zeit und Energie. Hieraus leitet sich eine dritte Überlegung ab, die wiederum dem moderierenden Charakter der Gemeinde entspricht: Warum sollte man Beratungsangebote oder andere Initiativen lancieren, die in unnützen Doppelstrukturen mündeten, wenn es doch in der Regel zielführender sei, arbeitsteilig das zu tun, worauf man sich wirklich verstehe, und dies gemeinsam zum Nutzen aller?

Das Gebiet der Lukasgemeinde ist deckungsgleich mit vier Bezirken eines Stadtteils, und dieses Gebiet ist eines, mit dem sich die Befragten in hohem Maße identifizieren, es ist ihr *Sozialraum*. Die Schilderungen weisen deutlich darauf hin, dass diese Identifikation alle dort wohnenden soziodemographisch und sozioökonomisch beschreibbaren Bevölkerungsgruppen umfasst, zumindest diejenigen, die bereits länger dort leben. In diesem Sozialraum agiert die Gemeinde im Hinblick auf die drei Perspektiven der *Heuristik nach Young* (vgl. oben Kapitel 2.4) jeweils in einer produktiven Art: Mit ihrem Engagement als moderierende und unterstützende Kraft in politischen Debatten vertritt sie liberale und republikanische Positionen. Ihr Angebot bietet Möglichkeiten der Gemeinschaftsbildung im Sinne eines kommunitaristischen Verständnisses von Zivilgesellschaft. Die bestehenden Begrenzungen (ein gewisses Maß an sozialer Exklusivität, Fluktuationen in der Bewohnerschaft) werden durchaus registriert. Mit dem Modell der Herberge, das hier bislang noch nur als Vision besteht, kann zumindest perspektivisch einem Aspekt dieser Begrenzung entgegengewirkt werden. Ihre *zivilgesellschaftliche Relevanz* ist gemessen an den drei Dimensionen Angebote, Vernetzung und Wahrnehmung (vgl. oben Kapitel 3.2) hoch, weist aber zugleich auf die Fallstricke polarer Dimensionen hin: Die Angebote sind weitgehend geprägt durch einen universellen Anspruch, werden aber nur von begrenzten Gruppen wahrgenommen. Die Vernetzung weist deutlich über die Gemeinde hinaus in den Sozialraum, die kirchlichen Kooperationspartner sind aber angesichts des Schwerpunktes in der Verkündigung von ganz zentraler Bedeutung. An sie wird auch verwiesen, wenn in diakonischen Fragen die Kapazitäten der Gemeinde nicht ausreichen. In der Wahrnehmung der Gemeinde zeigt sich, dass sie als wichtiger Teil der lokalen Zivilgesellschaft angesehen wird, wenn auch nicht in treibender Funktion, so doch als relevanter Rückhalt. Dies gilt sowohl hinsichtlich materieller Ressourcen, die sie fallweise zu organisieren weiß, wie auch der spirituell-normativen Antriebskraft. Die *internen Faktoren* (Selbstwahrnehmung als authentisch-religiöse Gemeinde, demokratische und damit tendenzielle Bottom-up-Struktur, gute Ausstattung) wie *externen Faktoren* (günstiges soziodemographisches Profil, westdeutsche Großstadt mit bürgerlich-liberaler Historie, hohes gesellschaftliches Sozialkapital) begünstigen das zivilgesellschaftliche Engagement. Im Unterschied zur Markusgemeinde (vgl. oben Kapitel 4.1) droht hier kein Verlust der religiösen Authentizität, sondern sie ist gerade der »Markenkern« dieses zivilgesellschaftlichen Akteurs.

4.5 Juniagemeinde: Zivilgesellschaftliches Engagement unter prekären Bedingungen

4.5.1 SOZIALRAUMBESCHREIBUNG: EIN STADTTEIL MIT ERNEUERUNGSBEDARF

Soziodemographisches Profil

Der zu analysierende Sozialraum umfasst einen Stadtteil im äußersten Südwesten einer westdeutschen Ruhrgebietsstadt. Verkehrstechnisch liegt der Ort zwischen zwei Autobahnen, die den Stadtteil im Norden und im Süden umrahmen. Durch einen Haltepunkt der S-Bahn existiert zudem eine gute Anbindung an das Stadtzentrum sowie Direktverbindungen in zwei weitere nahegelegene Großstädte.

Räumlich ist der Stadtteil geprägt durch seine Einbettung in attraktive Landschaftsräume, die Möglichkeiten für Naherholung und Ausflüge ins Grüne geben. Im Zentrum, rund um die zentrale Einkaufsstraße und den Marktplatz sowie einen weiteren zentralen Platz, zeigt der Ort kleinstädtisches Flair, mit einem gut ausgebauten Nahversorgungsangebot aus Einzelhandel und Dienstleistungen. Und nicht zuletzt verfügt der Stadtteil durch seine zwei Grundschulen, eine Hauptschule, sieben Kindertageseinrichtungen und eine Bezirkssportanlage noch über eine vergleichsweise gut ausgebaute soziale Infrastruktur. Neben der evangelischen Junia-Kirchengemeinde gibt es noch eine katholische und eine neuapostolische Kirche sowie ein islamisches Gemeindezentrum.

Gleichzeitig ist der Stadtteil aber auch, ähnlich wie andere Ruhrgebietsorte, durch eine starke urbane Verdichtung gekennzeichnet und leidet unter Brüchen in der räumlichen Gliederung, die überwiegend durch den Aufstieg und Niedergang der hier angesiedelten Montanindustrie entstanden sind. So wird der Ort durch Bahntrassen durchschnitten, die den Stadtteil in einen westlichen und einen östlichen Teil gliedern. Auf der West-Seite verläuft in nord-südlicher Richtung und in unmittelbarer Nähe zu Wohnquartieren ein Bereich aus teils großflächigen Gewerbestandorten, die auf dem Gelände der früheren Montanindustrie entstanden sind. Diese trennenden Gewerbegebiete sorgen zusammen mit der Bahntrasse sowie den stark befahrenen Durchgangsstraßen zu einem vielerorts wenig attraktiven Erscheinungsbild des Stadtteils, der geprägt wird durch Unterführungen, Nischenräume an Bahntrassen, leer stehende, vernachlässigte und marode Wohngebäude insbesondere in Nähe der Gewerbegebiete sowie fehlende innerstädtische Grünflächen, Parks und einladende öffentliche Plätze.

TABELLE 11 Gebiet der Juniagemeinde

Zahlen & Fakten 2017		
Bevölkerung	**Stadtteil**	**Stadt gesamt**
Einwohner	13.989	
Anteil unter 18-Jährige (%)	19,8	17,5
Anteil über 65-Jährige (%)	20,0	20,2
Anteil Personen mit Migrationshintergrund (%)*	33,4	31,3
Anteil Personen < 18 Jahren mit Migrationshintergrund (%)*	58,1	56,0
Ausländeranteil (%)	20,1	25,0
Bevölkerungsentwicklung		
Relative Bevölkerungsentwicklung in den letzten 10 Jahren (%)	-2,0	-1,4
Relative Bevölkerungsentwicklung in den letzten 3 Jahren (%)	+3,1	+2,8
Relative Bevölkerungsentwicklung im Vorjahr durch Zuwanderung aus dem Ausland (%)	+3,5	+2,5
Soziale Lage		
Single-Haushalte (%)	46,0	46,1
Anteil Personen >80 Jahre in Single-Haushalten (%)	61,5	59,8
Haushalte mit Kindern (%)	20,4	19,6
davon Alleinerziehende (%)	29,2	25,5
Arbeitslosenanteil (%) (Leistungsbezug nach SGB II und SGB III):*		
Gesamtbevölkerung	13,2	10,9
Nichtdeutsche	16,8	15,2
Unter 25-Jährige	6,6	5,3
SGB-II-Quote (%)	23,3	24,5
Sozialgeldquote in % der <15-Jährigen*	43,1	35,5
ALG-II-Quote in % der 15–65-Jährigen:*		
Gesamtbevölkerung	23,1	19,6
Nichtdeutsche	34,7	31,2

Quelle: Stadt, Referat Stadtplanung
* Die gekennzeichneten Statistiken beziehen sich auf das Jahr 2016.

Strukturwandelbedingte Unterschichtung

Nicht nur in seiner sozialräumlichen Präsentation, sondern auch bezüglich der Bevölkerungsentwicklung ist der Stadtteil gezeichnet vom Strukturwandel. Der Rückbau der Montanindustrie, der die gesamte Region stark getroffen hat, hat eine Abwärtsspirale sozialer Verwerfungen nach sich gezogen. In den letzten zwanzig Jahren ist die Bevölkerung des Stadtteils um knapp 15 Prozent geschrumpft von ehemals 16.444 Personen im Jahr 1996 auf nur noch 13.989 am 31. Dezember 2017. Der Bevölkerungsrückgang hat sich in den letzten zehn Jahren schließlich etwas verlangsamt und erreichte im Jahr 2012 seinen Tiefpunkt mit nur noch 13.229 im Stadtteil lebenden Personen. Seither wächst die Bevölkerung zwar wieder, allerdings sind diese Wachstumsgewinne fast ausschließlich durch Armutszuwanderung und Wanderungsgewinne aus dem Ausland zu erklären. Der durch die Bevölkerungsverluste verursachte Gebäudeleerstand sorgt durch die damit verbundene Verfügbarkeit von günstigem Wohnraum als »Pull-Faktor« für die Zuwanderung von Menschen mit niedrigem Einkommen sowie von überwiegend aus Osteuropa stammenden Migranten, wie einer der Interviewten berichtet:

> *»Das hat damit was zu tun, dass die Zuwanderung ist hier vor allem deswegen so hoch, weil die Mietpreise –. Wir haben sehr hohe Wohnungsleerstände gehabt. Die Mietpreise sind im Keller. Die Immobilienpreise sind ganz unten. Und deswegen ist das eigentlich auch attraktiv für Zuwanderung aus Südost. Aber auch für Flüchtlinge hier nach [Ortsname anonymisiert, d. Verf.] zu kommen.«* JU2:5

Heute haben 33,4 Prozent der Einwohner einen Migrationshintergrund; unter den Kindern und Jugendlichen unter 18 Jahren sind es sogar 58,1 Prozent. Im Stadtteil leben Menschen aus 57 Nationen, die meisten kommen aus der Türkei, Osteuropa und Syrien bzw. dem arabischen Raum. Die internationale Zuwanderung hat zwar dazu geführt, dass die demographische Schrumpfung des Stadtteils gebremst wurde, denn der hohe Anteil von Kindern und Jugendlichen mit Migrationshintergrund wirkt der Überalterung entgegen: Der Anteil der unter 18-Jährigen liegt im Stadtteil mit 19,8 Prozent sogar leicht über dem stadtweiten Durchschnitt von 17,5 Prozent. Gleichzeitig ist im Sozialraum ein Phänomen deutlich zu beobachten, das in der Sozialforschung als »Unterschichtung« bezeichnet wird: Insbesondere durch die starken Zuzüge aus Osteuropa ist eine negative Dynamik aus ethnischer Konzentration, Erwerbslosigkeit und Armut entstanden, die dazu führt, dass zugewanderte Menschen häufiger in den unteren Schichten anzutreffen sind als Einheimische. Dies zeigt sich insbesondere bei Schwierigkeiten der Integration in den Arbeitsmarkt: Mit 16,8 Prozent liegt der Anteil der Arbeitslosen in der Gruppe der Nichtdeutschen[35] über dem Wert der

---

[35]   Als »Nichtdeutsche« werden in den amtlichen Statistiken Personen ohne deutsche Staatsbürgerschaft bezeichnet. Für die Gruppe der Personen mit Migrationshintergrund liegen jedoch keine gesonderten Zahlen zur Arbeitsmarktintegration vor.

Gesamtbevölkerung (13,2 Prozent). Und 34,7 Prozent der 15–65-jährigen Nichtdeutschen beziehen ALG II, wohingegen dieser Anteil in der Gesamtbevölkerung mit 23,1 Prozent deutlich geringer ist.

Insgesamt weist der Stadtteil überdurchschnittliche Benachteiligungen auf, nicht nur in den Bereichen ethnische Konzentration und Arbeitsmarktintegration, sondern auch allgemein bezüglich der Armutskonzentration und des Anteils der Bevölkerung mit Unterstützungsbedarf. Die SGB-II-Quote liegt bei 23,3 Prozent und 43,1 Prozent der Kinder und Jugendlichen unter 15 Jahren haben Anspruch auf den Bezug von Sozialgeld. Auch die Jugendarbeitslosigkeit liegt mit 6,6 Prozent oberhalb des gesamtstädtischen Durchschnitts. Nicht zuletzt verdeutlicht der hohe Anteil von Alleinerziehenden (29,2 Prozent aller Haushalte mit Kindern) sowie Singlehaushalten in der älteren Bevölkerung im Stadtteil (61,5 Prozent aller Menschen über 80 Jahre leben allein) die hohe Dichte von Bevölkerungsgruppen, die in besonderem Maße von Armut und Isolation bedroht sind.

Der vergessene Stadtteil
Die in vielerlei Hinsicht prekäre Situation des Stadtteils ist wenig überraschend über die Zeit hinweg auch ein wesentlicher Teil der kollektiven Identität seiner Einwohner geworden. In der Antwort auf die Frage, wie sich der Stadtteil beschreiben lässt, finden sich in allen Interviews Verweise auf die »schwierige« soziale Lage. Auch wenn es die Befragten selbst überwiegend nicht persönlich betrifft, nehmen sie die sozialen Probleme doch als zentrales Charakteristikum des Stadtteils wahr (JU1:27/33; JU3:5; JU4:19).

> *»Also, er ist in vielen Bereichen ja auch arm. Arm ist ja nicht, also arm ist ja kein Makel. Aber er ist dennoch arm.«* JU5:21

> *»Also dieser Stadtteil ist natürlich wie [die gesamte Region, anonymisiert, d. Verf.], ist von sehr hoher Arbeitslosigkeit geprägt. Sehr großen –. Was vor allem mit dieser nicht bewältigten Strukturkrise zusammenhängt. Wir haben unheimlich viele Arbeitsplätze verloren in der gesamten Stadt. Es berührt insbesondere den Süden und das ist eigentlich die eine wesentliche Besonderheit. Auch eine gewisse Überalterung oder eine gewisse Altersstruktur, die eben nicht so günstig ist. Was sich jetzt erst in den letzten ein, zwei Jahren ändert durch sehr viele Zuwanderung, sehr große Zuwanderung vor allem aus Südosteuropa. Was natürlich auch sehr große wiederum soziale Probleme und auch Verwerfungen mit sich gebracht hat.«* JU2:5

In diesem Zusammenhang wird vor allem die fehlende Initiative seitens der Stadt und der kommunalen Politik kritisiert. Die sozialen Probleme konnten in ihrer jetzigen Ausprägung demnach nur entstehen, da die städtische Politik lange Zeit nicht auf die Folgen des Strukturwandels reagiert habe. So sei etwa die öffentliche Infrastruktur in marodem Zustand, insbesondere öffentliche Straßen, Plätze und Grünflächen haben einen erheblichen Erneuerungsbedarf (JU3:7). Ebenso fehle es an Angeboten und Einrichtungen für Kinder und Jugendliche im Stadtteil.

»Aber es ist auch so der ganze Bereich: Infrastruktur, Kinderspielplätze. Gute Bildungseinrichtungen. Es gibt hier nur eine Sekundarstufe-I-Schule. Das ist eine Hauptschule. Die ist so eine Restschule im Prinzip. Also, sehr stark belastet. Auch da sind Dinge notwendig, damit da einfach eine Verbesserung der Situation einfach, ja, eintritt. Ist auch ein Viertel, wo eben viel Abwanderung stattfindet. Also sage ich mal, von angestammten Bewohnern. Dann kann man sagen, also dass zum Beispiel auch dieses Unterzentrum [Name anonymisiert, d. Verf.], das war früher so eine Einkaufsstraße, die ist völlig auf den Hund gekommen. Kann man wirklich so sagen. Auch da sind Maßnahmen nötig, um eben auch Lebensqualität zu sichern. Auch beim Straßenbau, alles ist durch 30 Jahre sparen gekennzeichnet.« JU3:7

Als eines der Hauptprobleme wird dabei die Vernachlässigung des Wohnimmobilienbestands gesehen. Diese »Schrottimmobilien« seien der eigentliche Auslöser für die Verschärfung der Armutskonzentration. Hier wird langfristig vor allem die Gefahr einer »Ghettoisierung« befürchtet. Das Gefühl, »von der Politik vergessen worden zu sein«, ist dabei prägend für den Stadtteil.

»Man muss sagen, die Stadt hat hier jahrelang bestimmte Dinge treiben lassen. Die Ostzuwanderung, die fand hier in einem Bereich, in einem Wohnumfeld statt, wo eh schon Bruchbuden standen. [...] Dass die Leute dann dort untergekommen sind, und das hat sich die Stadt erstmal angeguckt. Bis sie irgendwann auch gemerkt haben, Wohnungen waren überbelegt, die stürzen schon fast ein. Und dann haben sie auch Häuser geräumt und auch aufgekauft und abgerissen. Das hat aber sehr lange gedauert. Also es war eher so, man ließ das so treiben und mal gucken, was so passiert.« JU4:19

Erst als Schwierigkeiten wie Ghettoisierung, soziale Segregation und Integrationsschwierigkeiten nicht mehr zu übersehen waren, hat die Politik reagiert. Der Stadtteil ist seit 2016 Teil des Stadterneuerungsprogramms »Soziale Stadt« und erhält somit besondere Förderzuwendungen. Dieser Wandel wird von den Befragten sehr positiv aufgenommen (JU1:33; JU4:19). Auch die Kirchengemeinde ist in diesen Prozess der Stadterneuerung integriert: So ist geplant, das Areal der Gemeinde unter dem Motto »Nachbarschaft der Generationen« zu einem Campus mit starkem Quartiersbezug umzuwandeln. Beratungsmöglichkeiten, Gruppenräume und Veranstaltungsangebote für Jung und Alt sollen an einem Ort gebündelt werden, an dem sich die Kirche, das Gemeindezentrum, eine Kita und eine Diakoniestation befinden.

Kollektive Identität trotz sozialer Spaltungen

Von den Befragten wird der Stadtteil nicht als homogen wahrgenommen. Vielmehr wird eine zunehmende soziale Segregation beschrieben: Einem wachsenden Teil von Menschen, die stark von Armut betroffen sind, steht demzufolge ein kleinerer Teil von gutsituierten bis hin zu sehr wohlhabenden Menschen gegenüber (JU1:39; JU5:21). Diese soziale Segregation ist mittlerweile auch räumlich wahrnehmbar. So wird der Stadtteil von den Befragten als zwei- oder dreigeteilt beschrieben (JU3:5; JU4:19; JU6:15).

»Der Stadtteil ist einfach zweigeteilt, zwiegespalten. Wir haben also einen Bereich –.
Oder vielleicht sogar dreigeteilt. Dem geht es relativ gut, da wohnen Leute, die
ganz gut situiert sind. Dann haben wir einen durchschnittlichen Teil und einen
wo, ich sage es mal ein bisschen übertrieben, wo die Polizei nur zu zweit durch-
geht.« JU1:27

Diese Teilung lässt sich auch in kleinräumigen Sozialstatistiken des Stadtteils deutlich ablesen: Während das Gebiet westlich der Bahnschienen überdurchschnittlich stark von ethnischer Konzentration, Armut und Erwerbslosigkeit gekennzeichnet ist, steht der Bereich östlich der Bahnschienen in all diesen Indikatoren deutlich besser da.

Hinzu kommen die durch die starken Zuwanderungsströme der Vergangenheit ausgelösten Integrationsprobleme, die den Stadtteil auch ethnisch und religiös stark diversifiziert haben. Die Generation der früheren, insbesondere aus der Türkei stammenden »Gastarbeiter« habe zwar mittlerweile ihren Platz im Stadtteil gefunden, aber die Situation wird eher als ein friedliches Nebeneinander als ein Miteinander beschrieben (JU7:13). Zwar stieß der Plan, eine Moschee direkt an der Hauptstraße, in unmittelbarer Nähe zur evangelischen Kirche zu errichten, überwiegend auf positive Resonanz im Stadtteil und konnte rasch umgesetzt werden, eine stärkere Durchmischung in der Bevölkerung sei jedoch bislang nicht zu beobachten (JU8:5). Ein Vereinsvorsitzender, der bereits sein ganzes Leben im Stadtteil wohnt, bringt diese Situation auf den Punkt:

»Aber wir sind in [Stadtteil] nicht die Integrationskünstler, würde ich nicht unbe-
dingt behaupten. Wir leben mit denen, die schon lange da sind, zusammen.« JU8:7

Als problematischer wird hingegen vor allem die Zuwanderung der letzten Jahre erlebt, die im Zuge der EU-Osterweiterungen stattgefunden hat (JU8:5). Hier habe bislang keine Integration stattgefunden. Einer der Befragten spricht in diesem Zusammenhang sogar von »Clan-Bildungen« und »Parallelgesellschaften« (JU7:13).

Trotz dieser sozialen und räumlichen Trennungslinien werden auch eine starke Identifikation der Bürgerinnen und Bürger mit ihrem Stadtteil, eine ausgeprägte Solidarität untereinander sowie ein hohes bürgerschaftliches Engagement als konstitutiv angesehen. Häufig wird hier auch das Attribut »dörflich« verwendet, um auszudrücken, dass sich der Ort von der anonymeren Lebensweise der Stadt unterscheide (JU8:3). Als Beispiele werden die zahlreichen Vereine (Sportvereine, Bürgerverein, Stadtteilnetzwerk, Gesangvereine etc.) sowie die guten Kontakte zwischen den Vereinen angeführt (JU5:21; JU6:15). Auch ein gewisser »Stolz« und eine Identifikation als Bewohner des Stadtteils seien demnach kennzeichnend für den Ort.

> *»Also auch da gilt, glaube ich, auch für viele, also auch außer der Kirche, nicht nur in Kirche, dass es durchaus ein bürgerschaftliches Engagement gibt und eigentlich auch, neben allem Prekären, was es sicher auch gibt in vielen Lebensbereichen, auch ein Stolz auf diesen Ort. Und auch ein Stolz, [Bewohner des Stadtteils] zu sein.«* JU5:19

Als Beispiel für die breite Solidarität wird das gemeinschaftliche Engagement gegen Rechts angeführt. Die Gemengelage aus Armut, Deprivation, hohen Zuwanderungszahlen und dem Gefühl, von der Politik vergessen worden zu sein, bietet im Stadtteil einen günstigen Nährboden für Populismus und rechte Parteien. Bei der letzten Bundestagswahl im Herbst 2017 gaben 17,7 Prozent der Wähler im Bezirk West der AfD ihre Stimme; im Bezirk Ost sogar 19,9 Prozent. In einem Wahllokal erreichte die AfD 28 Prozent aller Zweitstimmen und lag damit nur noch 0,2 Prozentpunkte hinter der SPD als stärkster Partei.[36] Als rechte Parteien einen Aufmarsch im Stadtteil planten, gab es als Reaktion ein breites Bündnis aus verschiedenen zivilgesellschaftlichen Akteuren, die sich dem Aufmarsch friedlich entgegengestellt haben. Ein Befragter beschreibt dies als einen Moment, in dem ihm die Solidarität im Stadtteil besonders deutlich wurde:

> *»Und das –, da sagte auch –, da hat man einfach gespürt, der Stadtteil hat über alles hinweg auch ein Gefühl von Solidarität.«* JU5:19

Inwieweit dies tatsächlich auch auf breitere Bevölkerungsteile zutrifft oder nur Kennzeichen einer kleinen bürgerlichen Schicht ist, der auch die Interviewpartner für gewöhnlich entstammen, bleibt indes unklar. Zumindest äußert ein Mitglied der Kirchengemeinde die Vermutung, dass dieser soziale Zusammenhalt nur unter den »alteingesessenen« Bewohnern vorhanden ist. Das Verhältnis zwischen Einheimischen und Zuwanderern wird eher als »Nebeneinander« beschrieben (JU2:17; JU7:13).

4.5.2 DIE KIRCHENGEMEINDE: EINE GEMEINDE MIT EVENT-CHARAKTER

Eine Kirche ohne Namen
Seit Mitte des 19. Jahrhunderts der Abbau von Kohle in der Region begonnen hatte, erlebte der Ort ein rasantes Bevölkerungswachstum. Infolgedessen wurde 1893 eine eigene evangelische Gemeinde gegründet und bereits kurze Zeit später mit dem Bau eines Kirchengebäudes begonnen. Am 19. Juli 1896 konnte die Kirche schließlich eingeweiht werden. Eine Besonderheit, die sich bis in die heutige Zeit gehalten hat, ist, dass die Kirche und zunächst auch die Gemeinde keinen Namen erhielten. Wer die Kirche heute sucht, findet sie nur unter dem Namen »evangelische Kirche in [Stadtteilname]«. Der fehlende Name der Kirche

---

[36]   Daten des städtischen Wahlleiters, online verfügbar. Zuletzt abgerufen am 28.02.2018.

hindert es jedoch nicht, dass die Gemeinde trotzdem als »Gemeinde mit Tradition« beschrieben wird (JU7:27). Einer der Hauptamtlichen illustriert diese Tradition etwa daran, dass es auf dem Friedhof eine gesonderte Abteilung für die Grabstätten der verstorbenen Pfarrer der Gemeinde gebe; oder dass im Gemeindehaus eine Ahnengalerie aller Pfarrer zu bestaunen sei, die seit der Gründung in der Gemeinde tätig waren (JU7:29).

120 Jahre später hat sich die Entwicklung ins Gegenteil gekehrt: Die letzten Zechen des Kohleabbaus sind schon lange geschlossen und die Einwohner- wie auch die Gemeindegliederentwicklung ist in der ganzen Region seit langem stark rückläufig. Als Folge dieser Entwicklung wird die evangelische Kirche am Reformationstag 2014 mit zwei Nachbargemeinden zu einer neuen Gemeinde zusammengelegt. Das Resultat ist eine circa 14.000 Mitglieder umfassende Großgemeinde. Zu ihr gehören heute vier Kirchen, drei Gemeindehäuser, ein Kindergarten, zwei Friedhöfe, acht Pfarrer, fünf Kirchenmusikerinnen und Kirchenmusiker, vier hauptamtliche Mitarbeiter in der Jugendarbeit und vier Küster. Dabei arbeiten drei Pfarrerinnen und Pfarrer am Standort der Juniagemeinde zusammen mit zwei hauptamtlich angestellten Mitarbeitern für Jugendarbeit und einem Kirchenmusiker. Der evangelische Gemeindebezirk im Stadtteil hat zudem keinen eigenen Friedhof oder Kindergarten mehr. Zwar gab es bis vor kurzem noch einen an die Gemeinde angegliederten Kindergarten, allerdings ist dieser in städtische Hand übergegangen, was von den Interviewpartnern in der Gemeinde vorwiegend auf Versäumnisse des Kirchenkreises zurückgeführt wird (JU4:51). Dass man den Kindergarten »verloren« habe, wird von den Interviewten als besonders ärgerlich beschrieben, da man hierdurch einen wesentlichen Baustein zur religiösen Sozialisation und Vermittlung von Werten aus der Hand gegeben habe (JU4:53; JU8:41).

TABELLE 12 Juniagemeinde

Zahlen & Fakten 2017		
	Standort Juniagemeinde	**fusionierte Großgemeinde**
Gemeindemitglieder	ca. 4.300	ca. 14.000
Standorte	1	4 Kirchen und 3 Gemeindehäuser
Pfarrer	3 (2 Teilzeit, 1 Vollzeit)	8
Kindergärten	0	1
Weitere Hauptamtliche	2 Mitarbeiter Jugendarbeit, 1 Kirchenmusiker	5 Kirchenmusiker*innen, 4 Hauptamtliche Jugendarbeit, 4 Küster, 2 Sekretärinnen

Eine Gemeinde, die zu groß ist

Die erst wenige Jahre zurückliegende Fusion zu einer Großgemeinde wird von den Befragten als eine Zäsur beschrieben, die überwiegend negative Folgen nach sich gezogen hat. In diesem Zusammenhang werden vor allem organisatorische Probleme beschrieben: Die Verwaltung von Gebäuden und Finanzen hat aufgrund der Größe der Gemeinde ein Maß an Komplexität erreicht, das eine stärkere Professionalisierung erforderlich mache und von Ehrenamtlichen kaum noch geleistet werden kann.

> »Das ist unser Gebäudemanagement. Wenn ich sehe, wie viel Zeit, Arbeitszeit, von den Ehrenamtlichen und auch von den Pfarrern da investiert wird, dann ist das in meinen Augen nicht zu verantworten.« JU1:15

Das Ziel der Fusion – die Schaffung einer Großgemeinde mit mehreren thematisch und inhaltlich spezialisierten Standorten, sei bisher nicht erreicht worden. Das wird vor allem darauf zurückgeführt, dass die ehemals selbstständigen Gemeinden bisher nicht stärker zusammengewachsen seien (JU4:5). Dies führe dazu, dass sich die einzelnen Standorte in einem kräfteraubenden und ressourcenverzehrenden Aushandlungsprozess befinden, zwischen inhaltlicher Spezialisierung einerseits und einem von der Gemeinde erwarteten universellen Angebot andererseits.

> »Wir machen ganz klassisch, wir machen wirklich, also in [Stadtteilname] machen wir beides. Und je länger, je mehr empfinde ich natürlich auch, also das empfinde ich ganz stark, eigentlich ist es ein Spagat. Also ein Spagat, der auch arbeitsmäßig viel [...]. Das ist, das zerreißt einen und ich bin einer, der jetzt nicht klagt. Aber es zerreißt, also, es ist in dem Spagat, also eigentlich müsste man –. Also, ich hätte mir gewünscht, das kriegen wir aber nicht hin in [der Großgemeinde], ich hätte mir im Gesamten eine konzeptionellere Klarheit für alles gewünscht. Mit unterschiedlichen Schwerpunkten, auch mit Abgrenzungen und klaren Strukturen. Aber, die Diskussionsprozesse bis zu diesen strukturellen Veränderungen – also die haben wir ja versucht, in mehreren erfolglosen Coachings – da habe ich keine Lust mehr, habe ich keine Lust mehr, ich will das nicht mehr.« JU5:69

Während diese organisatorischen Probleme möglicherweise noch als »Kinderkrankheiten« des Fusionsprozesses bezeichnet werden können, besteht ein tiefgreifenderes Problem in der mangelnden Identifikation der Gemeindemitglieder mit der neuen Großgemeinde. Die Identifikation verharre vielmehr nach wie vor auf der Ebene der einzelnen Gemeindestandorte. Hinzu komme eine gewisse Entfremdung des einzelnen Kirchenmitglieds, das in der Großgemeinde nur noch eine übergeordnete, abstrakte Verwaltungseinheit sehe, aber keine kirchengemeindliche »Heimat« (JU1:5) mehr finde.

»Und das, was man sich wünscht, dass das also eine Großgemeinde ist, ist unten auf keinen Fall angekommen. Also die Leute sind noch: ›Das ist mein [Stadtteilname A]. Das ist mein [Stadtteilname B].‹ Wobei in [Stadtteilname B] noch die Besonderheit besteht, [Stadtteilname B] besteht aus zwei Gemeinden wiederum [...]. Die haben also auch zwei Kirchen. Und selbst in diesem Bereich spürt man noch ganz stark, dass jeder in seiner alten Gemeinde verwurzelt ist. Und ich glaube, das wird sich auch vorläufig nicht ändern. [...] Dieser Wechsel, diese Fluktuation, dass man also in eine andere Kirche geht, ist so gut wie gar nicht vorhanden.« JU1:9

Eine Veranstaltungskirche

In den Interviews mit den Mitarbeitenden der Kirchengemeinden hat sich das Engagement im kulturellen und musikalischen Bereich als das zentrale Charakteristikum des Standorts der Juniagemeinde herausgestellt (JU1:11; JU4:11; JU5:15; JU6:33). Die Befragten schildern die Gemeinde nicht nur als sehr »aktiv«, sondern bezeichnen sie aufgrund ihres breiten kulturellen Angebots sogar als »Unterhaltungs«- bzw. »Eventkirche«:

»Auf [Stadtteilname] bezogen, muss ich sagen, sind wir sicherlich eine sehr aktive Gemeinde, die schon fast eine Unterhaltungskirche, eine Eventkirche, ist. Wenn ich sehe wirklich, wie viele Veranstaltungen wir haben, wie viele Dinge hier bei uns aufgezogen werden. Das ist schon also enorm.« JU1:11

Die Bewertung dieses starken kulturellen Schwerpunkts durch die Befragten fällt jedoch ambivalent aus. Auf der einen Seite werden die Veranstaltungen als Publikumsmagneten gelobt, die eine breite Öffentlichkeitswirkung über das klassische Kirchenpublikum hinaus erreichen (JU1:15; JU5:9; JU5:59). Als Beispiel nennt einer der kirchlichen Mitarbeiter das Weltmusikfestival der Gemeinde, was mittlerweile sogar über den Stadtteil hinaus Menschen anlockt (für einen detaillierteren Blick auf die Angebote der Gemeinde siehe Abschnitt 4.5.4).

»Und dieses größere Festival, damit gehen wir in die Kirche, weil auch, glaube ich, das die Kapazitäten selbst oben des großen Saals doch sprengen würde. Also, da passen vielleicht 200 Leute rein, das ist zu wenig. Also, da kommen deutlich mehr so über den Tag verteilt. Und dann sind da Außenstände und dann gibt es eben einen Food-Truck, eine Cocktailbar, der Weltladen steht da. Also, es ist eigentlich wie ein-, schon ein, ja eigentlich ein Festival, auch von durchaus schon mindestens innerstädtischer, vielleicht sogar, ein bisschen sogar, also wenn man ein bisschen angibt, würde ich sagen, leicht überregional.« JU5:17

Ein weiterer positiver Nebeneffekt solcher und ähnlicher niedrigschwelliger Veranstaltungen, wie Feste, Theateraufführungen oder Konzerte, liegt darin, dass Menschen aus dem Stadtteil zusammengebracht werden. Die Kirche bietet daher besonders in einem Stadtteil, der von sozialer Segregation bedroht ist, einen Ort der Vergemeinschaftung und erfüllt eine Integrationsfunktion in der lokalen Zivilgesellschaft (JU6:33).

Auf der anderen Seite erzeugt dieser stark ausgebaute Schwerpunkt im kulturellen Bereich eine Spannung zum eigentlichen kirchlichen Auftrag. Die Veranstaltungen sind Publikumsmagneten, locken zum Teil mehrere hundert Personen in die Kirche und bringen obendrein Geld (JU1:15; JU5:59); es ist allerdings umstritten, ob sie noch Teil kirchlichen Handelns sind. So wird etwa kritisiert, dass diakonische Tätigkeiten und die Arbeit an der Basis aufgrund der starken kulturellen Arbeit der Kirchengemeinde zu kurz kommen (JU1:15). Ein ehemaliges Mitglied des Kirchenvorstands führt sogar seinen Rückzug aus dem Vorstand auf diese, seiner Meinung nach »fehlgeleitete«, Entwicklung der Kirchengemeinde zurück:

> »Ich habe mich aber ein bisschen zurückgezogen, weil ich persönlich eigentlich nicht die eigentliche Aufgabe unserer Gemeinde in diesen Veranstaltungen sehe. Wir sind nicht dafür da, dass wir das Volk, in Anführungszeichen, hier [...] bespaßen. Wir sind also einfach Kirche. Und das kommt nach meiner Meinung in vielen Dingen zu kurz. Denn man darf ja eines auch nicht vergessen, diese Veranstaltungen binden ja auch die Arbeitskraft der Pfarrer. Die beschäftigen sich wochenlang mit irgendwelchen anderen Dingen. Wo man dann lieber an den Wurzeln in der eigentlichen Gemeindearbeit tätig sein müsste. Und dann nützt es auch nach meiner Meinung nichts, wenn ich noch so viele Ehrenamtliche habe. Denn in der Gemeinde wird der Pfarrer erwartet.« JU1:11

Hinzu kommt, dass nach Auskunft der Befragten diese kulturellen Angebote kaum als »Lockangebote« taugen, d. h. die kirchliche oder religiöse Vitalität werde dadurch nicht erhöht.

> »Und der Erfolg von diesen Veranstaltungen ist ja nicht der, dass am Sonntag dann die Kirche voll ist. Wenn das so wäre, dann wäre es ja gut. Bei [Stadtteilname] meets the World zum Beispiel hat meine Frau auch die Moderation gemacht, und die hat da immer einfließen lassen: »Wir sehen uns ja am Sonntag wieder!« Sie haben keinen wiedergesehen. Das ist einfach schade. Und da stellt sich jetzt mir die Frage: Ist unsere Kirchengemeinde dafür zuständig?« JU1:13

Diese Frage der Zuständigkeit, die hier am Ende des Zitats angesprochen wird, ist es auch, warum die starke kulturelle Ausrichtung der Gemeinde »auch im Gesamten in der Kritik [steht]«, wie einer der Hauptamtlichen zugibt (JU5:9). Es besteht die Sorge, dass die Organisation von Musikveranstaltungen und Festen im Ort zu viel Zeit und Ressourcen der Haupt- und Ehrenamtlichen binde und gleichzeitig kaum oder gar nichts mehr mit Religion zu tun habe. Für einen der Mitarbeiter gehört es hingegen zum »offenen« und »vielfältigen« Profil der Gemeinde, sich auch in Bereichen zu engagieren, die nicht genuin kirchliches Handeln umfassen. Dies wird in der Eigenbeschreibung der Gemeinde deutlich:

»Also sehr offen würde ich sie beschreiben, für vieles offen. Eigentlich auch mit großer Freude über alle, die sich engagieren wollen in vielfältigsten Bereichen, auch bis hin zu den Grenzbereichen, wo dann man auch vielleicht nicht mehr so unmittelbar erkennt, dass es kirchliches Handeln ist.« JU5:7

Später im Gespräch, bei einer Beschreibung eines der großangelegten Kulturevents der Gemeinde, wird dieses Spannungsfeld zwischen kirchlichem Auftrag und dem ausgeprägten Kulturbetrieb der Kirchengemeinde noch deutlicher:

»Das ist eine große Formation, die machen so, ja Retro-Pop, hier lokal relativ bekannt, und füllen die auch mit 600 Leuten, also die Kirche. Und das ist eben so ein Event, das natürlich auch einen gewissen finanziellen Vorteil uns bringt, wo ich jetzt auch nicht behaupten würde, dass Herr Jesus Christus jetzt unmittelbar da zu Gast ist.« JU5:9

4.5.3 FREMDWAHRNEHMUNG: QUALITÄT MIT BEGRENZTER REICHWEITE

Die Schwerpunktsetzung der Gemeinde im Bereich der Kultur und Musik auf der einen Seite und der Jugendarbeit auf der anderen Seite, wird auch von anderen zivilgesellschaftlichen Akteuren im Sozialraum wahrgenommen und vor allem sehr wertgeschätzt. So wird die Gemeinde etwa als »kulturelles Zentrum« im Ort beschrieben (JU3:33), und das Jugendzentrum sei ebenfalls »stark frequentiert« (JU3:35). Diese wichtige Funktion wird auch von einem politisch stark Engagierten im Stadtteil hervorgehoben, obwohl sich dieser selbst eher als »kirchenkritisch« einschätzt:

»Und die evangelische Kirche hat aus meiner Sicht, und das fand ich eigentlich auch sehr positiv, hat vor allem mit diesem kulturellen Projekt und der Jugendarbeit sind sie stärker eigentlich im Stadtteil, haben sie eine wichtige Funktion.« JU2:5

Weiterhin wird die Gemeinde als »weltoffen« und »modern« beschrieben (JU3:33; JU8:27). Ein Vereinsvorsitzender – selbst katholisch – attestiert der Kirchengemeinde eine hohe Vitalität, vor allem im Vergleich zu seiner eigenen Gemeinde:

»Die sind attraktiver, und für mich persönlich machen die eine lebendige Gemeindearbeit. Was ich von dem anderen Laden, meinem Laden, nicht unbedingt behaupten kann.« JU8:25

Auffällig ist, dass die Gemeinde von keinem der Befragten als eine religiöse Institution beschrieben wurde. Aus den Interviews zur Fremdwahrnehmung könnte man eher den Eindruck gewinnen, die Befragten beschreiben ein Kulturzentrum im Ort. Einer der Befragten geht sogar davon aus, dass es vor allem die Kulturveranstaltungen sind, die überhaupt noch das Überleben der Gemeinde sichern:

»Sicherlich freut sich der Pfarrer [...] auch mal ein bisschen mehr, wenn er die Leute sonntags zur Messe sieht, als sie immer nur freitags bei irgendeiner Halligalli-Veranstaltung. Aber wenn ich die Halligalli-Veranstaltung auch noch weglasse, dann kann es sein, dass die Evangelen in [Stadtteilname] nachher ein bisschen stärker noch vom Rückgang betroffen sind, ich glaube, die haben im Moment noch ganz gute Zahlen.« JU8:41

Auch in der Außenperspektive wird hier das Spannungsfeld zwischen religiöser Verkündigung und kultureller oder sozialer Stadtteilarbeit beschrieben. Die Kirchengemeinde sichert zwar ihr Überleben dadurch, dass sie soziale und kulturelle Funktionen im Sozialraum übernimmt, eine Steigerung religiöser Vitalität kann dadurch jedoch nicht erreicht werden.

»Gut, wenn Musik, Halligalli ist, dann kommt man so nochmal, aber ich sage mal, wenn es heißen würde, wir machen mal hier so eine Bibelrunde oder irgendwie sowas in der Richtung. Dann kommen viele nicht mehr.« JU8:41

Wie auch schon in den anderen Kirchengemeinden in der Studie wird in der Außenperspektive vor allem der soziale Nutzen der Kirchengemeinde im Stadtteil betont. Wo die Kirche wahrgenommen wird, sind es ihre Beiträge in der Kulturarbeit oder der Jugendarbeit, die als wichtig eingestuft werden. So wird von einem Befragten hervorgehoben, dass diese Aufgaben nicht in gleicher Weise durch säkulare Anbieter vor Ort ersetzt werden könnten:

»Also ich finde so gerade im sozialen Bereich erfüllen die Kirchen, die eine mehr und die andere weniger, ihre Aufgaben. [...] Also wenn man es allgemein lässt, eine wichtige Funktion, die der Stadt oder die Stadt, der Stadtteil ansonsten ja nicht leisten könnte. Wer wollte denn in [Stadtteilname] dieses Paket abdecken? Der Sportverein bietet was, da kann man hingehen, da kann man Handball spielen, Fußball spielen, bisschen Leichtathletik oder so. Der hat keine Veranstaltungsräume in dem Sinne, der kann mal ein großes Fußballturnier machen, das kann das Gemeindehaus nicht in dem Sinne. [...] Aber der, wer von der Stadt, oder vom Stadtteil, wollte das machen, was die Gemeinden machen?« JU8:41

Zentral sei in diesem Zusammenhang vor allem die integrierende Funktion der Gemeinde für den Stadtteil. Vor allem für die Jugend aber auch für die ältere Generation würden dann Treffpunkte fehlen, an denen Gemeinschaft entstehen kann (JU6:33). Ein anderer Befragter betont die bindende Kraft der kulturellen Veranstaltungen und Feste auch über religiöse Identitäten hinaus:

»Das wäre eine bindende Kraft, nicht die einzige, aber wäre einer, der bindenden Kräfte, die so ein bisschen [Stadtteilname] zusammenhalten. Und wo sich, über die Religionsgrenzen hinaus, sich zu zwei, drei, vier Veranstaltungen im Jahr, sich halb [Stadtteilname] trifft.« JU8:29

Inwieweit diese Aussagen zur Integrationsfunktion allerdings für den gesamten Stadtteil gelten, bleibt fraglich, zumal sie einer anderen Erkenntnis aus den Interviews zur Fremdwahrnehmung widersprechen: Die Gemeinde sei zwar wichtig in ihrer sozialen und integrierenden Funktion für den Stadtteil, sie erreiche damit jedoch nur einen kleinen Kreis aller Bewohner, insbesondere die Alteingesessenen und Angehörige einer eher bürgerlichen Mittelschicht. Einer der Befragten beschreibt den Kreis derer, die die Kirche überhaupt erreicht, als »überschaubar«:

> »Natürlich ist es grundsätzlich erstmal so, dass die Bevölkerung in der Breite sicherlich nicht so viel Kontakt zur Kirche hat. Es gibt so einen Dunstkreis um die Kirche, das sind bestimmte Gruppen von Menschen, [...]. Die da eine engere Anbindung haben. [...]. Auch bei den Kindern ist es entsprechend auch wieder so, dass ein Teil der Kinder sicherlich auch hier dann kleben bleibt. Aber es ist schon so ein überschaubarer Kreis der evangelischen Menschen und ein paar anderer.« JU3:33

Dies wird von den Befragten vor allem deshalb als Manko gesehen, da sie der Gemeinde vorwerfen, nicht genügend gegen die soziale Not vor Ort vorzugehen. Der Stadtteil ist, wie bereits beschrieben, in hohem Maße von Armut, Zuwanderung und Unterschichtung betroffen. Obwohl es selbst von den hauptamtlichen Mitarbeitern als allgemeine Funktion der Kirche beschrieben wird, sich um die Armen und Ausgegrenzten in einer Gesellschaft zu kümmern (JU5:61–63), sehen genau in diesem Bereich andere zivilgesellschaftliche Akteure starken Nachholbedarf bei der Kirchengemeinde. So wird der Gemeinde vorgeworfen, Probleme wie Armut oder Arbeitslosigkeit nicht öffentlich zu thematisieren (JU2:19). Darüber hinaus gehe die Gemeinde auch nicht genug auf jene Menschen zu, die neu in den Stadtteil kommen und möglicherweise auf Unterstützung angewiesen wären, wie es einer der Befragten schildert, der selbst Kirchenmitglied ist:

> »Was mir ein bisschen fehlt schon, ist Menschen anzusprechen, die neu hierherkommen. [...] Kommen wirklich ja viele, viele Menschen von außerhalb hierher so. Und auf die wird zu wenig zugegangen, meiner Meinung nach. Um die eben, ja, Stichwort Integration. Ist ja wirklich ein großes, großes, großes Stichwort und wichtiges Thema. Und gerade für das Ruhrgebiet, weil ja immer noch in von außerhalb viele, viele Menschen herkommen. Gerade aus Südosteuropa in den letzten Jahren. Und wir als Kirche sind nicht in der Lage, ja, zu diesen Menschen hinzugehen und zu sagen, kommt doch mal zu uns und schaut doch mal, was wir für euch tun konnten. Wir können euch ein Zuhause bieten oder auch helfen und was auch immer. Vielleicht Sprachbarrieren versuchen, zu überwinden.« JU7:41

4.5.4 ANGEBOTE: WEIT MEHR ALS NUR RELIGION

Bei den Angeboten lassen sich zwei Gruppen unterscheiden, die erwartungsgemäß auch den inhaltlichen Schwerpunktsetzungen der Gemeinde entsprechen:

Erstens: Die meisten und – gemessen an der Besucherzahl – auch weitreichendsten Aktivitäten der Gemeinde liegen im Bereich der *kulturellen und musikalischen Angebote*. Die größten Veranstaltungen in diesem Bereich sind zum Beispiel ein alljährlich vor Weihnachten stattfindendes Konzert eines Rockorchesters, bei dem nach eigenen Angaben bis zu 600 Menschen in die Kirche kommen (JU4:9; JU5:9; JU1:13). Darüber hinaus gibt es eine Theatergruppe, die sich auf Boulevardtheater oder Playbackaufführungen spezialisiert habe und ebenfalls regelmäßig mehrere hundert Menschen zu Aufführungen in den großen Saal des Gemeindehauses locke (»dann ist der Laden voll bis oben hin«, JU1:15). Ebenfalls zu den regelmäßigen und stark frequentierten Veranstaltungen gehören Shanty-Chor-Aufführungen (JU1:11; JU4:9) und eine Weltmusikveranstaltung (JU1:11; JU4:9; JU5:17; JU8:28). Letzteres ist eine Veranstaltungsreihe, bei der pro Abend ein Themenland im Fokus steht, dessen Kultur, Folklore und Küche vorgestellt werden. Neben diesen großen Veranstaltungen, die durchaus auch überregionales Publikum anziehen, verfügt die Gemeinde noch über eine Reihe verschiedener kleinerer Kulturaktivitäten, wie zum Beispiel Karnevalsfeiern oder Aufführungen des Männergesangvereins (JU7:73). Darüber hinaus bringt sich die Kirche bei Stadtteilfesten mit einem Stand oder Theateraufführungen ein oder organisiert einen Gottesdienst auf dem Marktplatz (JU1:50).

Im Bereich der kulturellen und musikalischen Aktivitäten ist somit in den letzten Jahren eine starke Erweiterung des »klassischen« Angebotsspektrums der Kirchengemeinde erkennbar. Was ursprünglich im kleinen Rahmen einer Fundraisingaktion zum Zweck der Kirchturmsanierung begann, hat die Kirche mittlerweile zu einem besucherstarken »Event-Zentrum« im Stadtteil werden lassen (JU1:11). Dies mag auch damit zu tun haben, dass klassische kirchliche Angebote immer weniger nachgefragt werden und die Kirchengemeinde nach anderen Optionen sucht, um Menschen anzulocken. Dies wird am deutlichsten im Bereich der Kirchenmusik: Klassische Orgelkonzerte oder Choraufführungen auch religiöser Stücke ziehen nur noch eine Handvoll Besucher in die Kirche (JU5:57). Auch einen eigenen Kirchenchor gibt es aus diesem Grund mittlerweile nicht mehr (JU7:83). Ähnlich wie bereits anhand der Markusgemeinde in Kapitel 4.1 dargestellt, birgt diese Angebotserweiterung, über die religiöse Funktion einer Kirche hinaus, gewisse Risiken. Dies ist einerseits die bereits angesprochene »Verwässerung« der eigentlichen religiösen Aufgabe, da Zeit und Ressourcen durch den Kulturbetrieb gebunden werden und die Kirche zudem kaum noch als Anbieter von Religion wahrgenommen wird (JU1:13). Dies führt aber auch dazu, dass die Kirche mit ihren kulturellen Angeboten in ein Konkurrenzverhältnis um öffentliche Gelder und Besucher mit anderen Anbietern im Stadtteil geraten kann, was letztlich eine Verschlechterung des kulturellen Angebotes zur Folge haben kann. Dies ließ sich in der Juniagemeinde etwa am Beispiel eines geplanten städtischen Kulturzentrums beobachten. Ein Vereinsvorsitzender aus dem Ort beschreibt dieses als potenziellen Konkurrenten zur Kirchengemeinde, auch wenn diese anfangs eher auf eine Kooperation gesetzt hat:

>*»Entwicklungskriterium für die evangelische Gemeinde wird noch sein [...], wenn das Ding da, dieses Volkshaus, seine alte Funktion teilweise zurückgebracht wird, als Veranstaltungsstätte, Schwerpunkt Kinder, Jugendliche, Kultur und Bewegung. Gerade speziell Breakdance und was weiß ich, was da alles reingebracht werden soll, dann ist ein kleiner Teilaspekt der evangelischen Gemeindearbeit gefährdet. Gerade die Jugendarbeit würde dann teilweise in diese städtische Geschichte abdriften können. Aber da muss man mal gucken, dass man rechtzeitig sucht, wie man praktisch dagegen steuert, denn trotz seiner ganzen Euphorie, am Anfang das Ding mitzugestalten, ist das dann eine Konkurrenz zum Gemeindehaus der evangelischen Kirche.«* JU8:53

Der *zweite* große Schwerpunkt der kirchengemeindlichen Angebote liegt im Bereich der Kinder- und Jugendarbeit. Hierfür leistet sich die Gemeinde nicht nur zwei hauptamtliche Mitarbeiter, sondern unterhält auch ein offenes Jugendzentrum. Das Besondere daran ist, dass dieses Jugendzentrum keine rein kirchliche Einrichtung ist, sondern in gemeinsamer Trägerschaft mit der Stadt eine offene Jugendarbeit für alle Kinder und Jugendlichen im Stadtteil anbietet (JU7:37/41).

>*»Also ein Haus der offenen Tür wird von Stadt und Land finanziert. Aus Kirchensteuermitteln auch noch. Die städtischen Landesmittel reichen nicht aus. Es müssen zwei hauptamtliche Kräfte da sein, und grundsätzlich kann dann halt jeder kommen, wobei man allerdings im Rahmen dieses ›jeder kann kommen‹, auch Gruppenangebote machen kann. Mein Beispiel jetzt, der Kinderzirkus, ist natürlich grundsätzlich für alle offen, aber da kommen jetzt immer 20 Kinder und die müssen ja auch etwas einstudieren, und die Turnhalle, die wir haben in, wo die trainieren, da könnte man jetzt auch nicht 30 Kinder unterbringen. Also gibt es dann halt eine Warteliste. Aber grundsätzlich kann halt jeder kommen, und wir sind offen für alle.«* JU4:14

Zwar werden im Bereich der Kinder- und Jugendarbeit der Gemeinde auch »klassische« kirchliche Angebote, wie Kinder- und Jugendgottesdienste, Konfirmandenfreizeiten oder Kinderbibelwochen organisiert, allerdings sind diese Angebote am wenigsten nachgefragt (JU4:51). Auch hier wird wieder der »Event-Charakter« der Gemeinde deutlich: Der Kinderzirkus, ein Jugendfestival, Kindertanzgruppen oder Kinderkarneval sind alles Angebote, die von den Befragten als erfolgreich und beliebt eingestuft werden (JU4:9; JU7:37). Bemerkenswert ist vor allem die in Kooperation mit einer Schule im Stadtteil angebotene Nachmittagsbetreuung von Schülerinnen und Schülern. Die Kirchengemeinde stellt hier Räume und Ressourcen zur Verfügung, um eine Ganztagsbetreuung der Schülerinnen und Schüler zu ermöglichen und bietet insbesondere für lernschwache Schülerinnen und Schüler Hausaufgabenhilfe und Nachhilfeunterricht an. (JU4:32; JU5:31; JU7:75).

Neben diesen beiden großen Angebotsschwerpunkten im Bereich der Kultur ist auffällig, dass in den Interviews diakonische Angebote außerhalb der Jugendarbeit kaum vorkommen. Dieses Defizit wird von einem Mitglied des Kirchenvorstandes im Interview beschrieben:

> *»Sagen wir es so, die diakonischen Aufgaben, die kommen nach meiner Meinung zu kurz. Es hat sich jetzt durch die Großgemeinde, das muss man fairerweise dazusagen, einiges geändert. [...] Aber das ist jetzt erst neu. Wir hatten bis dato [...] eigentlich relativ wenig diakonische Arbeit.«* JU1:13

Dies überrascht, insbesondere aufgrund der prekären Sozialstruktur des umgebenden Stadtteils. Zwar gibt es verschiedene Angebote, die die Gemeinde als offene Stadtteilangebote versteht, wie zum Beispiel das Kirchencafé (JU1:25; JU6:33) oder die Gemeindebücherei und den Besuchsdienst (JU1:21; JU6:43), aber diese erreichen eher ein kirchennahes, bürgerliches Publikum und richten sich kaum gegen die sozialen Verwerfungen im Stadtteil. Ein Mitglied des Kirchenvorstandes, das von diesem Problem berichtet, geht jedoch resigniert davon aus, dass man diese Menschen ohnehin nicht erreichen könne:

> *»Die Problemfälle sehen Sie ja in der Kirche nicht. Sie sehen die Neutralen. Und da sehen Sie ja in erster Linie die Älteren. Und bei den Veranstaltungen, da ist dann so das Mittelfeld da, aber auch da sehen Sie ja die Problemfälle nicht. Die werden nicht kommen.«* JU1:35

Im Aufbau befindet sich hingegen ein Treffpunkt für Menschen, die sonst von Vereinsamung bedroht sind. Die Initiative ging hier jedoch vom Kirchenkreis aus. Die Kirchengemeinde selbst stellt die Räumlichkeiten zur Verfügung, ist sonst eher noch zurückhaltend, wenngleich die Notwendigkeit einer Öffnung in diesem diakonischen Arbeitsfeld gesehen wird, wie es an folgendem Zitat eines Hauptamtlichen deutlich wird:

> *»Jetzt seit ganz kurzem gibt es das [Name des Projekts anonymisiert], das ist ein Kirchenkreisprojekt, das hat quasi gerade angefangen für zwei Jahre, und wo eigentlich Menschen erreicht werden sollen, die allein leben. Möglichst auch etwas jüngere. Also, was heißt jüngere, so um 45, 50. Also nicht nur Senioren. [...] Aber da ist eben Begegnung, Gespräch, auch mal eine Tasse Kaffee trinken, nichts bezahlt, und das wird jetzt gerade versucht, auf den Weg zu bringen. Das ist ein Kirchenkreisprojekt. Aber da weiß ich –, kann man noch nicht sagen, wie erfolgreich das ist. Versuchen da auch nochmal, zu öffnen, in einen Bereich, wo wir sonst eigentlich nur immer dann Kontakt haben, wenn dann bei uns wirklich ein ganz dickes Problem kommt.«* JU5:39

Lediglich im Bereich der Jugendarbeit reagiert die Gemeinde mit der Ganztagsbetreuung und dem Nachhilfeunterricht für Schülerinnen und Schüler aus sozialschwachen Familien selbst auf die besonderen Herausforderungen, die sich durch die Gemengelage aus Zuwanderung und Armut im Stadtteil ergeben hat. Interessanterweise werden als Motiv ganz pragmatische Hintergründe genannt, da durch die Umstellung auf die Ganztagsschule im Stadtteil eine Konkurrenzsituation um die Zeit der Kinder und Jugendlichen entstanden wäre, wie es ein Hauptamtlicher der Kirche berichtet:

> »*Auch weil wir hier eben erkannt haben, durch den Ganztag verliert ja die klassische Jugendarbeit –, also, wenn man so sagt ›Um 16 oder 17 Uhr kommt der Jugendliche dann mal zur Spielgruppe in die Kirche.‹ (lacht) Das geht ja –, ging ja da nicht mehr. Wir mussten uns da umstrukturieren.*« JU5:31

Die befragten Mitglieder der Kirchengemeinde sehen zwar im diakonischen Angebotsspektrum Verbesserungsbedarf, allerdings werden die eigenen Möglichkeiten als »begrenzt« angesehen (JU1:13; JU1:48; JU5:41). Zudem wird in diesem Zusammenhang eher auf andere Akteure, wie den Kirchenkreis, die Diakonie oder das Quartiersbüro der AWO verwiesen, die für diese Aufgaben besser qualifiziert seien.

> »*Es gibt aber hier das AWO-Quartierszentrum seit Neuestem. Die machen so eine niederschwellige Beratungsarbeit für osteuropäische Zuwanderer. Also auch im Stadtteil gibt es das. Und dann habe ich jetzt auch gedacht. ›Okay, also wenn das so ist, dass die AWO das jetzt macht –‹, und dann habe ich auch mit denen gesprochen – ›ist das vielleicht gut so. Dann ist das jetzt der Bereich, in dem ihr vielleicht tätig seid.‹ Und es muss ja nicht jeder Bereich der Versorgung und der Betreuung von Menschen durch Kirche abgedeckt sein, wo wir dann tätig werden.*« JU5:41

4.5.5 VERNETZUNG: KIRCHE VERBINDET UNTERSCHIEDLICHE AKTEURE

Die Junia-Kirchengemeinde zeichnet sich nicht nur durch ein sehr umfangreiches zivilgesellschaftliches Netzwerk aus, sondern auch dadurch, dass sie anlassgebunden mit sehr unterschiedlichen Akteuren aus Religion, Politik oder dem Vereinsleben zusammenarbeitet, um gemeinsame Projekte zu verwirklichen.

Natürlich sind auch hier wieder die inhaltlichen Schwerpunkte der Gemeinde zu erkennen: Im Bereich von Kultur und Musik wird der städtische Kulturverein als langjähriger und verlässlicher Partner betrachtet, der die kulturellen Aktivitäten der Gemeinde häufig auch finanziell sowie konzeptionell unterstützt (JU5:45/51). Zudem gibt es mit verschiedenen Vereinen Vernetzungen: Der Karnevalsverein veranstaltet jährlich eine Karnevalssitzung gemeinsam mit der Gemeinde (JU6:53); der Gesangverein der Stadt probt in den Räumlichkeiten der Gemeinde und gibt dort auch Konzerte (JU5:47); und der Schützenverein befeuert das jährliche Osterfeuer mit den Weihnachtsbäumen der Gemeinde und spendet im Gegenzug Geld an die Gemeinde (JU5:49). Fast alle Kooperationen im kulturellen Bereich sind eher projektgebunden: Die Gemeinde arbeitet zu spezifischen Projekten, Veranstaltungen oder Festen mit anderen Kulturträgern oder Vereinen zusammen, ohne diese Zusammenarbeit jedoch darüber hinaus auszuweiten.

Im Bereich der Jugendarbeit besteht eine sehr enge Kooperation mit den örtlichen Schulen und hier insbesondere mit einer Grundschule, mit der die Gemeinde gemeinsam die Nachmittagsbetreuung der Schülerinnen und Schüler durchführt. Aus Sicht der Schulleitung profitieren Kirche und Schule beiderseits stark von dieser Vernetzung. Für die Schule bestehe die Möglichkeit, auf bereits vorhandene Strukturen zurückzugreifen:

> *»Mit der Einführung der Ganztagsschule brauchten wir einen Partner, und das ist eigentlich damals entstanden. Auf Initiative auch der Kirchengemeinde hin. Aber auch wir hatten beide Kirchen angesprochen. Die katholische hatte abgewinkt. Das war noch eine Zeit, als es noch keine Strukturen gab, wie so etwas aussehen kann. Wir brauchten einen Träger. Und es gab zwar Alternativen. Also, man macht selber einen Förderverein oder man geht ran an einen Partner, der vor Ort ist. Denn die Kirchengemeinde hatte ja eine Infrastruktur, die auch für uns interessant ist. Mit einem Jugendzentrum eben dazu. Das war eigentlich ideal.«* JU3:15

Im Gegenzug profitiert die Gemeinde von einer Belebung des eigenen Jugendzentrums:

> *»Die Kinder nutzen das Jugendzentrum. Freitags nach dem Unterricht komplett. [...] Donnerstags sind kleine Kinder, die hier in der Turnhalle tanzen und Angebote eben nutzen. Und die gesamte Ferienbetreuung wird hier [in der Kirchengemeinde, d. Verf.] abgewickelt. Und nicht in der Schule. Das wird dann vernetzt mit den anderen Angeboten, die hier im Rahmen von Ferienfreizeit oder auch im Ferienangebot angeboten werden für die ... unserer Kinder. [...] Und das ist dann eben so eine Zusammenführung aller Dinge. Und das ist absoluter Energiefaktor für das Jugendzentrum natürlich, weil wirklich sehr viele Teilnehmer da sind. Lässt auch Möglichkeiten, umfassender Planungen durchzuführen, größere Angebote zu machen. Und viele Kinder fahren eben auch auf den Ferienfreizeiten mit. Ich würde mal sagen, dass wirklich ein Drittel aus dem Schulbestand kommt. Darüber hinaus gibt es dann noch so Veranstaltungen in der Schule, die dann wieder hier stattfinden. Wie ein Theaterprojekt, das dann hier durchgeführt wird, also die Aufführung.«* JU3:19

Über die Schulen im Ort hinaus bestehen vergleichsweise wenig Vernetzungen im Bereich der Jugendarbeit, was aber vor allem darauf zurückgeführt wird, dass es im Ort so gut wie keine anderen Träger für Jugendarbeit gibt, mit denen eine Vernetzung möglich wäre (JU4:43).

ABBILDUNG 12 **Zivilgesellschaftliches Netzwerk der Juniagemeinde**

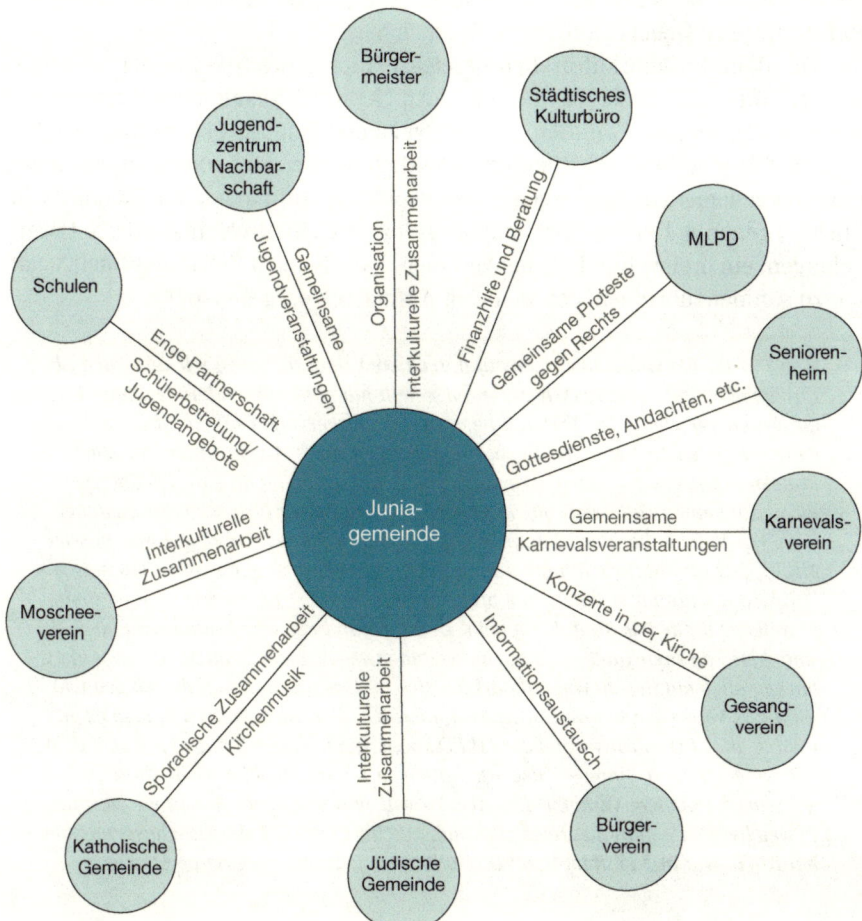

Zusätzlich zu diesen beiden inhaltlichen Schwerpunkten im Bereich der Kultur und Jugend, ist die Gemeinde Teil eines interkulturellen Netzwerkes im Ort. Im Bereich dieser interkulturellen Arbeit sei in den letzten Jahren ein eigener »Akzent« der Gemeindearbeit entstanden (JU5:15), der aber überwiegend an einer Hauptamtlichen der Gemeinde hänge (JU6:35). Kern dieser Arbeit ist der »interkulturelle Stammtisch«, an dem Vertreter aus Politik, Vereinen und verschiedenen Religionen aus dem Ort zusammenkommen (JU6:11). So ist mittlerweile eine enge Kooperation mit der muslimischen Gemeinde im Ort entstanden, aber auch mit der jüdischen und der katholischen Gemeinde. Mit letzterer gebe es allerdings kaum institutionelle Zusammenarbeit, was auch auf eine gewisse Binnenorientierung der katholischen Gemeinde zurückgeführt wird (JU6:11). Dabei geht es bei dieser interkulturellen Arbeit nicht nur um eine Vernetzung als Selbstzweck, sondern es werden auch gemeinsame Aktionen organisiert, wie zum Beispiel ein interkulturelles Fest oder ein Friedensmarsch, bei dem die Teilnehmer von Gebetsstätte zu Gebetsstätte im Stadtteil ziehen.

Vor allem im interkulturellen Bereich wird deutlich, dass es der Gemeinde gelingt, unterschiedliche Partner in einem Netzwerk zusammenzubringen und so eine integrierende Funktion für den Ort zu erfüllen. Als besonderes Ereignis, an dem dieser verbindende Charakter deutlich wurde, wird von einem Befragten eine Gegendemonstration gegen einen geplanten Aufmarsch von Neonazis im Stadtteil genannt. Der Kirchengemeinde ist es durch ihr diversifiziertes Netzwerk gelungen, ein breites Bündnis aus Vereinen, Parteien und Religionsgemeinschaften zusammenzubringen, das sich dem Aufmarsch entgegenstellte.

>»Die [...] Rechte wollte also hier aufmarschieren und da haben wir uns auch als Kirchengemeinde sehr massiv entgegengestellt mit einer Protestkundgebung. Und da hatten wir eigentlich Verbindungen in den Bürgerverein hinein, also in diese ganz bürgerlichen Gruppierungen, die eigentlich auch Angst hatten vor solchen Protesten. Die gesagt hatten: ›Wir machen das nur, wenn ihr da ganz friedlich seid. Wenn auf keinen Fall etwas blockiert wird.‹ Da hatten wir also Kontakte zu denen, gute. Wir hatten aber auch Kontakte in die anderen Bereiche rein. [...] Also mit der MLPD, [...] und natürlich auch durch die Jugendarbeit zu ganz vielen Libanesen. [...] Also wir hatten wirklich eine breite, breite, breite –, da merkte man erst mal, in welcher Breite wir Kontakte haben. Und das fand ich sehr beeindruckend. [...]. Und das –, da sagte auch –, da hat man einfach gespürt, der Stadtteil hat über alles hinweg auch ein Gefühl von Solidarität. Also in dieser Situation habe ich gedacht: ›Und das Verbindende waren wir.‹ Also, fand ich jetzt. Also was wir –, also es gibt wenige, die SPD würde nie mit der MLPD kooperieren. Und wir haben ja auch nicht mit denen in dem Sinne –, also wir hatten ja keine offizielle Kooperation, aber wir waren trotzdem vernetzt. [...] Also es war wirklich –, da haben wir gespürt, in welcher Weite man da etwas zusammengeführt hat. [...] Die Moscheegemeinde natürlich, war auch mit im Boot. Die sollte man ja nicht vergessen.« JU5:19

4.5.6 ZWISCHENFAZIT: KIRCHENGEMEINDE ALS KULTURZENTRUM?

Es ist sicherlich nicht falsch, die Juniagemeinde als eine erfolgreiche Kirchengemeinde zu bezeichnen. Das zeigt sich z. B. an den gutbesuchten Kulturevents und Konzerten; aber auch in der erfolgreichen Jugendarbeit oder der breiten zivilgesellschaftlichen Vernetzung der Gemeinde im Ort. Dass es der Gemeinde gelingt, dieses umfangreiche Angebot in einem Stadtteil aufrechtzuerhalten, der als »schwierig« gilt, ist umso bemerkenswerter. Für die lokale Zivilgesellschaft erfüllt die Kirchengemeinde dabei vor allem eine Integrationsfunktion, indem sie Menschen zusammenbringt oder zur engeren Vernetzung der zivilgesellschaftlichen Akteure vor Ort beiträgt. Besonders deutlich wird dies etwa an der interkulturellen Vernetzung, die maßgeblich durch die Kirchengemeinde in Zusammenarbeit mit anderen Akteuren im Ort aufgebaut wurde. Im Bereich der Jugendarbeit kompensiert die Gemeinde darüber hinaus die fehlende kommunale Jugendarbeit durch ein eigenes offenes Jugendzentrum und eine Vielzahl an Angeboten und ist somit eine wesentliche Stütze der lokalen Zivilgesellschaft.

Am Fall der Juniagemeinde wird jedoch auch sichtbar, dass die integrative Reichweite der Kirchengemeinde begrenzt bleibt. Durch die Veranstaltungen und Aktivitäten erreicht man letztlich nur einen kleinen Teil der Bevölkerung: die bürgerlichen, alteingesessenen und tendenziell kirchennahen Menschen. Diese Mittelschichtsprägung ist sicherlich kein Alleinstellungsmerkmal der Juniagemeinde, aber sie wird in einem Stadtteil, in dem ein Großteil der Bewohner nicht der Mittelschicht angehört, besonders deutlich.

Es konnte aber auch gezeigt werden, dass in vielen Bereichen eine Angebotserweiterung und Aktivitätsverschiebung der Kirchengemeinde stattgefunden hat: Statt Bibelkreise, Bachkantaten und Gottesdienste verlagert sich die Gemeindearbeit auf Theatergruppen, Rockorchester und interkulturelle Abende. Auf der einen Seite sichert diese Angebotsverschiebung der Kirchengemeinde ihre soziale Relevanz im Ort, da die klassischen kirchlichen Angebote immer weniger nachgefragt werden. Auf der anderen Seite wird von den Befragten beklagt, dass vor allem durch die Vielzahl an kulturellen Events die eigentliche religiöse Funktion der Gemeinde überlagert wird. Die Kirche unterscheidet sich immer weniger von einem reinen Kultur-, Jugend- oder Veranstaltungszentrum, das zwar wesentliche, soziale und kulturelle Funktionen für den Stadtteil übernimmt, dessen religiöse Prägung aber von außen kaum noch erkennbar ist. Die Kirchengemeinde befindet sich hier in einem Dilemma: Ohne die Veränderung und Öffnung des klassischen kirchlichen Angebotsspektrums würde sie vermutlich langfristig noch deutlicher an Mitgliedern verlieren, als es ohnehin schon der Fall ist; gleichzeitig führt die Öffnung des Angebotsspektrums aber perspektivisch zu einer Verwischung des eigentlichen kirchlichen Auftrages der Verkündigung. Überspitzt formuliert: Anstatt sich um die Armen, Einsamen und Fremden im Stadtteil zu kümmern, veranstaltet die Kirche Rockkonzerte, um den drohenden Niedergang in die soziale Bedeutungslosigkeit abzuwenden.

Das Gebiet der Juniagemeinde entspricht genau einem Stadtteil, und zumindest die »angestammten« Bewohner dieses Stadtteils bezeichnen sich auch entsprechend. Von daher kann man von einem *Sozialraum* sprechen. Dieser scheint jedoch in sich unterteilt zu sein, sowohl geographisch – durch die Bahntrasse, die den Stadtteil durchschneidet – wie auch sozial, wobei beides eine gewisse Deckung aufweist. Im Hinblick auf die drei Perspektiven der *Heuristik nach Young* (vgl. oben Kapitel 2.4) agiert die Gemeinde am stärksten im Sinne des Kommunitarismus, indem sie durch ihr Kulturprogramm und in der Jugendarbeit Möglichkeiten der Begegnung und Vergemeinschaftung schafft, die über den Kreis der Gemeindeglieder hinausreichen. In der interkulturellen Arbeit und durch vereinzelte politische Aktionen drückt sich ein liberales Element aus, wie sich auch republikanische Ansätze zeigen. Abschottungstendenzen sind nicht zu erkennen. Inwiefern jedoch die normativen Grundlagen kommuniziert werden, ist wenig erkennbar. Dies berührt auch ihre *zivilgesellschaftliche Relevanz* gemessen an den drei Dimensionen Angebote, Vernetzung und Wahrnehmung (vgl. oben Kapitel 3.2). Die Angebote sind zweifellos universell ausgerichtet, die Vernetzung weist deutlich über die Gemeinde hinaus in den Sozialraum. Durch andere Akteure wird die Gemeinde wahrgenommen und geschätzt als gesellschaftlich integrierende Kraft und in der Jugendarbeit auch als diakonisch tätige Einrichtung; als religiöser Akteur wird sie jedoch nicht gesehen. Die *internen Faktoren* (Selbstwahrnehmung als Kirche mit Kulturveranstaltungen, die auf den Stadtteil zugeschnitten sind; durch kürzlich erfolgte Fusion in einem Findungsprozess) wie *externen Faktoren* (ungünstiges soziodemographisches Profil, Armutszuwanderung, von der Stadt »vergessener« Stadtteil mit hohem Sanierungsdruck) erfordern das zivilgesellschaftliche Engagement. Dieses funktioniert allerdings ausschließlich in nicht-religiöser Hinsicht. Wie bei der Markusgemeinde (vgl. oben Kapitel 4.1) droht hier der Verlust des religiösen Profils, allerdings bei grundsätzlich anderen Ausgangsbedingungen. Die von einigen Befragten vertretene Idee, diese Angebote als »Lockangebote« zu nutzen, geht selbst nach eigener Aussage nicht auf: Die religiöse Vitalität im Ort kann durch die zivilgesellschaftliche Arbeit nicht gesteigert werden. Die Popularität aber sehr wohl.

4.6 Priscagemeinde: Zivilgesellschaftliches Engagement aus gesellschaftlicher Verantwortung

4.6.1 SOZIALRAUMBESCHREIBUNG: EIN STADTTEIL UNTER WACHSTUMSDRUCK

Soziodemographisches Profil

Das Gebiet der Priscagemeinde erstreckt sich über mehrere Stadtteile einer ostdeutschen Großstadt. Den größten Teil der Fläche stellt der Stadtbezirk Prisca-Mitte (ca. 70 % der Bevölkerung im Gemeindegebiet), einen kleineren bildet Prisca-Süd (ca. 24 % der Bevölkerung) und weitere 6 % der Bevölkerung des Gemeindegebiets wohnen im südlichen Prisca-Ost. Insgesamt lebten Ende 2016 in diesem Bereich 26.048 Personen, von denen 15,8 Prozent einen Migrationshintergrund aufwiesen, 10,1 Prozent hielten einen ausländischen Pass.[37] Die Stadtteile liegen alle zentrumsnah. Im Vergleich zur Gesamtstadt ist die Bevölkerung etwas jünger, der Altenquotient deutlich niedriger. Da einzelne statistische Daten nur für die Gesamtbezirke vorliegen, sind in Tabelle 13 die Vergleichszahlen für die Gesamtstadt, den Bezirk Prisca-Mitte, von dem 100 Prozent im Einzugsgebiet der Priscagemeinde leben, und von Prisca-Süd, wo 69 Prozent im Gemeindegebiet leben, dargestellt. Die Daten für den Bezirk Prisca-Ost werden hier nicht gesondert ausgewiesen, da zum einen gerade einmal 11 Prozent der Bevölkerung im Gemeindegebiet leben, zum anderen der Teil von Prisca-Ost, der zur Priscagemeinde zählt, nicht als typisch für den Bezirk gelten kann: sehr viel Gewerbe verschiedener Art und auch Teile des Rotlichtviertels.

Im Zeitraum von 2011 bis 2016 nahm die Bevölkerung in der Gesamtstadt um 11,9 Prozent zu, im dichter besiedelten Prisca-Mitte etwas unterdurchschnittlich um 9,5 Prozent, in Prisca-Süd etwas überdurchschnittlich um 13,9 Prozent. Betrachtet man jedoch einen etwas längeren Zeitraum, nämlich die Jahre 2000 bis 2016, fällt das Bevölkerungswachstum deutlich zugunsten der beiden innerstädtischen Bezirke Prisca-Mitte und Prisca-Süd aus mit einem Anstieg der Bevölkerung um 53,7 Prozent bzw. 45,5 Prozent, während die Stadt insgesamt über diesen Zeitraum 20,7 Prozent mehr an Einwohnern gewinnen konnte. Diese neuen Einwohner zogen in eine prosperierende Gegend: Die Anzahl sozialversicherungspflichtiger Beschäftigungsverhältnisse stieg allein im 5-Jahres-Zeitraum 2011 bis 2016 um 16,8 Prozent (Prisca-Mitte) beziehungsweise 32,8 Prozent (Prisca-Süd), in der Stadt insgesamt um 22,8 Prozent, die Zahl der Arbeitslosen ging entsprechend um 20 bis 25 Prozent zurück. Die SGB-II-Quote liegt im Gemeindegebiet deutlich unter dem städtischen Durchschnitt.

---

[37] Im Gebiet der Kirchengemeinde befinden sich eine Einrichtung zur Erstaufnahme für Asylsuchende sowie ein weiteres Wohnheim.

Die Zuwanderung ist keine reine Arbeitsmigration. Wie an den Haushalts-
größen und der deutlichen Steigerung der Plätze in Kindertageseinrichtungen sowie der Schülerzahlen deutlich wird, ist es auch eine Familienzuwanderung. Die
Menschen kommen, um zu bleiben. Der Zuzug steht für eine gewisse Dynamik,
die in der geschilderten Größenordnung durchaus zur Herausforderung werden
kann. Andererseits scheint der Zuzug mit Charakteristika des Stadtgebietes zu
korrespondieren, die dieses bereits seit dem 18. Jahrhundert prägen.

Tabelle 13 Gebiet der Priscagemeinde

Zahlen & Fakten 2016			
	PM	PS	Stadt
Einwohner	18.269	8.963	
Einwohnerdichte (pro km²)	9.354	7.081	1.976
Jugendquote	21,9	17,9	20,3
Altenquote	20,9	25,5	31,1
Durchschnittsalter (in Jahren)	39,3	40,2	42,6
Personen mit Migrationshintergrund (%)	14,8	20,9	13,4
Ausländeranteil (%)	9,1	14,9	8,9
Entwicklung seit 2011			
Bevölkerung (%)	+9,5	+13,9	+11,9
Sozialversicherungspf. Beschäftigte (%)	+16,8	+32,8	+22,8
Arbeitslose (%)	-20,4	-24,9	-23,3
SGB-II-Quote			
% der Bevölkerung (2016)	9,9	8,0	15,0
Haushalte			
Einpersonen-Haushalte (%)	53,8	56,6	53,6
2-Personen-Haushalte (%)	26,2	27,1	28,6
3-und-mehr-Personen-Haushalte (%)	20,0	16,3	17,8
Bildung			
Plätze in Kindertageseinrichtungen	847	456	26.951
Veränderung zu 2011 (in %)	+55,7	+99,1	+34,5
Schüler gesamt (2015/16)	2.269	665	45.729
Veränderung zu 2010/11 (in %)	+52,2	+14,7	+24,7

Schüler Grundschulen	862	--	17.943
Veränderung zu 2010/11 (in %)	+27,9	--	+21,7
Schüler an Gymnasien	819	665	13.983
Veränderung zu 2010/11 (in %)	+20,2	+14,7	+24,9
Ärzte/Apotheken			
Niedergelassene Ärzte	36	23	1.139
Apotheken	5	2	135

Quellen: online verfügbare kleinräumige Daten des statistischen Amtes der Stadt, z. T. eigene Berechnungen; Sonderauswertungen des statistischen Amtes für die Autoren; Sozialreport der Stadt 2017

Bürgerlich wohlhabend – mit Einsprengseln
Prisca-Mitte, das als Bauerndorf vor den Toren der Stadt entstand, »war bereits seit Mitte des 18. Jahrhunderts beliebter Sommerwohnsitz sowie Ausflugsziel mit Gastronomie« (Ortschronik von 2015). Ab dem späten 19. Jahrhundert bestand eine Straßenbahnanbindung; dieses »Alt-Dorf« war zu der Zeit aber schon mit der Stadt »verwachsen«. Als bäuerliches Dorf mit der entsprechenden Bebauung im 14. Jahrhundert entstanden, änderte sich das äußere Erscheinungsbild über die Jahrhunderte deutlich[38]. So wurden ab dem 18. Jahrhundert größere bäuerliche Anwesen zu herrschaftlichen Landsitzen des städtischen Bürgertums umgestaltet. Näher zum Stadtzentrum hin entstanden im 19. Jahrhundert klassische Gründerzeitbauten – wie auch in Prisca-Süd; und entlang der beiden Flüsse, die die Stadt durchqueren, entstanden um die Wende zum 20. Jahrhundert auf zahlreichen Villengrundstücken großzügige Häuser, die noch heute stehen. Die Industrialisierung wirkte sich auf das »Alt-Dorf« insofern aus, als der hiermit verbundene Zuzug zwar die Bevölkerungsdichte erhöhte, gewerbliche Industrieansiedlungen sowie Wohnanlagen für die Arbeiterschaft jedoch vor den Grenzen des Bezirks haltmachten. In »Alt-Dorf«, dem heutigen Prisca-Mitte, gab es lediglich eine Brauerei und eine Schokoladenfabrik.

Diese grundlegend bürgerliche Ausrichtung hat der Stadtteil beibehalten. Zwar wurde die Bausubstanz zu DDR-Zeiten nicht gepflegt, in den knapp 30 Jahren nach der Vereinigung aber zu großen Teilen wieder hergerichtet, z. T. auf sehr hohem Niveau. Heute ist der größte Teil von Prisca-Mitte hochpreisiges Wohnquartier mit der entsprechenden Bevölkerung. In den Interviews wird der Stadtteil Prisca-Mitte durchgehend als gutbürgerlich beschrieben, mit einer Bevölkerung, deren Einkommen überdurchschnittlich sei. Das Stadtgebiet ist:

---

[38] Zu Teilen allerdings nicht ganz freiwillig: Der Ort wurde in kriegerischen Auseinandersetzungen mehrfach niedergebrannt.

»... im Vergleich zu anderen [...] Stadtteilen eher hochpreisig. Und entsprechend ist
das auch das Klientel, was hier wohnt.« PR12:5

»... da gibt es auch direkt Gründerzeit-Architektur-Führungen, wo die Leute gerne
herkommen und sich das ansehen, das merkt man schon. Es sind auch viele kleine,
mittlere, naja, eher kleine Firmen in dem Spektrum [...] Medien und anderes [...]
handwerklich wenig Firmen. Sagen wir mal: eher höherwertige Büros.« PR4:27

»... insofern, dass unser Einzugsgebiet hier in Prisca-Mitte eine Vielzahl von Ein-,
Zweifamilienhäusern beinhaltet, die zum Teil von [Orchester]musikern und von
anderen Musikern und Künstlern und so bewohnt werden.« PR2:13

Zentrale Merkmale dieser Beschreibung sollen auch für Prisca-Süd gelten, zumindest für den Bereich, der im Einzugsgebiet der Kirchengemeinde liegt – die
Bebauung ist im Wesentlichen sehr ähnlich, wie auch die Infrastruktur.

Aus diesem einheitlichen, gutbürgerlichen Erscheinungsbild fallen einige
Straßenzüge jedoch (noch) ein wenig heraus. Neben wenigen, über den Bezirk
verstreut liegenden kleineren Genossenschaftswohnanlagen werden zwei Bereiche, die an der Grenze zu anderen Stadtteilen liegen, in den Expertengesprächen
mehrfach erwähnt. Eines der Gebiete liegt in Prisca-Mitte um eine Hauptverkehrsachse, einer großen Ausfallstraße, die im Einzugsgebiet der Priscagemeinde
beginnt und mit der nördlich gelegenen S-Bahntrasse ein Gebiet einschließt, das
durch eine eigenwillige gemischte Bebauung gekennzeichnet ist. (PR15:3) Der
andere Bereich in Prisca-Süd erstreckt sich von der Prisca-Kirche in Richtung
Hauptbahnhof.

»Prisca-Süd und Mitte. Das ist ein sehr bürgerliches Milieu, Bildungsbürgertum,
Universitätsangehörige, Firmen, Institute. Also so in diesem sehr bildungsbürgerlichen Spektrum, auch materiell, soweit man das von außen sieht, gut ausgestattet.
Dann gibt es so Randbereiche nördlich der [Haupt]-Straße und [Berliner]-Straße,
wo das auf jeden Fall nicht so zutrifft. Das würde ich dann eher als kleinbürgerlich
bis Arbeitermilieu bezeichnen.« PR1:14

Dieses weniger Bürgerliche betrifft zum einen Wohnsiedlungen, die noch zur
DDR-Zeit gebaut und mit »verdienten« Werktätigen belegt wurden, zum anderen
bislang nicht sanierte Altbauten aus der Gründerzeit, in denen zu günstigen Kon-
ditionen noch weniger zahlungskräftige, alteingesessene Mieter und Immigranten leben, z. T. auch Familien Geflüchteter zugewiesen wurden. In der südlichen
Verlängerung dieser Hauptverkehrsachse, in Prisca-Süd, befindet sich ein Wohnheim für Geflüchtete mit 370 Plätzen (PR16:7). Das Gemeindegebiet reicht im
Süden nahe an den Hauptbahnhof heran, so dass auch in dieser Gegend manche
weniger gutbürgerlichen Phänomene aufscheinen.

*»In Richtung Bahnhof ist es natürlich ein bisschen kontrastreich [...], die [Süd]
straße hier in der Nähe [ist früher schon] Schwerpunkt der Prostitution gewesen.
Und das ist auch bis heute noch nicht so ganz erloschen. Also man betreibt das
nicht mehr so offensichtlich wie es sich kurz nach der Wende mit dem Drogenhan-
del und Prostitution halt entwickelt hatte, aber man sieht immer mal noch an der
Straßenecke diverse Geschäfte oder auch die Freier hier um die Ecke fahren. Also
manchmal erstreckt sich das auch bis zu uns hier vor die Tür. [...] zum Teil halten
sich auch prostituierte Damen, zu denen wir hin und wieder Kontakt haben, hier
auch in der Nähe auf. Gehen hier auf Freierstour, aber das ist alles noch in einem
Rahmen, wo überschaubar ist.«* PR10:18

Die kleinen »Einsprengsel« an den Rändern des Gemeindegebietes tun der gutbürgerlichen Prägung keinen Abbruch. Das Gebiet wird als ruhig gekennzeichnet,
mit einer hohen Wohn- und Lebensqualität und einer guten Infrastruktur. Hinzu
kommt, dass auch die Hauptverkehrsachse selbst sich während der letzten Jahre
deutlich zum Positiven verändert hat und weiterhin in der Entwicklung ist. Von
kommunalpolitischer Seite wird hervorgehoben, dass es im Unterschied zu anderen Stadtteilen keine Brennpunkte und noch nicht einmal Brennpunktthemen
gibt, die Kriminalitätsrate zu den niedrigsten der ganzen Stadt gehört.

Ein Stadtteil kooperierender Vereine und Initiativen
Politisch, wie die Stadt sich bereits in der DDR zeigte, ist sie auch heute noch.
Es macht den Eindruck, als wäre der Schwung der Wendemonate 1989 in das
neue Jahrtausend und darüber hinaus weitergetragen worden. Dies schlägt sich
nieder in einer Vielzahl an Vereinen und Initiativen, welche die städtische Politik
kritisch, aber auch unterstützend begleiten. Manche sind bezogen auf einzelne
lokale Problemlagen, andere verstehen sich als Zentren mit eigenem kulturellen
und sozialen Angebot, sind aber auch aktiv in der Koordination und/oder Unterstützung anderer Gruppen und bieten Räume, die kleinere Initiativen und Vereine
für Veranstaltungen, regelmäßige Termine u. Ä. nutzen können. Bürgervereine,
die sich sowohl um Ortsgeschichte und Brauchtumspflege sowie um behutsame
Stadtentwicklung bemühen, sind gut verankert. Auf dem Gebiet der Priscagemeinde gibt es einen recht aktiven Bürgerverein und ca. 100 Meter jenseits des
Gemeindegebietes ein Kulturzentrum, dessen Räume von rund 25 Vereinen, Initiativen und privaten Anbietern aus dem Kultur-, Freizeit- und Sozialbereich
genutzt werden. Zwei weitere Kulturzentren gibt es jeweils ca. einen Kilometer
von der Gemeindegrenze entfernt in nördlicher wie in nordöstlicher Richtung.
Der seit 1992 bestehende Bürgerverein hat mehrere thematische Arbeitsgruppen,
hat eigene Projekte und arbeitet mit anderen Initiativen zusammen. In seinem
eigenen Ladenlokal bietet er feste

*»Sprech- und Öffnungszeiten [...] an. Zu sagen: Wenn es Anliegen gibt, tragt die
an uns heran, und wir schauen, wie wir dann damit umgehen können.«* PR7:23

Besonders um zwei genuin stadtteilbezogene Themen herum haben sich Initiativen gebildet: Verkehr und Entwicklung der Hauptverkehrsachse.

> *»[Wir haben] eine Arbeitsgruppe Verkehr und Mobilität, die sich nicht nur speist aus Mitgliedern, was gut ist, sondern eben auch aus solchen Akteuren, die dann gesagt haben: Wir gehen da jetzt zu dem Bürgerverein mit. Weil es natürlich auch eine Frage von Durchsetzungsfähigkeit ist, von: Wie werde ich gehört?«* PR7:17

Ein Beispiel für eine solche Zusammenarbeit mit der Absicht, die Durchsetzungsfähigkeit zu erhöhen, zeigt die Kooperation mit einer Gruppe, die Projekte im Rahmen von Community Organizing anregt und die durch die Zusammenarbeit mehrerer benachbarter evangelischer Kirchengemeinden ins Leben gerufen wurde.

> *»Oder ob es eben zum Beispiel die Fahrrad-Demo ist, um zu erreichen, dass die Stadt da endlich aktiv wird. Da hat sich ja auch viel getan und da ist zum Beispiel auch eine intensive Zusammenarbeit gewesen mit dem Bürgerverein [...]. Da sind auch andere noch beteiligt. Also, es gibt noch eine Initiative, die heißt ›Lärm und Staub‹, mit denen arbeiten wir auch schon seit Jahren, wenn es um verkehrstechnische Themen geht, zusammen. Das ist eine Bürgerinitiative.«* PR13:18

Zur Initiative im Bereich Community Organizing findet man auf der Internetseite des Bürgervereins einen direkten Verweis, mit der Initiative »Lärm und Staub« bestehen ebenfalls Kontakte der Verkehrs-AG des Bürgervereins. Verkehr ist auch ein Thema im Hinblick auf die oben bereits erwähnte Hauptverkehrsachse, die hinsichtlich der sozioökonomischen Struktur eine Besonderheit in dem Gebiet darstellt und durchaus auch politisch bedeutsam erscheint. Im Rahmen des städtischen Entwicklungsprogramms wurde auch die Straße zu einem Fördergebiet.

> *»... was hier [...] eine sehr große Rolle spielt [...], ist überhaupt das Thema Verkehr [...] hier sehr markant durch die [Haupt]-Straße. Und da gibt es [...] Akteure, die von der öffentlichen Seite unterstützt werden, um das Thema zu spielen, um hier den Fuß drin zu haben. Da ist zu erwähnen das [Hauptverkehrsachsen]Management, [...] die haben hier ein Büro an der [Haupt]-Straße. Die sich einfach darum kümmern, wie die Straße aufgewertet werden kann. [...] vor fünf Jahren [...] war [diese Gegend] durch enormen Verfall und Leerstand [...] gekennzeichnet. Keine Gewerbe in dem Sinne. So kleine, vielfältige Läden. [...] auch nicht die klassischen Ärzte oder Rechtsanwaltspraxen oder so was.«* PR7:17

Auch dieses durch Stadt, Land und Bund geförderte Projekt bietet eine Plattform für die Koordination einer Vielzahl an Initiativen und gruppenspezifischer Zusammenschlüsse, wie z. B. die Unternehmer entlang der Straße, Eigentümer, Frauennetzwerk, Gründer. Neben der Internetplattform gibt es ein Informationsbüro, es gibt Wirtschafts- und Eigentümerberatung wie auch Projektförderung.

Über die Anträge zu Letzterer entscheidet ein Gremium »aus engagierten Vertretern der Bürgervereine, Vertretern sozialer Träger, ansässigen Händlern, Immobilieneigentümern und Bürgern aus dem Umfeld der [Haupt]-Straße« (Selbstdarstellung im Internet), also von Menschen, die entlang der Hauptverkehrsachse leben und arbeiten. Dieses Projekt bezieht sich zwar auf einen begrenzten geographischen Raum, der aber nicht identisch mit einem Stadtteil ist, sondern sich entlang der Straße zieht, die mehrere Stadtteile durchquert. Für den Stadtteil direkt ist von daher die Kooperation von Bedeutung.

»Weil der [Hauptverkehrsachsen]Rat, wie der Name schon sagt, konzentriert sich so ein bisschen auf die [Haupt]-Straße, und der Bürgerverein [...] ist für den ganzen Stadtteil zuständig. Und da schaut man, wie man kooperiert. Wie jeder so seine Schwerpunkte hat. [...] da guckt man, wie man gemeinsam [...] sich die Bälle zuspielen kann.« PR7:17

Zwischen gewachsener Struktur und neubürgerlicher Urbanität – Probleme extensiven Wachstums
Eine Interviewpartnerin, die zur Priscagemeinde gehört, aber am Rande in einem noch wenig modernisierten Gebiet lebt, beschreibt die Nachbarschaft folgendermaßen:

»... typisch für die Bewohnerstruktur ist hier, dass es schon sehr vernetzt ist, die Menschen sich gut kennen, die wohnen hier alle sehr, sehr lange. Es gibt in der Nähe der [Haupt-]Straße [...] kleinere Wohnungen und Häuser, während hier oben große Wohnungen sind. [...] hier wohnen in drei Häusern nebeneinander, ich kann jetzt hier von meinen Wohnhäusern reden, über 30 Kinder. Und das macht ganz viel, wie hier das Miteinander ist. Das ist eine ausgeprägte Nachbarschaftskultur [...].« PR13:16

Ein Bevölkerungswachstum von über 50 Prozent innerhalb von 15 Jahren, bzw. von 20 bzw. 25 Prozent innerhalb von 5 Jahren in einem sowieso bereits dicht besiedelten Gebiet, hinterlässt zwangsläufig Spuren, die sozialwissenschaftlich unter dem Thema Gentrifizierung seit längerem diskutiert werden. Man kann an der Angemessenheit dieses Begriffs für einen von je her bürgerlich geprägten Stadtteil zweifeln, was aber von nahezu allen Interviewpartnern thematisiert wird, sind die Hochpreisigkeit neuer und sanierter Häuser und Wohnungen wie auch der starke Zuzug einer Bevölkerung, die sich diese Mieten oder auch Kaufpreise leisten kann. Damit einhergehende mögliche soziale Verwerfungen werden hingegen nur vereinzelt thematisiert.

»... mit zunehmenden Vermietungen und Renovierungen der ganzen Leerstände hat es ja auch einen gewissen Zuzug gegeben. Da hat man schon gemerkt, hier entsteht ein Gefälle. Welche, die in noch unsanierten Immobilien wohnten aufgrund ihres Einkommens, und die dann dazu gezogen sind in so teilweise wirklich luxussanierte Immobilien. Da hat man plötzlich Konfliktpotenzial gehabt, was man vorher nicht hatte.« PR7:17

Was hier zunächst als Arbeitsgebiet des [Hauptverkehrsachsen]-Managements im Rahmen der Stadtentwicklung beschrieben wird, spielt sich auch in kleinerem Maßstab mit spezifischen Investitionsprojekten ab. Seien es renovierte Luxuswohnungen, von denen Häuserensembles dann unter einem bestimmten Titel vermarktet werden (PR7:17), der Ausbau von alten Gewerbegebäuden zu Lofts (PR17:7) oder der Umbau von Kasernen zu hochwertigen Wohnungen (PR9:13).

>*Die neu renovierten Luxuswohnungen bekommen auch teilweise merkwürdige Namen. [...] man kann sagen, man wohnt im [Nachtigallen]-Viertel und zahlt eine Kaltmiete pro Quadratmeter von zwölf Euro. Was in [dieser Stadt] dann schon das obere Drittel ist. Und ich glaube, da steckt dann auch eine gewisse Erwartung oder ein Anspruch – Ich wohne jetzt im [Nachtigallen]-Viertel – dahinter, der dann halt manchmal kollidiert mit den Nachbarimmobilien oder Nachbarteile des Stadtteils, die eben noch nicht luxussaniert sind. [...] wo der Späti einfach dann nicht ins Bild passt. Weil dann die Jugendlichen am Wochenende zu bestimmten Uhrzeiten oder zu späten Uhrzeiten halt dann davorsitzen in dem Park, der nebenan ist, und dann ihre Bierflaschen stehen lassen. Das passt dann nicht zu dem Anspruch, wenn ich im [Nachtigallen]-Viertel wohne. [...] da sind Reibungsflächen da, wo man einfach sensibel dafür sein muss, dass es nicht wie im Nachbarstadtteil hier von Prisca-Mitte zu wirklichen Konflikten führt. Weil der supersanierte [...] zentrale Platz im Stadtteil dazu geführt hat, dass die Aufenthaltsqualität für Leute gestiegen ist, die dann dort eben aufgrund ihrer Lebenssituation Zeit verbringen. [...] da hat man enorme Konflikte bis hin zu Diskussionen um Alkoholismus auf diesem öffentlichen Platz. Oder überhaupt Alkoholkonsum.«* PR7:17

Andererseits war zumindest Prisca-Mitte schon immer ein »Mischgebiet, teilweise mit Einfamilienhäusern, die auch eine alte Struktur haben« (PR13:14).

Eine repräsentative Bevölkerungsumfrage[39], die im Gebiet der Priscagemeinde durchgeführt wurde, kann ein wenig Aufschluss darüber geben, wie die breitere Bewohnerschaft den Zusammenhalt einschätzt. Dabei gibt es durchaus erwartbare Unterschiede entsprechend der Dauer, die jemand bereits dort wohnt, aber auch zwischen den Stadtteilen bzw. Stadtteilsegmenten, die im Gemeindegebiet liegen. In Prisca-Mitte sind 36 Prozent der Ansicht, der Zusammenhalt sei sehr gut oder eher gut, in den Straßenzügen von Prisca-Süd, die zum Gebiet der Kirchengemeinde gehören, sind es lediglich 21 Prozent (vgl. Abb. 13). Dort gibt über die Hälfte der Befragten an, dass der Zusammenhalt »mittel«-gut sei, in

---

[39]   Die Befragung wurde durchgeführt von Februar bis April 2018. Als repräsentative Befragung angelegt, sind in die Population der Befragung auch Bewohner der Flüchtlingsunterkünfte im Gemeindegebiet eingegangen. Da diese unter besonderen Bedingungen leben, sich ihren Wohnort nicht frei wählen konnten und vermutlich auch nicht im Stadtteil bleiben werden, sollten ihre Angaben nicht in diese Darstellung eingehen. Da der Status als Geflüchteter nicht erhoben wurde, musste hierfür eine Hilfskonstruktion dienen: Nicht berücksichtigt wurden hier Personen, die keine deutschen Staatsbürger sind und zugleich weniger als 4 Jahre in dem Gebiet wohnen, also frühestens 2015 zugezogen sind. Dies sind insgesamt 48 Personen.

Prisca-Mitte sind dies rund 39 Prozent. In Prisca-Mitte ist mit 13,2 Prozent jede siebte bis achte Person der Ansicht, der soziale Zusammenhalt sei eher schlecht, fast gleich viele, nämlich 11,6 Prozent, geben an, dies nicht zu wissen bzw. nicht beurteilen zu können. In dem entsprechenden Teilgebiet in Prisca-Süd sind es fast 25 Prozent, die den Zusammenhalt für eher schlecht halten und nur knapp 3 Prozent geben an, dies nicht zu wissen. In Prisca-Ost ist die Beurteilung ähnlich wie in Prisca-Mitte, aufgrund der geringen Fallzahl jedoch hier nicht ausgewiesen.

ABBILDUNG 13 Was würden Sie sagen, wie gut ist der soziale Zusammenhalt insgesamt hier in Ihrem Stadtteil - differenziert nach Stadtteilen

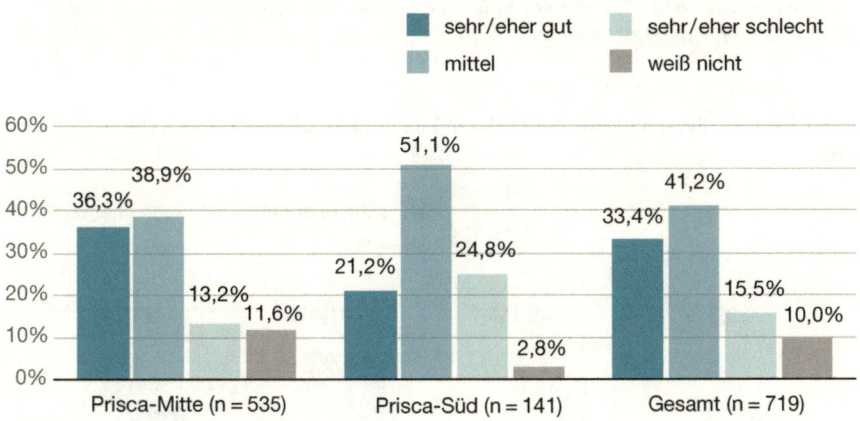

Woher der Unterschied zwischen den Wohngebieten rührt, ist schwer zu sagen und lässt sich mit den vorliegenden Daten nicht abschließend prüfen. In Prisca-Süd gibt es einige Besonderheiten in der Wohngebiets- und Bevölkerungsstruktur. So ist der Anteil an Personen mit Migrationshintergrund deutlich höher als in Prisca-Mitte: Selbst wenn man Ausländer, die weniger als vier Jahre dort wohnen, nicht berücksichtigt, liegt der Ausländeranteil bei 19 Prozent, der Anteil der Deutschen mit Migrationshintergrund der 1. Generation bei 11 Prozent, der der 2. Generation bei 12,4 Prozent – die Anteile in Prisca-Mitte liegen bei jeweils rund 7, 4 und 6 Prozent, also deutlich niedriger. In Prisca-Süd rechnen sich darüber hinaus deutlich mehr Personen der Arbeiterschicht zu als in Prisca-Mitte (34 gegenüber 22 Prozent). Anders als in Prisca-Mitte leben die Bewohner von Prisca-Süd zu einem größeren Teil bereits mehr als 15 Jahre in ihrem Stadtteil, zu einem geringen Anteil erst weniger als 6 Jahre. Die Wohndauer scheint wiederum einen kurvilinearen Zusammenhang mit der Einschätzung des sozialen Zusammenhalts aufzuweisen: Wie in Abbildung 14 unten zu sehen, steigt mit zunehmender Wohndauer im Quartier die Einschätzung, der soziale Zusammenhalt sei sehr gut, oder eher gut an, der »weiß nicht«-Anteil geht zurück. Bei einer Wohndauer von mehr als 15 Jahren jedoch, ist der Anteil positiver Beurteilung deutlich geringer, der Anteil negativer Beurteilung – der soziale Zusammenhalt ist eher schlecht oder sehr schlecht – ist deutlich höher. Dies könnte als Reaktion auf Veränderungen im Vergleich zu früheren Zeiten gelesen werden, wie es ein Gesprächspartner bei der Frage nach den Aufgaben der Kirche formulierte: Sie solle den sozialen Zusammenhalt wieder fördern.

> »... verloren gegangen, das ist die Hausgemeinschaften. Es wurde zusammen ge-
> feiert im Hof [...], Sachen organisiert, das war ein Miteinander [...]. Also es war
> ein Gefüge, in dem man gut aufgehoben war, wo man aufgefangen wurde, wenn
> irgendwas sein sollte, und das ist ja eigentlich das, was wünschenswert ist. Und so
> sehe ich das auch. Also komplett das ganze soziale Gefüge, dass es wieder in das
> Menschliche geht. Weg von der Kälte, die über die Zeit kam. Oder sagen wir mal,
> die sich ausbreitet.« PR10:93

ABBILDUNG 14 Einschätzung des sozialen Zusammenhalts im Stadtviertel nach Wohndauer

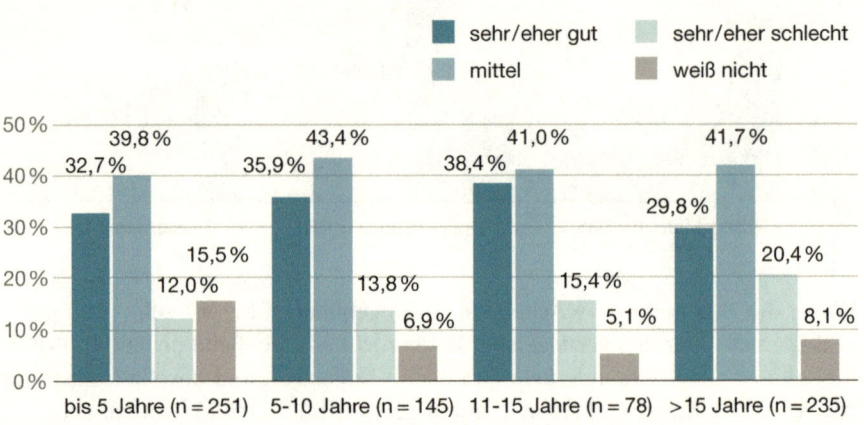

Der Zuzug wird auf mittlere Sicht noch deutlich zunehmen. Nicht nur Sanierungen und Schließen von Baulücken halten an, auch ein ganz neues Quartier mit ca. 3000 Wohneinheiten (PR4:45) soll auf einem ehemals von der Bahn genutzten Gelände entstehen.

> »... ganz spannend wird ja jetzt hier auch die Bautätigkeit. Wir haben hier so alte
> Teile von den ehemaligen Bahnhöfen, wo Riesenwohneinheiten noch hinzukommen
> werden [...]. Hier in unserem Gemeindegebiet [...] auch ein großes Teil gleich neben
> dem Bahnhof. Und da bin ich auch gespannt, wie man das integrieren will. Das
> ist durch Straßen auch sehr abgekesselt, und wie man da Beziehung herstellt. [...]
> Also, die hatten uns auch angefragt, die [Community-Organizing-Gruppe] in den
> Planungsgesprächen, ob wir dabei sein wollen. Aber wir haben das auch nicht
> geschafft. Und das –, ja, ist ein bisschen schade.« PR13:26

4.6.2 DIE KIRCHENGEMEINDE: VIELFÄLTIG AKTIV – MIT KLAREN STANDPUNKTEN

Zwischen Fusion und Strukturreform – konsolidierter Zustand
Wie viele Kirchengemeinden ist auch die Priscagemeinde in ihrer aktuellen Struktur Ergebnis eines Fusionsprozesses. Um die Jahrtausendwende wurden zwei Gemeinden zusammengelegt (PR13:16; PR1:11), woraus sich die geografische Differenz zwischen städtischen Planungsräumen und kirchlichem Gemeindegebiet ergab. 2016 hatte die Gemeinde 3.724 Mitglieder, was einem Bevölkerungsanteil von 14,3 Prozent entspricht und damit über dem Durchschnitt der Gesamtstadt mit rund 12 Prozent liegt (fowid). Im 5-Jahreszeitraum seit 2011 wuchs die Mitgliedschaft um 6,7 Prozent. Dieser Zuwachs ist geringer als das Bevölkerungswachstum der Stadtteile während dieses Zeitraumes, was darauf zurückzuführen ist, dass der Anteil landeskirchlich Evangelischer unter den Zuziehenden kontinuierlich abnimmt, der der Konfessionslosen hingegen ansteigt.[40]

Wie üblich verlief auch der Vereinigungsprozess der Priscagemeinde nicht ohne Irritationen und für manche Beteiligte schmerzhafte Abstriche, aber seit einiger Zeit kann man von einer guten konsolidierten Situation sprechen, mit der alle ihren Frieden gemacht haben. Besonders problematisch war die Entscheidung, nur noch eine der beiden Kirchen für Gottesdienste zu nutzen (PR1:18; PR3:45). Nach langer Vernachlässigung der Bausubstanz während der DDR-Zeit gründeten sich für beide Kirchen Fördervereine mit dem Ziel, weitgehende Sanierungen zu ermöglichen und die Kirchen für eine religiöse Nutzung zu erhalten (PR13:16/26). Aufgrund ihrer Größe, der Anzahl der Räume sowie der damit verbundenen flexibleren Nutzungsmöglichkeiten wurde die Prisca-Kirche zur Hauptgottesdienstkirche (PR3:47), die Alt-Kirche wurde zunächst noch zu besonderen Gelegenheiten für Gottesdienste oder kulturelle Veranstaltungen genutzt. Seit zwei Jahren wird sie nun durch die übergemeindliche Jugendkirche »bespielt«.

»Also gerade rund um die Kirche gab es immer ein Streiterschleichungskonflikt-potential. Menschen – wie das so ist bei Gemeindevereinigungen, die sich dann hintenan gesetzt fühlen. Auch gut nachvollziehbar, wenn eine Kirche nicht mehr grundsätzlich Gottesdienstkirche ist, dass die frommen Seelen und Herzen, die sich haben an diesen Raum binden lassen oder gebunden haben, dass die sich dann hintenan gesetzt fühlen. Und [...] das ist fortwährend ein schwieriger Punkt, aber dadurch, dass jetzt eben die Jugendkirche drin ist und wirklich was Kirchliches dann passiert, hat sich das Konfliktpotential entspannt.« PR1:18

---

[40] Eine Auswertung der repräsentativen Bevölkerungsumfrage im Gemeindegebiet (vgl. Fn. 39) zeigt, dass unter denjenigen mit bis zu 5 Jahren Wohndauer 56,3 Prozent konfessionslos sind, 16,3 Prozent landeskirchlich-evangelisch. Unter denen, die 6–10 Jahre dort wohnen sind es 50,3 bzw. 20,3 Prozent, unter den 11–15 Jahre dort lebenden 48 Prozent Konfessionslose und 25,3 Prozent landeskirchlich Evangelische.

TABELLE 14 Priscagemeinde

Zahlen & Fakten 2016	
Gemeindemitglieder	3.724
Anteil Gemeindemitglieder in der Bevölkerung (%)	14,3
Standorte	1
Pfarrer	2
Kindergärten	2
Weitere Hauptamtliche	2 Gemeindesekretäre, 1 Kantor, 1 Gemeindepädagogin, 1 Küster/Hausmeister

Abgesehen von der Frage nach der Zukunft der Alt-Kirche, an der das Herz vieler angestammter Besucher hing – schließlich hatte man während der gesamten Dauer des Bestehens der DDR in sehr viel Eigenarbeit und unter Einsatz aller möglichen Ressourcen für den Erhalt der baulichen Substanz Sorge getragen (PR13:38) und nach der Wende über den Verein zahlreiche Aktionen organisiert, um eine Sanierung zu ermöglichen –, lief die Fusion wohl als wirkliche Vereinigung ab (PR1:10). Neue Unruhe entsteht aber aufgrund der landeskirchlichen Reformpläne, die nach immer neuen Strukturanpassungen und immer größeren Gemeinden verlangen (PR1:10; PR13:18).

> »Es sollen Struktureinheiten mit 6.000 Gemeindemitgliedern prognostiziert für 2040 gebildet werden, und das würde bedeuten, dass wir uns eben mit zwei anderen Gemeinden irgendwie arrangieren müssen. Und die klaren Strukturen, die wir jetzt hier haben, einfach völlig, also meines Erachtens ziemlich diffus werden. So wer zuständig ist, beziehungsweise da gibt's dann vielleicht so einen zentralen Kirchenvorstand, der aber die einzelnen Dinge dann noch weniger überblickt [...] und [...] sieht, wie es jetzt schon der Fall ist, dass wir [...] im Kirchenvorstand mitunter das Problem haben, wie wir in der beschränkten Zeit die einzelnen Anliegen gut besprochen und auch [...] beschlossen bekommen [...].« PR1:12

Verwaltung und Organisation der Kirchengemeinde scheinen sehr klar strukturiert mit zwei Zentren: das Gemeindebüro mit zwei langjährig beschäftigten Hauptamtlichen und der Kirchenvorstand, in dem neben den beiden Pfarrern und dem Kantor noch 14 weitere Personen aktiv sind.

> »Das ist, glaube ich, eine der wenigen Gemeinden, die alle denkbaren Ausschüsse auch wirklich hat und darüber hinaus auch noch eine ganze Reihe von Arbeitsgruppen. Also zu allen möglichen Themen. [...].« PR1:8

Mit ihren beiden Kirchen, zwei Kindergärten, dem Gemeindehaus und einem weiteren Gebäude, in dem Räume gemietet werden können, dem mit der Diakonie gemeinsam betriebenen Projekt Treffpunkt für Wohnungslose, den zahlreichen musikalischen Gruppen (Kinder-, Instrumental- und Vokalchöre), der Vielfalt an Gottesdienstformen und besonderen Veranstaltungen (siehe dazu mehr unter Angebote) ist die Priscagemeinde durchaus mit einem mittleren Unternehmen zu vergleichen, das eine entsprechende Organisation und ein einheitliches Auftreten nahelegt. Und auch dieses Auftreten wird vom Kirchenvorstand, dem Ausschuss für Öffentlichkeitsarbeit »akribisch« ausgearbeitet, mit professionellem Internetauftritt, einheitlich genutzter Schrifttype, Logo usw. In diesem Erscheinungsbild weist nichts mehr auf einen längeren Fusionsprozess hin, die Gemeinde ist konsolidiert.

Wie oben geschildert, erkennt man die Konsolidierung auch an der immer noch wachsenden Mitgliederzahl. Längerfristig könnte sich jedoch die abnehmende Kirchenbindung als problematisch erweisen. So zeigt sich in den Daten der Repräsentativbefragung, die wir im Gemeindegebiet durchführen ließen, dass sich von den evangelischen Kirchenmitgliedern lediglich ein Viertel seiner Gemeinde »sehr« oder »eher« verbunden fühlt; unter allen Befragten mit Zugehörigkeit zu einer Religionsgemeinschaft beträgt dieser Anteil 43,1 Prozent. Ein Drittel der Evangelischen fühlt sich ihrer Gemeinde »eher« oder »gar nicht« verbunden, unter allen Befragten trifft dies nur auf ein Viertel zu (Abb. 15). Wegen der geringen Fallzahl von Kirchenmitgliedern im Gebiet der Priscagemeinde kann hier keine statistisch solide Aufgliederung nach Altersgruppen vorgenommen werden wie für die Markusgemeinde (vgl. oben Kapitel 4.1.2), eine Korrelation von Alter und Verbundenheit zeigt jedoch für die evangelischen Kirchenmitglieder einen signifikanten negativen Zusammenhang, d.h. je jünger die Kirchenmitglieder, umso geringer ist die Verbundenheit – und dieser Zusammenhang ist relativ stark ($r = -.352$). Unter allen Befragten, die Mitglied einer Religionsgemeinschaft sind, ist dieser Zusammenhang nicht feststellbar. Nimmt man diejenigen aus, die eventuell als Geflüchtete in dem Gemeindegebiet leben (vgl. oben Kapitel 4.6.1 Fn. 39), wird der Zusammenhang zwar signifikant, aber er ist deutlich schwächer ($r = -.142$). Ähnliche Ergebnisse zeigen sich auch bei den Fragen nach der religiösen Prägung in Kindheit und Jugend, die bei Evangelischen signifikant geringer ausfällt, je jünger sie sind ($r = -.233$), und bei der Selbstbeschreibung als religiös ($r = -.386$). Das, was in der Religionssoziologie als Traditionsabbruch beschrieben und bereits vielfach empirisch nachgewiesen wurde – immer mit dem gleichen Befund, dass er in der evangelischen Kirche stärker ausgeprägt ist als bei anderen Religionsgemeinschaften[41] –, finden wir also auch hier.

---

[41]   Für die Mitglieder der evangelischen Kirche zuletzt in mehreren Beiträgen in Bedford-Strohm & Jung 2015; allgemein vgl. z. B. Pickel 2011b: 339–393.

ABBILDUNG 15 **Verbundenheit mit der eigenen Religionsgemeinschaft – nur Befragte,
die einer Religionsgemeinschaft angehören**

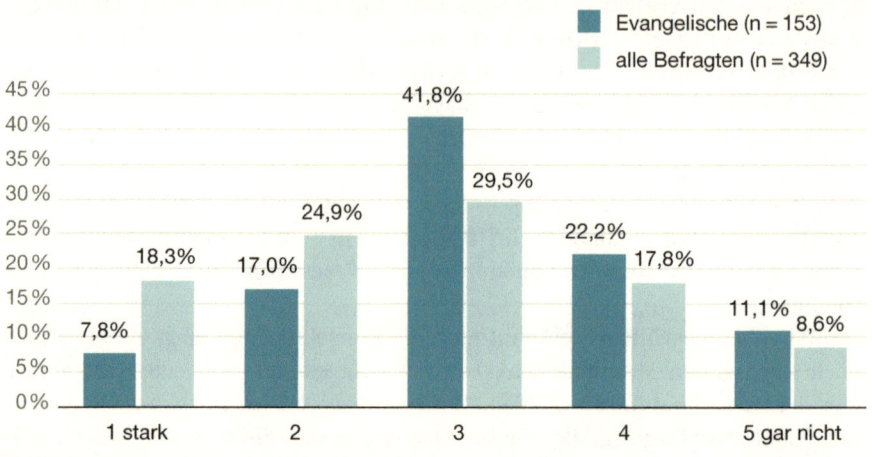

»lebendig«, »jung«, »bildungsbürgerlich« und »progressiv«
Die Interviewpartner aus der Gemeinde beschreiben sie als ausgesprochen lebendig (PR15:31; PR1:6; PR4:13/21; PR3:13). Es gäbe sehr viele Ehrenamtliche, zahlreiche aktive Mitglieder und damit auch Ehrenamtsgruppen in unterschiedlichen
Bereichen (PR4:13/21). Auch entstünden immer wieder neue Ideen, wie die Gemeinde sich präsentiere, in der Vergangenheit z.B. über Kanzelreden, heute über
die Darstellung der eigenen Schätze, Aufmerksamkeit erregende Gemeindefeste
u. Ä. (PR15:31/39): »... es ist so ein Blubbertopf, es ist immer was los.« (PR3:13) Die
Gemeinde habe überdurchschnittlich viele Taufen und Konfirmationen (PR1:6;
PR3:9; PR15:31), wobei eingeräumt wird, dass ein Teil des Wachstums »durch
Zuzug sicherlich auch kommt, und es ist natürlich auch hier das Wohnviertel, in
das einfach viele Familien hinziehen.« (PR3:7)

Das gutbürgerliche Wohnviertel prägt natürlich auch die Sozialstruktur der
Mitgliedschaft, die ebenfalls als recht bürgerlich charakterisiert wird, ein Bildungsbürgertum, zu dem auch zahlreiche Musiker gehören, die wiederum in der
Gemeinde aktiv sind (PR3:7). Und auch »Wissenschaftler, Ärzte, Rechtsanwälte
[...], also hochqualifizierte Berufe und auch gut situierte Leute« (PR10:41). Das,
was diese Menschen in die Gemeinde einbringen, wird kulturell wie diakonisch
geschätzt, aber genauso wird die Kehrseite gesehen, dass die Gemeinde dadurch
eventuell elitär, ein Stück weit exklusiv wird, was aber zum Einzugsgebiet und
dessen überwiegender Bevölkerungsstruktur passt (PR13:26; PR2:13).

Zu »jung« und »bildungsbürgerlich« passt auch die Selbstbeschreibung, »progressiv und mutig« zu sein (PR3:7; PR15:31; PR10:50; PR2:25). So gibt es in der
Gemeinde »jenseits der landeskirchlichen Bestimmungen« Abendmahl für alle
Getauften, also auch für Kinder, wenn die Eltern es möchten (PR3:7). Im diakonischen Bereich wird dies besonders augenfällig in einem Projekt für Wohnungs-

lose, das gemeinsam mit der Diakonie betrieben wird. Ein Mitarbeiter dieser Einrichtung hebt hervor, dass zum einen durch einen Wechsel im Pfarramt die Haltung gegenüber den Menschen, die die Einrichtung nutzen, sich verändert habe. Die Aufgabe sei nicht mehr von der Vorstellung der Mildtätigkeit gegenüber »Leuten da unten« (PR10:52) geleitet, sondern würde als genuin soziale Aufgabe betrachtet. Und es gäbe zum anderen auch zahlreiche Gemeindeglieder, die keine Berührungsängste hätten. Sie hielten dort Vorträge oder gäben musikalische Darbietungen, und wenn Nutzer der Einrichtung zum Gemeindefest kämen, würden auch Gespräche mit ihnen geführt.

> *»[I]st natürlich ein bestimmter Kern in der Gemeinde. Eine bestimmte Gruppe [...],*
> *die dafür offen ist. Nicht alle, aber es sind schon welche, die gerne auch über den*
> *Tellerrand hinausgucken und die wissen, dass es ihnen gut geht und die schon ger-*
> *ne ein Stück Normalität an Menschen vermitteln wollen, wo sie wissen, die haben*
> *sowas noch nicht erlebt.«* PR10:50

Unpolitisch sein ist keine Option

Besonders zum Ausdruck kommt der progressive oder auch »mutige« Zug dadurch, dass auf Herausforderungen im politischen Bereich reagiert wird und die Gemeindeleitung dies als eigene Aufgabe definiert.

> *»Und dann auch, was regelmäßig im Kirchenvorstand wiederkehrt, dass man sich*
> *bestimmten politischen gesellschaftlichen Themen zuwenden will. Gemeindelei-*
> *tung nicht nur als Verwaltungsleitung, sondern auch als inhaltliche Leitung ver-*
> *stehen möchte.«* PR1:8

Die politische Positionierung kommt in verschiedenen Aktionsformen zum Ausdruck. In den Jahren 2016 und 2017 gab es anlässlich des Reformationsjubiläums eine Reihe von »Kanzelreden«, zu der Personen eingeladen wurden, die sich als Theologen, Politiker, Wirtschaftswissenschaftler, Publizisten mit Themen der Reformation auseinandersetzten, unter Überschriften, die zu tagespolitisch anschlussfähigen Beiträgen einluden. Die Kirchengemeinde bzw. die Pfarrer, Mitglieder des Kirchenvorstandes und Gemeindemitglieder ohne weitere Funktionen nahmen auch teil an Demonstrationen gegen Aufmärsche des lokalen Ablegers der »Patriotischen Europäer gegen die Islamisierung des Abendlandes (PEGIDA)«. Dies taten sie aber nicht einfach als Teil einer Großdemonstration, sondern als Ausdruck ihrer christlichen Einstellung.

> *»[W]ir haben also vor unserer Kirche gestanden bei den [...]gida-Aufmärschen. Ein*
> *Häuflein klein zwar, aber [...] mittenmang, und dann kamen also wirklich ein paar*
> *von diesen, von diesen Linksautonomen auf uns zu, die uns für ihre etwas derberen*
> *und etwas naja ich weiß nicht ob, ob das hätte auch mit Gewalt enden können,*
> *Aktionen mit einbeziehen würden. Wir sind doch alle gegen die [...]gida. Und da*

hat unser Pfarrer eindeutig gesagt: Wir stehen hier an unserer Kirche und dort sagen wir das, was dagegen nötig ist. Wir. Macht ihr das und wir machen das. Das ist unseres. Das – fand ich gut. [...] ist es ein bisschen so, dass wir da erhobenen Hauptes uns Evangelen nennen können.« PR2:23

Nahezu alle Interviewpartner erinnerten auch eine bereits mehrere Jahre zurück-liegende Diskussionsveranstaltung in der Kirche um den geplanten Bau einer Moschee im Stadtteil. In diesem Fall war die Initiative von der Stadtverwaltung ausgegangen, die angesichts heftiger, teilweise polarisierter Diskussionen in der Öffentlichkeit eine moderierte Diskussion wollte. Das Gleiche geschah dann bei der Frage der Unterbringung Geflüchteter (PR1:20; PR2:27; PR3:25; PR4:17/31/35; PR6:43; PR9:13/55; PR14:29).

> *»Dann passiert es, dass die Informationsveranstaltung, dass da die Stadt auf uns zukommt, und die Veranstaltungen bei uns stattfinden. Wir haben gemerkt, dass die Kirchenräume an sich befriedend wirken.« PR3:25*

Speziell die politischen oder auch politiknahen Veranstaltungen sind innerhalb wie außerhalb der Gemeinde nicht unumstritten. Interne Diskussionen gab es sowohl um einzelne Teilnehmer bei der Reihe der Kanzelreden als auch bei dem Engagement in Fragen des Moscheebaus, ebenso wie der Unterbringung von Geflüchteten (PR4:35; PR2:25; PR1:10/20). Darin liegt aber zugleich, nach Ansicht eines Gemeindemitglieds, eine relevante Dimension des Verhältnisses von Kirche und Zivilgesellschaft, von der Beziehung einer Kirchengemeinde zum Sozialraum:

> *»Ich finde auch, es hat eine politische Dimension, also ein politischer Raum. Das ist mitunter umstritten und gerade im Kirchenvorstand gibt es Diskussionen darüber: Wie politisch darf unsere Kirche sein? Wenn ja, wie und so. Es ist müßig aus meiner Perspektive, aber ja gut, das ist auch sinnvoll, wenn man das auch mal wieder hochkocht. Das ist natürlich ein Totschlag-Argument, aber die Kirche kann auch nicht unpolitisch sein. Das ist ja noch gefährlicher, als politisch zu sein. Wenn man meint unpolitisch sein zu wollen [...] Das steckt ja vielleicht irgendwie in Netzwerk, Beziehungen, Sozialraum auch mit drinnen.« PR1:47*

Eigenschaften wie lebendig, jung, progressiv, bildungsbürgerlich, politisch, tole-rant sowie organisatorische Merkmale wie die große Anzahl Ehrenamtlicher, die zahlreichen Ausschüsse im Kirchenvorstand und die gelungene Fusion verweisen auf eine grundsätzliche Bereitschaft zur Offenheit und Diskussion, die von den Interviewpartnern auch als Anspruch formuliert werden.

Offenheit als Anspruch und Herausforderung
Während der Sommermonate ist die Gottesdienstkirche täglich von 11 bis 17 Uhr geöffnet, das Gemeindehaus kann jederzeit betreten werden, ein offener Garten lädt zum Verweilen ein und wird auch von Jugendlichen und jungen Müttern

unabhängig von ihrer Kirchenzugehörigkeit genutzt (PR13:26). Offenheit ist von daher nicht nur hehrer Anspruch, sondern wird zumindest in der räumlichen Dimension auch hergestellt. Thematisch zeigt sie sich z. B. in den Kanzelreden und den Dialogforen zu Moscheebau und Geflüchteten. Der Anspruch »für alle offen zu sein« ist im Hinblick auf die Angebote vorhanden ebenso wie auf die Einladung zur Mitarbeit. Wie bei allen Organisationen, die sich grundsätzliche Offenheit auf die Fahnen geschrieben haben, ist die Umsetzung in mehrfacher Hinsicht nicht so einfach. Zum einen erschwert eine gewisse »Binnendynamik« der bestehenden Gemeinschaft das Zugehen auf Dritte (PR1:6), zum anderen mag das spezifische bildungsbürgerliche Profil der Mitgliedschaft eine Hemmschwelle darstellen (PR13:26), und zum Dritten muss Offenheit dort auf Grenzen stoßen, wo sie bewährte Strukturen gefährdet (PR1:45).

Ein Projekt, das gerade neu angestoßen wurde, zielt auf die Ansprache von Gottesdienstbesuchern – die Ansprech-Bar während des Kirchenkaffees im Anschluss an den Gottesdienst.

> *»Da haben wir jetzt [...] eine Aktion, wo wir besser denjenigen, die vielleicht nicht immer kommen oder die neu sind, zeigen, dass wir präsent sind und ansprechbar, da haben wir eine Plakette und am Eingang eine Tafel »Ich bin ansprechbar« für Dritte, dass sie auch wissen, ihr könnt auf uns zu gehen.«* PR4:3

Hiermit soll einerseits vermieden werden, dass die, die sich üblicherweise in Gruppen zusammenfinden, als geschlossener Zirkel wirken. Andererseits sollen neu hinzukommende Menschen aber auch nicht zu sehr bedrängt werden.

> *»... also ist die Frage, wer geht eigentlich auf die zu. Wer versucht, mit denen ins Gespräch zu kommen? [...] Jeden muss man ansprechen und daraufzurammeln. Jedes Mal an der Kirchentür bestürmen so, das halte ich auch für keine schöne Atmosphäre. Aber umgekehrt, wenn Leute durch ihre Teilhabe am Kirchenkaffee oder durch ihr Stehenbleiben am Flyerstand am Eingang quasi signalisieren: Ich – ich habe hier irgendwie Interesse oder so, dann wünschte ich mir da noch mehr Impulse. [...] wir wollen uns vielleicht noch fortentwickeln, dass das Kirchenkaffee eine Ansprech-Bar wird und so weiter.«* PR1:16

Die im Gemeindebrief aufgeführten Hauskreise sind zwar im Prinzip offen, faktisch sind einige von ihnen jedoch geschlossene Gesellschaften: »Wenn man da neu reinkommt, geht man zwei Mal hin und dann nicht wieder. Ist nicht schlimm, aber das zeigt auch was, dass Kirche ja punktuell auch so Binnenpflege ist« (PR1:16).

Bei anderen Gruppen müssen gegebenenfalls Grenzen gesetzt werden. In den Interviews wurde ein Beispiel beschrieben, in dem jemand das Konzept des Kindergottesdienstes komplett »umstöpseln« wollte, obwohl dieses religionspädagogisch basiert, erprobt und bewährt sei (PR1:10). Deshalb müsse es auch »Grenzwächter« geben gegenüber solchen Übergriffen oder Absolutheitsansprüchen, die auch von Kirchenvorstehern oder Mitarbeitern ausgehen könnten (PR1:45).

4.6.3 Fremdwahrnehmung: Begrenzte Wahrnehmung bei grundsätzlicher Wertschätzung

Die Agilität der Kirchengemeinde wird im Umfeld, abhängig von institutioneller Nähe und dem jeweiligen Themenbereich, nur bedingt wahrgenommen. Sowohl Vertreter der katholischen Kirche als auch der Jugendkirche, die eine der beiden Gemeindekirchen nutzt, sprechen allgemein von einer hohen Lebendigkeit und Sichtbarkeit der Priscagemeinde im Stadtteil (PR9:63; PR8:41). Auf konkrete Nachfrage werden aber nicht die Angebote im Bereich Gottesdienst, Musik, Diakonie u. Ä., genannt, die das Profil der Gemeinde ausmachen (vgl. unten den Abschnitt zu Angeboten), sondern die gleichen Aktionen genannt, wie sie auch von anderen Gesprächspartnern erwähnt werden, gerade auch diejenigen, die keine institutionelle Nähe zur Gemeinde aufweisen: die Diskussionsveranstaltungen und die Moderationsfunktion in den Debatten um den Moscheebau (PR6:43; PR7:7; PR9:55; PR14:29) und die Aufnahme Geflüchteter (PR7:17; PR9:13; PR14:29; PR16) und, etwas weniger prominent, die Kanzelreden mit politischem Tenor (PR6:78; PR8:41; PR14:51). Es sind die mit großem Engagement vertretenen klaren Standpunkte, die Aufmerksamkeit erregen – im positiven wie im negativen Sinne, je nach Standpunkt der Betrachter. Beispielhaft hierfür die Stimme eines ehrenamtlichen Stadtbezirksbeirates, der selbst kein Kirchenmitglied ist:

> »Es gab im Rahmen der Flüchtlingsströme ja auch hier Debatten, beziehungsweise gab es die auch vorher schon, weil die [...] muslimische Gemeinde, eben hier [...] eine Moschee bauen wollte [..[. Wogegen sich dann eine Bürgerinitiative gegründet hat, die vor allem über Facebook agierte. Und da fand ich auch das Agieren der [Prisca]-Kirche am Ende sehr stark, die sich da eben für auch religiöse Toleranz natürlich eingesetzt hat und dort auch hier entsprechende Foren geboten hat [...], eben in diese Debatten sich einzumischen und dort ein Regulativ zu geben oder zu sein, finde ich eben sehr wichtig. Und da ist die Priscagemeinde auch sichtbar.« PR14:29

Ähnlich äußern sich auch Gesprächspartner aus dem Bürgerverein, der katholischen Kirche, der Jugendkirche, in der Betreuung Geflüchteter Aktiver. Kritischere Töne kommen von anderen Stadtbezirksbeiräten[42]:

> »Ich war mal dort gewesen in dem Forum [...] Da ging es um den Moscheebau [im Bezirk]. [...] und da war eine große Diskussion, die Kirche war proppenvoll. Das interessiert die Bürger wirklich sehr. Hat der Pfarrer organisiert auch.[...] und da war eine heiße Diskussion [...] Bürger, die da wohnen unmittelbar. Die möchten das nicht, dass das da hinkommt. [...] Und die Kirche hatte sich dann immer wieder auch auf eine Seite gestellt, und ich muss ganz ehrlich sagen, wenn so ein Amt, wenn ich in so einem Amt ein Bürgerforum organisiere als Pfarrer und als evangelische Kirche. Dann muss ich [...] schon ein bisschen neutral sein.« PR6:43–48

---

[42]   Vgl. auch unten Kapitel 5.3, Abb. 22 zur Einschätzung der Bevölkerung zu politischen Stellungnahmen der Gemeinde.

Stark hervorgehoben wird in diesem Zusammenhang auch der Anteil der Kirchengemeinde am interreligiösen Dialog, der aufgrund der unterschiedlichen geographischen Zuschnitte der beteiligten religiösen Gemeinschaften (landeskirchlich-evangelisch, katholisch, methodistisch, muslimisch, jüdisch) über das Gebiet der Priscagemeinde hinausreicht (vgl. unten »Vernetzung«).

Bekannt sind außerdem noch vereinzelt die Kindergärten (PR9:55; PR8:49; PR6:60), musikalische Veranstaltungen (PR14:21; PR9:55) und das diakonische Angebot für Wohnungslose (PR14:21) – aber im Großen und Ganzen heißt es eher: »wir haben so Seniorenkreise und die Kirchengemeinde, denk ich mal, auch.« (PR7:45) oder:

> *»Ich laufe jeden Tag daran vorbei und jeden Tag sehe ich da keinen Menschen an der Kirche oder vor der Kirche. Die Tür ist immer geschlossen. [...] Unter der Woche. Das ist das Bild, das ich von der Kirche wahrnehme, sie ist halt da. Und da hängt vielleicht mal ein Transparent mit Weihnachtsmarkt, aber das war es.«* PR11:37

Unabhängig von der weitgehenden Nichtwahrnehmung durch die konfessionell Ungebundenen wird der Kirchengemeinde gesellschaftliche Relevanz zugeschrieben und das Recht zugestanden, »überall mitzuwirken« (PR11:43). Die vielfältigen Kooperationsbeziehungen mit dem Bürgerverein, der den ganzen Stadtteil im Blick habe und viele Themen bearbeite, werden positiv registriert, aber die Erwartungen bleiben überwiegend vage, was in diesem Kontext durchaus als Indiz für eine grundlegende Unvertrautheit mit christlichen oder anderen religiösen Akteuren interpretiert werden kann. Die Kirche wird als wichtiger sozialer und kultureller Faktor gesehen (PR11:43; PR7:41; PR16:98), ohne dass dies weiter ausgeführt wird. Ihr wird u.a. die Erwartung entgegengebracht, ein Regulativ zu sein, »soziale Initiativen [...] oder auch gesellschaftspolitische Debatten anzustoßen, insbesondere in Richtung Gesellschaftsreform beziehungsweise auch menschliches Miteinander« (PR14:27). Über diese eher allgemein gesellschaftliche Komponente können vielleicht nicht nur mehr Menschen gehalten, sondern auch angesprochen werden.

> *»... wenn ich Kirchgemeindemitglied sein will, muss ich mich natürlich taufen lassen dann und entsprechend eben auch eine Überzeugung haben. Sonst funktioniert das nicht. Denke ich zumindest. Aber nichtsdestotrotz kann man ja durch offene Angebote, meine ich, auch vielleicht Konfessionslose tatsächlich – oder Menschen anderer Konfessionen – binden in die Angebote hinein.«* PR14:43

Dies ist ein Plädoyer für die grundsätzliche Offenheit, die sich mit dem Anspruch der Gemeinde selbst deckt. Zugleich findet sich in diesem Zitat ein weiterer Hinweis auf ein gewisses Maß an »Unbeholfenheit« in Sachen Religion und Kirche, die wir so in anderen Gemeindegebieten nicht entdeckten. Gesprächspartner mit religiöser Bindung waren entsprechend präziser bei der Formulierung ihrer grundsätzlichen Erwartungen an Kirche in der Gesellschaft im Allgemeinen, die sich überwiegend mit der Erwartung an die konkrete Priscagemeinde deckten. Auch sie erwähnten die sozialen, gesellschaftlichen und kulturellen Aspekte kirchengemeindlichen Handelns oder auch nur Daseins, verwiesen aber auf das christliche »Hintergrundmotiv«, die »Gottesfrage offen und präsent zu halten«, und damit auch die Frage: »Muss das alles so sein, wie es ist?« (PR9:73).

> *»Was macht denn den Unterschied aus, dass wir im Gemeindekontext [katholische Gemeinde, d. Verf.] eine Fußballaktion anbieten, gegenüber einem anderen Träger, das, was sich gar nicht so als drei Fakten beantworten lässt [...].«* PR9:75

Weitere Aspekte, die erwähnt wurden, waren Unterstützung, Offenheit und Angebote für spirituell Suchende (PR10:73; PR16:101; PR8:57).

4.6.4 ANGEBOTE: *EIN* SCHWERPUNKT IST NICHT GENUG

Angesichts des wirklich sehr breiten Angebotes der Priscagemeinde, ist deren geringe Wahrnehmung jenseits ihrer Aktivitäten im politischen Raum erstaunlich, aber vielleicht spezifisch symptomatisch für eine durch jahrzehntelange Entkirchlichung geprägte Gesellschaft. Die Gemeinde unterhält zwei Kindergärten mit zusammen knapp 200 Plätzen, sie bietet jeden Sonntag parallel zum Gottesdienst einen Kindergottesdienst und zusätzlich einen Kleinkindergottesdienst an. Mehrmals im Jahr gibt es Familiengottesdienste, die gemeinsam mit den Kindergärten und Erziehern ausgerichtet werden.

Kirche der Musik

Das breite Angebot an Chören bietet Beteiligungsmöglichkeiten für nahezu jedes Gesangniveau, von der anspruchsvollen ökumenisch arbeitenden Kantorei über den Kammerchor bis hin zum Singkreis für Ungeübte und (Neu)-Einsteiger. Für den Nachwuchs gibt es Kinderchöre für zwei Altersgruppen. Außerdem natürlich einen Posaunenchor. Kantorei und Kammerchor veranstalten Konzerte in der eigenen Kirche, beide treten auch, genauso wie die anderen musikalischen Gruppen, in den Gottesdiensten auf.

> *»Wir haben also auch eine reiche Kirchenmusik. Einen sehr großen Chor, den unser Kantor leitet, und noch einen Kammerchor, der noch anspruchsvollere Stücke singt, und dann gibt es auch noch einen Singkreis für Leute, die gerne singen wollen, aber jetzt keine Oratorien. Es gibt [...] zwei Kinderchöre, die auch Musicals aufführen [...], also das ist zum Beispiel auch etwas, wo wir auch nach außen wirken [...].«* PR3:2

Die Kirche wird auch an Dritte für Konzerte vermietet, und steht für weitere Veranstaltungen, wie beispielsweise die oben beschriebenen Diskussionen und Foren, zur Verfügung. Weitere Räume, die z. T.. an regelmäßig tagende Gruppen vermietet werden, gibt es im Gemeindehaus und in einem weiteren Gebäude.

Kirche für Familien

Es gibt insgesamt sechs Hauskreise, und das Angebot für Senioren umfasst den wöchentlichen Seniorentanz, das zweimal im Monat stattfindende Gedächtnistraining, die monatliche Bibelstunde sowie den monatlich sich treffenden Seniorenkreis. Im Sommer wird jeweils ein eintägiger Ausflug veranstaltet. Die Gemeinde zeichnet darüber hinaus verantwortlich für den monatlichen Gottesdienst in Pflegeheimen. Weiterhin gibt es einen Besuchskreis, eine Fair-Handels-Gruppe und einen Kreis, der mehrmals jährlich ein Samstagspilgern organisiert.

Für Kinder gibt es die Kinderkirche mit wöchentlichen Treffen für jeweils drei nach Schulklassen unterschiedene Altersstufen. Es existiert eine wöchentlich sich treffende Krabbelgruppe, und es werden für Kinder noch besondere Veranstaltungen angeboten, wie die jährlich einmal stattfindende Lesenacht, ein Kindercamp, Kinderbibeltage und einen jährlichen Kindererlebnistag. Es gibt für die dem Kinderalter Entwachsenen die Junge Gemeinde und Kooperationen mit der übergemeindlich arbeitenden Jugendkirche, die das Kirchengebäude direkt neben dem Gemeindehaus nutzt. Für die ganze Familie gibt es eine Familienfreizeit am Himmelfahrtswochenende, und ein »GroßFamilienAbendbrot« bringt einmal im Monat mehrere Generationen zusammen.

> *»Ja. Ich glaube, als Schwerpunkt würden wir auch noch sagen, dass wir wirklich eine, eine Gemeinde für Familien sind. Ja. Also das, das ist schon immer im Vordergrund. Und die tauchen wirklich auch auf im Gottesdienst, die sind wirklich da. Da haben wir auch locker mal 30, 40 Kinder im Kindergottesdienst.«* PR3:19

Zwei Aktivitäten zeichnen die Gemeinde in besonderer Weise aus. Die eine ist diakonischer Art, die andere, sehr gut passend zum politischen Profil, ist das Community Organizing.

Kirche für Arme – einmal anders

Das diakonische Projekt Treffpunkt entstand noch zu DDR-Zeiten, als Ende der 1980er Jahre im Zuge einer Amnestie zahlreiche aus dem Gefängnis Entlassene wieder zurückfinden mussten in die Gesellschaft, in Arbeit, Wohnung und soziale Beziehungen (PR4:15).

> *»Und es war natürlich auch Begegnungsmöglichkeit für die Haftentlassenen, die ja durch die Haft isoliert waren. [...] und dann kamen auch recht bald Menschen dazu, die einsam waren aus unterschiedlichen Gründen. Meistens psychische Auffälligkeiten [...] Menschen mit sozialen Mehrfachproblemlagen, wie wir heute sagen, die gesellten sich da einfach dazu, und die ersten Ehrenamtlichen kamen eben hauptsächlich aus dem kirchlichen Bereich [...].«* PR10:39

> *»Die, die so am Rande von verschiedenen Welten leben. Also wir versuchen ihnen dann an zwei Tagen die Woche eine Heimat zu geben.«* PR1:14

Seit gut zehn Jahren kooperiert die Kirchengemeinde in diesem Projekt mit der Diakonie, die jetzt die offizielle Trägerschaft hat. Es unterscheidet sich gleich in mehreren Aspekten von üblichen kirchengemeindlich-diakonischen Einrichtungen. Hier geht es nicht nur darum, den Menschen etwas zu essen und einen Raum zum Austausch zu geben, sondern der Ausdruck »Heimat« in obigem Zitat ist durchaus ernst zu nehmen. Ein relativ fester Kreis von Menschen kommt hier zusammen, man kennt sich beim Namen. Es gibt ein thematisches Angebot, zu dem Mitglieder der Kirchengemeinde oder andere durch den Förderkreis gewonnene Referenten Vorträge halten, Konzerte geben:

> »[D]ann staunen wir auch wieder, was an Begabungen da ist. Und da sind wir eben heilfroh, dass wir hier hochwertige Vorträge haben und Angebote [...] nicht nur verschiedener Art, sondern auch verschiedener Niveaustufen [...], dass wir möglichst viele erreichen [...]. Also das haben wir irgendwie weggekriegt sozusagen, dass sie sich nur unterhalten lassen hier. Also sie sind schon aktiv einbezogen und die wollen das auch so.« PR10:57

Es ist erklärtes Ziel, »Menschen unterschiedlichster sozialer Gruppen auch in Kontakt zu bringen« (PR10:41). Dafür kommen Referenten in den Treffpunkt, aber auch Gäste des Treffpunkts zu Gemeindefesten, zu besonderen Gottesdiensten und nehmen an einer Weihnachtsfeier teil. So kommt es auch tatsächlich zu Begegnungen, für die zumindest ein Teil der Gemeindeglieder offen ist (PR10:42; PR2:19).

Aktivierende Kirche – für das Quartier
Die Initiative zum Community Organizing entstand in Kooperation mehrerer evangelisch-landeskirchlicher Gemeinden. Das Konzept besteht darin, in den Nachbarschaften, Quartieren oder auch Sozialräumen Menschen zu befragen, was ihnen unter den Nägeln brennt, und sie dazu anzuregen und zu unterstützen, in eigener Sache aktiv zu werden.

> »Also, da gibt es eine Ausgangsgruppe, die sich oft aus Gemeindegliedern oder eben aus der Zielgruppe, die das anregt, zusammensetzt. [...] wo man dann miteinander [...] ein Protokoll entwickelt, nachdem dann die Befragung auch dokumentiert wird [...] Also, wer wird befragt, was sind seine Ziele, wo würde er sich vielleicht engagieren. Das Wichtigste ist immer als Hauptziel, dass die Leute [...] angeregt werden, ihre Interessen selber umzusetzen [...]. Also, dass sie nicht bloß Meckerer sind, [...], sondern dass sie selber aktiv werden und sich für ihre Ziele stark machen. Egal, ob das jetzt eine veränderte Radwegführung oder ein Spielplatz ist, der erneuert werden soll, oder eben die [...]wiese. Und diese Befragung wird eigentlich durch namentlich benannte an namentlich benannten Personen durchgeführt. [...] Die letzte Aktion, das war eine Aktivierung der Kirchengemeinde, da haben wir bestimmt über ein Jahr erst mal immer nur geworben und gesagt: Ja, wenn Sie jemanden kennen, wo Sie denken, der hat Bedürfnisse oder würde sich –, dann soll er sich melden, und wir haben auch per Briefe, in dem Fall, ich glaube, 300 Gemeindeglieder angeschrieben, die zugezogen sind.« PR13:20

Über diese Initiative findet eine breite Vernetzung zu anderen Vereinen und Initiativen im Stadtteil statt und eine Zusammenarbeit mit Menschen verschiedenster religiöser oder nicht-religiöser Ausrichtung. »... wir haben halt den ganzen Stadtteil im Blick« (PR13:20).

Kirche als »multipler« Raum
In diesen beiden besonderen Angeboten sowie dem breiten Spektrum an Aktivitäten, Gruppen, Kreisen, Einrichtungen zeigt sich sehr deutlich das Selbstverständnis der Gemeinde als offene, religiöse, diakonische, politische und auch kulturell aktive Gemeinde, die in vielfältiger Beziehung zum Umfeld steht. Ein Gesprächspartner aus der Gemeinde drückt dies in verschiedenen Raumbegriffen aus:

> *»Kulturraum, also das hat die musikalische Ebene, das [ist] Kinderkirche, Konfirmandenunterricht, Bildungsebene sozusagen. [...] dann Mitsprache und Beteiligungsraum [...]; Sozialraum im Sinne sozial-politischer Anliegen [...] durch Podiumsgespräche [...] Netzwerker [...]; spiritueller Raum.«* PR1:43

Ein anderes Bild, das hierfür gewählt wird, ist das von Leuchtturm oder Herberge, einem Zufluchtsort (PR2:55), an dem auch etwas verteidigt wird. Hierzu gehört die »normale Menschlichkeit« (PR2:57), die den Nächsten betrifft. »Das schließt die Flüchtlinge mit ein und das schließt im Haus die ein, wo wir genau wissen, dass die Zuvor die DDR-Fahne rausgehangen haben und Parteisekretäre waren. Und wenn die jetzt in Not sind, das sind genauso unsere Nächsten.« (PR2:57) Dazu gehört die Lebensbegleitung in Form von Kasualien und ganz besonders auch der Seelsorge – und dort auch für passagere Gäste ansprechbar zu sein: »Neulich war da jemand, der hatte einen ganz furchtbaren Unfall erlebt und suchte ganz schnell jemanden, mit dem er sprechen konnte. Und dann konnte ich es zum Glück einrichten an dem Tag.« (PR3:57) Dafür die Zeit und den Raum zu bewahren, ist den befragten Gemeindegliedern sehr wichtig. Die Pfarrpersonen sagen auch deutlich, dass sie deshalb froh sind, sich nicht um alles selbst kümmern zu müssen, sondern einen aktiven Kirchenvorstand zu haben, Gruppen und Kreise, die sich selbst organisieren und andere Ehrenamtliche, die auch die Vernetzung in den Stadtteil aufrechterhalten.

4.6.5 VERNETZUNG: KEIN ZENTRUM, SONDERN MEHRERE KNOTEN
Im Großen und Ganzen lassen sich fünf Bereiche identifizieren, in denen die Kirchengemeinde in den Stadtteil vernetzt ist: interreligiöser Dialog/Ökumene, Geflüchtete, Diakonisches, Nachbarschaftsinitiativen und Jugendkirche, wobei die ersten beiden Bereiche durch eine starke Überlappung gekennzeichnet sind.

Interreligiöses und Geflüchtete

Im Zuge der Debatte um den Moscheebau vor einigen Jahren wurde, ausgehend von der Priscagemeinde, in Zusammenarbeit mit dem Bürgerverein, eine Initiative zum interreligiösen Dialog ins Leben gerufen, an dem auch die katholische Gemeinde, eine freie methodistische Gemeinde, eine muslimische und eine jüdische Gemeinde beteiligt sind (PR1:10; PR3:25; PR4:37, PR9:27; PR7:50). Die Initiative hat einen »halböffentlichen Charakter«, die Treffen finden je nach Situation in dichterer oder geringerer Frequenz mit mehr oder weniger Teilnehmern statt.

> *»Also in dem Spannungsfeld im interreligiösen Dialog sind wir gut beschäftigt. [...] bewusst für 'ne halboffizielle Ebene uns entschieden, wo wir sozusagen über direkte Einladungen persönliche Kontakte herstellen. [...] Weil wir einfach die Erfahrung machen, wenn du was Öffentliches machst, musst du immer mit den Schreihälsen und den destruktiven Energien umgehen. Wenn du was Halboffizielles machst, also ohne diese öffentliche Einladung, das machen wir über die Religionsgemeinschaft und deren, deren Netzwerke, dann kommen Menschen zueinander, die eben miteinander reden wollen, sich kennenlernen wollen.«* PR1:10

Neben den Treffen zum Kennenlernen und Austausch mit direkter Einladung werden für eine breitere Öffentlichkeit von den Kirchengemeinden seit einigen Jahren interreligiöse Dankesfeste organisiert (PR9:23; PR1:10) und vom Bürgerverein ein interreligiöses Fußballturnier (PR7:53).

Dankesfest und Fußballturnier sind nicht nur auf den ursprünglichen interreligiösen Austausch bezogen, sondern auch als Hineinnahme der Frage des Umgangs mit Geflüchteten in dieser Debatte zu sehen. Die gleichen Akteure, die den interreligiösen Dialog pflegen, sind auch in Fragen der Debatte um die Unterbringung und den Umgang mit Geflüchteten engagiert.

> *»... das kann man schon sagen, Priscagemeinde, Nord-Café, Frage weltoffener [Bezirk], interreligiöser Dialog, da gibt es personell eine ganz große Überschneidung. Da ist ein, denke ich, ein sehr großes und auch im Stadtteil gut wahrnehmbares Engagement da.«* PR9:35

In diesem Fall ist aber der Kreis der Beteiligten noch einmal deutlich breiter und die Aktionsformen sind vielfältiger. Das Nord-Café ist ein Begegnungsort für Geflüchtete und Alteingesessene – ehrenamtlich organisiert –, einmal in der Woche nachmittags geöffnet und beheimatet in den Räumen einer freikirchlichen Gemeinde. Ein großer Teil der Vernetzungsarbeit in diesem Bereich geht aber tatsächlich in die Arbeit mit und für Geflüchtete. Hierzu gehören Angebote, die direkt in den Unterkünften gemacht werden (PR16), Einzelbetreuung von Familien (PR2:33), Frauenfrühstück in einem Haus, in dem mehrere Familien untergebracht sind (PR2:33; PR3:25). In diesem Gebiet ist die Priscagemeinde ein ganz zentraler Akteur im Stadtteil. Bei einer der Informationsveranstaltungen, die mit dem Flüchtlingsrat organisiert wurden (vgl. oben), wurde aus der Gemeinde heraus die Unterstützung angeregt:

> *»[D]a [wurde] direkt aufgerufen, wer sich vorstellen kann, dort mit zu helfen, soll seine Verbindungsdaten gleich dalassen. Und daraus hat sich dann eine erste Gruppe gebildet, und die haben wir dann weiter verbreitet. Also das ist schon gut, wenn es so einen Impuls gibt, dass gleich mehrere Leute sich melden, zu einer ersten Gründung.«* PR4:63

Die Verbreiterung hat so gut funktioniert, dass ein Interviewpartner aus der großen Aufnahmeeinrichtung heute sagt:

> *»[D]ie Priscagemeinde. Das ist unser großer Kooperationspartner, was die Ehrenamtsangebote betrifft. [...] initiiert durch die Diakonie [..] ist das Ganze an eine Gruppe übergegangen der Prisca-Kirchengemeinde. Und die helfen uns, unterstützen uns mit einem breiten Angebot, von Kinderspielen für verschiedene Altersklassen über Nachhilfe, Spracherwerb bis hin zu einer Frauengruppe. Da haben wir auch feste Ansprechpartnerinnen jeweils, die für diese verschiedenen, ich sage jetzt mal Fachbereiche, zuständig sind.«* PR16:23

Neben der interreligiösen gibt es noch eine dezidiert ökumenische Vernetzung. Traditionell unterhält die katholische Pfarrgemeinde ökumenische Beziehungen zu einer ihr räumlich nähergelegenen evangelischen Kirchengemeinde. Aber:»Da sich die Priscagemeinde eher auch im gesellschaftlichen Umfeld engagiert, sind wir in dem Bereich eher Prisca angebunden. Da ist auch das größere Engagement im Bürgerverein [...] Die Gremienzusammenarbeit ökumenisch, die läuft eher in Richtung [räumlich nähere gelegene evangelische Gemeinde, d. Verf.].« (PR9:7)

Diakonische Vernetzung direkt und »über Bande«
Diakonisch vernetzt ist die Priscagemeinde mit den Pflegeheimen im Gemeindegebiet, in denen regelmäßig Gottesdienste durchgeführt werden und ganz zentral natürlich mit dem Treffpunkt (vgl. oben »Angebote«). Der Treffpunkt seinerseits ist mit zahlreichen weiteren diakonischen Einrichtungen vernetzt, findet aber auch Kontakte in die interessierte Nachbarschaft, mit der das Verhältnis nicht nur entspannt ist, sondern aus der heraus auch hin und wieder Anfragen kommen, welche Art der Unterstützung gebraucht werden könnte. (PR10:30–37) Ein Kontakt vom Treffpunkt zum Bürgerverein besteht eher indirekt darüber, dass Menschen, die den Treffpunkt unterstützen, zugleich Mitglieder im Bürgerverein sind. (PR10:28) Es gibt weitere diakonische Einrichtungen im Gemeindegebiet, eine Zusammenarbeit ist aber nicht immer unbedingt »machbar und sinnvoll, weil« man gerade Menschen, die »längere psychische Krankheitsgeschichten« haben, nicht überrollen sollte (PR1:18).

»Nachbarschaft« und »Politik« – »weak ties«
Die stärksten Beziehungen in die allgemeine »Nachbarschaft« werden anscheinend über die Initiative zum Community Organizing hergestellt (vgl. 4.6.4 Angebote), die aufgrund der Vielzahl von Initiativen und Befragungen in dem Stadtteil nahezu alle Bürgerinitiativen und Vereine kennt.

> *»... es ist halt ein über Jahre gewachsenes Zusammenarbeiten zum Beispiel mit dem Stadtteilverein. Und die Akteure sind auch größtenteils aus den Kirchengemeinden [...]. «* PR13:2

Ein Netzwerk direkt in den kommunalpolitischen Raum gibt es nicht, sieht man einmal davon ab, dass die Stadt im Zusammenhang mit der Diskussion um den geplanten Moscheebau und Geflüchtete die Priscagemeinde anfragte, Diskussionsforen in der Kirche abzuhalten. Ein weiteres Netz besteht auch hier eher in indirekter Form: Die Arbeitsgruppe zum Community Organizing stellt je nach Projekt, an dem sie arbeitet, diese Beziehungen her, d. h. man kennt sich (PR13:18). Über den Bürgerverein, in dem zahlreiche Gemeindeglieder tätig sind, der auch in den interreligiösen Dialog, die Arbeit mit Geflüchteten usw. eingebunden ist, bestehen diese Beziehungen ebenfalls, zum großen Teil auch über die Mitgliedschaft in Personalunion.

Die Jugendkirche, zu der die Vernetzung bislang in erster Linie über das Gebäude besteht, ist ebenfalls ein »Satellit« in weitere Organisationsformen mit politischem Anspruch, da diese an einem Gremium beteiligt ist, das sich auf zivilgesellschaftlicher Ebene in die Entwicklung kommunalpolitisch festgelegter Planungsräume einbringt (PR8:30–35).

Für die Kontakte in die Nachbarschaft, zur Bevölkerung sind die Feste – Stadtteilfest, Gemeindefest, Dankesfest – nicht zu unterschätzende Foren der Selbstpräsentation (PR13:38; PR10 73; PR9:23, PR7:17). Diese Präsenz wird für die Sichtbarkeit von Kirche und deren Bedeutung von aktiven Konfessionslosen beschrieben:

> *»Ja, präsent sein. Dass es nicht nur die Kirche als Gebäude im Stadtteil gibt, sondern einfach präsent dahingehend mit so Geschichten, wie es hier teilweise läuft. Über so Feste oder in Aktionen. [...] Dass man so sieht, [...] dass es mehr gibt als – es gibt die Kirche. Dann weiß ich, es ist Gottesdienst. Und da hört für mich das Verständnis von Kirchgemeinde auf. Also jetzt pauschal gesagt. Sondern zu sagen: Es gibt einfach mehr. Weil die Leute, die sich dort engagieren, eben genauso wie wir im Bürgerverein ihre Themen haben, ihre Felder und Ideen. Und die auch nicht an der Kirchentür oder am Kirchentor enden, sondern halt hinausstrahlen.«* PR7:57

Ob dadurch die Kirche aber tatsächlich die Chance hat, mehr Menschen anzuziehen, wird zugleich bezweifelt, da aufgrund der »Durch- oder auch Zwangsorganisation« in der DDR die Skepsis gegenüber jeglicher Art von Vereinen, und damit auch Kirchen, prägend sei.

*»Ganz schwierig, da einfach zu sagen: Wir machen einfach was für den Stadtteil.
Mach doch mit. Wir beißen nicht. [...] das ist, glaube ich, so'n Grundproblem hier
in den neuen Bundesländern.«* PR7:63

ABBILDUNG 16 **Zivilgesellschaftliches Netzwerk der Priscagemeinde**

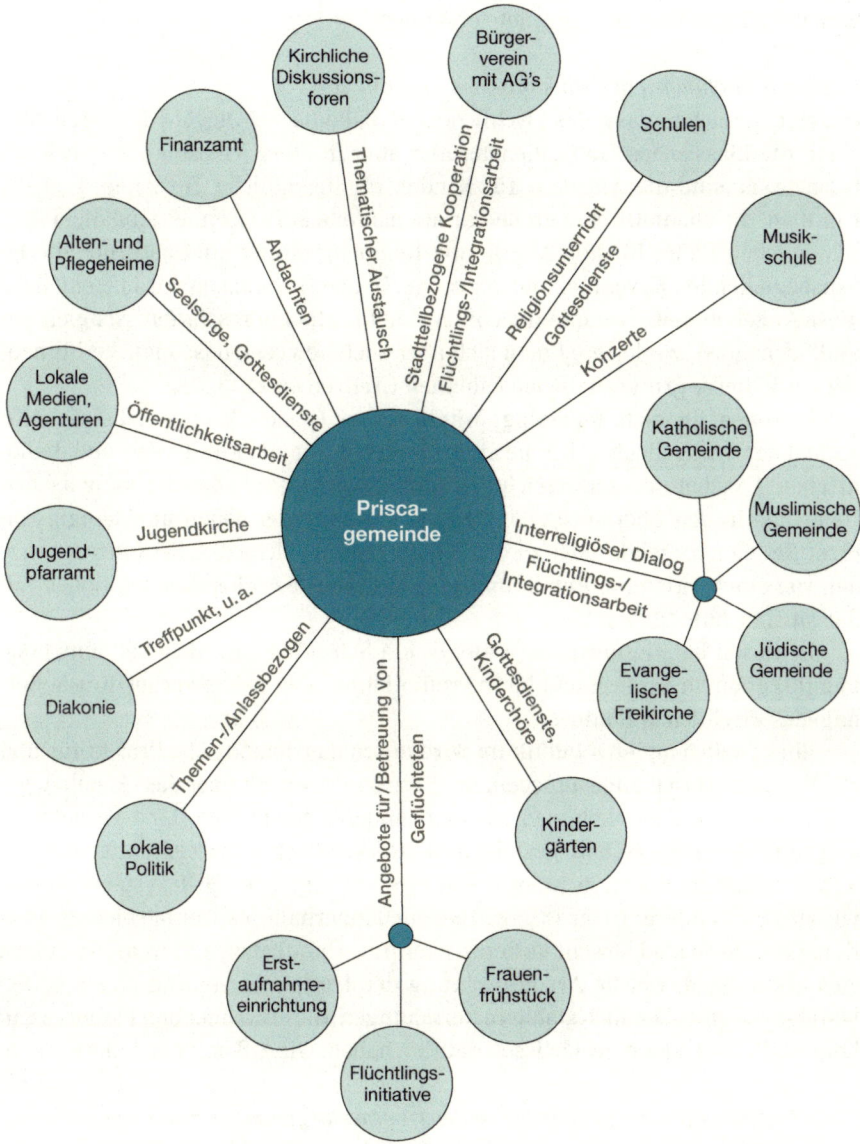

4.6.6 ZWISCHENFAZIT: KONSEQUENT FÜR DIE NÄCHSTEN – DOCH DIE SICHT-BARKEIT BLEIBT BEGRENZT

Die anerkennende Beschreibung der Priscagemeinde durch eine frühere Mitarbeiterin, die eine unserer Gesprächspartnerinnen wiedergab mit »es ist so ein Blubbertopf, es ist immer was los« (PR3:13), kann anhand der Analyse der Interviews nur bestätigt werden. Dabei lassen sich drei Bereiche des Engagements bzw. der Aktivitäten und Angebote erkennen.

Klassisch kirchliches und diakonisches Programm
Der eine Bereich umfasst das kirchliche und diakonische Angebot. Dies sind zum einen die klassischen Gottesdienste, hier aber in einer Vielzahl verschiedener Formate. Es sind die Angebote für Kinder, für Jugendliche, für Ältere und für Familien, die ebenfalls eine große Variationsbreite aufweisen. Es sind die unterschiedlichen Chöre für alle Alters- und Kompetenzstufen und natürlich die lebensbegleitenden Kasualien und Seelsorge. In den Gesprächen wird betont, dass diese Angebote selbstverständlich offen sind für alle Interessierten, Neugierigen und Suchenden, zugleich ist man sich aber auch bewusst, dass manche Binnendynamik dieser grundsätzlichen Offenheit Grenzen setzt.

Personen, die nicht unbedingt Mitglieder der Gemeinde oder vielleicht nicht einmal der evangelischen Kirche sind, werden durch die kulturellen und diakonischen Angebote besser erreicht. So singen auch Mitglieder der katholischen Gemeinde in den Chören (PR9:55), Kindergartenkinder gehen unabhängig von ihrer Religionszugehörigkeit zu den Kinderchören (PR15:23), die Konzerte werden von einem breiteren Publikum besucht, und es bestehen Kooperationen mit der Musikschule (PR3:39).

In diesen Betätigungsfeldern gibt es ein hohes Maß an Aktivität, eine hohe Identifikation im Sinne einer klaren Profilbildung, aber wenig Vernetzung außerhalb des kirchlichen Raumes.

Ein gänzlich anderes Publikum wird durch das diakonische Projekt für und mit Wohnungslosen angesprochen. Der Treffpunkt strahlt über das Gemeindegebiet hinaus, die Gäste kommen auch aus anderen Stadtteilen. Eine Vernetzung aufgrund der Trägerschaft besteht in den diakonischen Bereich aufgrund des Arbeitsfeldes aber auch zu städtischen Einrichtungen des Hilfesystems ebenso wie zu denen anderer freier Träger. Aber auch innerhalb des Wohngebietes gibt es Kontakte. Diese sind sowohl lockerer, eher unverbindlicher Art, wenn Nachbarn sich erkundigen, welche Art Einrichtung der Treffpunkt sei und ob sie helfen könnten. Es gibt aber auch stabilere Beziehungen, die etwa über den Förderverein hergestellt sind oder eine gewisse Tradition haben, wie z. B. mit den Stadtwerken:

> »[D]a gibt es also fast so lange, wie es den [Treffpunkt] gibt, schon eine Kooperation mit den Stadtwerken, die immer ein Sommerfest ausgerichtet haben für den [Treffpunkt]. Also der Betriebsrat der Stadtwerke und, ja, da ging es ganz viel um das Essen, klar. Aber ich wusste von früheren Zeiten [...], dass es dann durchaus auch

*ein Bühnenprogramm mal gab und so weiter. [...] Bei der Weihnachtsfeier hatten
wir jetzt auch ein Tischtennisturnier, das ist sehr gut angekommen und das wird
wahrscheinlich auch ein fester Bestandteil bleiben. Nach dem ersten jetzt sofort im
Herbst ein zweites. [...] Also das ist [Treffpunkt] gegen Stadtwerke.«* PR10:63–66

Fäden im Sinne von Kooperationsbeziehungen oder auch Vernetzungen in das
nicht-kirchliche Umfeld werden also in Bezug auf das erste Standbein, den kirchlich-diakonischen Bereich, über das Arbeitsfeld Diakonie hergestellt. In diesem
Bereich ist das Angebot als kirchliches erkennbar, sogar als gemeindliches, da
sich der Treffpunkt in der Prisca-Kirche befindet.

Community Organizing – Anleitung zum Aktiv-Werden
Die gemeindliche Initiative, die vom Grundsatz her am stärksten eine Sozialraumorientierung aufweist, ist die in Kooperation mit anderen evangelischen Kirchengemeinden getragene Gruppe zum Community Organizing. Ganz im Sinne des
konstruktivistischen Ansatzes zur Beschreibung von Sozialräumen, der von der
Perspektive der Einzelnen, z. T. auch von Identitätsgruppen ausgehend, die Grenzen des Raumes dort anlegt, wo die Beteiligten selbst sie sehen (Kessl & Reutlinger
2010), geht es in diesem Konzept darum, aktuelle Problemlagen mehr oder weniger großer geographischer Reichweite aufzuspüren und die Betroffenen unter
Begleitung dazu anzuregen, selbst im eigenen Sinne aktiv zu werden (vgl. Müller
& Szynka 2010). Im Unterschied zu der, zumindest teilweise am Community Organizing angelehnten, kirchlichen Gemeinwesenarbeit, steht bei diesem Projekt
nicht per se der diakonische Aspekt im Vordergrund, sondern das, was die Menschen bewegt. In diesem Gebiet sind es Verkehrsprobleme, Gebäudeleerstand und
ähnliche kommunalpolitische Themen. Entsprechend breit ist das Spektrum der
Kooperationspartner.
    Zwei Probleme der Sichtbarkeit der Kirchengemeinde im Sozialraum bzw.
im Gemeindegebiet werden hieran deutlich. Eines besteht in den unterschiedlichen räumlichen Grenzen. Die Grenzen des Gebietes der Priscagemeinde sind
nicht deckungsgleich mit denen des Stadtbezirks Prisca-Mitte, sondern das parochiale Gebiet schneidet noch zwei weitere Bezirke. Der Bürgerverein als ein
Kooperationspartner ist aktiv in Prisca-Mitte und in zwei weiteren Bezirken, die
allerdings nicht identisch sind mit denen, von denen Teile zur Priscagemeinde
gehören. Die Stadtbezirksbeiräte wiederum sind als kommunalpolitische Ansprechpartner zuständig für einen noch größeren Bereich. Das parochiale Gebiet
der evangelischen Kirchengemeinden, die gemeinsam mit der Priscagemeinde
für das Community Organizing die Trägerschaft innehaben, stimmt zum Teil
mit den Aktivitätsräumen des Bürgervereins und dem Zuständigkeitsbereich des
Stadtbezirksbeirates überein, dehnt sich dann jedoch noch in andere Stadtbezirke
aus. Die bürgerschaftlichen Initiativen ihrerseits sind jeweils auf geographischen
Inseln in diesen größeren Gebieten aktiv, auch wenn die von ihnen angegange-
nen Themen grundsätzlich eine größere Reichweite haben. Die Zurechenbarkeit,

also die Verbindung zwischen Aktion und Kirchengemeinde, geht damit allein schon aufgrund dieser räumlichen Differenz verloren. Hinzu tritt der thematische Aspekt: Da das Community Organizing sich an den Bedarfen und Bedürfnissen der Bevölkerung orientiert, sind Themen und Aktionen eher nicht kirchlicher oder religiöser Natur, und da die Aktionsgruppen von der Bevölkerung selbst getragen werden, entfällt auch in einem derart stark säkularisierten Umfeld die theologische Grundierung des Handlungsmotivs im Sinne einer religiösen Ethik. Die Kirche tritt hier zurück hinter die aktiv gewordenen Menschen. Selbst der Interviewpartner aus dem Bürgerverein, auf dessen Internetseite die Initiative zum Community Organizing als Kooperationspartnerin aufgeführt ist, erwähnt diese nicht im Zusammenhang mit der Priscagemeinde.

Politische, interreligiöse, interkulturelle Vernetzung – Verantwortung übernehmen
Der dritte große Komplex, der in den Interviews sowohl von Gesprächspartnern aus der Gemeinde wie auch aus anderen Einrichtungen des Gemeindegebietes angesprochen wurde, ist der stark politisch konnotierte Bereich des interreligiösen und interkulturellen Engagements wie auch politischer »Auftritte« verschiedener Art, z. B. die Gesprächsforen zum Moscheebau und der Unterbringung Geflüchteter sowie die Kanzelreden. Die Kanzelreden sind den nicht-kirchlichen Befragten aus dem zivilgesellschaftlichen Spektrum des Gemeindegebietes eher vom Hörensagen bekannt (PR14:53; PR6:78), als dass sie selbst diese besucht hätten. Diese gottesdienstliche Veranstaltungsreihe hat jedoch ein gewisses Maß an Öffentlichkeit erreicht, das über das Stammpublikum hinausgeht.

Große Aufmerksamkeit erlangten die Diskussionsforen, die unter reger Beteiligung der interessierten Öffentlichkeit und in Kooperation mit städtischen Verantwortlichen durchgeführt wurden. Beide Arten von Ereignissen, die Foren und Kanzelreden, fanden innergemeindlich wie in der Stadt(teil)gesellschaft sowohl Zustimmung (PR14:51; PR7:17; PR2:25/29) wie auch Ablehnung (PR6:48/78; PR4:79). Beispielhaft für negative Reaktionen, die die Gemeinde auf ihr Engagement erfuhr, schildert ein Mitarbeiter:

> *»... sowohl was die Moschee als auch die Eröffnung von Flüchtlingsunterkünften eine öffentliche Diskussion in unseren Kirchen, also den Raum dafür geöffnet, aber natürlich auch die entsprechenden Rückmeldungen geerntet dafür, also: weil wir einfach dagegen sind, dass die Kirche für so politische Zwecke missbraucht wird, und solche Scherze. [...] ist es schon eine Herausforderung. Also dann so eine, so eine offizielle Plattform von Dialog und Information zu gestalten.«* PR1:10

Die Interviews mit Gesprächspartnern innerhalb wie außerhalb der Gemeinde vermitteln den Eindruck, als sei es dieses am stärksten umstrittene und politisch aufgeladene Feld, über welches die Kirchengemeinde die größte Öffentlichkeit erfährt und die stärkste Vernetzung in die Zivilgesellschaft aufweist: zu anderen Religionsgemeinschaften, zu Initiativen und Organisationen der Arbeit mit

Geflüchteten, zum Bürgerverein und seinen Arbeitsgruppen. Über Letztere gibt
es dann auch Berührungen in weitere Bereiche des Engagements.

Diese drei Bereiche, klassisch kirchlich und diakonisch, Anleitung zum Aktiv-
Werden und die politisch-interreligiöse-interkulturelle Vernetzung, verbindet der
gemeinsame Rekurs auf das christliche Selbstverständnis des Tätigseins für die
Nächsten. In der Gesamtheit korrespondieren diese Felder mit dem, was ein Gesprächspartner aus der Priscagemeinde als Aufgabe der Kirche im Sozialraum,
im Stadtteil beschreibt.

> »Was die Aufgabe in der Stadt ist? Ja, also. – Ich finde, ein Kulturraum zu sein,
> also das hat die musikalische Ebene, das hat Kinderkirche, Konfirmandenunter-
> richt, Bildungsebene sozusagen. Dann Mitsprache- und Beteiligungsraum, also so
> ein Kulturraum sein. Sozialraum, ja dass man für einzelne Bedürftige einen Ort
> hat. Aber auch Sozialraum im Sinne sozial-politischer Anliegen, [diese] aufnimmt.
> [...] Netzwerker, also Netzwerke zu spinnen [...] Netzwerke knüpfen. Dann finde
> ich natürlich schon –, [...] also spirituellen Raum, also der religiösen Dimension
> Raum, Sprache, Ritual Gestalt geben. Beziehungs –, naja das ist ja bei Netzwerke
> mit drin: Also diese Beziehungspflege, wirklich eins zu eins Beziehungen, auch
> wenn das in der Stadt natürlich schwieriger ist, anonymer und so, halte ich es aber
> nicht für weniger wichtig [...]. Deswegen sind mir hier die Menschen hier vom Kir-
> chenvorstand, Mitarbeiter und so ganz wichtig, dass es eben im Inneren tragfähige
> Beziehungsstrukturen gibt, die dann nach außen [...] hin wirksam sein können.
> Wenn das Innen alles konfliktbeladene, hohle, leere Beziehungsfelder sind, dann
> brauchst du nicht meinen, dass nach außen hin irgendetwas Sinnvolles passiert.
> [...] Was ich auch immer wieder wichtig [finde] [...], also das klingt ganz komisch,
> aber das braucht auch, glaube ich so, wenn von den Räumen die Rede ist, müsste
> es auch Grenzwächter geben oder sowas.« PR1:43–45

Tatsächlich werden die institutionellen Beziehungen, wie die der Religionsgemeinschaften im interreligiösen Dialog und die Beziehung zur Flüchtlingseinrichtung,
über engagierte Einzelpersonen getragen, die in Form von Mehrfachengagements
als Personen und nicht als Kirchengemeinde aktiv sind. Für »Außenstehende«,
d. h. Personen, die nicht Mitglieder der Priscagemeinde, der evangelischen Kirche oder einer Religionsgemeinschaft überhaupt sind, ist der christlich-religiöse
Anteil nicht unbedingt zu erkennen. Man kann sehr gut an einem dieser Felder
teilhaben, ohne die anderen zu sehen oder um den christlichen Hintergrund anderer Aktiver zu wissen. Wie breit das zivilgesellschaftliche Engagement der
Priscagemeinde in seiner Gesamtheit ist, war unter den externen Gesprächspartnern eigentlich nur dem Vertreter der katholischen Gemeinde bewusst.

Die Wertschätzung der Moderationsfunktion, die die Gemeinde in Bezug auf
politisch kontrovers diskutierte Themen wahrgenommen hat, ist trotz weitge-
hender Entkirchlichung und einer deutlich geringer ausgeprägten christlichen
Tradition in dieser ostdeutschen Großstadt im Vergleich zu den westdeutschen
Regionen überwiegend hoch. Zwar wird sie auch für fehlende Neutralität kritisiert (PR6), was aber eine Einzelstimme zu sein scheint (vgl. auch unten Kap. 5.3).

Die Aufgaben der Kirchengemeinde oder auch der Kirche generell bzw. ihre Funktion im Sozialraum werden relativ weit und damit zugleich ein wenig diffus beschrieben als: »... für mich ist Kirche oder Kirchengemeinde ein wichtiger sozialer Faktor« (PR11:43), oder: »Also für mich hat Kirche eine soziale und kulturelle, vielleicht soziokulturelle Verantwortung oder auch Aufgabe, Menschen zu verbinden, Menschen gegebenenfalls zu unterstützen« (PR16:98), oder in dem Wunsch, die Priscagemeinde, obwohl sie schon recht aktiv sei, könne sich noch stärker in die Stadtteilentwicklung einbringen, »... was alles sich um die [Hauptverkehrsachse] dreht, um die kulturelle, soziale Entwicklung, gerade was den sozialen Bereich angeht« (PR7:41). Zwar steht in diesen Äußerungen der soziale Aspekt im Vordergrund, sollte aber nicht verkürzt werden auf die diakonische Funktion, die Gemeinden kirchentheoretisch betrachtet zukommt (vgl. oben Kapitel 2.1.4). Dieser Aspekt wird hier durchaus breiter gefasst:

> *»Wie gesagt, ich bin ja nicht konfessionell, insofern ist der religiöse Gedanke bei mir natürlich weniger ausgeprägt. Was ich aber an der Kirche an sich sehr schätze, das ist genau zum einen, das Regulativ zu sein. Im gesellschaftlichen Denken auch mal zu sagen: Lasst uns da mal noch darüber nachdenken, und lasst uns auch die Verlierer nicht verlieren, beziehungsweise nicht aufgeben. Und insofern finde ich auch soziale Initiativen von Kirchen oder eben auch gesellschaftspolitische Debatten anzustoßen, insbesondere in Richtung Gesellschaftsform beziehungsweise auch menschlichem Miteinander –, das finde ich sehr wichtig. Und da wünsche ich es mir immer, wenn es jede Kirchgemeinde schafft, dort auch sichtbar zu sein und dort auch entsprechenden Input in die gesellschaftliche Debatte einzutragen.«* PR14:27

Es ist nicht die religiöse Funktion an sich, die hier Wertschätzung erfährt, von daher handelt es sich nicht um vicarious religion in der Definition von Davie. Aber die religiöse Motivation und vor allem die Generierung von Sozialkapital, das Ergebnis ist sowohl des Mehrfachengagements der Gemeindeglieder als auch der Bildung und Unterstützung von Aktionsgruppen des Community Organizing, in der Flüchtlingshilfe oder im interreligiösen Dialog mit seinen verschiedenen Aktionsformen, im diakonischen Projekt Treffpunkt u. Ä., wird als Wert an sich begriffen.

Das Gebiet der Priscagemeinde erstreckt sich über mehrere Stadtteile, die auch noch jeweils unterschiedlichen übergeordneten Bezirken (als politische Verwaltungseinheiten) zugeordnet sind. Deshalb ist die Bestimmung eines »Sozialraumes der Priscagemeinde« geographisch kaum möglich. Es gibt die Sozialräume des Community Organizing, der verschiedenen Stadtentwicklungsregionen, der Projekte des Bürgervereins. Insofern wirkt die Priscagemeinde eher thematisch in verschiedene Sozialräume hinein, als dass bei der Bevölkerung im Gemeindegebiet eine geschlossene Identität vorläge. In ihrem Wirken bedient sie alle drei Perspektiven der *Heuristik nach Young* (vgl. oben Kapitel 2.4). Die Rolle der Moderatorin in öffentlichen Disputen, die Rolle der Community-Organisatorin, die Dialog Stützende, die diakonisch Engagierte, trägt zur Schaffung brückenbildenden

Sozialkapitals bei, zum Erwerb von Civic Skills und mahnt die Einhaltung von Normen des liberalen Staates an. Abschottungstendenzen sind nicht zu erkennen, wobei es allerdings Hauskreise gibt, die wie geschlossene Gemeinschaften wirken. Die *zivilgesellschaftliche Relevanz* gemessen an den drei Dimensionen Angebote, Vernetzung und Wahrnehmung (vgl. oben Kapitel 3.2) ergibt, dass die Angebote universell ausgerichtet sind, wobei ein Bewusstsein über Schließungstendenzen besteht. Die Vernetzung weist deutlich über die Gemeinde hinaus in verschiedene Sozialräume. Andere Akteure nehmen die Gemeinde wahr in ihren politischen und diakonischen Aktivitäten, wobei die Moderatorenrolle je nach eigenem Standpunkt unterschiedlich bewertet wird. Wertschätzung erfährt sie in diesen Aktivitäten von konfessionslosen wie von religiös gebundenen Menschen, erstere wissen aber nahezu nichts über die Gemeinde und deren Angebote im religiös-kulturellen Feld. Die *internen Faktoren* (Selbstwahrnehmung als lebendig und engagiert in verschiedenen Feldern, klare Standpunkte, eine arbeitsteilige Organisation mit vielen Ehrenamtlichen, auch intern diskussionsorientiert und damit bottom-up-organisiert) fördern Möglichkeiten und Willen zum zivilgesellschaftlichen Engagement. Die *externen Faktoren* (hohes Maß an Säkularisierung, ausgeprägte Beteiligungskultur, günstiges soziodemographisches Profil) bieten gute Voraussetzungen zur Vernetzung, aber ungünstige Voraussetzung als religiöser Akteur wahrgenommen zu werden, weil dafür schlicht das Sensorium in der Mehrheitsbevölkerung fehlt.

5. Kirche vor Ort aus Sicht der Bevölkerung

In den vorangegangenen Fallstudien wurden die Gespräche mit verschiedenen Vertretern aus Politik und Zivilgesellschaft genutzt, um eine Außenperspektive auf die zivilgesellschaftliche Rolle der Kirchengemeinden im Sozialraum einnehmen zu können. Diese sogenannten Experteninterviews haben zwar den Vorteil, dass sie aufgrund des Wissens der interviewten »Experten« über den Sozialraum und die Zivilgesellschaft einen hohen Informationsgehalt bieten; dennoch bleiben es natürlich Einzelmeinungen. Mehr noch: Es gibt gute Gründe anzunehmen, dass diese Einzelmeinungen ein verzerrtes Bild wiedergeben, indem sie die Arbeit der Kirchengemeinden überwiegend positiv einschätzen. Diese Verzerrung hat verschiedene Ursachen: Zum einen nehmen die Experten als Aktive in ihren Stadtteilen, Dörfern oder Sozialräumen sehr viel stärker wahr, wer engagiert ist, als es die Bevölkerung im Allgemeinen tut. Darüber hinaus entstammten die Gesprächspartner überwiegend einer bürgerlichen Mittelschicht, die nicht nur eine höhere Bereitschaft zu freiwilligem Engagement im Sozialraum aufweist, sondern auch zu Kirche und Religion nicht selten eine wohlwollendere Einstellung hegt. Vereinzelt auch wollten Gesprächspartner sich die jeweilige Kirchengemeinde nicht als bestehende oder potenzielle Kooperationspartnerin im Sozialraum vergraulen und haben daher, trotz der Garantie der Anonymisierung des Gesprächs, kaum kritische Worte verloren. Und nicht zuletzt mögen auch einfache Höflichkeitsnormen dazu geführt haben, dass uns Interviewern, die wir erkennbar selbst Kirchenmitglieder sind, keine abwertenden Beurteilungen zugemutet werden sollten bzw. die Gesprächsatmosphäre nicht belastet werden sollte.[43]

---

[43] Verschiedentlich hieß es bei positiven Beschreibungen: »ohne dass ich Ihnen jetzt nach dem Mund reden will«, oder auch, bei kritischeren Äußerungen: »nehmen Sie das jetzt bitte nicht persönlich«. Selbstverständlich wurde durch die rahmende Erläuterung des Projektes versucht, dem vorzubeugen, wie auch durch eine zurückhaltende Gesprächsführung und gezielte immanente Nachfragen.

Es ist daher notwendig, diese Einzelmeinungen mit der breiteren Auffassung der Wohnbevölkerung zu kontrastieren, um ein ausgewogeneres Bild zum zivilgesellschaftlichen Image einer Kirchengemeinde zu erhalten. Zu diesem Zweck wurden in zwei der sechs Gemeindegebiete unserer Studie zusätzlich repräsentative Bevölkerungsbefragungen durchgeführt, und zwar im Gebiet der Markusgemeinde und im Gebiet der Priscagemeinde. Während einige der Ergebnisse dieser beiden Bevölkerungsumfragen (etwa zur Demographie, zum sozialen Zusammenhalt oder zur Religiosität) bereits in die jeweiligen Teilkapitel zur fallweisen Auswertung der beiden Gemeinden geflossen sind, geht es im Folgenden darum, die Fragen zur Bekanntheit, zur Bewertung der kirchlichen Arbeit und zu den Erwartungen an die Kirchengemeinde vorzustellen. Die Ergebnisse der beiden Befragungen werden dabei kontrastierend nebeneinandergestellt, da sich die beiden Sozialräume in einigen relevanten Kategorien unterscheiden. Während die Befragung im Gebiet der Markusgemeinde in einem westdeutschen Stadtteil im Randgebiet einer Großstadt stattfand, der zudem vor allem durch eine gutbürgerliche, kirchenaffine und vergleichsweise homogene Bevölkerung ohne größere soziale Brennpunkte gekennzeichnet ist, erstreckt sich das Einzugsgebiet der Priscagemeinde über verschiedene Stadtteile im Innenbereich einer ostdeutschen Großstadt und ist deutlich heterogener. So wohnt im Gemeindegebiet der Prisca-Kirche die Hälfte der Bevölkerung erst acht Jahre in dem Gemeindegebiet, der Bevölkerungsanteil mit Migrationshintergrund ist deutlich höher und vor allem sind religiöse Bindung und Sozialisation sehr viel niedriger als in der Bevölkerung im Gebiet der Markusgemeinde.

5.1 Bekanntheit

Der erste Fragekomplex diente dazu, die Bekanntheit der Gemeinde im Sozialraum festzustellen. Dazu wurde den Befragten zunächst eine Liste vorgelegt, auf der sie jeweils angeben konnten, in welchem Zusammenhang sie die Gemeinde innerhalb der letzten zwölf Monate vor dem Interview wahrgenommen haben. Abbildung 17 zeigt die Anteile der Befragten, die angegeben haben, dass ihnen die Kirchengemeinde in dem jeweiligen Zusammenhang begegnet ist. Die Ergebnisse werden jeweils getrennt ausgegeben für die Markus- und die Priscagemeinde, sowie für evangelisch-landeskirchliche Kirchenmitglieder und Nicht-Kirchenmitglieder[44].

---

[44] Dies sind entsprechend Konfessionslose genauso wie Mitglieder anderer Religionsgemeinschaften – in erster Linie katholisch, ein kleiner Teil freikirchlich oder muslimisch. Andere Religionszugehörigkeiten bewegen sich im einstelligen Personenbereich. Der Anteil Konfessionsloser liegt in der Umfrage im Gebiet der Priscagemeinde bei 53 %, im Gebiet der Markusgemeinde bei 40 %, der Anteil Evangelischer bei 20 % bzw. 45 %.

ABBILDUNG 17 **Wo haben Sie die Kirchgemeinde in den letzten 12 Monaten wahr-genommen? (Mehrfachantworten möglich, Angaben in Prozent)**

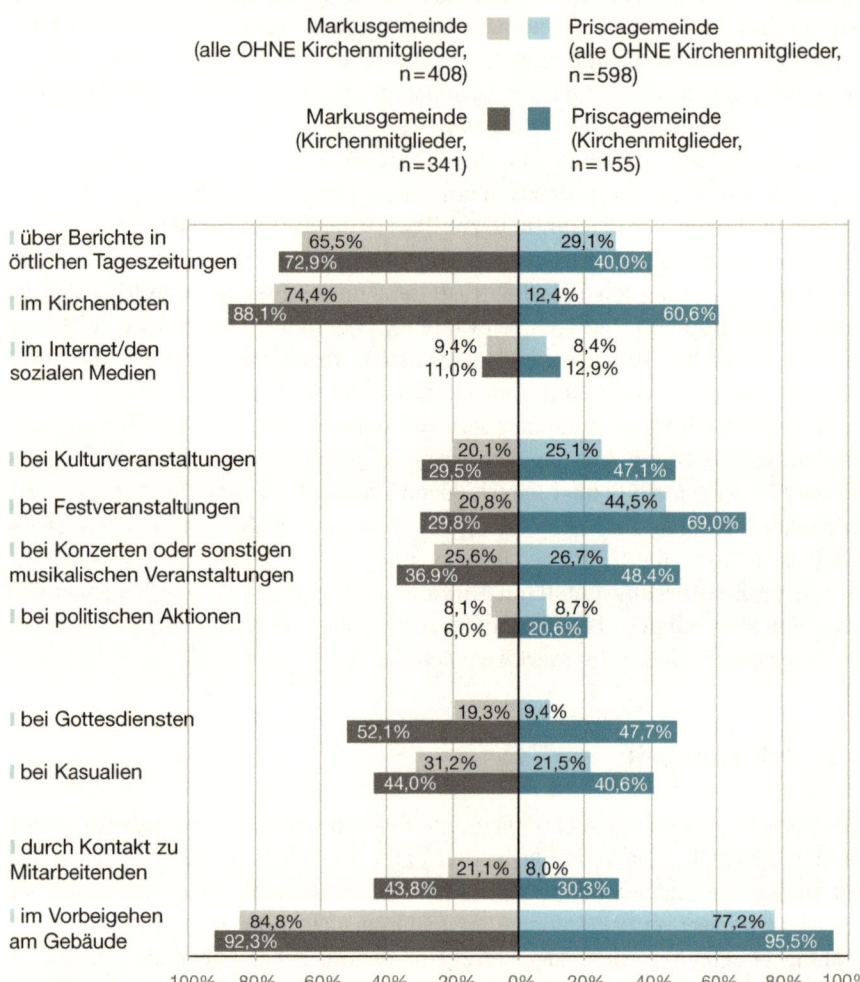

Zunächst fällt auf, dass beide Kirchengemeinden vergleichsweise hohe Bekannt-heitswerte aufweisen. Am deutlichsten zeigt sich dies – wenig überraschend – bei der bloßen räumlichen Präsenz: Die Kirchen lassen sich durch ihre zentral ge-legenen Sakralbauten im Stadtbild nicht übersehen. Über 90 Prozent der Kir-chenmitglieder und noch rund 80 Prozent der Nichtmitglieder haben die Kirchen zumindest im Vorbeigehen wahrgenommen (Abb. 17, unterer Teil). Persönlichen Kontakt haben jedoch deutlich weniger: Gerade in der Gruppe der Nicht-Gemeindemitglieder haben nur rund 21 Prozent Kontakt zu Mitarbeitenden der Markusgemeinde und lediglich 8 Prozent zu Mitarbeitenden der Priscagemeinde.

Vor allem in der Markusgemeinde ist die starke mediale Wahrnehmung auffällig (Abb. 17, oberer Teil). Rund 88 Prozent der Kirchenmitglieder sowie etwa 74 Prozent der Nichtmitglieder haben die Kirchengemeinde über den Kirchenboten bzw. den Gemeindebrief wahrgenommen. Und auch in den örtlichen Tageszeitungen war die Kirchengemeinde für die große Mehrheit der Befragten deutlich wahrnehmbar. Bemerkenswert sind dabei vor allem die geringen Unterschiede zwischen den Kirchenmitgliedern und den übrigen Befragten. Zwar lassen die Daten natürlich nicht erkennen, ob der Gemeindebrief tatsächlich gelesen wird, aber immerhin haben fast drei Viertel der Nicht-Kirchenmitglieder die Kirchengemeinde darüber wahrgenommen. In der Priscagemeinde zeigt sich ein komplett anderes Bild: Die Gemeinde wird nicht nur grundsätzlich weniger über Printmedien wahrgenommen, es zeigen sich auch eklatante Unterschiede zwischen den Gemeindemitgliedern und den übrigen Befragten. Während der Gemeindebrief immerhin noch von rund 60 Prozent der Kirchenmitglieder wahrgenommen wird, liegt dieser Wert bei Nicht-Mitgliedern nur noch bei etwa 12 Prozent. Auch in den örtlichen Tageszeitungen ist die Priscagemeinde deutlich weniger präsent als die Markusgemeinde, was aber vermutlich auf die bereits geschilderte, häufige Intervention der Markusgemeinde in aktuelle lokalpolitische Diskurse zurückzuführen ist. Neue Medien, insbesondere der Auftritt in sozialen Netzwerken, spielen für die Wahrnehmung beider Kirchengemeinden bislang nur eine untergeordnete Rolle, wie die Daten erkennen lassen. Dies deutet bereits auf ein höheres Alter des kirchlichen Publikums hin, für das klassische Printmedien nach wie vor die maßgebliche Informationsquelle darstellen.

Für die Wahrnehmung der Priscagemeinde im Sozialraum sind hingegen die Kultur- und Festveranstaltungen sowie Konzerte von besonderer Bedeutung (Abb. 17, obere Mitte). Fast 70 Prozent der Kirchenmitglieder und immerhin noch knapp 45 Prozent der nicht evangelisch-landeskirchlich gebundenen Bevölkerung im Stadtteil hat die Gemeinde bei Festveranstaltungen wahrgenommen. Die Werte bei Kultur- oder Musikveranstaltungen liegen zwar etwas niedriger, aber auch hier erreicht die Priscagemeinde noch fast ein Viertel der Nicht-Kirchenmitglieder. Auch für die Markusgemeinde spielt die Wahrnehmung über Kultur- und Festveranstaltungen eine Rolle, allerdings fallen die Bekanntheitswerte hier insgesamt niedriger aus. Politische Aktionen haben hingegen für die Wahrnehmung beider Kirchengemeinden nur eine marginale Bedeutung. Dies überrascht zumindest im Fall der Markusgemeinde, da diese sich in der Vergangenheit immer wieder durch Wortbeiträge und Aktionen zu lokalpolitischen Themen eingebracht hat. Die Priscagemeinde hat sich im Vergleich zur Markusgemeinde wahrscheinlich weniger in lokalpolitische Diskussionen eingebracht, von den zivilgesellschaftlichen Akteuren wird sie aber eher über ihr Engagement in politischen Fragen wahrgenommen denn mit ihren weiteren Angeboten.

Zuletzt sei noch auf die Wahrnehmung der Gemeinden in ihren religiösen Funktionen hingewiesen (Abb. 17, untere Mitte). Vor allem beim Gottesdienstbesuch, auch dies wenig überraschend, zeigen sich die deutlichsten Unterschiede zwischen Kirchenmitgliedern und der übrigen Bevölkerung: Während in beiden Fällen rund die Hälfte der Kirchenmitglieder zumindest einmal im letzten Jahr einen Gottesdienst besucht hat, liegt der Wert bei den Nicht-Kirchenmitgliedern bei nur etwa 19 Prozent in der Markusgemeinde und lediglich rund 9 Prozent in der Priscagemeinde. Auch bei der Wahrnehmung der Kasualien, wie Hochzeiten, Taufen und Beerdigungen, zeigen sich diese Unterschiede, allerdings etwas geringer ausgeprägt. Die leicht höheren Werte unter den Nicht-Gemeindemitgliedern können hier Hinweis auf eine gewisse »Passagereligiosität« sein: Die Kirchengemeinde wird in besonderen Lebenssituationen oder auch Krisen durchaus genutzt, aber erfährt darüber hinaus, etwa im normalen Gottesdienstbesuch, kaum Beachtung.

Als Nächstes wurden die Teilnehmer gefragt, welche konkreten Angebote der jeweiligen Kirchengemeinde sie kennen und welche davon sie bereits genutzt haben. Die zur Auswahl stehenden Angebote wurden im Vorfeld der Befragung mit den jeweiligen Gemeinden abgestimmt. Da sich die Angebote zwischen den beiden Kirchengemeinden unterscheiden, werden die Ergebnisse aus Gründen der Übersichtlichkeit in zwei getrennten Abbildungen präsentiert.

Bei der Bekanntheit der einzelnen Angebote zeigt sich zumindest bei der Markusgemeinde ein ähnlicher Trend wie auch schon in der vorangegangenen Auswertung der allgemeinen Wahrnehmung. Zwar sind die einzelnen Angebote unter den Nicht-Kirchenmitgliedern insgesamt jeweils etwas weniger bekannt als bei den Kirchenmitgliedern, aber trotzdem ist die Bekanntheit insgesamt hoch (Abb. 18). Am deutlichsten zeigt sich dies bei den Kindergärten, aber auch bei dem Weltladen und Café, das immerhin selbst rund 64 Prozent der Nichtkirchenmitglieder bekannt ist. Und sogar auf spezifische Zielgruppen zugeschnittene Projekte wie zum Beispiel das Themencafé, der Gesprächskreis für Trauernde, das Projekt Helfende Hände sind noch einem guten Drittel der Nicht-Kirchenmitglieder zumindest bekannt.

Trotz der hohen Bekanntheit fällt der Anteil derjenigen, die die Angebote auch tatsächlich schon mal genutzt haben, deutlich geringer aus. Lediglich der Kindergarten und der Weltladen mit zugehörigem Café werden häufiger frequentiert, wenngleich auch mit deutlichen Unterschieden zwischen Kirchenmitgliedern und Nichtkirchenmitgliedern: Während knapp 30 Prozent der Kirchenmitglieder auch den kirchlichen Kindergarten nutzen, ist dieser Anteil bei den Nicht-Mitgliedern nur halb so groß mit 15,4 Prozent. Auch der Weltladen und das Café werden deutlich seltener von Nicht-Kirchenmitgliedern besucht (18,5 Prozent im Vergleich zu 33,4 Prozent). Diese Unterschiede ziehen sich durch alle Angebote. Während zum Beispiel die Jugendwelt, die Chorproben oder die Eltern-Kind-Gruppe noch rund 10 Prozent der Kirchenmitglieder bekannt sind, liegen die Werte beim Rest der Bevölkerung deutlich niedriger. Mit Ausnahme des Weltladens und der Kindergärten kommen die kirchengemeindlichen Angebote insgesamt nur bei einem kleinen Bruchteil der Bevölkerung an. Insbesondere die nicht evangelisch-landeskirchlich gebundenen Teile der Bevölkerung im Stadtteil werden durch die meisten kirchlichen Angebote nicht erreicht.

ABBILDUNG 18 **Markusgemeinde – Welche Angebote der Kirchengemeinde sind Ihnen bekannt? Und welche davon haben Sie selbst bereits genutzt? (Angaben in Prozent)**

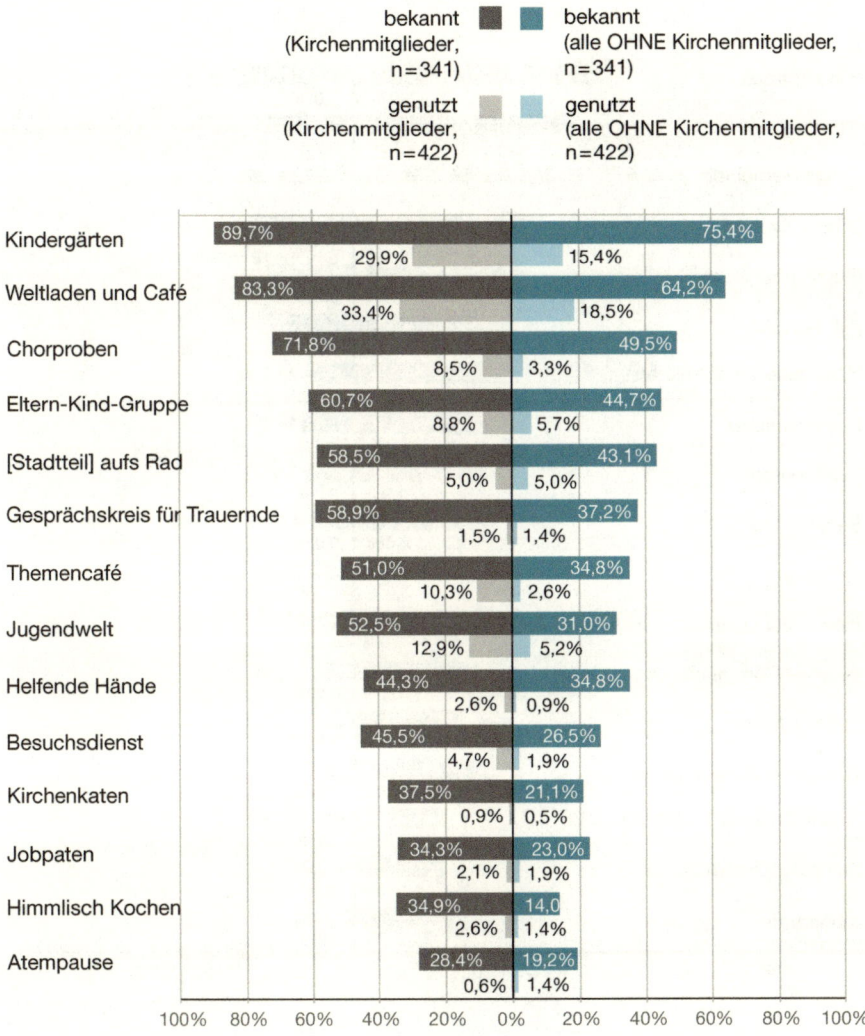

ABBILDUNG 19 Priscagemeinde – Welche Angebote der Kirchengemeinde sind Ihnen bekannt? Und welche davon haben Sie selbst bereits genutzt? (Angaben in Prozent)

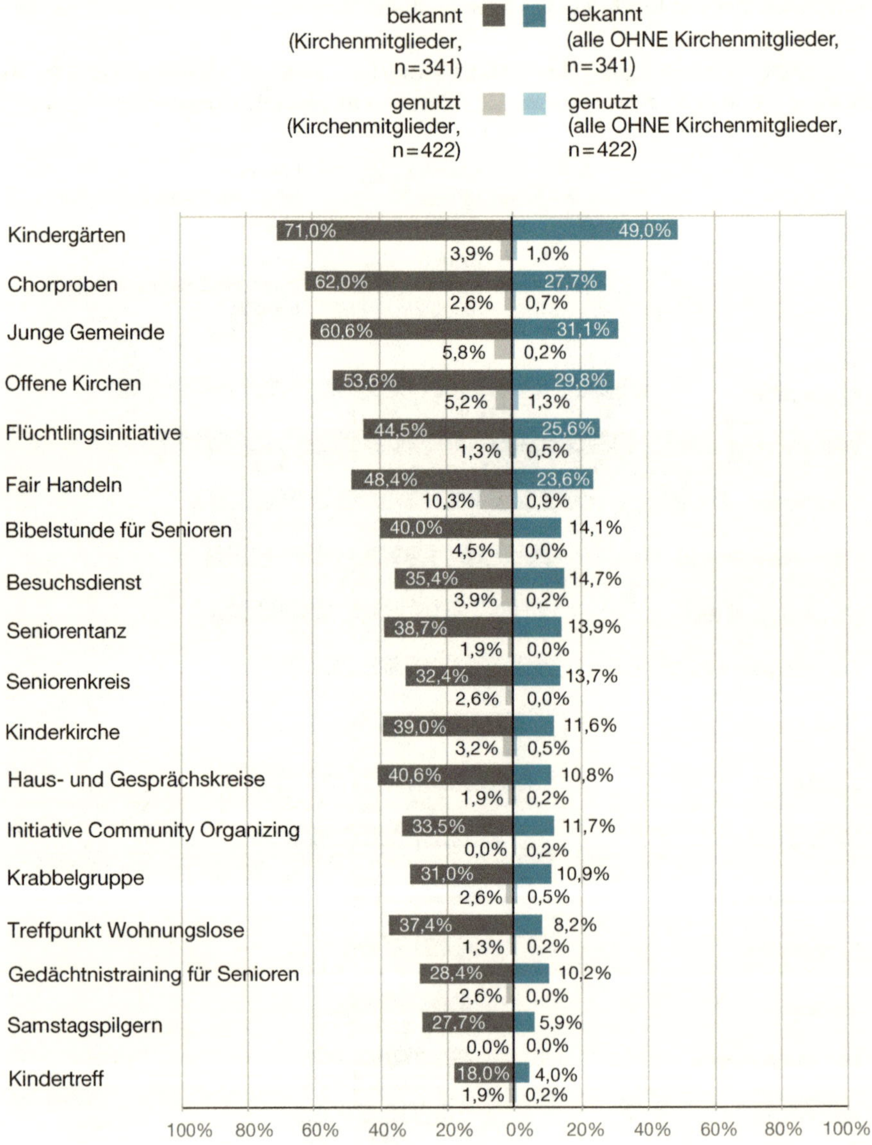

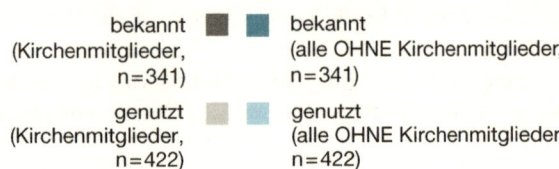

	bekannt (Kirchenmitglieder, n=341)	bekannt (alle OHNE Kirchenmitglieder, n=341)
	genutzt (Kirchenmitglieder, n=422)	genutzt (alle OHNE Kirchenmitglieder, n=422)

Angebot	bekannt (KM)	genutzt (KM)	bekannt (ohne KM)	genutzt (ohne KM)
Kindergärten	71,0%	3,9%	49,0%	1,0%
Chorproben	62,0%	2,6%	27,7%	0,7%
Junge Gemeinde	60,6%	5,8%	31,1%	0,2%
Offene Kirchen	53,6%	5,2%	29,8%	1,3%
Flüchtlingsinitiative	44,5%	1,3%	25,6%	0,5%
Fair Handeln	48,4%	10,3%	23,6%	0,9%
Bibelstunde für Senioren	40,0%	4,5%	14,1%	0,0%
Besuchsdienst	35,4%	3,9%	14,7%	0,2%
Seniorentanz	38,7%	1,9%	13,9%	0,0%
Seniorenkreis	32,4%	2,6%	13,7%	0,0%
Kinderkirche	39,0%	3,2%	11,6%	0,5%
Haus- und Gesprächskreise	40,6%	1,9%	10,8%	0,2%
Initiative Community Organizing	33,5%	0,0%	11,7%	0,2%
Krabbelgruppe	31,0%	2,6%	10,9%	0,5%
Treffpunkt Wohnungslose	37,4%	1,3%	8,2%	0,2%
Gedächtnistraining für Senioren	28,4%	2,6%	10,2%	0,0%
Samstagspilgern	27,7%	0,0%	5,9%	0,0%
Kindertreff	18,0%	1,9%	4,0%	0,2%

100% 80% 60% 40% 20% 0% 20% 40% 60% 80% 100%

Dieser Trend ist am Fall der Priscagemeinde noch deutlich ausgeprägter zu beobachten (Abb. 19). Bereits bei der Bekanntheit der Angebote zeigen sich sehr viel stärkere Unterschiede zwischen Kirchenmitgliedern und Nicht-Mitgliedern. Unter den Kirchenmitgliedern sind neben dem Kindergarten auch zentrale Schwerpunktangebote der Gemeinde, wie der Chor, die junge Gemeinde oder die Offene Kirche, noch einer guten Mehrheit der Bevölkerung bekannt. Auch das Projekt »Fair Handeln« und die Bemühungen im Rahmen der Flüchtlingsinitiative haben noch 48 bzw. 45 Prozent der Kirchenmitglieder wahrgenommen. Die Bekanntheitswerte der übrigen Angebote bewegen sich immerhin noch um ein Drittel herum, lediglich der Kindertreff ist mit 18 Prozent selbst unter den Kirchenmitgliedern eher unbekannt. Unter den Nicht-Kirchenmitgliedern sind die Angebote hingegen deutlich weniger bekannt: Mit Ausnahme der kirchlichen Kindergärten, von denen immerhin noch knapp 50 Prozent der Nicht-Mitglieder wissen, sind die übrigen Angebote höchstens einem knappen Drittel überhaupt bekannt, viele davon sogar deutlich weniger.

Die Nutzungsraten sind hier nochmals um einiges geringer als bei der Markusgemeinde. Selbst unter den Kirchenmitgliedern bleiben sie fast ausschließlich im einstelligen Prozentbereich. Lediglich das Projekt »Fair Handeln« wird von gut 10 Prozent der Kirchenmitglieder genutzt. Für die übrige Wohnbevölkerung sind die kirchlichen Angebote hingegen fast vollständig ohne Relevanz. Die Nutzungsrate liegt hier fast durchgängig unter einem Prozent.

5.2 Bewertung

Die nächsten Fragen zielten darauf ab, herauszufinden, wie die Kirchengemeinden und ihre Arbeit vor Ort von der Bevölkerung bewertet werden. Bei einer Gesamtbewertung schneiden beide Gemeinden vergleichsweise gut ab. Auf die Frage »Wie beurteilen Sie die Arbeit der Kirchengemeinde für die Menschen in [Ort] insgesamt?« gaben über 80 Prozent der Mitglieder der Markusgemeinde und knapp 73 Prozent der Mitglieder der Priscagemeinde an, dass sie die Arbeit ihrer Kirchengemeinde für die Menschen vor Ort »sehr positiv« oder »positiv« einschätzen. Die befragten Kirchenmitglieder sind folglich mit der Arbeit ihrer Gemeinden überwiegend zufrieden. Ein kleinerer Anteil von 12,3 bzw. 14,4 Prozent sieht sowohl positive wie auch negative Aspekte an der Arbeit der Kirchengemeinden. Der Anteil derjenigen, die die Gemeindearbeit negativ beurteilen, ist hingegen durchgängig marginal und liegt unter einem Prozent (Abb. 20).

ABBILDUNG 20 **Wie beurteilen Sie die Arbeit der Kirchengemeinde für die Menschen in [Ort] insgesamt?**

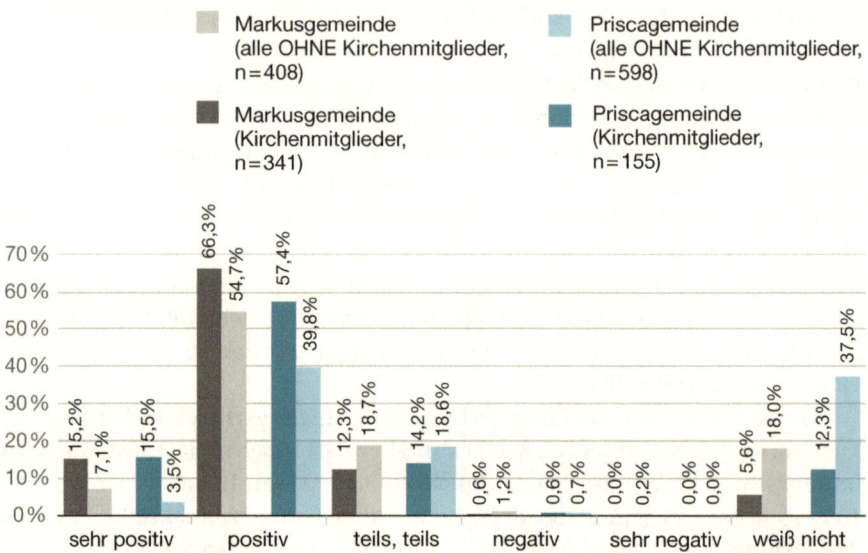

Bei den Nicht-Kirchenmitgliedern findet die kirchengemeindliche Arbeit zwar etwas weniger Anerkennung, allerdings bleibt der Gesamteindruck positiv. Wie schon bei der Bekanntheit zeigen sich auch in der Bewertung der Priscagemeinde deutlichere Unterschiede zwischen Mitgliedern und Nicht-Mitgliedern als in der Markusgemeinde. Beurteilen noch gut 61 Prozent die Arbeit der Markusgemeinde »positiv« oder sogar »sehr positiv«, liegt dieser Wert in der Priscagemeinde nur bei rund 43 Prozent, wobei lediglich 3,5 Prozent die Arbeit der Kirchengemeinde als »sehr positiv« einschätzen. Interessant ist dabei, dass diese geringeren Zustimmungswerte in der Priscagemeinde auf der einen Seite nicht durch höhere Ablehnungswerte auf der anderen Seite ergänzt werden. Auch in der Fremdwahrnehmung beurteilen weniger als ein Prozent die Arbeit der Kirchengemeinde negativ bzw. sehr negativ. Dafür zeigt sich hingegen, dass 12,3 Prozent der Mitglieder und sogar 37,5 Prozent der Nichtkirchenmitglieder bei dieser Frage »weiß nicht« angegeben haben (Abb. 20, ganz rechts). Die Arbeit der Kirchengemeinde wird folglich nicht negativ bewertet, sie ist schlichtweg fast der Hälfte der Befragten überhaupt nicht bekannt. Dies dürfte im Zusammenhang mit zwei Phänomenen stehen, die das Gebiet der Priscagemeinde strukturell von dem der Markusgemeinde unterscheiden. Eines ist das hohe Maß an Säkularisierung in Ostdeutschland, wodurch die Kirche insgesamt weniger im Alltagsbewusstsein verankert ist als in Westdeutschland. Das andere der starke Bevölkerungszuzug: Die Vertrautheit mit den örtlichen Gegebenheiten und Einrichtungen ist größer, je länger man in einem Quartier wohnt, und damit auch eher zu beurteilen.

Neben dieser allgemeinen Einschätzung zur Arbeit der Kirchengemeinde vor Ort wurden die Befragten zusätzlich gebeten, die Arbeit in einzelnen Aufgabenbereichen der Kirchengemeinde zu bewerten. Dabei bestand jeweils die Möglichkeit, die einzelnen Bereiche auf einer Skala von 1 = sehr positiv bis hin zu 5 = sehr negativ einzuordnen. Die folgende Abbildung 21 gibt für jedes der kirchlichen Arbeitsfelder den Mittelwert aus den Angaben aller Befragten an.

Die positive Gesamtbeurteilung setzt sich auch in der Bewertung der einzelnen Arbeitsfelder fort. In beiden Gemeinden bewegt sich die mittlere Bewertung zwischen den Werten 1,5 und 2,5 auf der 5er-Skala. Insgesamt werden die Arbeitsfelder der Markusgemeinde entgegen den Ergebnissen in der vorangegangenen Abbildung etwas schlechter bewertet. Am besten werden hier die Kasualien und der Kindergarten beurteilt. Letzterer war auch bereits das mit Abstand bekannteste und am meisten genutzte Angebot der Gemeinde. Interessanterweise finden sich im unteren Bereich der Skala vor allem kulturelle Angebote, Konzerte und Musik oder Gemeindefeste, obwohl die Markusgemeinde hier selbst eine große Stärke sieht. Insgesamt bleiben die Unterschiede in der Bewertung allerdings gering. Dies ist bei der Priscagemeinde nicht anders, wobei Konzerte und Gemeindefeste hier von den eigenen Mitgliedern zu den am besten bewerteten Arbeitsfeldern der Kirchengemeinde zählen, wohingegen mit Ausnahme der Kasualien in der Priscagemeinde vor allem die religiösen Angebote wie Gottesdienste, Seelsorge oder der Konfirmandenunterricht tendenziell etwas negativer bewertet werden.

ABBILDUNG 21 **Wie schätzen Sie persönlich die Arbeit der Kirchengemeinde in den folgenden Bereichen ein? (Mittelwerte von 1 = sehr positiv bis 5 = sehr negativ)**

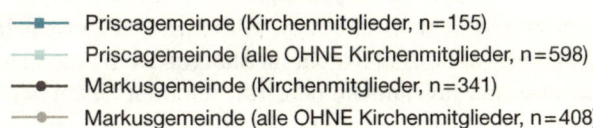

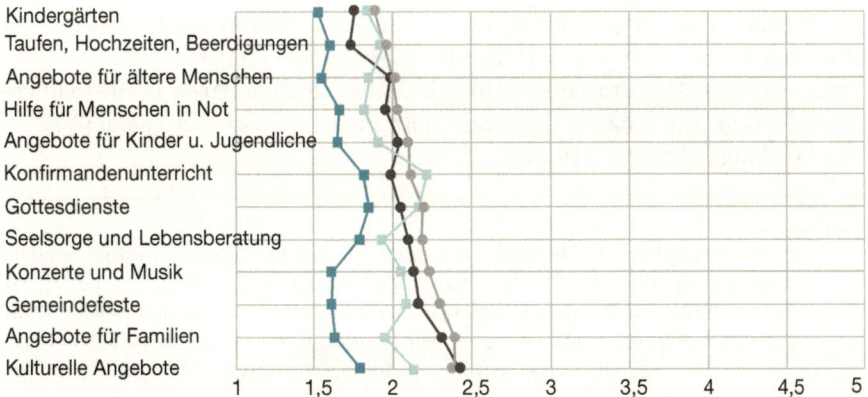

Die Unterschiede zwischen den Kirchenmitgliedern und Nicht-Kirchenmitgliedern fallen hingegen ähnlich wie schon bei der Gesamtbeurteilung am deutlichsten in der Priscagemeinde aus, in der Markusgemeinde sind die Unterschiede nur marginal. Deutliche Unterschiede zeigen sich hier einerseits bei den »klassischen« religiösen Aufgabenbereichen wie den Kasualien, dem Konfirmandenunterricht und den Gottesdiensten, bei der Priscagemeinde aber auch im Bereich der Konzerte, Musik und Gemeindefeste. Auch hier ist diese etwas negativere Bewertung durch die Nicht-Kirchenmitglieder jedoch mit Vorsicht zu genießen, da ähnlich wie bereits bei der vorangegangenen Frage ein nicht unbedeutender Teil der Befragten die »weiß nicht«-Option gewählt hat und es so zu Verzerrungen kommen konnte.

5.3 Erwartungen

Als Letztes in diesem Fragebogenabschnitt zur Fremdwahrnehmung der Kirchengemeinden wollten wir von den Befragten wissen, welche Erwartungen sie an das kirchliche Engagement im Ort haben und wo sie die zentralen Funktionen für den Sozialraum der Kirchengemeinde sehen. Hierzu wurden sie zunächst gebeten, auf einer Liste mit vorgegebenen potenziellen Arbeitsfeldern anzugeben, ob sich die jeweilige Kirchengemeinde in den einzelnen Arbeitsfeldern vor Ort engagieren sollte. Die Antwortvorgaben reichten dabei von »auf jeden Fall« und »eher ja« über »teils, teils« bis hin zu »eher nein« und »auf keinen Fall«. Die nachstehende Grafik gibt die kumulierten Prozentwerte für den Anteil der Befragten an, der mit »auf jeden Fall« und »eher ja« geantwortet hat.[45]

Demnach wird die Hauptaufgabe der Kirchengemeinden im diakonischen Bereich gesehen (Abb. 22, untere Mitte). In beiden Gemeinden geben zum Teil deutlich über 90 Prozent der Kirchenmitglieder an, die Gemeinde solle Angebote für Kinder und Jugendliche oder für Senioren bieten, sie solle sich um Arme, Kranke und Bedürftige sowie um Menschen in Notlagen kümmern. Die Werte der Nicht-Kirchenmitglieder liegen in beiden Gemeinden jeweils etwas unter denen der Mitglieder, aber auch hier erhalten die diakonischen Aufgaben die höchsten Zustimmungswerte. In der Markusgemeinde betrachten sogar fast alle Nicht-Kirchenmitglieder (98,5 Prozent) die Hilfe für Menschen in Notlagen als urkirchliche Aufgabe und liegen damit sogar fast zehn Prozentpunkte über dem Wert der eigenen Mitglieder (89,1 Prozent).

---

[45]   Die Antwortoption »das Gespräch mit anderen Religionsgemeinschaften suchen« wurde im Fragebogen zur Priscagemeinde leicht modifiziert, so dass zwischen christlichen und nicht-christlichen Religionsgemeinschaften unterschieden werden kann. Im Stadtteil rings um die Markusgemeinde existieren keine nicht-christlichen Religionsgemeinschaften, weshalb sich eine weitere Differenzierung der Antwortmöglichkeiten hier erübrigt hat.

ABBILDUNG 22 **Was meinen Sie, sollte sich die Kirchgemeinde hier im Stadtteil in den folgenden Bereichen engagieren? (Mehrfachantworten möglich, kumulierte Anteile »auf jeden Fall« und »eher ja«)**

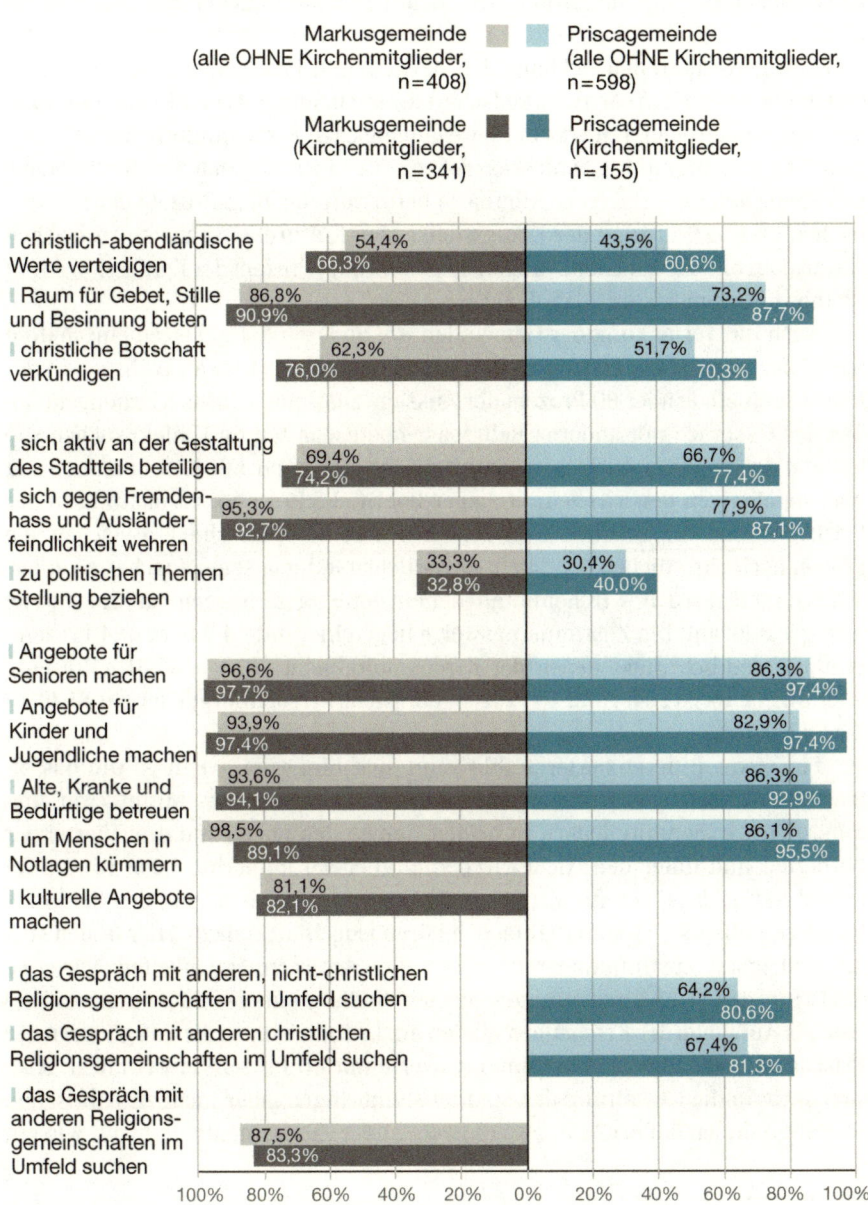

Auch kulturelle Angebote werden eindeutig als Kernaufgabe der Gemeinden betrachtet. In beiden Gemeinden stimmen über 80 Prozent der Befragten dafür, dass die Kirchen sich in diesem Bereich engagieren sollen. Lediglich in der Priscagemeinde liegt der Anteil der Nicht-Kirchenmitglieder mit 74,1 Prozent etwas niedriger, aber doch immer noch bei drei Viertel der Befragten. Diese Zustimmungswerte in den Gebieten der Markus- und Priscagemeinde liegen über denen der letzten Kirchenmitgliedschaftsuntersuchung: Arme, Kranke und Bedürftige zu betreuen, fand dort unter evangelischen Kirchenmitgliedern 83 Prozent Zustimmung, unter Konfessionslosen[46] 59,9 Prozent. Sich um die Probleme von Menschen in Notlagen zu kümmern befürworteten 82,5 Prozent der Evangelischen und 55,9 Prozent der Konfessionslosen. Kulturelle Angebote zu machen erwarteten 67,7 Prozent der Evangelischen und 38,4 Prozent der Konfessionslosen (Bedford-Strohm & Jung 2015: 474).

Auch die Vernetzung der Gemeinden mit anderen Religionsgemeinschaften wird überwiegend als erstrebenswert erachtet (Abb. 22, unten). Während in der Markusgemeinde über 80 Prozent der Aussage zustimmen, dass Kirchengemeinden das Gespräch mit anderen Religionsgemeinschaften im Umfeld suchen sollen und der Wert der Nicht-Kirchenmitglieder hier sogar mit 87,5 Prozent leicht über demjenigen der Kirchenmitglieder liegt (83,3 Prozent), ist das Bild in der Priscagemeinde umgekehrt: Zwar zeigen sich keine Unterschiede zwischen den Fragen nach christlichen oder nicht-christlichen Religionsgemeinschaften, allerdings halten die Nicht-Kirchenmitglieder ein derartiges Engagement für sehr viel weniger relevant. Die Zustimmungswerte liegen hier mit 64,2 bzw. 67,4 Prozentpunkten deutlich unter denen der Kirchenmitglieder (80,6 bzw. 81,3 Prozent), allerdings äußern sich rund 10 Prozent der Nicht-Kirchenmitglieder gar nicht zu dieser Frage.

Ein etwas differenzierteres Bild zeigt sich hingegen, wenn es um das öffentliche Auftreten der Kirchengemeinden geht (Abb. 22, obere Mitte). Zwar sind unter den Kirchenmitgliedern in beiden Gemeinden noch rund drei Viertel der Befragten und unter den Nicht-Kirchenmitgliedern immerhin noch rund zwei Drittel dafür, dass sich die Kirche auch aktiv an der Gestaltung des Stadtteils beteiligt, politische Stellungnahmen gehören jedoch nicht dazu. Hier finden sich die niedrigsten Zustimmungsraten unter allen Antwortmöglichkeiten: Nur etwa ein Drittel der Nicht-Kirchenmitglieder sieht Stellungnahmen zu politischen Themen als Aufgaben der Kirchengemeinden an. Lediglich unter den Mitgliedern der Priscagemeinde sind die Zustimmungswerte mit 40 Prozent etwas höher. Also sich aktiv in die Gestaltung des Stadtteils einbringen, aber nicht zu politischen Stellungnahmen äußern? Ganz so einfach ist der Zusammenhang nicht, wie ein

---

[46]   In der Kirchenmitgliedschaftsuntersuchung wurden nur Mitglieder der evangelischen Kirche und Konfessionslose befragt, keine Mitglieder anderer Religionsgemeinschaften. Von daher sind die Werte der Nicht-Evangelischen nicht ganz miteinander zu vergleichen.

Blick auf eine weitere Antwortoption zeigt. So ist etwa eine deutliche Mehrheit der Befragten in beiden Gemeinden dafür, dass sich die Kirchengemeinden gegen Fremdenhass und Ausländerfeindlichkeit zur Wehr setzen. Wie sich in den Interviews schon gezeigt hat, wird eine politische Stellungnahme von Kirchengemeinden nicht grundsätzlich abgelehnt. Es hängt vielmehr von den jeweiligen Themen ab. Auch die Unterschiede zu den Ergebnissen in der letzten Kirchenmitgliedschaftsuntersuchung lassen auf kontextbezogene Antworten schließen, wobei die Frageformulierung leicht anders war. Da wir uns in den Gebieten der Markus- und der Priscagemeinde auf die spezifischen Sozialräume bezogen, wurde gefragt nach der Stellungnahme zu politischen Themen, in der KMU hieß es »sich zu politischen Grundsatzfragen äußern«. Dem stimmten 46,9 Prozent der Evangelischen zu, aber nur 19,2 Prozent der Konfessionslosen. (Bedford-Strohm & Jung 2015: 474) Vergleicht man diesen letzten Wert mit der Zustimmung in der Priscagemeinde unter denjenigen, die nicht Mitglieder der evangelischen Kirchen und dort zum weit überwiegenden Teil konfessionslos sind, lässt dies schon auf lokale Spezifika schließen. Und wahrscheinlich darf man auch nicht außer Acht lassen, dass die Datenerhebung zur letzten KMU bereits 2012 erfolgte, also noch lange vor der sogenannten Flüchtlingskrise und dem Erstarken des Rechtspopulismus.

Dennoch lässt sich ein gewisses Misstrauen gegenüber politischen und öffentlichen Stellungnahmen von Kirchengemeinden konstatieren, wofür sich eine mögliche Erklärung findet in dem, was der Soziologe José Casanova als »Europas Angst vor der Religion« bezeichnet hat (Casanova 2009). Demzufolge ist es vor allem die lange dominierende enge Verflechtung von Kirche und Staat in vielen europäischen Nationen, die erst seit der Aufklärung mühsam überwunden wurde und die bis heute zu einer großen Skepsis gegenüber einer öffentlich zu einflussreichen Kirche oder einer zu engen Verbindung von Religion und Politik geführt habe. Dies sieht man nicht nur an der Ablehnung einer politisch zu aktiven Kirchengemeinde, sondern dies lässt sich auch an den Antworten zu den religiösen Aufgaben der Kirche erkennen (Abb. 22, oben). So stimmt auch hier wieder eine Mehrheit der Befragten in beiden Gemeinden der Aussage zu, dass die Kirchengemeinden Raum für Gebet, Stille und Besinnung bieten sollen – in höherem Maße sogar als in der letzten KMU[47]. Aber eine stärkere Positionierung des Christentums in der Öffentlichkeit etwa durch eine Verteidigung christlich-abendländischer Werte oder auch die Verkündigung der christlichen Botschaft im Sinne missionarischer Tätigkeiten stößt vor allem unter den Nicht-Kirchenmitgliedern auf geteilte Meinungen: So stimmen zwar in der Markusgemeinde immerhin noch 62,3 Prozent der Nicht-Kirchenmitglieder der Aussage zu, dass die Kirchengemeinde die christliche Botschaft verkünden soll, aber in der Priscagemeinde

---

[47]   75,1 Prozent der Kirchenmitglieder und 42,2 Prozent der Konfessionslosen stimmten dem zu (Bedford-Strohm & Jung 2015: 474).

sind dies nur 51,7 Prozent[48]. Nochmals niedriger sind die Zustimmungswerte, wenn es um die Verteidigung christlich-abendländischer Werte geht: Nur noch 54,4 Prozent der Nicht-Mitglieder im Stadtteil der Markusgemeinde und nur 43,5 Prozent in den Priscagemeinde sehen hierin eine Aufgabe der Kirchengemeinde.

Zuletzt wurde den Befragten noch eine Liste mit Aussagen über beobachtbares Verhalten der Kirchengemeinde im Sozialraum vorgelegt. Die Befragten wurden gebeten, zu jeder dieser Aussagen anzugeben, wie sehr sie ihr zustimmen oder nicht zustimmen. Die Skala ist dabei die gleiche wie bereits bei der vorangegangenen Frage. Wieder werden in der nachfolgenden Abbildung 23 die Anteile derjenigen angegeben, die der Aussage voll oder eher zugestimmt haben.

ABBILDUNG 23 **Kirchengemeinde im Sozialraum (Anteile »stimme voll zu« & »stimme eher zu«)**

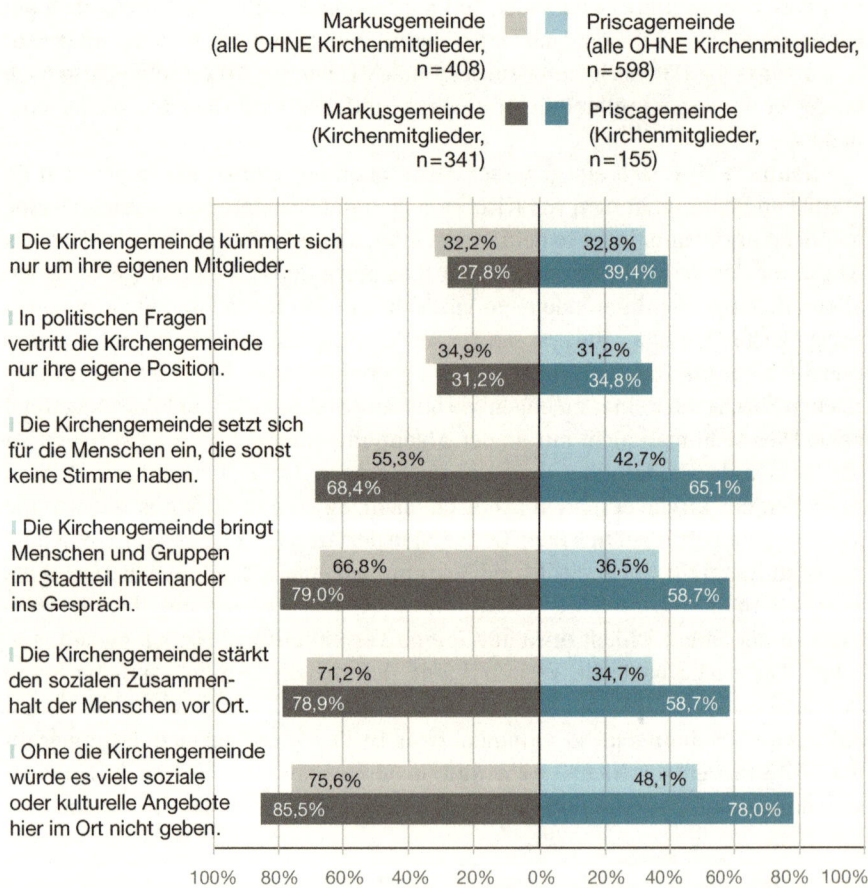

---

[48]   In der letzten KMU stimmten 73,6 Prozent der evangelischen Kirchenmitglieder dafür, aber nur 38,5 Prozent der Konfessionslosen (Bedford-Strohm & Jung 2015: 474).

An den Antworten zu den ersten beiden Aussagen wird deutlich, dass beiden Kirchengemeinden eine universalistische Perspektive attestiert wird: Dass sich die Kirchengemeinde nur um ihre eigenen Mitglieder kümmere, finden kaum mehr als dreißig Prozent der Befragten in beiden Gemeinden. Interessanterweise liegen die Zustimmungsraten in der Priscagemeinde mit 39,4 Prozent unter den eigenen Mitgliedern etwas höher. Vielleicht lässt sich dies als Kritik an der eigenen Gemeindearbeit deuten: Womöglich erwartet man von der eigenen Gemeinde, dass sie noch mehr nach außen geht. Auch dass die Kirchengemeinde in politischen Fragen nur ihre eigene Position vertritt, wird kaum so gesehen. Lediglich rund ein Drittel in beiden Gemeinden stimmt dieser Aussage zu. Unterschiede zwischen Kirchenmitgliedern und Nichtkirchenmitgliedern gibt es kaum. Vorsichtig interpretiert, kann man dies als Befürwortung der wahrgenommenen Moderatorenrolle bzw. Interventionsrolle in kommunalpolitischen Fragen werten, was die Aussagen der Experten nochmals unterstreichen würde.

Der Einsatz für Menschen in Notlagen wurde in der vorangegangenen Abbildung 22 als einer der wichtigsten Aufgabenbereiche der Kirchengemeinde betrachtet. Dass sich die Kirchengemeinden allerdings tatsächlich für jene stark macht, die keine Stimme haben, wird nicht durchgehend so wahrgenommen. Zwar stimmen von den eigenen Kirchenmitgliedern zwei Drittel der entsprechenden Aussage zu, unter den Nicht-Mitgliedern sind die Meinungen hierzu jedoch geteilter: Nur eine knappe Mehrheit von 55,3 Prozent in der Markusgemeinde und nur noch 42,7 Prozent in der Priscagemeinde finden, dass sich die Kirchengemeinden tatsächlich für jene einsetzen, die sonst keine Stimme haben (Abb. 23, Mitte).

Eine der wesentlichen Erkenntnisse der Sozialwissenschaft zur Rolle von Kirchengemeinden im Sozialraum betrifft deren Fähigkeit, als Vernetzungsinstanz zu wirken und das Sozialkapital eines Stadtteils zu steigern (vgl. oben Kapitel 2.3.4). Die nächsten beiden Aussagen zielen genau auf diese vergemeinschaftende Funktion von Kirchengemeinden ab. Hier zeigen sich jedoch einige Unterschiede zwischen den beiden Gemeinden: In der Markusgemeinde findet die große Mehrheit von fast 80 Prozent der Kirchenmitglieder, dass die Kirchengemeinde Menschen und Gruppen im Stadtteil miteinander ins Gespräch bringt. Ähnlich hohe Zustimmungsraten finden sich auch bei der Aussage, dass die Kirchengemeinde den sozialen Zusammenhalt vor Ort stärkt. Die Zustimmungswerte der Nicht-Kirchenmitglieder sind bei beiden Aussagen zwar etwas geringer, allerdings stimmt mit gut zwei Dritteln immer noch eine stabile Mehrheit für den vergemeinschaftenden Charakter der Kirchengemeinde. Der Priscagemeinde scheint es hingegen deutlich weniger gut zu gelingen, diese vergemeinschaftende Funktion zu erfüllen. Lediglich 58,7 Prozent der Kirchenmitglieder stimmen den beiden Aussagen zu, und unter den Nicht-Kirchenmitglieder sinken diese Werte sogar auf 36,5 bzw. 34,7 Prozent ab. Zumindest aus der Außenperspektive scheint die Kirchengemeinde die vergemeinschaftende Funktion nicht erfüllen zu können – oder man sieht diese Aufgabenerfüllung schlicht nicht. Immerhin geben 9 Prozent der Kirchenmitglieder und 17 Prozent derjenigen, die nicht der evangelischen Kirche angehören, an, dies nicht zu wissen. Dies mag aber gerade in der tendenziell entkirchlichten ostdeutschen Großstadt, in der die Priscagemeinde liegt, auch daran liegen, dass die Kirchengemeinde deutlich weniger Menschen erreicht als die Markusgemeinde im bürgerlichen Stadtteil mit einem sehr hohen Anteil an evangelischen Kirchenmitgliedern.

Und schließlich wurden die Befragten mit der Aussage konfrontiert, dass es ohne die Kirchengemeinde viele soziale und kulturelle Angebote vor Ort nicht geben würde. Auch hier zeigen sich ähnliche Unterschiede zwischen den beiden Gemeinden. Während in der Markusgemeinde eine deutliche Mehrheit von 85,5 Prozent der Kirchenmitglieder und 75,6 Prozent der Nicht-Mitglieder die Kirche für die sozialen und kulturellen Angebote vor Ort essentiell hält, liegen die Werte in der Priscagemeinde wiederum deutlich niedriger (Abb. 23, unten). Zwar stimmen noch 78 Prozent der Kirchenmitglieder dieser Aussage zu, aber unter den Nicht-Mitgliedern sind es lediglich 48,1 Prozent. Dies ist interessant insbesondere im Vergleich mit der vorangegangenen Abbildung 22, in der ja in beiden Gemeinden deutlich wurde, dass es vor allem die sozialen, diakonischen und kulturellen Angebote sind, die als Kernaufgaben der Kirchengemeinde wahrgenommen werden. Hier zeigt sich allerdings, dass zumindest in der Priscagemeinde die Bevölkerung nicht den Eindruck hat, dass diese Aufgaben ausschließlich von der Kirchengemeinde wahrgenommen werden können. Die Hälfte der Befragten geht davon aus, dass es auch ohne die Kirchengemeinde noch genügend soziale und kulturelle Angebote vor Ort geben würde.

5.4 Zwischenfazit: Gesellschaftlicher Nutzen ohne individuelle Nutzung

Alles in allem bestätigt sich durch die quantitativen Analysen ein Bild, das sich auch schon in der Fremdwahrnehmung in den qualitativen Interviews mehrfach angedeutet hat: Die meiste Wertschätzung erfährt die Gemeinde vor allem für ihre soziale und diakonische Arbeit vor Ort. Wie die Daten zu den Erwartungen gezeigt haben, wird diese diakonische Arbeit von der Bevölkerung als Kernaufgabe der Kirchengemeinde angesehen. Geteilte Meinungen herrschen hingegen über das öffentliche Auftreten der Kirchengemeinden: Hier zeigt sich eine gewisse Skepsis gegenüber einer in der Öffentlichkeit zu dominanten Religion, die laut José Casanova vor allem für einige westeuropäische Nationen typisch ist. So wird zwar erwartet, dass sich Gemeinden zum Beispiel gegen Fremdenhass wenden, aber politische Stellungnahmen werden insgesamt eher kritisch beurteilt.

In der Außenwahrnehmung überwiegt zudem eine deutlich positive Wertschätzung gegenüber den Kirchengemeinden. Sowohl die Gemeinden insgesamt wurden von den Befragten überwiegend positiv beurteilt als auch die einzelnen Arbeitsfelder. Auch wird den Gemeinden eine universalistische Perspektive bescheinigt: Nur eine Minderheit der Befragten geht davon aus, dass sich die Kirche vor allem um ihre eigenen Angelegenheiten kümmert oder politisch nur ihre eigenen Positionen durchsetzen will. Diese positive Wertschätzung der kirchlichen Arbeit führt allerdings im Gegenzug nicht dazu, dass die kirchlichen Angebote von den Befragten selbst wahrgenommen werden. In den Daten hat sich gezeigt, dass die meisten kirchlichen Aktivitäten und Angebote nur einer Minderheit der Bevölkerung überhaupt bekannt sind und vor allem von den Nicht-Kirchenmitgliedern so gut wie nie genutzt werden.

6. ZIVILGESELLSCHAFTLICHE ARBEIT VON KIRCHENGEMEINDEN – EINIGE HYPOTHESEN

In den vorangegangenen beiden Kapiteln haben wir die Ergebnisse unserer Studie zunächst fallweise beschrieben. Und auch wenn wir mit den einzelnen Fällen versucht haben, bestimmte »prototypische« Konstellationen zwischen Kirchengemeinden und Zivilgesellschaft abzudecken (etwa auf dem Land, in schrumpfenden Regionen, in den neuen Bundesländern etc.), so bleiben diese Gemeinden doch letztlich Einzelfälle. In jeder Kirchengemeinde arbeiten unterschiedliche Menschen, die der Kirche ein eigenes Gesicht geben, eigene Schwerpunkte setzen und mit ganz eigenen Herausforderungen zu kämpfen haben. Sechs Sozialräume mit sechs Kirchengemeinden können niemals die Vielfalt der zivilgesellschaftlichen Arbeit der 14.152 evangelischen Kirchengemeinden in Deutschland (Stand 2016) abbilden.

Gleichwohl soll diese Studie auch nicht mit der schlichten Fallbeschreibung oder der bloßen Erzählung – vielleicht interessanter, ja sogar erhellender – Geschichten aus sechs Kirchengemeinden enden. Vielmehr soll es im folgenden Kapitel – ganz im Geist der qualitativen Sozialforschung – um die Darstellung allgemeinerer Muster gehen, die sich aus einer sukzessiven Abstraktion des gesammelten Interviewmaterials ergeben haben. Diese »Verallgemeinerung am Einzelfall« führt zu Ergebnissen, die über die singulären Besonderheiten der einzelnen Gemeinden und Interviews hinaus in der Auswertung eine gewisse Stabilität aufweisen und von denen angenommen werden kann, dass sie auch über die hier präsentierten sechs Kirchengemeinden hinaus einen erkenntnistheoretischen Mehrwert besitzen. Die auf diese Weise induktiv gewonnenen, allgemeinen Zusammenhänge zwischen Kirchengemeinden und Zivilgesellschaft werden im Folgenden in Form von Hypothesen dargestellt, die zukünftig Anlass für weitere empirische Untersuchungen geben können.

6.1 Fünf zivilgesellschaftliche Funktionen von Kirchengemeinden

Das Hauptanliegen der Studie bestand darin, die zivilgesellschaftlichen Aufgaben und Funktionen von Kirchengemeinden im Sozialraum aufzudecken. Auch wenn die vorgestellten Fallstudien eine große Bandbreite an zivilgesellschaftlichen Aktivitäten in den Gemeinden dokumentiert haben, lassen sich darin dennoch allgemeine Muster erkennen. Aus der qualitativen Feinanalyse lassen sich insgesamt *fünf* übergeordnete zivilgesellschaftliche Funktionen von Kirchengemeinden ableiten. Wir haben diese Funktionen »*Kompensation*«, »*Integration*«, »*Intervention*«, »*Moderation*« und »*Sozialisation*« genannt. Dabei erheben wir mit dieser Liste keinen Anspruch auf Vollständigkeit. Es ist gut möglich, dass sich diese fünf Funktionen im Zuge zukünftiger Studien um weitere Punkte ergänzen lassen. Auf Basis der untersuchten Gemeinden haben sich diese fünf jedoch als Kernfunktionen herausgestellt.

Bevor diese fünf Funktionen im Detail erläutert werden, ist es wichtig, anzumerken, dass es sich dabei um sogenannte »Idealtypen« handelt. Der Idealtypus ist ein ursprünglich von Max Weber (1988) vorgeschlagenes analytisches Hilfsmittel zur Beschreibung sozialer Phänomene. Weber bezeichnet damit ein fiktives, begriffliches Extrem, eine Simplifizierung und gleichzeitig theoretische Überzeichnung begriffsrelevanter Aspekte der sozialen Realität, mit dem Zweck, Vergleiche und Klassifikationen zu erleichtern. In diesem Sinne stellen auch die zivilgesellschaftlichen Funktionen von Kirchengemeinden lediglich solche Idealtypen dar, das heißt, sie liegen in der Realität nie in »Reinform« vor. In den Fallstudien hat sich vielmehr gezeigt, dass sich einzelne Aspekte dieser zivilgesellschaftlichen Funktionen in allen Kirchengemeinden finden lassen, allerdings nicht im gleichen Ausmaß. Während eine Gemeinde stärker Kompensationsfunktionen erfüllt, setzt eine andere Gemeinde stärker auf integrative Aufgaben etc.

Nicht zuletzt ist es wichtig, darauf hinzuweisen, dass diese zivilgesellschaftlichen Aufgaben für gewöhnlich nicht bewusst als primäres Ziel kirchlicher Aktivitäten durch die Gemeinden festgesetzt werden. Zwar gibt es Fälle, in denen ein kirchliches Angebot wesentlich nach einer zivilgesellschaftlichen Funktion ausgerichtet ist, wie zum Beispiel ein Kirchencafé, das Menschen aus dem Stadtteil zusammenbringen soll und somit integrative Funktionen erfüllt. In der Regel sind die zivilgesellschaftlichen Funktionen jedoch eher nichtintendierte Folgen, gewissermaßen »Nebenprodukte« kirchengemeindlicher Arbeit, die sich meist erst aus der Beobachterperspektive der oder des Forschenden als solche identifizieren lassen.

Kompensation

Die Kompensationsfunktion lässt sich immer dort beobachten, wo lokale Zivilgesellschaften funktionale Defizite aufweisen. Diese Defizite entstehen für gewöhnlich immer dann, wenn sozialräumliche Aufgaben nicht mehr erfüllt werden, die zuvor durch staatliche, kommerzielle oder auch andere zivilgesellschaftliche Akteure getragen wurden. Das können zum Beispiel Aufgaben im Bereich der Daseinsvorsorge oder des kulturellen Lebens sein. Die Kirchengemeinden besetzten diese so entstandenen »strukturellen Löcher« im Sozialraum, indem sie durch eigene Angebote oder Aktivitäten versuchten, die fehlenden zivilgesellschaftlichen Aufgaben zu kompensieren.

Besonders deutlich ließ sich diese kompensatorische Funktion in der ländlichen Matthäusgemeinde beobachten. Ein Mitglied des Kirchenvorstandes beklagt im Interview das Problem eines fehlenden Gemeindezentrums, beziehungsweise eines öffentlichen Versammlungsortes für die Menschen im Ort. Früher sei es üblich gewesen, dass sich die örtlichen Vereine oder auch die Ortsverbände der Parteien im Saal der ansässigen Kneipe getroffen hätten. Nachdem allerdings immer mehr Menschen den Ort vorwiegend als Schlaf- und Pendlerort nutzen und infolgedessen ihr kulturelles und soziales Leben in die nahegelegene Großstadt verlagert haben, blieben die Besucher zunehmend aus und die Kneipe musste schließlich vor einigen Jahren schließen. Als Konsequenz entstanden mindestens zwei Defizite für die Menschen vor Ort: Erstens gab es keinen Ort mehr, um nach der Arbeit ein Bier zu trinken, und zweitens fehlte es nun an einem öffentlichen Saal, in dem sich zivilgesellschaftliche Akteure treffen konnten. Die Matthäusgemeinde reagierte schließlich auf diese Probleme (vorwiegend auf das zweite), indem sie den eigenen Gemeindesaal für andere Menschen und Gruppen vor Ort öffnete. Seither kann der Saal gegen eine kleine Aufwandsentschädigung gemietet werden. Dies hat dazu geführt, dass sich Vereine mittlerweile im Gemeindesaal treffen.

Die Kirchengemeinde kompensiert hier also durch die simple Vermietung ihrer Räumlichkeiten den Wegfall des Versammlungsortes und stützt auf diese Weise die lokale Zivilgesellschaft. Das Beispiel ist kein Einzelfall. Vor allem durch das breite Vorhandensein von Gemeindehäusern bieten Kirchengemeinden Raum für zivilgesellschaftliche Entfaltung. Gleichzeitig soll diese »Fremdnutzung« für eine Belebung der Gemeindehäuser sorgen, und man erhofft sich dadurch möglicherweise sogar, Leute zu erreichen, die sonst der Kirche fernbleiben. Einen ganz ähnlich gelagerten Fall stellt das Jugendzentrum der Juniagemeinde dar: Auch hier existieren im Stadtteil so gut wie keine Angebote im Bereich der Kinder- und Jugendarbeit. Indem die Kirchengemeinde ein offenes Jugendzentrum unterhält, kompensiert sie diesen Missstand. Auch hier spielen wieder die Räumlichkeiten eine zentrale Rolle: So kooperiert die Gemeinde zusätzlich mit der Grundschule im Stadtteil, um eine Nachmittagsbetreuung und Hausaufgabenhilfe anzubieten. Da die Schule nicht über die notwendigen Räume und die personale Ausstattung verfügt, findet dieses Nachmittagsangebot in den Räumen des kirchlichen Jugendzentrums statt.

Eine ausreichende Ressourcenausstattung ist für die Wahrnehmung solcher kompensatorischen Funktionen essentiell, wie das Beispiel der ostdeutschen Lydiagemeinde zeigt. Aufgrund des deutlich geringeren Anteils an Kirchenmitgliedern, die die Grundlage bilden für die landeskirchlich finanzierte Grundausstattung, fehlt es der Gemeinde an Personal und an Räumlichkeiten, um kompensatorische Aufgaben wahrzunehmen. Dies wurde deutlich, als eine Kunstausstellung vergeblich nach einem Platz in der Gemeinde suchte, um dort Bilder auszustellen. Die Kirchengemeinde hätte in diesem Fall nach eigener Auskunft gerne geholfen, aber verfügt selbst nur über einen recht kleinen Gemeinderaum.

Auch wenn sie in letzter Zeit zunehmend in die Kritik geraten ist, scheint bezüglich der kompensatorischen Funktion die parochiale Struktur der evangelischen Kirche in Deutschland von Vorteil zu sein: Durch ihr nach wie vor umfassendes Netz an Kirchengemeinden und die dazugehörigen personellen und räumlichen Ressourcen können Kirchengemeinden das zivilgesellschaftliche Leben selbst dort aufrechterhalten, wo Abwanderung und eine negative soziodemographische Entwicklung längst zum Rückzug kommerzieller oder staatlicher Akteure geführt haben. Wie in den Studien von Hauschildt & Heinemann (2016) und Schlegel et al. (2016), zeigt sich dies auch bei unseren Fallbeispielen insbesondere in den ländlichen Gemeinden. Aber auch die Juniagemeinde, die in einem Stadtteil mit prekärer Struktur liegt, nimmt diese Funktion wahr. Die Kirchengemeinden helfen durch ihre Ressourcen und ihre Haupt- und Ehrenamtlichen bei der Schaffung der notwendigen Rahmenbedingungen, damit eine lebendige Zivilgesellschaft überhaupt bestehen kann.

Eine andere Art der Kompensation findet sich in verschiedenen Gemeinden im Stil eines »Ersatzes von Heimat und Familie«. So verbirgt sich in der Lukasgemeinde im Modell der Gemeinde als Herberge explizit der Gedanke, den heimatlos gewordenen Berufsnomaden – oder auch aus anderen Gründen lediglich temporär an einem Ort sich aufhaltenden Menschen – eine Heimat auf Zeit zu bieten. Grundsätzlich sollte jede Gemeinde diese Offenheit aufweisen, praktisch wird dies oftmals durch die nach wie vor dominierende Komm-Struktur schwer gemacht. Ähnliche Funktionen haben auch Programme für alleinstehende ältere Menschen, wie z. B. in der Matthäusgemeinde. Diese letzte Art der Kompensation geht schon direkt über in die zweite Funktion, die wir idealtypisch beschreiben können.

Integration
Bei der Integrationsfunktion nimmt die Kirchengemeinde Aufgaben wahr, die den sozialen Zusammenhalt eines Sozialraums stärken oder erhalten. Allein dadurch, dass in der Kirchengemeinde bei verschiedensten Aktivitäten Menschen aus einem Stadtteil oder aus dem Dorf aufeinandertreffen, werden Bekanntschaften und Netzwerke geknüpft und Menschen zusammengebracht. Insofern liegt es bereits im universalistischen Anspruch der Institution Kirche begründet, dass sie, anders als etwa im Fall einer Sekte mit undurchlässigeren Mitgliedschaftskriterien, aber auch anders als ein Verein mit einem spezifischen Interessengebiet, alle Menschen gleichermaßen zu erreichen versucht (vgl. Troeltsch 2004; Pickel 2011b: 25–32) und durch diesen offenen Charakter Vernetzungspotenzial bietet.

Anders als bei der zuvor dargestellten Kompensationsfunktion ist das Zusammenbringen von Menschen allerdings häufig nicht bloß ein Nebeneffekt, sondern ein intendiertes Ziel kirchlicher Angebote. Dafür finden sich in den Fallstudien unzählige Beispiele. Hierzu zählt zum Beispiel das Café mit dem zugehörigen Weltladen der Markusgemeinde, der sich mittlerweile als sozialer Treffpunkt am zentralen Marktplatz des Stadtteils etabliert hat. Darüber hinaus sind unter den zahlreichen Ehrenamtlichen, die das Café eigenständig leiten, Freundschaften und Bekanntschaften entstanden.

Vielfach organisieren die beobachteten Kirchengemeinden auch Gemeinde- oder Stadtteilfeste oder sind zumindest an deren Ausrichtung beteiligt und versuchen auf diese Weise, die Menschen im Stadtteil zusammenzubringen. Besonders deutlich wird dies am Fall der Matthäusgemeinde, die ein Willkommensfest für alle Neuzugezogenen im Dorf organisiert. Mit diesem »Neubürgerfest« versucht die Kirchengemeinde, die Spaltungen zwischen den »Alteingesessenen« im Dorfkern und den Neuzugezogenen in den Neubaugebieten zu überwinden.

Nicht zuletzt versuchen Kirchengemeinden durch gezielte Angebote, die wachsende Zahl älterer Menschen anzusprechen, die aufgrund des Wegfalls klassischer Familienstrukturen oder dörflicher Gemeinschaften von Vereinsamung bedroht sind. Ein solches Angebot ist das Projekt »Wohnen im Alter«, das zur Zeit der Erhebung von der Matthäusgemeinde geplant wurde. Das Ziel des Projekts besteht darin, eine Gruppe Ehrenamtliche zu schulen, die sich dann zukünftig regelmäßige Besuche bei älteren Menschen vornehmen, die von Einsamkeit und sozialer Exklusion bedroht sind.

Gegen diese Vereinsamung im Alter vorzugehen, ist häufig auch ein Ziel der in vielen Gemeinden verbreiteten Besuchsgruppen zu runden Geburtstagen ab einem bestimmten Alter. In der Markusgemeinde wird dieser Effekt zum Beispiel auch am Projekt der Trauergruppen beschrieben. Dieses Angebot, das sich vor allem an trauernde Menschen richtet, die einen nahen Angehörigen oder Freund verloren haben, habe als positiven Nebeneffekt, die Einsamkeit zu bekämpfen, gerade in dieser schweren Phase der Trauer. Eine ehrenamtliche Mitarbeiterin aus der Markusgemeinde macht dies deutlich:

> »[...] es bewährt sich vor allen Dingen deshalb, weil [...] Netzwerke aufgebaut werden. Die Menschen sind ja in der Stadt manchmal sehr einsam. Viele haben niemanden mehr, keine Kinder, keine Angehörigen mehr. Der letzte Mensch, den sie noch kannten, das war der Partner, der ist gestorben und das ist ganz furchtbar. Es werden immer mehr. Da baut man dann mit so einer Gruppe eben Netzwerke auf, die lernen sich dann im Laufe der Zeit kennen und bleiben auch je nach Sympathien dann zusammen, manchmal in größeren, manchmal auch in kleineren Gruppen. Das halte ich für sehr sinnvoll als Begleiterscheinung sozusagen.« MK17:35

Die bisherigen Beispiele schildern die Integrationsfunktion vor allem auf Basis von kirchlichen Angeboten, die Menschen miteinander in Kontakt bringen. Diese Vernetzung über kirchliche Angebote ist aber nur ein Aspekt der Integrationsfunktion. Ein anderer besteht in der Integration über ein gemeinsames Wertegerüst, das als Orientierung für die Menschen dienen kann. Ein Quartiersmanager beschreibt diese beiden Aspekte der Integration im Interview:

> *»Es ist so, dass Menschen gerne in Gemeinschaft leben. Das zweite ist, dass Menschen etwas brauchen, woran sie sich orientieren können. Die Kirche bietet beides am besten von allen Institutionen, die es gibt, in meinen Augen.«* MK10:23

Inwieweit diese Werteintegration in Zeiten von Säkularisierung und Entkirchlichung sich tatsächlich noch über christliche Werte vermittelt, bleibt allerdings fraglich.

Über den integrativen Charakter von Kirchengemeinden ist in der sozialwissenschaftlichen Forschung bereits viel geschrieben worden. Gerade in der deutschsprachigen Forschung ist in den letzten Jahren die Debatte um die sozialkapitalfördernde Funktion von Religion wieder neu entfacht, nachdem einige Studien zeigen konnten, dass regelmäßige Kirchgänger einen größeren Freundeskreis besitzen und generell eine höhere Soziabilität aufweisen (Pickel 2015; Traunmüller 2008). Eine vieldiskutierte Frage bleibt dabei jedoch, ob Kirchengemeinden soziale Beziehungen vorwiegend innerhalb der eigenen Gruppe fördern (sogenanntes »Bonding«-Sozialkapital) oder ob es ihnen auch gelingt, Vernetzungen über Religions- und Statusgrenzen hinweg zu unterstützen (sogenanntes »Bridging«-Sozialkapital). Bisher weisen die Studien zu Deutschland darauf hin, dass die brückenbildende Funktion von Kirchengemeinden eher gering ist (Traunmüller 2008).

In den vorgestellten Fallstudien haben sich verschiedene Angebote der Gemeinden gezeigt, die das Ziel haben, Menschen aus unterschiedlichen sozialen Gruppen miteinander in Kontakt zu bringen. An erster Stelle sind hier die Projekte zu nennen, die im Zuge der Flüchtlingsarbeit stattgefunden haben. In unserer Studie gehörte zum Beispiel die Lukasgemeinde zu den Initiatoren eines solchen Projektes zur Flüchtlingshilfe. In Zusammenarbeit mit der katholischen Gemeinde und dem Stadtteilbüro hat die Gemeinde das »Netzwerk Flüchtlinge« ins Leben gerufen, das Geflüchteten Hilfe und Unterstützung in den ersten Monaten nach ihrer Ankunft bieten sollte. Ähnlich verhält es sich auch mit der Priscagemeinde, die mit anderen religiösen Gemeinden das interreligiöse Dankesfest organisiert und in dieser Zusammenarbeit und zusätzlich mit dem Bürgerverein ein Café, das zur Begegnung von Einwohnern und Geflüchteten einlädt. Indem die Gemeinden daran mitarbeiten, Sprachkurse oder Willkommensfeste zu veranstalten und Cafés als Orte der Begegnung zu unterstützen, nehmen sie nicht nur eine humanitäre Aufgabe wahr, sondern verfolgen auch den Anspruch, die Geflüchteten im Stadtteil sozial zu integrieren.

Ein weiteres Beispiel für den Versuch, brückenbildendes Sozialkapital zu schaffen, ist ein mehrgenerationales Kochprojekt in der Markusgemeinde. Da der Stadtteil in besonderem Ausmaß von einer Spreizung der Altersstruktur betroffen ist, wollte die Gemeinde mit diesem Projekt junge und alte Menschen zusammen-bringen. Auch wenn das Projekt mittlerweile nicht mehr existiert, so sind doch die dadurch entstandenen sozialen Netzwerke teilweise erhalten geblieben.

Ganz ähnliche Effekte werden auch für das ebenfalls in der Markusgemeinde angesiedelte Projekt »Singen für Jung und Alt« beschrieben (MK18:36). Und auch die »Jobpaten«, eine Gruppe Ehrenamtlicher, die Jugendlichen bei Bewerbungen und dem Einstieg ins Berufsleben hilft, fallen in diese Kategorie der intergene-rationalen Aktivitäten.

Die Gruppe der Priscagemeinde, die in Kooperation mit anderen evange-lischen Gemeinden Projekte des Community Organizing betreibt, ist ein Beispiel für einen weiteren Weg, über den brückenbildendes Sozialkapital aufgebaut wer-den kann.

Auch wenn sich in den Fallstudien einzelne Angebote zeigen, die durchaus den Anspruch verfolgen, brückenbildendes Sozialkapital im Sozialraum zu för-dern, so bleibt offen, wie erfolgreich die Gemeinden mit diesen Versuchen tat-sächlich sind. Während der Aufbau intergenerationaler Kontakte häufig von den Befragten beschrieben wird, scheint die Fähigkeit der Gemeinden zum Aufbau statusüberbrückender oder interethnischer Kontakte aufgrund der geringen öf-fentlichen Reichweite von Kirche in säkularisierten Gesellschaften, stark einge-schränkt zu sein. Dies zeigt vor allem das Beispiel der Juniagemeinde in unserer Studie: Obwohl die Gemeinde in einem Stadtteil liegt, der in hohem Maße von sozialer Segregation betroffen ist, gelingt es ihr kaum, Menschen aus prekären Bevölkerungsschichten oder Menschen mit Migrationshintergrund im Stadtteil mit den eigenen Angeboten anzusprechen. Die integrative Funktion ist dadurch stark eingeschränkt. Als Hypothese kann geschlussfolgert werden, dass sich die Integrationskraft von Kirchengemeinden offenbar überwiegend auf die Bin-nenintegration einer bürgerlichen Mittelschicht beschränkt. Dies bedarf jedoch weiterer empirischer Untersuchungen. Erste Hinweise geben jedoch bereits die Projekte, die sich dezidiert mit Wohnungslosen im weitesten Sinne befassen. Die »Armenspeisung« der Lukasgemeinde ist gar nicht darauf angelegt, auch wenn die Begegnung gerade der Konfirmanden mit den Armen als sehr wichtig und der Entwicklung der Jugendlichen förderlich eingeschätzt wird. Der Treffpunkt der Priscagemeinde geht da schon etwas weiter. Einerseits gibt es quasi institutiona-lisierte Kontakte über Veranstaltungsreihen und Feste der Gemeinde, zum ande-ren gibt es regelmäßigen Kontakt zu den Stadtwerken. Es werden sich auch hier sicherlich keine stetigen Beziehungen entwickeln, es ist aber zumindest denkbar, dass sich »weak ties« im Sinne Granovetters (1973) entwickeln können.

Intervention
Die dritte zivilgesellschaftliche Funktion besteht in der aktiven Einmischung der Kirchengemeinde in lokale gesellschaftspolitische Diskurse. In Form von öf-fentlichen Stellungnahmen ist diese Interventionsfunktion bislang vor allem für übergeordnete kirchliche Leitungsebenen, wie zum Beispiel die EKD oder die

Landeskirchen, beschrieben worden (vgl. zum Beispiel Könemann et al. 2015). Unsere Studie zeigt darüber hinaus, dass diese Teilnahme oder »Einmischung« in aktuelle Diskurse auch auf Ebene der Gemeinden stattfindet. Wie stark die Gemeinde selbst Stellung bezieht, sich eher auf einen neutralen Standpunkt zurückzieht oder sich vollständig aus öffentlichen Debatten heraushält, variiert in den sechs Fallstudien sehr stark zwischen den beobachteten Gemeinden wie auch zwischen den jeweils virulenten Themen im Sozialraum.

Am deutlichsten ist diese Interventionsfunktion am Fall der Markusgemeinde zu erkennen. In den vergangenen Jahren, so wurde in den Interviews berichtet, nutzten verschiedene Funktionsträger der Kirchengemeinde – in erster Linie die Pfarrer und die Kirchenvorsteher – ihren Einfluss im Stadtteil, um sich in verschiedene öffentliche Debatten einzumischen. Dabei war der Inhalt dieser Debatten weder auf kirchliche noch auf im weitesten Sinne sozialethische Themen beschränkt. Vielmehr ging es um eine Reihe von Themen, angefangen von der Umgestaltung des Marktplatzes über den Bau einer Umgehungsstraße durch den Stadtteil, die Unterbringung von Geflüchteten oder den Bau einer Unterkunft für Schüler mit Verhaltensauffälligkeiten und psychischen Schwierigkeiten. In all diesen Fällen brachte die Kirchengemeinde sich in die Debatten ein, teilweise auch durch mediale Unterstützung lokaler Zeitungen. Um diese Interventionsfunktion ausfüllen zu können, befürwortet die Gemeinde eine starke »Sichtbarkeit«, etwa durch die Präsenz des Pfarrer/der Pfarrerin bei Auftritten in der Presse oder durch die Mitwirkung in Interessengemeinschaften.

Dahinter steht auf der einen Seite die Absicht, der Kirchengemeinde angesichts des Mitgliederschwundes und des Relevanzverlustes von Religion in der Gesellschaft wieder zu mehr sozialer Bedeutung im Stadtteil zu verhelfen; auf der anderen Seite aber auch die Absicht, die Authentizität der Gemeinde zu bewahren, indem eine Kongruenz zwischen der eigenen Botschaft und dem tatsächlichen Handeln nach außen hergestellt wird. Die wesentliche zivilgesellschaftliche Funktion der Gemeinde besteht vor allem darin, die Stimme für die Schwachen zu erheben.

Auch wenn die Einmischung der Kirchengemeinde, insbesondere im Sinne der Armen und Schwachen, von den Interviewpartnern überwiegend begrüßt wurde, wird die Einmischung der Gemeinden in politische oder gesellschaftliche Debatten sehr unterschiedlich bewertet und zum Teil sogar von den eigenen Mitgliedern scharf abgelehnt. Einerseits zeigt sich eine gewisse Skepsis gegenüber einer zu starken Verquickung von (kirchen)politischen Partikularinteressen und dem religiösen Auftrag der Gemeinde, andererseits wird kritisiert, dass es keinen demokratischen Legitimierungsprozess gebe, der es einigen wenigen aus der Gemeinde gestatten würde, als Sprachrohr der gesamten Gemeinde aufzutreten.

Intervention kann auch in eher indirekter Form erfolgen, die dann nicht mehr der Kirchengemeinde zugerechnet wird. Als Beispiel hierfür kann das Community Organizing gelten, das gezielt nach Anliegen der Bevölkerung sucht und diese anregt, aktiv zu werden.

Moderation

Die vierte zivilgesellschaftliche Funktion lässt sich als Moderation betiteln und stellt in gewisser Hinsicht das Gegenteil zur vorher vorgestellten Interventionsfunktion dar. Die Gemeinde sieht ihre Aufgabe weniger in einer aktiven Einmischung, sondern eher in einer vermittelnden, moderierenden Funktion. Sie versucht, eine Plattform zu sein, um verschiedenen gesellschaftlichen Strömungen vor Ort eine Stimme zu geben.

Am deutlichsten trat dieser moderierende Einfluss der Kirchengemeinde im Fall der Lukasgemeinde zutage. Als eine Gemeinde, die in einem pluralen und bunten Stadtteil angesiedelt ist, versucht die Gemeinde, eine Plattform zu sein, um zwischen unterschiedlichen sozialen Gruppen im Sozialraum zu vermitteln. Es geht dabei nach eigener Aussage weniger darum, eigene Interessen zu vermitteln, sondern darum, unterschiedliche Positionen zusammenzubringen und eine Art »Klammer« für den Stadtteil zu bilden (LU1:47).

Es wird deutlich, dass es der Gemeinde nicht primär um die Vertretung eigener Interessen geht, sondern vor allem um sozialen Frieden und Gemeinschaft im Stadtteil.

Während »Sichtbarkeit« den wesentlichen Antrieb hinter der Interventionsfunktion darstellte, wird die Moderationsfunktion eher durch das Verständnis von »Offenheit« geprägt. Die Gemeinde soll ein Ort der Gastfreundschaft für alle Menschen sein, unabhängig von der eigenen Religionszugehörigkeit. Wie bereits am Fallbeispiel selbst beschrieben, wird diese Offenheit schon am Gebäudeensemble der Gemeinde deutlich, und sie schlägt sich auch im eigenen kirchlichen Selbstbild nieder, in dem die Gemeinde als »Herberge« beschrieben wird.

Ähnlich wie die Lukasgemeinde zeigt sich auch die Priscagemeinde, die in einem soziodemographisch relativ ähnlichen Stadtgebiet, allerdings in den neuen Bundesländern liegt. Die Moderationsfunktion ließ sich zwar an diesen beiden Gemeinden am deutlichsten beobachten, aber sie blieb in unserer Studie nicht auf diese beschränkt. Ein weiteres Beispiel war die Rolle der Lydiagemeinde in der Debatte um die Aufnahme Geflüchteter im Gemeindegebiet.

Sozialisation

Die fünfte und letzte zivilgesellschaftliche Funktion kann als Sozialisation bezeichnet werden und umfasst den Aspekt, der bereits für die Klassiker der Zivilgesellschaftstheorie zentral war (vgl. Kapitel 2.2) und auch in der aktuellen Literatur zu Kirche/Religion und Zivilgesellschaft/Sozialkapital besonders häufig genannt wird (vgl. Kapitel 2.3.4). Demnach bieten Kirchengemeinden, die ja nur zu einem kleinen Teil durch hauptamtliches Personal geleitet und verwaltet werden, genau wie andere zivilgesellschaftliche Organisationen, Gelegenheitsstrukturen zum Erwerb von Civic Skills, also der Fähigkeiten, die wichtig sind für Selbstorganisation, Interessenartikulation, Vernetzung usw. In erster Linie sind dies Kommunikationsfähigkeit und Kompromissbereitschaft. Die bisherige

Forschung fokussiert dabei auf die Ehrenamtlichen, deren Zusammenarbeit in Kreisen und Projekten, bei der Planung und Durchführung von Veranstaltungen und Festen in Kirchengemeinden genau diese Fähigkeiten fördert. Sie können aber auch in Aktivitäten gestärkt werden, die von den Gemeinden ausgehend ein breiteres Publikum adressieren.

Erlernen oder auch Stärkung von Kommunikations- und Kompromissfähigkeit ist in allen vier zuvor genannten Funktionen und den ihnen zugeordneten Aktivitäten enthalten – es handelt sich somit am ehesten um eine Querschnittsfunktion. Sie kommt in besonderem Maße in den Fällen zum Tragen, in denen Menschen in Austausch miteinander treten, also am stärksten bei Integration und Moderation. Beides kann nur gelingen, wenn Sprachfähigkeit, nicht nur verbaler Art, und Wille wie Fähigkeit, anderen zuzuhören und auf sie zuzugehen, vorhanden sind oder zumindest Bereitschaft besteht, beides zu erwerben. Je unterschiedlicher die Menschen sind, die zusammengebracht werden, und je intensiver das Zusammenkommen ist, umso größer ist der Lerneffekt. Beispiele hierfür finden sich in allen Gemeinden.

Die Markusgemeinde hat z. B. mit dem Café einen Begegnungsort geschaffen, an dem die Besucher kommunizieren können, aber nicht müssen. Die Örtlichkeit, die Öffnungszeiten und der Anspruch des Cafés mit Weltladen lassen aber einen Austausch wahrscheinlich werden. Direkt intendiert ist er in generationenübergreifenden Projekten wie den Jobpaten und dem gemeinsamen Kochen der Markusgemeinde sowie dem gemeinsamen Abendbrot in der Priscagemeinde. Andere heterogene Gruppen werden zusammengebracht in allen Aktivitäten, die mit der Flüchtlingshilfe und/oder Flüchtlingsintegration befasst sind. Hier gibt es Willkommensfeste (Matthäus, Lukas) und diverse Cafés, die als ökumenische Projekte betrieben werden und auch weitere säkulare Partnerorganisationen einbeziehen (z. B. Lukas, Prisca). Es gibt Runde Tische (Lydia) und direkte Hilfe in Einrichtungen der Erstaufnahme (Prisca). Interkulturelle Begegnungen finden aber auch unabhängig von der Anwesenheit Geflüchteter im Gemeindegebiet statt, etwa in den interreligiösen Dialogen, an denen die Prisca- und die Juniagemeinde beteiligt sind, und es ist anzunehmen, dass an den eher säkularen Angeboten für Jugendliche der Juniagemeinde auch Jugendliche anderen Glaubens und mit Migrationshintergrund teilnehmen. Begegnungsorte, die bewusst die Klassengrenzen überschreiten, gibt es in der Lukas- und der Priscagemeinde. Die »Armenspeisung« in Lukas ist zwar nicht darauf angelegt, Beziehungen aufzubauen, aber die Verpflichtung der Konfirmanden, sich daran zu beteiligen, erhöht deren Sensibilität für andere Lebenswelten. Etwas intensiver kann der Kontakt im Treffpunkt sein, den die Priscagemeinde zusammen mit der Diakonie betreibt: Die Frequenz der Öffnungszeiten, Veranstaltungen, zu denen Mitglieder der Gemeinde kommen, Feste, an denen Besucher des Treffpunkts teilnehmen, gemeinsame Gespräche, dienen auch hier nicht zuvörderst dem Aufbau dauerhafter Beziehungen, gewähren aber gegenseitige Einblicke in die Lebenswelten.

Die Moderationsveranstaltungen etwa in der Prisca-Kirche zum geplanten Moscheebau und der Aufnahme Geflüchteter im Gemeindegebiet oder die Diskussionsveranstaltungen zur Stadtentwicklung im Gebiet der Lukasgemeinde sind explizit auf die Vermittlung unterschiedlicher Interessen angelegt. Die Kirchen wurden in diesen Fällen von politisch Verantwortlichen gebeten, die Moderation zu übernehmen.

Mit der Integrations- wie der Moderationsfunktion können die Kirchengemeinden somit dazu beitragen, zwischen Eigeninteressen und Gemeinwohl zu vermitteln, ganz im Sinne Montesqieus, Tocquevilles und Hegels (vgl. Kap. 2.2). Bei der Interventionsfunktion ist diese Vermittlungsfunktion nicht per se gegeben. Die Diskussionen um »Wutbürger« und Not-in-my-Backyard (NIMBY)-Egoismen haben in der öffentlichen Debatte Interventionen aus der Bevölkerung zum Teil in Misskredit gebracht. Wissenschaftliche Analysen, die sich seit etwa dem Beginn des Jahrtausends kritisch mit den vorherrschenden Konzepten von Zivilgesellschaft und Sozialkapital auseinandersetzten, weisen darauf hin, dass Möglichkeiten der Intervention an Ressourcen gebunden sind, die nicht allen Bevölkerungsschichten gleichermaßen zu Verfügung stehen, von daher bereits Privilegierte zusätzlich privilegieren könnten (z. B. Braun 2002, 2003; Marg et al. 2013). Betrachten wir unter diesem Blickwinkel die Interventionen, die durch die hier betrachteten Kirchengemeinden stattfinden, können wir feststellen, dass sie überwiegend gerade in diese Richtung agieren: die Stimme für die Schwachen, also die weniger Privilegierten, zu erheben. Dies geschah in der Markusgemeinde mit den Stellungnahmen zur Unterbringung Geflüchteter und ein Wohnheim für auffällige Jugendliche, in der Priscagemeinde durch das Community Organizing. In all diesen Fällen wird Kommunikation über umstrittene Themen initiiert oder es werden weitere inhaltliche oder ethische Aspekte in die Debatten eingebracht.

Insofern weisen diese Funktionen auch im Hinblick auf die Heuristik in Anlehnung an John F. Young (vgl. Kap. 2.4) auf die produktive zivilgesellschaftliche Kraft von Kirchengemeinden hin. So stehen Intervention und Moderation stark im Zeichen der liberalen Denktradition, der gemäß Freiheitsrechte gegen einen allzu stark eingreifenden und regulierenden Staat verteidigt werden müssen. In der Moderne bzw. in heutigen demokratischen Staaten gehört hierzu auch die Verteidigung dieser Freiheiten innerhalb gesellschaftlicher Diskurse und Auseinandersetzungen, die von Polarisierungen geprägt sind. Hiermit wird zugleich die republikanische Tradition berührt, die von den Kirchengemeinden insbesondere über ihre Sozialisationsfunktion wahrgenommen wird. Die sozialkapitalgenerierenden, der kommunitaristischen Tradition verpflichteten Tätigkeiten finden wir in erster Linie in der Integrations-, aber auch in der Kompensationsfunktion. In beiden ist das zentrale Anliegen, Menschen zusammenzubringen, gegenseitige Verantwortung in Erinnerung zu rufen und auf deren Wahrnehmung hinzuwirken.

6.2 Motivation und Motive zivilgesellschaftlichen Engagements

Es ist auffällig, dass das Thema »zivilgesellschaftliches Engagement« von Kirchengemeinden in allen sechs Fallstudien derzeit viel Raum einnimmt. Dabei scheint allgemein Konsens darüber zu herrschen, dass sich die kirchengemeindliche Arbeit nicht nur auf binnenkirchliche Angelegenheiten oder Angebote für die eigenen Mitglieder konzentrieren soll, sondern darüber hinaus alle Menschen im Sozialraum im Blick haben muss. Bei einigen der beobachteten Gemeinden hat man sogar beinahe den Eindruck, dass klassische kirchliche Arbeitsfelder wie Gottesdienste oder Kasualien gegenüber den zahlreichen zivilgesellschaftlichen Aktivitäten wie Gemeindefesten, Kirchencafés, Kulturangeboten, Flüchtlingshilfen etc. in den Hintergrund geraten.

Dieses starke Votum für eine sozialräumliche Öffnung, das sich in den Fallstudien beobachten lässt, ist sicherlich nicht repräsentativ für alle Kirchengemeinden in Deutschland. Hier muss vor allem berücksichtigt werden, dass die Studie diesbezüglich eine Verzerrung aufweist, da Gemeinden, die sich verstärkt mit zivilgesellschaftlicher Arbeit im Sozialraum beschäftigen natürlich auch eher dazu bereit sind, an einer Studie mit dem Titel »Kirche und Zivilgesellschaft« teilzunehmen. Trotzdem stellt sich anhand dieser zunehmenden Wertschätzung der zivilgesellschaftlichen Arbeit in den Fallstudien die Frage nach der Motivation und den dahinterliegenden Motiven. Warum dieses starke Bestreben nach einer Sozialraumorientierung der Gemeinden? Auf der Grundlage der Interviews lassen sich zwei grundsätzliche Narrative erkennen:

a) Die Wahrnehmung von Säkularisierungstrends
Der Mitgliederschwund und die sinkenden Besuchszahlen bei sonntäglichen Gottesdiensten betreffen mittlerweile auch jene Gemeinden, die möglicherweise bisher noch gut dastanden. Hinzu kommen die zunehmende Schwierigkeit, für die »klassischen« kirchlichen Ehrenämter, wie in erster Linie den Kirchenvorstand, jüngere Menschen zu gewinnen, sowie allgemein ein höherer Anteil »älterer Menschen« unter den Kirchenmitgliedern. Der drohende Bedeutungsverlust von Kirche und Religion in der Gesellschaft schwebt wie ein Damoklesschwert über der kirchlichen Arbeit und zwingt die Gemeinden zum Umdenken. Eine Lösungsmöglichkeit wird darin gesehen, die Kirchentüren stärker auch für »Nicht-Kirchenmitglieder« zu öffnen und Angebote vermehrt an den Bedürfnissen der Menschen im Sozialraum auszurichten. Indem sich die Gemeinden stärker mit kulturellen, karitativen oder zivilgesellschaftlichen Projekten im Ort einbringen, erhoffen sie sich eine stärkere Wahrnehmung und Attraktivität auch bei jenen Menschen, die sich normalerweise nicht unmittelbar zu Kirche und Religion hingezogen fühlen. Niedrigschwellige Angebote wie zum Beispiel Stadtteilfeste, Rockkonzerte in der Kirche, ein intergenerationaler Kochabend oder die Möglichkeit, ab und an im Kirchencafé mitzuhelfen, lassen sich in diesem Sinne

gewissermaßen als »Lockangebote« verstehen, wie es ein Kirchenvorsteher der Markusgemeinde formuliert:

> *»Also, es gibt Leute – aber das muss man akzeptieren, dass das so ist – die mögen der Kirche nicht zunahekommen. Aber die niedrigschwelligen Angebote sollen sie locken, doch dahin zu gehen. [...] Also irgendwas bieten, was mit Kirche nicht so direkt zu tun hat, und sie erstmal ranlocken, dass sie da sind.«* MK11:25

Interessant an dieser Aussage ist auch, dass bei diesen Angeboten bewusst die eigene religiöse Ausrichtung in den Hintergrund gerät, um potenzielle Besucher oder Ehrenamtliche nicht »abzuschrecken«. Dennoch bleibt die Hoffnung bestehen, dass sich die so »angelockten« Menschen im weiteren Verlauf doch noch für das Christentum begeistern lassen. Etwas verkürzt aber sicherlich nicht falsch ließe sich also schlussfolgern: Ein zentrales Motiv für das gestiegene Interesse der Kirchengemeinden für das Thema Sozialraum oder Zivilgesellschaft besteht darin, angesichts eines wachsenden Säkularisierungstrends und daraus entstehenden kirchlichen Reformdrucks neue Wege für missionarische Arbeit zu gehen.

Auch manche der von uns interviewten nicht-kirchlichen Experten äußern sich in diese Richtung. So meint ein Gesprächspartner, der zivilgesellschaftlich im Gebiet der Priscagemeinde tätig ist, dass über offene Angebote, die zunächst einmal nicht unbedingt religiös sind und für die man sich nicht taufen lassen muss, Leute zumindest einmal in Kontakt mit der Kirche kämen (PR14:43). Hierbei geht es im Grunde um Beteiligungsmöglichkeiten jenseits der Vollmitgliedschaft, handelt es sich doch bei einer Taufe im Erwachsenenalter um einen sehr großen Schritt.

b) Konsequenz christlicher Nächstenliebe

Es wäre jedoch unfair, den Gemeinden zu unterstellen, sie würden die zivilgesellschaftliche Öffnung allein aus dem einen missionarischen Grund vorantreiben, neue formale Mitglieder zu gewinnen. Die Ergebnisse zeigen auch, dass protestantische Kirchengemeinden mehr sind als einfach nur Sozial- oder Wohlfahrtsverbände mit christlicher Lackierung. Im Gegenteil: Die aktive Mitgestaltung des Sozialraums wird im Sinne einer »tätigen Nächstenliebe« als unmittelbare Konsequenz des christlichen Glaubens interpretiert. Die stärkere Wahrnehmung von Aufgaben in der lokalen Zivilgesellschaft, der Einsatz für die Schwachen und Abgehängten und die Verbesserung der Lebensbedingungen für alle Menschen vor Ort, werden als notwendig erachtet, um als Gemeinde authentisch sein zu können, wie es ein hauptamtlicher Mitarbeiter der Matthäusgemeinde formuliert:

> *»Gemeinde muss etwas tun …, sie ist Teil der Welt. Glaube bezieht sich nicht auf den Sonntagmorgen und das Private, sondern ist etwas, was mich als ganzen Menschen betrifft, und damit betrifft es auch mein Leben, und in einer Gemeinde bedeutet das auch ihr Arbeitsleben, ihr Privatleben, ihr Wohnen, ihre Art, Freizeit zu ver-*

bringen, und, und, und ... [...] Ich kann die Leute nicht angucken, wenn ich nur den sehe, der sonntagsmorgens zum Gottesdienst geht, sondern auch die, die nicht kommen.« MT1:85

Die Gemeinden setzen sich nicht aus Eigeninteresse für ihre soziale Umwelt ein, sondern weil sie darin einen Kern ihrer kirchlichen Aufgabe sehen: die Verkündigung des Evangeliums Jesu Christi in Wort und Tat. Die Einbringung kirchlicher Ressourcen und Kompetenzen in den Sozialraum ist eben kein Nebenprodukt, sondern eine unmittelbare Konsequenz des christlichen Glaubens.

Verbunden wird das Gebot der Nächstenliebe von den Befragten mit einem ethischen Universalismus, der als Begründung herangezogen wird, sich nicht nur um die eigenen Mitglieder, sondern um alle Menschen vor Ort gleichermaßen zu kümmern. Das Gebot der Nächstenliebe oder auch die Ebenbildlichkeit Gottes jedes Menschen werden als Motive genannt, sich nicht nur um die eigenen Mitglieder, sondern um alle Menschen vor Ort zu kümmern. Indem sich die Kirche auf diese universalistischen Grundsätze beruft, kann sie eine äußerst hilfreiche Integrationsinstanz sein, wie bereits im vorangegangenen Abschnitt erläutert wurde und auch in der Äußerung eines Gemeindegliedes der Priscagemeinde zum Ausdruck kommt:

»Ja, und dann natürlich [...], also auch, auch, ja auch denen die, die halt nun weit weg sind. Aber die, die normale Menschlichkeit, die wir vom Nächsten wünschen, uns wünschen, ihnen auch entgegenbringen. Das schließt die Flüchtlinge mit ein und das schließt im Haus die ein, wo wir ganz genau wissen, dass die zuvor die DDR-Fahne rausgehangen haben und Parteisekretär waren. Und wenn die jetzt in Not sind, das sind genau unsere Nächsten. Dass wir denen genauso, ja, [...] mal mit Einkaufen, wenn sie soweit hinfällig sind [...]. Wir wissen ganz genau, welche Zeitung er liest und wie er unseren Flüchtlingen gegenübersteht. Aber jetzt hat er halt so schlimme Füße und dann, dann ist er trotzdem mein Nächster, wenn er alleine ist. Dann bin ich die Nächste, [...]. Und da bin ich dran. (9 sek) Ja, ich denke schon, dass das eigentlich nur im täglichen Umgang mit anderen –, lieber ein Stück von unserem Glauben oder unserer Hoffnung, unseren Zweifeln, (4 sek) wirksam werden lassen können.« PR2:33

Die Rückbindung der zivilgesellschaftlichen Arbeit von Kirchengemeinden an christliche Grundwerte mag für kirchenaffine Beobachter wenig überraschend sein. Dennoch ist genau dieser Aspekt der zivilgesellschaftlichen Arbeit von Kirchengemeinden von konstitutiver Bedeutung, da er gewissermaßen den »unique selling point« religiöser Akteure in der Zivilgesellschaft darstellt, der die Kirche von anderen Akteuren wie Vereinen, Parteien unterscheidet. Indem die Kirchengemeinden ihr zivilgesellschaftliches Engagement nicht allein aus Partikularinteressen heraus betreiben, sondern unmittelbar auf ein eigenes Wertesystem und ein spezifisches Menschenbild zurückführen, wird die Idee der Gemeinwohlorientierung als konstitutives Merkmal zivilgesellschaftlicher Akteure offenbar.

6.3 Fremdwahrnehmung: Anerkennung und ein uneindeutiges Verhältnis zur Religion

Eines der Ziele dieser Studie bestand darin, die Fremdwahrnehmung von Kirchengemeinden im Sozialraum durch andere Akteure und durch die Bevölkerung zu analysieren. Unsere Leitfrage war, ob Kirchengemeinden tatsächlich als eigenständige Kräfte in der Zivilgesellschaft angesehen werden oder ob ihre Funktion im Sozialraum primär bei den religiösen Aufgaben gesehen wird.

Die Antwort darauf ist durchwachsen. Auch wenn die Kirchengemeinden immer noch mit Attributen wie »altmodisch«, »starr« oder »reformbedürftig« beschrieben werden, lässt sich vor allem bei den interviewten zivilgesellschaftlichen Akteuren auch eine sehr breite Anerkennung für deren sozialräumliche Arbeit feststellen. Lob und Anerkennung finden sich vor allem für *diakonische und karitative Tätigkeiten,* wobei je nach Bedingungen in den jeweiligen Gemeindegebieten unterschiedliche Aspekte hervorgehoben werden.

Bezogen auf die Markusgemeinde ist es insbesondere die Arbeit mit und für Senioren, die auch in der Juniagemeinde sehr geschätzt wird. Dort lobt man auch die weltoffene und moderne Jugendarbeit, die wiederum in der Markusgemeinde weniger zur Kenntnis genommen, wenn nicht gar übersehen wird: Nicht-kirchliche Experten beklagen einen Mangel an Angeboten für Jugendliche im Stadtteil, obwohl die Gemeinde ein breites Angebot bereithält. In den Gebieten von Lukas- und Priscagemeinde wird der diakonische Aspekt besonders im Engagement in der Arbeit mit Geflüchteten und mit Wohnungslosen als positives Beispiel für kirchliches Engagement im Sozialraum genannt. In den eher ländlichen aber großstadtnahen Räumen der Lydia- und Matthäusgemeinde werden von den nicht-kirchlichen Experten keine konkreten sozialen Projekte erwähnt, in denen sich die Gemeinden engagieren, aber ihnen wird grundsätzlich der Charakter einer sozialen Kraft zugestanden.

Das Engagement in karitativen Projekten wird nicht nur in hohem Maße anerkannt, es ist auch der Bereich, der den Interviewten spontan einfällt, fragt man sie nach den Aufgaben einer Kirchengemeinde im Sozialraum oder auch ganz allgemein nach dem, was Kirche für einen Stadtteil oder ein Dorf beitragen kann. Wie die Bevölkerung in den Gebieten der Markus- und Priscagemeinde (vgl. Kap. 5) sehen auch die Experten anderer zivilgesellschaftlicher Einrichtungen die Hauptaufgaben darin, Angebote für die ältere Generation, für Jugendliche und für Kinder zu machen, sich um Arme, Kranke und Bedürftige zu kümmern, sich der Probleme von Menschen in Notlagen anzunehmen. Und diese Fremdperspektive deckt sich mit der Selbstwahrnehmung der hier untersuchten Gemeinden. Alle beschreiben sich als sozial engagiert und sind es auch, aber als erster Schwerpunkt wird dieser Bereich kaum genannt – vielleicht weil er als selbstverständlich begriffen wird?

Wie das soziale Engagement ist auch das *kulturelle Angebot* stark auf die Bedingungen in den jeweiligen Sozialräumen zugeschnitten und wird entsprechend bewertet. In den bürgerlichen großstädtischen Sozialräumen ist das musikalische Angebot differenziert. Es gibt Vokal- und Instrumentalchöre für verschiedene (gehobene) Musikrichtungen, die zum Mitmachen einladen. Und es gibt die entsprechenden Konzerte. In den ländlichen Gebieten wird eng mit den lokalen Chören kooperiert, in der Matthäusgemeinde für die Einwerbung externer Musikveranstaltungen auch mit einem nahegelegenen Kulturhof. Eine Besonderheit stellt hier die Juniagemeinde dar, die in einem Sozialraum mit prekärer Bevölkerungsstruktur liegt. Dort überwiegen Konzert- und Theaterveranstaltungen mit Eventcharakter: Rockkonzerte, Karaokeveranstaltungen, aber auch ein Weltmusikfestival mit einem umfassenderen Programm, das auch gastronomische Angebote beinhaltet. Durch die Experten aus der Zivilgesellschaft zur Kenntnis genommen wird das kulturelle Angebot allein in den westdeutschen Großstädten. Bereits der Vergleich der Bevölkerungsumfragen (vgl. Kap. 5) zeigte ja, dass Bekanntheit und Nutzung dieser Angebote nicht nur zwischen Kirchenmitgliedern und Nicht-Mitgliedern differieren, sondern auch sehr stark zwischen den beiden Städten, von denen die eine in Westdeutschland, die andere in Ostdeutschland liegt. Allerdings unterscheiden sich auch die Konkurrenzsituationen. In der Stadtrandlage der Markusgemeinde ist ein vergleichbares Angebot nur mit einigem Aufwand zu erreichen, auch wenn die Gesamtstadt relativ reich an Orchestern und Aufführungsstätten ist. In der innerstädtischen Lage der Priscagemeinde gibt es nicht nur mehrere städtische Orchester und Konzertstätten, sondern auch weitere Kirchen, die für ihr musikalisches Angebot bekannt sind. Die Juniagemeinde ist mit ihrem Angebot relativ konkurrenzlos. Entsprechend ist die Wertschätzung gegenüber den Angeboten der Markus- und der Juniagemeinde sehr hoch, das entsprechende Angebot der Priscagemeinde ist unter den nicht-kirchlichen Experten offenbar nicht der Erwähnung wert. Das musikalische Angebot der Lukasgemeinde ist allen bekannt, wird auch als qualitativ hochwertig beschrieben, eine Einschätzung über dessen Bedeutung für den Sozialraum wurde nicht abgegeben. Eine Stimme merkte hingegen kritisch an, dass es genügend teure hochwertige musikalische Angebote in der Stadt gäbe, deshalb sollte die Kirchengemeinde doch gerade in diesem Sozialraum auch Menschen mit geringem Einkommen die Teilnahme ermöglichen – und das wäre bei der derzeitigen Preisgestaltung nicht der Fall.

Zivilgesellschaftliches Engagement im Sozialraum heißt bei den von uns untersuchten Gemeinden auch *(kommunal)politisches Engagement*. In den ländlichen Kommunen zeigt sich dies in erster Linie im Engagement bei der Unterbringung und Integration Geflüchteter. Die Lydiagemeinde initiierte vor einigen Jahren den Runden Tisch, die Matthäusgemeinde ist im ständigen Kontakt mit den politisch Verantwortlichen vor Ort, unterstützt nach ihren Möglichkeiten, wo es erforderlich ist, und ist Teil des Organisationskomitees für das Neubürgerfest. Die Prisca- und Lukasgemeinde bringen sich in hohem Maße ein. In der Lukasgemeinde wurde mehrfach Kirchenasyl gewährt, die Priscagemeinde organisierte Diskussionsrunden, Freiwilligennetzwerke und trägt schon seit längerem den interreligiösen Dialog, der ebenfalls aus einem kommunalpolitischen Thema erwuchs: dem geplanten Moscheebau. In der Markusgemeinde spielt die Flüchtlingsfrage eine deutlich geringere Rolle, dort stehen andere kommunalpolitische Themen im Vordergrund, wie der Bau einer Umgehungsstraße, Unterbringung verhaltensauffälliger Jugendlicher u. Ä. Weitere kommunalpolitische Themen spielen auch in den anderen städtischen Gemeinden eine Rolle, etwa die Stadtentwicklung für die Lukasgemeinde, das Community Organizing für die Priscagemeinde und vereinzelte Aktionen »gegen Rechts« in der Juniagemeinde, die ebenfalls an einem interreligiösen Dialog beteiligt ist. Die Einstellungen gegenüber diesem politischen Engagement sind unter den zivilgesellschaftlichen Akteuren überwiegend positiv. Eine Ausnahme finden wir mit einer Stimme in der Priscagemeinde, die die Auffassung vertritt, Kirchen sollten sich grundsätzlich politisch neutral verhalten. In der Markusgemeinde gibt es externe Stimmen, die politische Intervention nur dann begrüßen, wenn sie wirklich dem Gemeinwohl oder den sozial Schwachen dient und nicht den Interessen der Kirchengemeinde. Dort äußerte auch eine Stimme aus der Gemeinde selbst Kritik an der Haltung des Pfarrers, der seine Meinung im Namen der Gemeinde zu Gehör gebracht hätte, was als unzulässig bewertet wurde.

Angesichts dieser überwiegend hohen Anerkennung des zivilgesellschaftlichen Engagements der Gemeinden stellt sich die Frage, aus welchen Gründen diese erfolgt und ob die christlich-religiöse Haltung für diese Wertschätzung bedeutsam ist.

Auf den ersten Blick scheinen die Gründe für diese breite Anerkennung weniger in der Wertschätzung der religiösen Gemeinde zu liegen, als eher pragmatischer oder gar utilitaristischer Natur zu sein. Die Gemeinden werden als Kooperationspartnerinnen geschätzt, da sie über Räume sowie personelle und finanzielle Ressourcen verfügen, in der Moderation geübt sind, viele Ehrenamtliche motivieren können und oftmals logistisch gut aufgestellt sind. Der öffentlichen Daseinsvorsorge und Sozialraumarbeit mangelt es häufig an diesen Ressourcen. Diese pragmatische Beurteilung der Rolle der Kirchengemeinde im Sozialraum wird in mehreren Äußerungen flankiert von einer gewissen Distanz gegenüber der religiösen Ausrichtung. Vereinfacht ausgedrückt: Es ist gut, dass die Kirchengemeinden sich um Arme, Alte und Kranke kümmern, ja, in einem gewissen Ausmaß erwartet man dies sogar von ihnen und führt das auf deren christliches Wertesystem zurück; sie soll sich aber bei alledem möglichst wenig durch religiöse Aktivitäten hervortun, insbesondere, wenn diese in missionarischer Absicht geschehen. Bei ihren zivilgesellschaftlichen Aktivitäten soll die Kirche sich möglichst »säkular« verhalten; religiöse und spirituelle Angebote sollen sich lediglich an die eigenen Mitglieder richten. Eine der Hauptsorgen ist es, dass die Kirche ihre Angebote im Sozialraum lediglich für missionarische Zwecke nutzt. Ein Quartiersmanager in einer unserer Fallstudien kritisiert diese missionarischen »Hintergedanken« der kirchlichen Sozialraumarbeit:

»Aber deshalb wünsche ich mir eigentlich, dass man sehr viel gibt, ohne gleich was zu nehmen oder einzufordern. Ich sehe das auch außerhalb der Gemeinde, ich sehe das bei vielen karitativen Institutionen so, dass man gleich wieder was nimmt. Altersheime, Zwangsandachten und solche Sachen. Da können sich die Leute gar nicht gegen wehren, sonst werden sie schlechter behandelt [...].« MK10:31

Auch einige der nicht kirchlich gebundenen Ehrenamtlichen fühlen sich bei »zu viel Kirche« nicht wohl (vgl. Kap. 4.1.3), und im Gebiet der Juniagemeinde wird ganz klar gesagt, dass ein Angebot, das religiös ausgerichtet sei, kaum jemanden anziehen würde (vgl. Kap. 4.5.3).

Es gibt aber auch andere Stimmen, die zwar ebenfalls dem missionarischen Gedanken in der Sozialraumarbeit gegenüber skeptisch eingestellt sind, zunächst einmal diesen aber auch nicht unterstellen und sogar den religiösen Mehrwert als besonders wertvolles Merkmal des Engagements und der Kooperationspartner betonen. Dies ist in besonderem Maß der Fall bei der Lukasgemeinde (vgl. Kap. 4.4.3) und auch bei der Priscagemeinde, der genau aus diesem Grund das Recht zugebilligt wird, sich »eigentlich überall« engagieren zu dürfen (vgl. Kap. 4.6.3).

Zusammenfassend ergibt sich ein ambivalentes Bild: Gewürdigt wird in hohem Maße die Fähigkeit der Kirchengemeinden, Gemeinschaft und sozialen Zusammenhalt zu fördern, sowie die karitativen und kulturellen Angebote. Diese Anerkennung gewinnt die Kirche auch bei jenen Menschen, die selbst kaum oder gar nicht mit ihr in Berührung kommen. Kirchengemeinden sind darüber hinaus nach wie vor im Vergleich zu anderen zivilgesellschaftlichen Akteuren noch ressourcenstark, können nach wie vor viele Menschen an sich binden. Man braucht sie als Anbieter kultureller und diakonischer Aufgaben vor Ort. Hierin liegt ein wesentlicher Grund für deren positive Bewertung.

6.4 Hemmnisse und Katalysatoren zivilgesellschaftlicher Öffnung

Grundlage für die Auswahl der Kirchengemeinden war die Annahme, dass verschiedene interne wie externe Faktoren die Bedingungen und auch die konkrete Umsetzung des zivilgesellschaftlichen Engagements einer Gemeinde, wenn nicht bestimmen, so doch zumindest in hohem Maße beeinflussen. Für interne Faktoren wurde angenommen, dass die Selbstwahrnehmung einer Gemeinde bedeutsam sei wie auch deren Profil mit eher religiösem, kulturellem oder sozialem Schwerpunkt. Der Organisationslogik, gemessen an der Achse von Top-down bis Bottom-up sowie der Ressourcen in Form finanzieller und personeller Ausstattung, wurde ebenfalls Relevanz zugemessen. Als externe Faktoren wurden in der bisher vorliegenden Forschungsliteratur die Siedlungsstruktur (ländlich bis urban), soziodemographisches Profil, wie Entwicklung der Bevölkerung in einem geographischen Raum, und das Bundesgebiet (Ost- oder Westdeutschland) genannt sowie weitere zivilgesellschaftliche Rahmenbedingungen, als da sind: die Anzahl der Vereine, die allgemeine Infrastruktur, das vorhandene Sozialkapital u. Ä. Mit einer qualitativen Analyse lassen sich selbstverständlich keine Hypothesen prüfen, die angewandte Methode folgte einem induktiven Verfahren. Auf der Basis theoretischen Vorwissens wurden aber einige Annahmen formuliert, die z. B. wichtig waren, um den Leitfaden für die Experteninterviews zu formulieren (vgl. Kap. 3.).

Bezogen auf die *internen Faktoren* wurde angenommen, dass Selbstwahrnehmung im Sinne einer kollektiven Identität das Verhältnis zum Sozialraum beeinflusst und von daher auch die Handlungsmaximen. Das Profil der Gemeinde als religiös, sozial oder kulturell könnte Felder des Engagements berühren. Die Organisationslogik, eher Top-down oder Bottom-up, also das Verhältnis von Kirchenvorstand, Pfarramt und Ehrenamtlichen in der Gemeinde, sagt etwas aus über das Vorhandensein der Civic Skills, Selbstorganisation, Selbstverwaltung und Mitbestimmung. Umfang und Art der vorhandenen Ressourcen schließlich ermöglichen oder begrenzen Art und Ausmaß, in dem eine Gemeinde tätig werden kann.

Von den *externen Faktoren* ist bekannt, dass die Zivilgesellschaft sich je nach Siedlungsstruktur unterscheidet und das soziodemographische Profil und dessen Entwicklung die thematische Ausrichtung und Einrichtungen der Zivilgesellschaft berühren. Verschiedene empirische Studien zeigen, dass sich die Bereitschaft zum Engagement und der Umfang des gesellschaftlichen Sozialkapitals zwischen Ost- und Westdeutschland unterscheiden, weshalb das Bundesgebiet als ein externer Faktor bei der Auswahl der untersuchten Gemeinden berücksichtigt wurde. Und schließlich sind auch die zivilgesellschaftlichen Rahmenbedingungen wie die Anzahl der Vereine, die Infrastruktur, das vorhandene Sozialkapital u. Ä. von Bedeutung. Tabelle 15 gibt einen vergleichenden Überblick über die Ausprägung der jeweiligen Faktoren sowie der zivilgesellschaftlichen Position zu den sechs hier untersuchten Gemeinden.

Unter den sechs untersuchten Gemeinden befindet sich eine, von der man sagen kann, dass sie über keine oder *geringe zivilgesellschaftliche Relevanz* verfügt – zumindest bislang. Die Lydiagemeinde hat zwar vor Jahren den Runden Tisch zur Flüchtlingsunterkunft mit initiiert, aber ansonsten wird sie von anderen Akteuren nicht mitgedacht, wie bei der Gründung der Freiwilligenagentur deutlich wurde. Eine breitere Vernetzung wurde gerade erst angestoßen, läuft aber ausschließlich über den Pfarrer. Vergleicht man die Lydiagemeinde mit der Matthäusgemeinde, deren zivilgesellschaftliche Bedeutung in erster Linie darin besteht, integrierter Teil des Vereinsnetzes im Ort zu sein, und die damit selbstverständlich den Reziprozitätsregeln unterliegt, fallen einige Aspekte auf. Keine der beiden Gemeinden hat ein spezifisches Profil, beide Gemeindegebiete umfassen mehrere Dörfer, sie liegen in großstadtnahen ländlichen Räumen. In beiden Gebieten ist das Sozialkapital schwach: Im Gebiet der Lydiagemeinde wegen der zerfaserten Siedlungsstruktur, des nicht-integrierten Vereinswesen und der hohen Zahl an Auspendlern (vgl. Kap. 4.2.1), im Gebiet der Matthäusgemeinde aufgrund der Differenz von Kerndorf mit hohem Sozialkapital und Neubaugebieten, deren Integration noch als schleppend betrachtet wird (vgl. Kap. 4.3.1). Es gibt daneben einige markante Differenzen.

In der Selbstwahrnehmung sieht sich die Lydiagemeinde einer feindlichen Umwelt gegenüber, die Matthäusgemeinde bezeichnet sich als offen. Wo in der Lydiagemeinde pastorale Zentralität hervorsticht, ist es in der Matthäusgemeinde eine Bottom-up-Struktur, in der der Kirchenvorstand die Gemeinde leitet und die Vernetzung über die langjährigen Kirchenvorstandsmitglieder erfolgt, die im Kerndorf fest verwurzelt sind. Der entscheidende Unterschied bei den Ressourcen besteht in dem Gemeindehaus, über das die Matthäusgemeinde verfügt und das sie in die Zivilgesellschaft einbringen kann. Darüber hinaus sind im Gebiet der Lydiagemeinde lediglich 9,7 Prozent der Bevölkerung Mitglieder der Gemeinde, bei der Matthäusgemeinde sind es 53,6 Prozent. Für die religiöse Wahrnehmung scheint diese eklatante Differenz jedoch keinen großen Unterschied zu machen – das religiöse Angebot der Gemeinde ist auch im Matthäusgebiet nur wenigen bekannt.

Eine *hohe zivilgesellschaftliche Relevanz* wird allen vier Großstadtgemeinden attestiert. In Bezug auf die internen Faktoren sind sie sich in vielen Punkten ähnlich: Sie verfügen über zahlreiche selbstorganisierte Gruppen und Kreise, sind gut ausgestattet mit Räumen und Personal, nehmen sich selbst als aktiv wahr, mit jeweils etwas anderen Umschreibungen. Alle vier haben einen kulturellen Schwerpunkt im musikalischen Bereich. Gemeinsamer externer Faktor ist, neben der Großstadtlage, eine große Zahl an Initiativen und Vereinen in den jeweiligen Gemeindegebieten. In drei dieser Räume gibt es darüber hinaus eine hohe Identifikation der Bevölkerung mit den Stadtteilen, im vierten (Prisca) gibt es mehrere Sozialräume, von denen einer ebenfalls ein hohes Maß an Identifikationspotential hat. In zwei Sozialräumen (Markus und Lukas) ist das gesellschaftliche Sozialkapital sehr hoch, in einem (Junia) etwas prekär, im vierten (Prisca) wegen der räumlichen Diversität schwieriger zu bestimmen. In dem zur Identifikation einladenden Stadtteil Prisca-Mitte ist es hoch, in Prisca-Süd deutlich niedriger (vgl. Kap. 4.6.1).

TABELLE 15 Übersicht über mögliche Einflussfaktoren und zivilgesellschaftliche Stellung von sechs Kirchengemeinden

	Markus	Lydia	Matthäus
Interne Faktoren			
Selbst-wahrnehmung	aktiv	Diaspora, »feindliche« Umwelt	offen
Profil der Gemeinde (religiös, kulturell, sozial)	kulturell (Musik), sozial (Jugend, Senioren)	keines	kein spezifisches
Organisationslogik (Top-down, Bottom-up)	Gruppen und Kreise sind selbstorganisiert; tendenziell Bottom-up	Top-down; Pfarrer leitet	tendenziell Bottom-Up; Kirchenvorstand leitet
Ressourcen	Kirche mit großem Gemeindehaus und Kita, gute Personal-ausstattung, gut-situierte Mitglieder	1 Kirche, 1 weiterer Raum, 1 Pfarrer, stundenweise Sekretariat	Kirche und Gemeindehaus, Garten, 1 Pfarrer, stundenweise Sekretariat
Anteil Mitglieder an Bevölkerung	32,6 Prozent	9,7 Prozent	53,6 Prozent
Weiteres	viele Gruppen und Kreise	drei verstreut liegende Orte	drei verstreut liegende Orte
Externe Faktoren			
Siedlungsstruktur (ländlich, urban)	großstädtische Randlage	verdichteter ländlicher Raum	Dorf im Einzugsgebiet einer Großstadt
Soziodemographie	bürgerlich, Tendenz zur Überalterung, Familienzuzug	ethnisch relativ homogen, höherer Mittelstand	ältere Alteingesesser Zuzug in Neubau-gebiete
Bundesgebiet (Ost, West)	West	Ost	West
Zivilgesell-schaftliche Rahmen-bedingungen	viele Vereine mit »Dachverband«, gute Infrastruktur, hohes Sozialkapital	nicht-integriertes Ver-einswesen, zerfaserte Siedlungsstruktur; Schlafort mit gerin-gem Sozialkapital	viele Vereine mit »Dachverband«, »bröckelndes« Sozial kapital bzw. räumlich begrenztes (Altdorf)
Sozialraum identifi-zierbar?	Ja, hohe Identifikation mit dem Stadtteil	Nein/noch nicht	für einen Teil des Gebietes und der Bevölkerung
Weiteres	ethnisch und sozial homogen	viel Zuzug	Kerndorf und Neubaugebiete
Zivilgesellschaftli-che Relevanz	hoch, allein durch die Größe der Gemeinde	langsamer Integrationsprozess	integraler Teil des Vereinsnetzes
Präsenz des Religiösen im zivilgesellschaft-lichen Engagement	in den Bereichen Kultur und Diakonie hoch, sonst gering; eher Distanz	nur sichtbar über die Person des Pfarrers	je nach Kooperations partner offen oder verborgen

.ukas	Junia	Prisca
ynamisch, jung, offen	im Findungsprozess (nach Fusion)	lebendig, jung, offen, »mutig« (politisch)
eligiös, kulturell (Musik)	kulturell (Eventkirche), sozial (Jugend, Kinder, Senioren)	kulturell (Musik), religiös, diakonisch
endenziell Bottom-up; Kirchenvorstand leitet; Gruppen und Kreise sind elbstorganisiert	arbeitsteilig, Bottom-up	tendenziell Bottom-up; Kirchenvorstand leitet; Gruppen und Kreise sind selbstorganisiert
irche und Gemeinde- aus neu, gute Personal- usstattung, gutsituierte Mitglieder	relativ gut ausgestattet mit Personal und Räumen	gute Gebäude- und Personalausstattung, gutsituierte Mitglieder
8,4 Prozent	30,3 Prozent	14,3 Prozent
iele Gruppen und reise, ökumenisch, Armenspeisung«	kein eigenes Büro, wird in der Großgemeinde betreut	viele Gruppen, Kreise, GD-Formate, interreligiös, »Treffpunkt« (mit Diakonie)
iroßstadt, innerstädtisch	Großstadt	Großstadt, innerstädtisch
roßbürgerlich bis irundsicherung, thnische Vielfalt	prekär, Armutszuwande- rung, ethnische Vielfalt	gutbürgerlich mit einzelnen ›gemischten‹ Straßenzügen
Vest	West	Ost
iele Initiativen und Vereine, ohes Sozialkapital, histo- sch partizipationsorientiert, tadtteilbüro	zahlreiche Vereine, u. a. Bürgerverein	Bürgerverein, viele kleine themenbezogene Initiativen
a, hohe Identifikation mit em Stadtteil	Ja, hohe Identifikation mit dem Stadtteil	mehrere Räume vorhanden
thnisch und sozial gemischt	ethnisch und sozial gemischt	bürgerliche Dominanz mit Ausnahmen
och in der Unterstützungs- unktion, nicht als Initiatorin	themenbezogen hoch	themenbezogen hoch
räsent, wird so vahrgenommen und eschätzt	nicht präsent	präsent in der Selbstwahrneh- mung, in der Fremdwahrneh- mung übersehen – grundsätzlich geschätzt

Worin liegen nun die Unterschiede in der Wahrnehmung der zivilgesellschaftlichen Relevanz dieser vier Großstadtgemeinden durch die anderen Akteure, und wie steht es um die Anerkennung der religiösen Komponente im zivilgesellschaftlichen Handeln? Die Markusgemeinde wird als wichtig angesehen, da sie allein schon aufgrund ihrer Größe jedes Anliegen stärkt, oder in den Worten eines Experten:

> »[...] mit der Kirche zusammen können alle anderen Organisationen was bewegen. Ohne die Kirche eher etwas schwierig. Umgekehrt steht die Kirche natürlich auch irgendwo wie so ein Schiff in der Wüste, wenn sie sich nicht kleineren Gruppen, aber dann aktiveren Gruppen, zuwendet und mit denen gemeinsam was macht; weil das Kirchenschiff ist, kann man ja so sagen, das mitgliederstärkste Schiff hier in der Gemeinde.« MK2:15

Wie oben (Kap. 6.3) bereits ausgeführt, wird die religiöse Komponente jedoch eher zwiespältig gesehen. Letzteres trifft auch auf das Engagement der Juniagemeinde zu. Mit ihren Veranstaltungen, dem Jugendzentrum und der Seniorenarbeit leistet sie für den Stadtteil ein unverzichtbares Angebot der Unterhaltung und sozialen Integration. Die religiöse Dimension wird hierbei jedoch mehr oder minder komplett ausgespart: Die Konzerte sind Rockkonzerte, Playbackshows, World Music; das Jugendzentrum wird in gemeinsamer Trägerschaft mit der Stadt betrieben. Kein Interviewpartner erwähnt die Gemeinde als religiöse Institution, sie ist eine kulturelle und soziale. Dieser Verlust der religiösen Komponente, die ja auch in den Selbstbeschreibungen zum Profil nicht erwähnt wurde, tritt bei aller oben geschilderten strukturellen Ähnlichkeit in Sozialräumen auf, die unterschiedlicher kaum sein könnten. Die Bevölkerung im Gebiet der Markusgemeinde, wie auch ihre Mitglieder, ist gehoben bürgerlich, ethnisch homogen, steigender Anteil älterer Menschen, wenn es auch seit kurzem einen Zuzug junger Familien gibt. Die Infrastruktur ist ausgesprochen gut, das Sozialkapital hoch. Das Gebiet der Juniagemeinde ist dagegen durch ethnische Vielfalt, Armutszuwanderung, überwiegend aus Osteuropa, und viele prekäre Lebenslagen geprägt. Entsprechend unterscheiden sich die Schwerpunkte der zivilgesellschaftlichen Tätigkeit. Interessanterweise ist der Anteil Evangelischer an der Bevölkerung mit 32,6 Prozent (Markus) und 30,3 Prozent (Junia) in etwa gleich.

Anders verhält es sich wieder mit den beiden anderen Großstadtgemeinden mit hoher zivilgesellschaftlicher Relevanz – Lukas und Prisca. Beide liegen zentrumsnah in boomenden Großstädten, der Anteil Evangelischer in den Gemeindegebieten liegt jeweils unter 20 Prozent (Lukas 18,4 %, Prisca 14,3 %). Beide geben an, neben dem kulturellen auch ein religiöses Profil zu haben, das sie insbesondere in den vielen Gottesdienstformaten zum Ausdruck bringen, das aber auch leitend für ihr zivilgesellschaftliches Engagement ist. Der Sozialraum der Lukasgemeinde ist soziodemographisch deutlich heterogener als das Gebiet der Priscagemeinde, die Mitglieder werden aber von den Experten beider Gemeinden als überwiegend gutsituiert beschrieben. Wie in den anderen Fällen wird auch in

Bezug auf die Prisca- und die Lukasgemeinde das religiöse Angebot nicht spontan erwähnt, man weiß natürlich, dass es Gottesdienste gibt. Im Zentrum der Interviews mit externen Akteuren der Zivilgesellschaft steht das im weitesten Sinne politische Engagement in der Flüchtlingsarbeit, dem interreligiösen Dialog und der Stadtteilentwicklung. Das soziale Engagement wird auf Nachfrage genannt, für die Lukasgemeinde auch das kulturelle Angebot. Was diese beiden Gemeinden von den zuvor genannten unterscheidet, ist die grundsätzliche Wertschätzung des religiösen Antriebes: Das christliche Menschenbild und hiermit verbundene Vorstellungen des Zusammenlebens werden im Gebiet der Lukasgemeinde von nahezu allen Interviewpartnern genannt, den internen wie externen; im Gebiet der Priscagemeinde auch von Gesprächspartnern, die – ohne eigene Kirchenmitgliedschaft – ein gewisses Maß an religiöser Sozialisation erfahren haben. Niemand äußert die Vermutung, das Engagement werde betrieben, um neue Mitglieder zu gewinnen, eher wird betont, dass der Beweggrund im eigenen Glauben zu finden sei.

Zusammenfassend kann man festhalten, dass *Ressourcen* erforderlich sind, um in einer Weise aktiv zu werden, die auch wahrgenommen wird und wirksam werden kann. Die Lydiagemeinde veranschaulicht dies beispielhaft. Allein an den Ressourcen liegt es jedoch nicht. Mit dem Wechsel im Pfarramt beginnt auch die Lydiagemeinde, verstärkt Kontakte in die Zivilgesellschaft aufzubauen. Besser gelingt dies jedoch, wenn sich die Netzwerkarbeit auf mehrere Schultern verteilt, wie es in den anderen hier untersuchten Gemeinden der Fall ist, wenn die *Organisationsstruktur* tendenziell von einer Bottom-up-Logik geprägt ist. Aber diese allein schützt nicht davor, dass die zivilgesellschaftliche Vernetzung an einzelnen Personen hängt, wie im Fall der seit Jahrzehnten tief im Dorf verankerten Kirchenvorsteher der Matthäusgemeinde, über die dort überwiegend die Integration in das Vereinsnetzwerk des Ortes erfolgt. Fallen diese Personen aus, können auch die Netzwerke u. U. nicht mehr aufrechterhalten werden. Zielführender scheint da eine Struktur zu sein, in der es eine Vielzahl selbstorganisierter Gruppen und Kreise gibt und somit Personen, die über die entsprechenden Civic Skills verfügen. Ad hoc würde man vermuten, dass die Wahrscheinlichkeit einer solchen Struktur mit der Gemeindegröße zunähme, mit dem *Anteil der Gemeindemitglieder* in der Bevölkerung. Dies trifft jedoch offensichtlich nicht zu. Die Matthäusgemeinde mit 56 Prozent Gemeindegliedern ist in dieser Hinsicht deutlich weniger gut aufgestellt als die Markusgemeinde mit 32 Prozent oder sogar die Priscagemeinde mit lediglich 14 Prozent Mitgliedern in der Bevölkerung. Damit kommen wir zu den externen Faktoren. Die *großstädtische Lage* und die vorhandene *zivilgesellschaftliche Struktur* begünstigen das eigene Engagement und die Sichtbarkeit. Je größer das bestehende zivilgesellschaftliche Netz ist, desto mehr Möglichkeit gibt es, Beziehungen aufzubauen – aber auch mehr potentielle Konkurrenz. Die *soziodemographische Struktur* beeinflusst die thematische Schwerpunktsetzung der eigenen zivilgesellschaftlichen Aktivitäten, wie man sehr gut an der Kompensationsfunktion ablesen kann. Für die Beibehaltung einer religiösen Prägung des zivilgesellschaftlichen Engagements scheint auf jeden Fall ein religiöses Profil der Gemeinden unabdingbar zu sein, das aber gespiegelt werden muss in einer religiösen Toleranz und Akzeptanz bei den anderen Akteuren im Feld. Religiöse Kenntnis scheint hierfür nicht dringend erforderlich, wie der Vergleich der Lukas- und Priscagemeinde zeigt. Für eine eventuelle Steigerung religiöser Vitalität durch zivilgesellschaftliches Engagement ist sie aber sicherlich dienlich.

6.5 Auswirkungen der zivilgesellschaftlichen Öffnung

Zum Schluss wagen wir noch einen Ausblick auf die Konsequenzen der zivilgesellschaftlichen Öffnung von Kirchengemeinden. Natürlich haben wir mit unseren Fallstudien lediglich eine Querschnittsaufnahme zu einem bestimmten Zeitpunkt erhalten, was eine Beurteilung von Ursachen und Konsequenzen schwierig macht. Trotzdem haben sich in Gesprächen in der Retrospektive der Befragten auch immer wieder Aussagen zu möglichen oder bereits eingetretenen Konsequenzen ergeben. Die zentrale Argumentation betrifft dabei den Zusammenhang zwischen zivilgesellschaftlicher Ausrichtung und kirchlicher Vitalität.

Deutlich wird, dass die Idee nicht aufgeht, durch eine Ausweitung des kirchlichen Angebotsspektrums auch Menschen jenseits des klassischen Kirchenpublikums anzulocken. Das zivilgesellschaftliche Engagement der Kirchengemeinden im Sozialraum erhöht zwar deren Sichtbarkeit und mag sich auch positiv auf die Außenwahrnehmung auswirken, zu einer Erhöhung der religiösen Vitalität vor Ort scheint es jedoch zumindest auf kurze Sicht betrachtet nicht zu führen. Dies wird in den Interviews immer wieder betont: Zu Kulturveranstaltungen kommen zwar hunderte von Menschen in die Kirche, und das Jugendzentrum ist jeden Nachmittag in der Woche gut besucht, aber Aktivitäten mit religiösem Schwerpunkt, allen voran natürlich der klassische Gottesdienst, werden trotzdem nicht nachgefragt.

Von den Befragten werden hingegen auch negative Folgen dieser Angebotsverschiebung der Kirchengemeinden beschrieben. Auf der einen Seite besteht die Sorge, das, was als »Kernaufgabe« wahrgenommen wird, nämlich die Verkündigung des Evangeliums, neben den zivilgesellschaftlichen Aufgaben zunehmend aus den Augen zu verlieren. Dies wird vor allem auf den Umstand zurückgeführt, dass Aufgaben wie Kulturveranstaltungen oder Stadtteilfeste zu organisieren viel Zeit und Ressourcen binden, die dann wiederum an anderer Stelle fehlen.

Hinzu kommt, dass eine Erweiterung des kirchlichen Angebots dazu führt, dass die Kirche stärker in eine Konkurrenzsituation mit anderen zivilgesellschaftlichen Akteuren vor Ort tritt. Hier zeigen sich Parallelen zu der von Jörg Stolz (2013) vorgeschlagenen Theorie der religiös-säkularen Konkurrenz.

Doch betrachten wir die Folgen, auch wenn wir keinen Prozess beobachten konnten, sondern nur eine Momentaufnahme vorliegen haben, anhand des Aufgabenkatalogs, den Hauschildt und Pohl-Patalong (2013: 436f., vgl. auch Kap. 2.1.4) für Kirchengemeinden der Neuzeit zusammengestellt haben. Die ersten drei sind dabei mit explizit religiösem Gehalt versehen, die letzteren lassen auch implizite Religiosität zu.

▌ »Bewahrung, Vermittlung und Deutung der christlichen Botschaft« in Gottesdiensten, Konfirmandenarbeit, Glaubenskurse u. Ä. Wie die Beispiele Lukas, Prisca und Markus zeigen, besteht kein Widerspruch zwischen umfassender Erfüllung dieser Aufgabe und zivilgesellschaftlichem Engagement.

▌ »Eröffnung von Räumen für Religion« – in den Kirchenräumen, in Bildungsräumen, in Gottesdiensten in besonderen gesellschaftlichen Situationen, passager. Ein Bewusstsein für diese Aufgabe und einen Anspruch, sie zu erfüllen, wird besonders in den Gemeinden Lukas und Prisca formuliert, die in ihren innerstädtischen Stadtteilen mit Fluktuationen in der Bevölkerung konfrontiert sind, mit Menschen, die für eine begrenzte Zeit kommen, sei es für die Ausbildung, für die Erwerbstätigkeit oder vielleicht auch als Station in einem erzwungenen Migrationsprozess.

▌ »Individuelle Lebensbegleitung« mit Seelsorge und Kasualien leidet nicht unter zivilgesellschaftlichem Engagement.

▌ »Initiierung von Gemeinschaft« wird durch zivilgesellschaftliche Integrationsprozesse eher noch gestärkt.

▌ »Hilfe in Verhältnissen gesellschaftlicher Ungleichheit und Benachteiligung« ist in allen diakonischen Projekten aufgehoben, sei es in Eigenregie oder in Kooperation mit Dritten. Die Erfüllung dieser Aufgabe wird allen Gemeinden in ihrem zivilgesellschaftlichen Umfeld zugestanden. Im Gebiet der Juniagemeinde ist es manchen Interviewpartnern jedoch zu stark begrenzt auf die Jugend- und Seniorenarbeit, vernachlässige die spezifischen Problemlagen des Stadtteils (Armutszuwanderung).

▌ »Erhebung der christlichen Stimme in der Gesellschaft gegen gesellschaftliche Ungerechtigkeit«. Hiermit ist die politische Intervention in Wort und Tat gemeint, die als zivilgesellschaftliches Handeln zugleich am stärksten sichtbar und am meisten umstritten ist. Letzteres mag damit zusammenhängen, dass nicht jeweils explizit die christliche Stimme zu hören ist, sondern vielleicht nur die der Gemeinde, im Sinne von exponierten Sprechern, oder der Pfarrer, ohne expliziten Bezug auf die biblische Grundlegung.

Zusammengenommen ist die Erfüllung der Aufgaben durch zivilgesellschaftliches Engagement nicht gefährdet, aber: Es scheint, als wäre in den Gemeinden, in denen die Pfarrer selbst die treibende Kraft sind, gar nicht mal bei der zivilgesellschaftlichen Öffnung, sondern eher im breiten Netzwerken, ein Verlust religiöser Authentizität zu befürchten, wie es in der Markus- und der Juniagemeinde droht. Anders in den Gemeinden, in denen vom Pfarramt zwar der Anstoß ausgeht, dann aber eine Delegation an Gruppen, Kreise, Kirchenvorstand, Einzelpersonen erfolgt, die sich die Anliegen zur eigenen Sache machen, wie in der Lukas- und Priscagemeinde.

7. FAZIT & DISKUSSION

Das Ziel der vorliegenden Studie bestand darin, erste empirische Resultate zur zivilgesellschaftlichen Bedeutung von protestantischen Kirchengemeinden in Deutschland zu präsentieren. Die leitenden Fragen waren dabei: Welche zivilgesellschaftlichen Funktionen erfüllen Kirchengemeinden in lokalen Sozialräumen? Welche Faktoren innerhalb der Kirchengemeinde und welche externen Rahmenbedingungen hemmen oder fördern die zivilgesellschaftliche Relevanz von Gemeinden? Und nicht zuletzt: Was macht das zivilgesellschaftliche Engagement eigentlich mit den Kirchengemeinden? Was sind die Folgen und Auswirkungen, wenn Kirchengemeinden sich stärker zivilgesellschaftlich engagieren?

Zu diesem Zweck haben wir sechs Kirchengemeinden in sechs unterschiedlichen Sozialräumen in Ost und West, in wachsenden und schrumpfenden und in prosperierenden und prekären Regionen untersucht. Wie bereits einleitend thematisiert, kann eine qualitativ angelegte Studie kein repräsentatives Abbild der zivilgesellschaftlichen Arbeit von Kirchengemeinden liefern. Dennoch konnten aus der Vielzahl der Einzelergebnisse in den Gemeinden eine Reihe allgemeiner Zusammenhänge abgeleitet werden. Die zentralen Ergebnisse sollen hier noch einmal abschließend zusammengefasst werden.

Alle von uns betrachteten Kirchengemeinden nehmen zivilgesellschaftliche Aufgaben wahr, zum Teil in beträchtlichem Ausmaß. Einerseits ist dies sicher, wie bereits angemerkt, auf eine gewisse Verzerrung in der Fallauswahl zurückzuführen: Aktive Gemeinden sind eher bereit, sich an einer derartigen Studie zu beteiligen. Andererseits zeigt sich hier jedoch auch eine neue Wahrnehmung für die Themen »Sozialraum« oder »Zivilgesellschaft« innerhalb der Gemeinden. Zwar ist diakonisches und karitatives Engagement immer schon eine Kernfunktion christlicher Gemeinden gewesen; aufgrund des spürbaren Trends der Säkularisierung und Entkirchlichung innerhalb der deutschen Bevölkerung sehen sich die Kirchengemeinden auch einem gewissen Reformzwang unterworfen. Ein verstärktes zivilgesellschaftliches Engagement und eine stärkere Öffnung zum Sozialraum werden von den Kirchengemeinden als adäquater Weg wahrgenommen, die christliche Botschaft über den kleiner werdenden Kreis der Kirchenmitglieder hinaus zu verbreiten. Auf Grundlage der Ergebnisse aus den einzelnen Fallstudien konnten schließlich fünf idealtypische zivilgesellschaftliche Funktionen von Kirchengemeinden identifiziert werden: die Kompensations-, Integrations-, Interventions-, Moderations- und Sozialisationsfunktion. Jede der analysierten Gemeinden nimmt eine oder auch mehrere dieser Funktionen in unterschiedlicher Intensität wahr.

Trotz dieser allgemein hohen zivilgesellschaftlichen Relevanz der untersuchten Kirchengemeinden bestehen doch auch deutliche Unterschiede in der Intensität und Ausrichtung der sozialräumlichen Arbeit. Dabei konnten verschiedene Faktoren innerhalb der Kirchengemeinde wie auch externe Rahmenbedingungen identifiziert werden, die einen Einfluss auf die zivilgesellschaftliche Ausrichtung einer Kirchengemeinde ausüben.

Räumliche und personelle Ressourcen, hauptamtlicher wie ehrenamtlicher Art, sind wichtig, um etwas in die zivilgesellschaftliche Struktur eines Sozialraumes einbringen zu können und damit leichter zum Teil des Netzwerkes zu werden, wie man deutlich am Fall der Lydiagemeinde sehen kann. Der Anteil an Gemeindemitgliedern in der Bevölkerung scheint hingegen von untergeordneter Bedeutung – Gemeinden mit unter 20 Prozent Anteil (Lukas und Prisca) sind nicht weniger aktiv und sichtbar als Gemeinden mit über 30 Prozent und mehr (Markus, Junia, Matthäus). Ein relevanter Faktor, der von den Kirchengemeinden selbst beeinflusst werden kann, liegt in ihrer Organisationslogik. Dabei ist eine einfache Unterscheidung von Bottom-up und Top-down nicht ausreichend. Entscheidend scheint vielmehr zu sein, dass Kirchenvorstände sowohl die Leitung der Gemeinde als auch die zivilgesellschaftliche Arbeit als ihre ureigensten Aufgaben ansehen und entsprechend handeln. Über dieses Merkmal wird auch deutlich, wie relevant externe Faktoren sind. Die thematische Ausrichtung des zivilgesellschaftlichen Engagements orientiert sich an den strukturellen Bedingungen des Sozialraums, platt gesagt: Hochkultur im bürgerlichen Quartier, Populärkultur im Arbeiterquartier, interreligiöse und ökumenische Arbeit dort, wo es entsprechende Gemeinden relevanter Größe gibt, Engagement in der Flüchtlingsarbeit dort, wo es Geflüchtete gibt. Auch das diakonische Engagement orientiert sich überwiegend an den strukturellen Gegebenheiten des Quartiers, nicht nur der eigenen Mitglieder. Ein zentraler Faktor scheint jedoch in den bereits bestehenden zivilgesellschaftlichen Rahmenbedingungen zu liegen, in der Anzahl und Art der Vereine und Initiativen, zu denen Kontakte geknüpft, mit denen kooperiert werden kann. Die Offenheit, mit der sich nicht nur die Kirchengemeinden auf ihr Umfeld, die dort lebenden Menschen und aktiven Gruppen jenseits der eigenen Mitglieder eingelassen haben, sondern auch die Bereitschaft anderer zivilgesellschaftlicher Akteure zur Zusammenarbeit mit den Gemeinden war in dieser Deutlichkeit nicht unbedingt erwartet worden.

Ein Punkt, der im Rahmen der Interviews an verschiedenen Stellen thematisiert wurde, betrifft die Auswirkungen eines verstärkten zivilgesellschaftlichen Engagements für die Kirchengemeinden selbst. Zwar zeigen gerade die beiden durchgeführten quantitativen Untersuchungen, dass die Kirchengemeinden für ihr diakonisches und karitatives Engagement viel Zuspruch und Anerkennung erfahren; allerdings führt dies nicht zu einer Steigerung religiöser Vitalität. Im Gegenteil: In der Fremdwahrnehmung werden die untersuchten Kirchengemeinden eher als Wohltätigkeitsorganisationen geschätzt. Als Religionsgemeinschaften werden sie hingegen kaum wahrgenommen. Grundsätzlich wird die Beziehung zwischen den religiösen Kernaufgaben der Kirchengemeinden, allen voran die Verkündigung des Evangeliums, das Feiern von Gottesdiensten oder auch die Durchführung von Kasualien, und einem stärkeren zivilgesellschaftlichen Engagement ambivalent beurteilt. Während auf der einen Seite eine starke Kongruenz zwischen christlichen Werten wie der Nächstenliebe oder einem universalistischen Menschenbild und dem zivilgesellschaftlichen Engagement von Gemeinden gesehen wird, befürchten andere eine Verwässerung des religiösen Profils, da die Gemeinden zu viele personelle und finanzielle Ressourcen für Kulturveranstaltungen, Gemeindefeste oder ähnliche Aktivitäten verbrauchen. Zusammenfassend lässt sich festhalten, dass die Auswirkungen einer stärkeren sozialräumlichen Öffnung auf Kirchengemeinden maßgeblich davon abhängen, ob es ihnen gelingt, das zivilgesellschaftliche Engagement mit ihren religiösen Kernfunktionen zu verbinden. Und dies scheint umso eher möglich, je größer die religiöse Toleranz in den Sozialräumen ist und je stärker diese Aufgabe nicht nur von den Hauptamtlichen als ihre Aufgabe gesehen, sondern auch von Ehrenamtlichen mitgetragen wird.

Deutlich erkennbar ist in unseren Fallbeispielen eine Korrespondenz von Vitalität der Gemeinde und Vitalität des Sozialraumes – oder umgekehrt. Dieser Befund korrespondiert mit einem Ergebnis, das eine Repräsentativbefragung unter evangelischen Kirchengemeinden erbrachte. Gemeinden, die in städtischen Wachstumsregionen lagen, blickten positiv in die Zukunft; Gemeinden in tendenziell schrumpfenden und überalternden ländlichen Regionen hatten einen düsteren Blick. (Rebenstorf et al. 2015: 166–176) Diese Gemeindetypen unterschieden sich, neben den siedlungsstrukturellen Differenzen, in einer Reihe weiterer organisatorischer Merkmale und dem Selbstverständnis der Kirchenvorstände, die Leitung der Gemeinde innezuhaben. Man kann vermuten, dass die soziodemographische und zivilgesellschaftliche Struktur des Sozialraumes, aus dem ja die Ehrenamtlichen der Kirchengemeinden rekrutiert werden, nicht nur die Vitalität der Sozialraumes, sondern auch die Vitalität der Gemeinden beeinflussen (vgl. Rebenstorf 2017).

Die Studie legt damit eine Reihe von Ergebnissen vor, die das Verständnis über Inhalte, Formen, Hemmnisse und fördernde Mechanismen zivilgesellschaftlichen Engagements durch evangelische Kirchengemeinden fördern. Sie bleibt aber, wie jede thematisch fokussierte Forschung, in anderer Hinsicht begrenzt und bietet damit viel Raum für weitere Forschungsfragen.

Die Ergebnisse qualitativer Fallstudien legen immer die Frage nah, inwiefern die Ergebnisse auch in der Breite zutreffen, d. h. für einen repräsentativen Querschnitt evangelischer Gemeinden, beinhaltet aber auch die Frage nach der Übertragbarkeit auf andere Denominationen. Hierfür wäre eine quantitative Studie in Zukunft erforderlich.

Die von uns eingehend betrachteten Gemeinden wirken, gemessen an der Heuristik nach Young (Kap. 2.4) produktiv im Sinne der liberalen, der komunitaristischen und der republikanischen Perspektive. Sie repräsentieren damit das, was als demokratiefördernde, Zivilität verkörpernde Seite der Zivilgesellschaft gesehen wird. Zu erkunden, inwiefern Kirchengemeinden sich auch in die »dunkle Seite« der Zivilgesellschaft (Roth 2004) integrieren, wäre eine weitere Forschungsschiene.

Unklar bzw. widersprüchlich blieb die Einschätzung darüber, inwiefern die Fremdwahrnehmung der Kirchengemeinden sich mit dem von der Religionssoziologin Grace Davie vorgeschlagenen Konzept der »vicarious religion« umschreiben lässt, für den sich im Deutschen der Begriff »Stellvertreterreligion« eingebürgert hat. Davie beschreibt dieses Konzept als »the notion of religion performed by an active minority but on behalf of a much larger number, who (implicitly at least) not only understand, but quite clearly approve of what the minority is doing.« (Davie 2007: 24). In einigen Sozialräumen war diese Haltung deutlich zu erkennen, vor allem in dem Verständnis des Vorhaltens moralischer Codes. In anderen schien sie hingegen reduziert auf eine Wertschätzung des sozialen Engagements, ohne dass die religiöse Grundierung dieses Tuns noch reflektiert wurde. Eher lässt sich noch eine Verbindung mit dem Konzept der Sozialreligion herstellen, wie es Fürstenberg (1999: 91) formulierte: »Hiermit ist die (...) Sozialform der Religion gemeint, die teils Anpassung der Kirchen an den pluralistischen Wertehorizont durch Betonung der Aktivitäten in einem von Glaubensentscheidungen weitgehend freien ›diakonischen‹ Sozialraum, teils Aktivierung des Kirchenvolks durch sozialreligiöse Initiativen umschließt.« (Vgl. auch Fürstenberg 1982; Wegner 2016a: 13–17.) Der Formwandel des Religiösen in der Moderne manifestiert sich demnach nicht einfach in Säkularisierung, Indifferenz und Privatisierung, sondern religiöse Traditionen und Weltanschauungen werden im Zuge des gesellschaftlichen Wandels durch Verlagerung von der Seelsorge zur Fürsorge präsent gehalten. In weitere Studien sollten diese Aspekte durch eine gute Operationalisierung beider Konzepte einbezogen werden.

Positiv an der hier vorgelegten Studie stimmt das Ergebnis, dass Vitalität nicht an dem Anteil von Kirchenmitgliedern in einem Quartier hängt. Bedenklich stimmt hingegen der Befund, dass in tendenziell sozialstrukturell problematischen Quartieren die Kirche zwar mit ihrer Kompensationsfunktion unterstützend wirken, aber die allgemeine zivilgesellschaftliche Vitalität nicht erhöhen kann.

WELCHE ZUKUNFT HAT DIE KIRCHENGEMEINDE IN DEUTSCHLAND? – ZU EINIGEN KONTEXTEN DER STUDIE (GERHARD WEGNER)

Die vorliegende Studie zum zivilgesellschaftlichen Engagement von Kirchenge-
meinden in Deutschland betritt in soziologischer und in praktisch-theologischer
Hinsicht Neuland. Zwar gibt es viele Studien zur Situation der Kirche und der
Kirchengemeinden. Aber die Situierung von Kirchengemeinden in ihrem sozialen
Umfeld ist bisher so gut wie nicht erforscht worden. Das ist angesichts ihrer in
Deutschland flächendeckenden Präsenz und schon damit kaum zu überschätzen-
den Bedeutung sehr verwunderlich. Selbst dann, wenn man nur ihre im engeren
Sinne religiösen Funktionen in den Blick nehmen würde – und nicht die hier ge-
wählte umfassende Sicht auf soziale Funktionen bzw. soziale Interventionen oder
gar »Investitionen« in die Schaffung neuer sozialer Dienstleistungen teilte – wäre
durchaus eine Bedeutung für die Lebensqualität im Gemeinwesen festzustellen.
So sind nach wie vor Kasualien, Konfirmandenunterrichte, vielfältige Gruppen-
angebote und nicht zuletzt Feste – neben den Gottesdiensten – meist noch im
Sozialraum verankert. Allerdings unterliegen die Kirchengemeinden einem
durchaus rasanten Wandel – bis hin zum Rückgang der Beteiligung an ihnen
und zum schlichten Funktionsverlust. Wie die evangelische Kirche insgesamt
reproduzieren sich auch ihre Kirchengemeinden immer weniger durch die Gene-
rationenfolge. Das Resultat sind neue Formen von Kooperationen zwischen ihnen,
Fusionen, Aufgabenverlagerungen auf übergeordnete kirchliche Ebenen – bis
hin zur Schließung von Kirchen und dem Rückzug aus sozialen Räumen. Debatten um die Zukunft der Kirchengemeinden finden in allen Landeskirchen statt.
    Die Studie ist im Kontext einer ganzen Reihe von diesen und ähnlichen Debat-
ten und Entwicklungen der letzten Jahre entstanden. So etwa mit Blick auf die Frage der Leistungsfähigkeit der Zivilgesellschaft in Sozialräumen wie städtischen
und dörflichen Gemeinwesen, zu denen Kirchengemeinden etwas beitragen. Aber

natürlich geht es auch um die Zukunft der christlichen Volkskirchen in Deutschland und insbesondere ihrer Basiseinheiten, eben die lokal verankerten (parochialen) Kirchengemeinden. Die Studie bietet sehr gut aufbereitetes Material und präzise Hypothesen, von denen zu hoffen ist, dass sie die Diskussion sowohl in gesellschaftlich-politischer als auch in kirchlich-religiöser Hinsicht befeuern werden. Weder Lobhudeleien noch Schwanengesänge des lokalen sozialen Raumes sind angebracht: Es geht um eine konkrete Bestandsaufnahme dessen, was Kirchengemeinden in ihren Gemeinwesen heute leisten – und was auch nicht.

Was den zivilgesellschaftlichen Aspekt betrifft, so steht eine wirkliche Verhältnisbestimmung von Kirchengemeinden als Teil der öffentlich-rechtlich organisierten Körperschaft Kirche zur lokal präsenten Zivilgesellschaft immer noch aus. Das Problem ist fokussiert in der Frage: Sind die Kirchengemeinden ein Teil der Zivilgesellschaft oder stehen sie ihr (als Filialen einer quasi parastaatlichen Religionsbehörde) gegenüber? In den weitaus meisten Ländern der Welt wäre die Frage sofort in erster Hinsicht zu beantworten. Die deutsche staatskirchliche Tradition, aus der die parochiale Amtsstruktur übernommen worden ist, erschwert allerdings die Verhältnisbestimmung. Erste differenzierende Antworten finden sich nun in der vorliegenden Studie. Und auch der volkskirchliche Aspekt findet erhebliche Anknüpfungspunkte in den durchaus provozierenden Bemerkungen, dass eine betont sozialräumliche Ausrichtung kirchengemeindlicher Arbeit durchaus zumindest auch kompensatorische Funktionen für den deutlich erkennbaren Rückgang religiöser Kommunikation aufweisen kann. Wenn das der Fall ist, dann wäre die völlige Einpassung von Kirchengemeinden in die Zivilgesellschaft sozusagen der letzte Ausweg, der der Kirche in ihrer Krise noch bliebe, aber er würde auch ein gehöriges Stück Selbstsäkularisierung bedeuten. Wohlgemerkt: Das muss nicht so sein! Der Blick auf die Situation in den USA zeigt, dass Kirchengemeinden – die dann aber in der Regel keine Parochien sind – geradezu der Kern der Zivilgesellschaft sein können. Im deutschen Entwicklungspfad ist diese Eindeutigkeit nicht gegeben – was allerdings auch darauf verweist, dass der Begriff der Zivilgesellschaft im deutschen Korporatismus nicht immer treffsicher anwendbar ist.[49]

Die Bedeutung der Kirchengemeinde
Im Folgenden soll es insbesondere um die eher kirchliche Fragestellung gehen. Die Studie kann in dieser Hinsicht als ein Beitrag zur Beantwortung der Frage nach der Zukunft der Kirchengemeinden in Deutschland gelesen werden. Klar ist: Wenn sich Kirchengemeinden (oder auch Kirche und Diakonie insgesamt) stärker als bisher im Sozialraum einbringen, kann das für die dort lebenden Menschen nur von Vorteil sein und findet auch entsprechende Anerkennung. Dies wird in der vorliegenden Studie mittels der quantitativen Befragungen deutlich belegt.

---

[49] Vgl. zum Gesamtkomplex, insbesondere dem internationalen Vergleich, Latzel & Wegner 2017.

Kirche, die sich vor Ort für die Menschen sozial, kulturell oder anders engagiert, findet Zuspruch und Unterstützung.

Aber umgekehrt lässt sich fragen: Liegt in einem forcierten Sozialraumbezug auch eine Chance zur Erneuerung der Kirchengemeinden? So gesehen interveniert diese Studie in die entsprechenden Debatten, die spätestens seit der Veröffentlichung der fünften Kirchenmitgliedschaftsuntersuchung der EKD (KMU V) (Bedford-Strohm & Jung 2015) die Runde machen. Die KMU V unterschied sich in ihren Ergebnissen von den vier Vorläuferstudien darin, dass sie die Bedeutung der örtlichen Kirchengemeinden für die Reproduktion kirchlicher Mitgliedschaft sehr deutlich werden ließ. Wobei das Ergebnis eigentlich wenig überraschend war, betrachtet man die alltägliche Präsenz von evangelischer Kirche in ihrer jahrhundertelangen Prägung – eben als parochiale Präsenz vor Ort. Es gibt schlicht wenige Identifizierungspunkte der evangelischen Kirche in der Öffentlichkeit bzw. in den Medien über die ja nach wie vor an den Kirchengebäuden deutlich erkennbare Präsenz in Dörfern und Städten hinaus. Insofern fühlen sich Kirchenmitglieder, wenn sie sich denn überhaupt der Kirche näher verbunden fühlen, ihrer je eigenen Kirchengemeinde verbunden.

Diese empirische Einsicht hat allerdings überhaupt nichts mit der Qualität der Arbeit der Kirchengemeinden zu tun (genauso wie die Tatsache, dass viele Evangelische ihre jeweiligen Pastoren und Pastorinnen zumindest vom Namen her kennen, nichts über deren kommunikativen Fähigkeiten aussagt). Es gibt im Gegenteil eine ganze Reihe von Indikatoren, die darauf hinweisen, dass Kirchengemeinden eine besondere Stärke in der Pflege ihres inneren Gemeinschaftslebens aufweisen und daran auch ein hohes Interesse haben – aber der Blick auf die Welt um sie herum und damit die kommunikative Offenheit für die Menschen oder sogar ein Interesse an ihnen (missionarisch, kulturell oder diakonisch) zumindest nicht im Vordergrund steht.[50] Deswegen setzt sich der parochiale Bezug längst nicht immer in eine Verantwortung für den sozialen Raum um. Allerdings werden durchaus sehr eindrucksvolle Kooperationsbeziehungen von den Kirchengemeinden benannt. So geben z. B. über 90 Prozent an, zu kommunalen Gremien, Schulen und Vereinen Kontakte zu haben. Und auch zu sozialen Einrichtungen nichtkirchlicher Träger unterhalten 81 Prozent, zu Feuerwehr und THW 79 Prozent Kontakte – sofern es solche Einrichtungen überhaupt gibt (Rebenstorf et al. 2015: 62). Der Kontakt zu »eigenen« diakonischen Einrichtungen ist durchaus schwächer ausgeprägt (ebd.: 64).

Die Einschätzung einer im Kern rein selbstbezogenen Gemeinschaftspflege der Kirchengemeinden,[51] ob nun im Einzelnen wirklich belegt oder eher auf die

---

[50]   Vgl. dazu differenziert Rebenstorf et al. 2015, aber auch die Analysen in der KMU V (Bedford-Strohm & Jung 2015) über die Bedeutung der in den Kirchengemeinden Aktiven.

[51]   Sehr schön erst vor kurzem wieder von Peter F. Barrenstein als quasi selbstverständliche Situationsbeschreibung geäußert. Eine wirkliche Reform der Kirche scheitere,

Gemeinden projiziert, ist schon seit den letzten großen Untersuchungen über die Kirchengemeinden in Deutschland in den 1950er Jahren vielfach kritisch diskutiert worden. Lange Zeit hat man vermutet, dass sich aufgrund der gemeinschaftlichen Geschlossenheit der Kirchengemeinden viele Kirchenmitglieder in ihnen nicht wohl fühlen, sich nicht an sie binden wollen und andere kirchliche Angebote aufsuchen, die marktgerechter ausgerichtet sind und auf die unterstellte »Zumutung von Gemeinschaftlichkeit« verzichten. Damit konnte sogar der zugespitzte Verdacht einhergehen, dass das typisch volkskirchliche Phänomen einer distanzierten Mitgliedschaft, der ganz große Teile der Kirchenmitglieder zugehören, letztlich durch die so verfassten Kirchengemeinden entstehen würde – was dann in der Konsequenz sogar bei einigen zu der Überlegung führte, Kirchengemeinden wenn nicht abzuschaffen, dann doch eher in ihrer Restfunktion für kirchlich höher verbundene Menschen deutlich herunterzustufen. Sie dienten sozusagen der Selbstbefriedigung einer für die Zukunft der Kirche nicht mehr relevanten Gruppe sozial und demographisch Marginalisierter. Das EKD Reformprogramm »Kirche der Freiheit« hatte dementsprechend eine deutliche Reduktion der Mittel für die Kirchengemeinden vorgeschlagen.

Nach neueren Studien scheint es jedoch zu einer Änderung der Blickrichtung zu kommen. Zum einen wird in letzter Zeit sehr deutlich herausgearbeitet, dass das distanzierte Christentum bzw. die distanzierte Kirchenmitgliedschaft so gut wie keine innovative Funktion für die Kirche haben. Religiöse Kommunikation findet sich zudem in diesem Bereich fast gar nicht mehr. Die distanzierte Mitgliedschaft ist damit weniger auf organisatorische Versäumnisse der Kirchen zurückzuführen, sondern stellt schlicht ein Folgeproblem von säkularisierenden Tendenzen dar. In ihren Auswirkungen geht diese Form von Mitgliedschaft in Haltungen der Indifferenz und Religionslosigkeit über, die dann leicht zum Abstreifen der Kirchenmitgliedschaft führen können. Allein diese Erkenntnis besagt im Umkehrschluss natürlich noch lange nicht, dass nun die Kirchengemeinden als zentrale Hoffnungsträger der Kirche wieder neu in den Blick geraten würden. Aber erkennbar wird, dass die meisten der sich in den Kirchengemeinden versammelnden, stärker religiösen und der Kirche höher verbundenen Menschen genau diejenigen sind, die für Innovationen, Experimente und insgesamt eine sich transformierende Gestalt der Kirche noch am ehesten interessiert oder zumindest offen sind.[52] Um den Kreis dieser Menschen herum findet sich dann ein gewisser Anteil der Kirchenmitglieder (in den Analysen der fünften Kirchenmitgliedschaftsuntersuchung handelt sich um etwa 44 % der Kirchenmitglieder – mittlerweile beziffern Schätzungen diesen Anteil etwa

---

so seine These, an der »oft großen Zufriedenheit der vier bis sechs Prozent Gemeindemitglieder, die die ›Kerngemeinde‹ bilden und den protestantischen Theologen ›an der Front‹ hohe Zustimmung zu den vorhandenen Angeboten signalisieren.« (Barrenstein 2016: 9).

[52] Vgl. dazu zusammenfassend mit Blick auf die KMU V Wegner 2016b.

auf 35 %), die als Sympathisanten der Kirche und des christlichen Glaubens bzw. als der Resonanzraum der Kirche bezeichnet werden können. Unbestritten bleibt, dass diese Gruppe spezifische Milieugrenzen aufweist und demographisch kaum repräsentativ sein wird.

Netzwerk Kirchengemeinde
Es findet sich zudem in der fünften Kirchenmitgliedschaftsuntersuchung der EKD eine sehr innovative, ja geradezu spektakulär neue Form der Untersuchung von Kirchengemeinden: eine Netzwerkanalyse der religiösen Kommunikation in einer hessischen Kirchengemeinde, die großen Aufschluss über die internen Strukturen einer Gemeinde liefert[53] (Bedford-Strohm & Jung 2015)[54]. Ihre genaue Auswertung steht noch aus, aber auch schon in den ersten Durchgängen zeigten sich eine Reihe von interessanten Ergebnissen. So konnte auf der einen Seite die Vermutung bestätigt werden, dass sich im Zentrum des gesamten Netzwerks einer Kirchengemeinde eine eng vernetzte Community findet (»Kerngemeinde«) – aber religiöse Kommunikation findet sich auch außerhalb des persönlichen Nahbereichs und dockt an ihn an. Im Zentrum des Ganzen agieren Pfarrer und kirchliche Mitarbeiter, da sie Brücken zwischen ansonsten nicht miteinander kommunizierenden Menschen bilden. Zudem lässt sich eine ganze Reihe von Gelegenheitsstrukturen im Kontext der Kirchengemeinde erfassen, die Menschen außerhalb des sozialen Nahbereichs erreichen. Zwischen den religiös Kommunizierenden muss keine besondere soziale Nähe existieren. Sozial nahestehend zu sein ist folglich keine notwendige Bedingung für religiöse Kommunikation, erhöht aber ihre Wahrscheinlichkeit.

Fragt man weiter nach spezifischen Angeboten der Kirchengemeinde und der an sie andockenden Klientel, so differenziert sich das Beziehungsgefüge einer Kirchengemeinde breit aus. »Gelegenheitsstrukturen« spielen eine sehr große Rolle, bis dahin, dass sich innerhalb der Kirchengemeinde vielfältige Netzwerke herausbilden. Hier gibt es Formen wie ein Kirchencafé, das Frauenfrühstück und dann vor allem die evangelische Kindertagesstätte, über die sich Kontakte zu den der Kirchengemeinde sonst wenig verbundenen Menschen ergeben. Insbesondere die Kindertagesstätten sind Orte, an denen der Kirche stärker verbundene Kirchenmitglieder mit weniger verbundenen Kirchenmitgliedern kommunizieren. Insgesamt ergibt sich hier das Bild einer Kirchengemeinde, die durchaus breit im Sozialraum verankert ist, und zwar schon was die explizite religiöse Kommunikation betrifft. Die Netzwerk-Studie der Kirchenmitgliedschaftsuntersuchung

---

[53]   Wobei man allerdings deutlich sehen muss, dass eine Kirchengemeinde längst nicht nur von der Intensität religiöser Kommunikation bestimmt ist, geschweige denn nur durch die Teilnahme an ihr sozial funktional wäre.

[54]   Genau genommen geht es um zwei Auswertungen, die sich in ersten Fall (S. 361) insgesamt auf religiöse Kommunikation richten und dann im zweiten Fall (S. 400) spezifischer fragen.

gibt ansonsten aber keine Hinweise darauf, wie breit die tatsächliche Verankerung religiöser – oder auch anderer (sozialer, kultureller etc.) Kommunikation im Sozialraum tatsächlich ist. Insgesamt deuten die Ergebnisse der fünften Kirchenmitgliedschaftsuntersuchung darauf hin, dass religiöse Kommunikation eher im intimen Privatbereich stattfindet oder an kirchliche Gelegenheitsstrukturen angedockt bleibt und sehr viel weniger an anderen Orten »öffentlich« wird. Welche Reichweite hat also die soziale Kommunikation der Kirchengemeinde im sozialen Raum? Hier setzt die vorliegende Studie an.

Soziale Dienste von Kirchengemeinden
Nun ist das Interesse an der Übernahme sozialer Verantwortung für das eigene Gemeinwesen durch die Kirchengemeinden überhaupt nichts Neues – wenngleich es zurzeit in besonders deutlicher Form an die Kirchengemeinden herangetragen wird. Blickt man in die Entwicklungsgeschichte der Kirchengemeinden in Deutschland, so hat sie bereits im 19. Jahrhundert und dann forciert im 20. Jahrhundert immer wieder soziale Aufgaben übernommen, was insbesondere mit der Versorgung und Beaufsichtigung von Armen bzw. »Asozialen« zu tun hatte. Eine sehr wichtige Sozialfürsorgeinstitution der Kirchengemeinden war sodann überall in Deutschland anzutreffen: Gemeindeschwestern, die neben pastoralen Aufgaben in der Kirchengemeinde vor allem für die Pflege älterer Menschen und andere gesundheitliche Dienstleistungen verantwortlich waren. Seit den achtziger Jahren des letzten Jahrhunderts ist dieser Bereich jedoch professionalisiert und in die Zuständigkeit der Diakonie- bzw. Sozialstation überführt worden. Dies führte vielfach zur kommunikativen Auseinanderentwicklung von Kirchengemeinde und Gemeindeschwester. Daneben boten und bieten insbesondere die kirchlichen Gemeindehäuser immer auch Räume und Infrastruktur für spezifische soziale oder karitative Initiativen wie Selbsthilfegruppen (sehr deutlich im Bereich der Alkoholismusprävention) an. Zudem hat es auch Kirchengemeinden gegeben, die sich an größere Sozialinvestitionen, wie zum Beispiel ein Altenpflegeheim, besondere Formen sozialpräventiver Jugendarbeit, Tafeln und andere Aktivitäten herantrauten. In den achtziger und neunziger Jahren des letzten Jahrhunderts gab es zudem immer wieder Kirchengemeinden, die ausdrücklich Gemeinwesenarbeit betrieben und mittels aktivierender Befragungen und anderer Methoden auf das Sozialwesen bezogene Projekte durchführten oder auch spezifische Schlussfolgerungen für eine stadtteilbezogene Gestaltung ihrer Gemeindearbeit zogen.

Inklusiver Sozialraum
Seit nunmehr fast 20 Jahren ist es sozialpolitisch zu einer immer stärkeren Neubesinnung auf den sozialen Raum und seine integrativen, sozialpflegerischen und sozialpräventiven Qualitäten gekommen (vgl. z.B. prägnant BMFSFJ 2016b). Immer mehr kristallisiert sich ein innovatives Leitbild eines »Inklusiven Gemeinwesens« heraus (im kirchlichen Bereich bisweilen auch als »Caring Community«

264 KIRCHENGEMEINDEN IN DER ZIVILGESELLSCHAFT

bezeichnet). Quer zu den die Debatten nach wie vor prägenden Alternativen von ambulant und stationär geht es nun darum, eine ganze Reihe der stationär von Krankenhäusern oder Heimen erbrachten Leistungen dort zu erbringen, wo die Menschen leben – und gegebenenfalls auch sterben. Inklusive Gemeinwesen integrieren deswegen insbesondere behinderte Menschen, die dort in kleinen Wohneinheiten miteinander leben, ebenso wie Leistungen der Pflege, die über Pflegestützpunkte gezielt angeboten und gemanagt werden können. Weiter lassen sich hier Integrationsleistungen für Geflüchtete oder auch für besonders von Armut betroffene Menschen aufnehmen. Mittlerweile wird immer mehr über spezifische Planungs- und Leitungsmöglichkeiten einer entsprechenden Sozialraumgestaltung nachgedacht. Insbesondere in der Jugendarbeit gibt es vielfach Stadtteilbudgets, die von den dort vertretenen Verbänden gemeinsam verwaltet werden. Nicht selten geht man auch den Weg der Schaffung eines Stadtteilmanagements, das auch an Sozialverbände oder soziale Unternehmen delegiert werden kann.

Zusammengefasst: Der Sozialstaat greift nach den Sozialräumen und sucht sie gesundheits- und teilhabegerecht, möglichst präventiv, zu gestalten. Damit sind nicht selten Erwartungen in Richtung von finanziellen Einsparungen für die betreffenden Leistungen verbunden, insbesondere weil sich sehr attraktive Kooperationsmöglichkeiten mit Ehrenamtlichen ergeben können. Auf der anderen Seite stellen diese Bestrebungen aber auch einen beträchtlichen Schritt der Weiterentwicklung sozialstaatlicher Leistungen dar, weil sie im Prinzip sehr viel individueller auf die Wünsche und Bedürfnisse der Menschen bezogen sein können. Das klassische sozialarbeiterische Delegationsprinzip der Verweisung von »Fällen« in besondere Einrichtungen bzw. Heime, kann auf diese Weise ausgehebelt werden: Der »Fall« bleibt im »Feld«. Letztlich zeichnet sich hinter den Bestrebungen gar die Utopie einer generativen inklusiven Sozialraumentwicklung ab, insofern die Erbringung spezifischer sozialstaatlicher Leistungen stets in Einklang und in Übereinstimmung mit zivilgesellschaftlichen, familialen und eben individualisierten Strukturen stehen soll. Damit sind auch psychodynamische Aspekte der Transformation von Mentalitäten und Emotionen bis hin zur Veränderung von Normalitätsstandards von Gemeinschaften und der entsprechenden Grenzen der Kommunikation (zum Beispiel was die Integration von Geflüchteten, aber auch von Behinderten betrifft) angesprochen. Die ganz Anderen – oder auch die »Verrückten« – gehören nun dazu.

Kirche im inklusiven Sozialraum
Selbstredend lassen sich entsprechende Bestrebungen zur Schaffung inklusiver Sozialräume längst nicht überall antreffen. Und natürlich ist es auch so, dass die zunehmende sozialräumliche Segregation für solche Bestrebungen nicht unbedingt förderlich ist. Insofern bleibt es nicht selten bei programmatischen Äußerungen kommunaler Vertreter. Aber deutlich wird, dass sich die Kirchengemeinden zunehmend in einem sozialräumlichen Umfeld bewegen werden, in dem

eine ganze Reihe von eminenten sozialen Funktionen von professionellen Trägern und Akteuren erbracht wird. Zu dieser Entwicklung müssen sich die Kirchengemeinden in der einen oder anderen Form verhalten, wenn sie sich nicht in ihren eigenen Räumen isolieren wollen. Auf jeden Fall empfiehlt sich stets die Teilnahme an Stadtteilkonferenzen oder die Kommunikation mit den entsprechenden kommunalen Stellen, sowie auch mit den jeweils aktiven Wohlfahrtsverbänden. Derartige Bestrebungen gewinnen dann noch einmal besonders an Bedeutung, wenn kirchliche Gemeindezentren zu Stadtteilzentren umgebaut bzw. umgewidmet werden und den Kirchengemeinden als genuin eigene Räume nur noch die eigentlichen Kirchengebäude verbleiben. Mit welchem Selbstverständnis stellt sie sich dann auf die anderen Partner in dem neuen Gefüge ein? Zieht sie sich zurück auf ihre spezifisch religiösen Funktionen oder gestaltet sie das gemeinsame Leben im Kommunalzentrum aktiv mit?

Initiativen zur Ermutigung und Befähigung von Kirchengemeinden, in diesem Kontext eine produktive und gestaltende Rolle zu spielen, gibt es mittlerweile in fast allen Landeskirchen in Deutschland (vgl. z. B. Schäfer et al. 2015). Die hannoversche Landeskirche fördert zum Beispiel Kirchengemeinden, die entsprechende Wege gehen, mit finanziellen Mitteln, Beratung, Hilfen bei der Sozialanalyse (durch das SI der EKD) und dem Aufbau einer eigenen unterstützenden Struktur. Auf der Ebene der EKD und der Bundesdiakonie wird es im Jahr 2020 einen großen Kongress geben, auf dem die vielfältigen Aktivitäten zusammengetragen und evaluiert werden. Die neue sozialpolitische Situation ist folglich von der Kirche identifiziert und die Notwendigkeit, sich darauf einzustellen, erkannt worden. In den entsprechenden Projekten arbeiten Kirche und ihre Diakonie häufig mit anderen Akteuren zusammen. Der Maßstab des Erfolgs der Aktivitäten sind die Bedürfnislagen der in den Stadtteilen wohnenden Menschen – entsprechend viel Zustimmung finden sie. Wo sich die Kirche sozial engagiert zeigt, sind die Menschen vielfach gerne bereit, sich an ihr zu beteiligen – auch dann, wenn sie sich selbst im engeren Sinne nicht als religiös einstufen.

Die Lesbarkeit des Sozialraumes

Blickt man nun näher in die entsprechenden kirchlich-diakonischen und sozialpolitischen Diskurse hinein und analysiert insbesondere ihre Rezeption in den Kirchengemeinden, dann gewinnt ein Problem eine ganz besondere und kaum zu überschätzende Bedeutung: die kirchlich-religiöse bzw. theologisch-christliche »Lesbarkeit« des Sozialraums (vgl. Wegner 2016c). Anders gesagt: Wie nehmen die in der Kirchengemeinde engagierten Menschen, insbesondere diejenigen, die sich im Blick auf soziale Fragen engagieren, ihr eigenes Gemeinwesen eigentlich wahr? Entdecken sie in ihm überhaupt Problemlagen, die die christliche Gemeinde betreffen – und zwar in materiell-sozialer aber auch in religiös-theologischer Hinsicht? Schlicht gesagt: Betreffen die Mieterhöhungen in einer Plattenbausiedlung, die von einem privaten Investor übernommen worden ist, überhaupt die Kirche? Haben Fragen nach Verkehrsberuhigungen und Grünflächen einen sinnvollen Platz zum Beispiel in einem Gottesdienst? Wie lassen sich entsprechende Probleme an die großen Narrative des christlichen Glaubens anschließen?

Anders gesagt: verbindet sich das im engeren Sinne religiös-spirituelle Engagement einer Kirchengemeinde mehr oder minder schlüssig mit ihrem sozialen Einsatz vor Ort, so dass sich im Endeffekt beides verstärkt? Oder bleibt das soziale Engagement von dem religiösen weitgehend abgekoppelt und verdrängt es möglicherweise im Verlauf der Entwicklung sogar? Dass diese Gefahren bestehen, ist ganz und gar nicht trivial. Gerade die Notwendigkeit, Stadtteilgestaltung in Kooperation mit anderen zu betreiben, kann das eigene religiöse Profil leicht in den Hintergrund geraten lassen, da es nicht nur nichts für die Kooperation hergibt, sondern sie möglicherweise sogar noch behindert. Auf der anderen Seite lassen sich immer wieder deutliche Zusammenhänge zwischen Glaubensüberzeugungen, sogar konfessioneller Bindung, und der Schaffung von Sozialkapital (vielleicht sogar von »Faith Capital«) aufzeigen. Religion und soziales Engagement müssen deswegen nicht notwendig auseinanderlaufen. Damit das nicht geschieht, braucht es allerdings die bewusste Bearbeitung dieses Problems in den Gemeinden. So kann z. B. der Sozialraum als ein Kraftfeld gelesen werden, in dem sich die transformative Kraft des Geistes entfaltet. Das aber ist sicherlich ebenso eine Utopie wie die Schaffung sozialinklusiver Stadtteile als solcher.

Ambivalenzen

Blickt man auf das gesamte Feld der Vernetzung von Kirchengemeinden und Gemeinwesen, dann werden verschiedene Entwicklungstendenzen, transformative Dynamiken und Ambivalenzen erkennbar. Zum einen ist deutlich, dass sich Kirchengemeinden bewusst in ihren sozialen Raum hinein entwickeln müssen, wenn sie nicht durch die Dynamik anderer Akteure an den Rand gedrängt werden wollen. Gleichzeitig dürfen sie sich in dieser Hinsicht nicht auf ihre sozialen Funktionen reduzieren lassen, um dann letztendlich als säkularisierte christliche Sozialstation im Stadtteil zu enden. Dabei muss man sich allerdings deutlich machen, dass eine solche Entwicklung durchaus auf Zustimmung großer Teile der Menschen stoßen würde. Ein Interesse an der Aufrechterhaltung ihres religiösen Profils – über die Erbringung religiöser Dienstleistungen wie der Kasualien hinaus – und damit der Erhaltung einer lebendigen christlichen Gemeinschaft muss von ihnen selbst kommen. Im Grunde genommen liegt es allein an ihnen, dass ihr soziales Engagement auf christlichen Glauben hin lesbar ist.

Zum anderen – und dies vergrößert die mögliche Ambivalenz – stößt das ehrenamtliche soziale Engagement in Bezug auf den Sozialraum an Grenzen. Am deutlichsten ist dies in den letzten Jahren daran geworden, dass viele Kirchengemeinden ihre Kindergärten in eine Trägerstruktur auf der Ebene der Kirchenkreise oder der Diakonie abgegeben haben. Die zunehmenden Professionalisierungsanforderungen in der Leitung von Kindergärten waren offensichtlich in den ehrenamtlichen Leitungsgremien der Kirchengemeinden nicht mehr umsetzbar. Zwar sollen in Zukunft nach wie vor Verbindungen zwischen Kirchengemeinden und Kindergärten aufrechterhalten werden; sie werden sogar durch vertragliche Regelungen fixiert. Aber dennoch ist es nur eine Frage der Zeit, bis sich die Kirchengemeinden von ihren eigentlich wichtigsten Sozialinvestitionen im Stadtteil fortentwickeln. Wenn Kirchengemeinden diesen Weg gehen, so hat es auch damit zu tun, dass es anscheinend mentale Vereinbarkeitsprobleme zwischen der ehrenamtlichen Gemeinschaftsstruktur von Kirchengemeinden und der professionellen Betriebsstruktur von Kindergärten gibt. Mit der Abgabe der Kindergärten verlieren die Kirchengemeinden allerdings eine erhebliche Chance zur Kommunikation in die Stadtteile hinein, was durchaus zu ihrer Marginalisierung beitragen kann.

Die Zukunft des Feldes von Kirchengemeinde und Sozialräumen unterliegt folglich einer ganzen Reihe von Trends und Tendenzen und ist durchaus offen. Insbesondere die Frage, ob eine forcierte Zusammenarbeit in diesem Bereich zu einer Belebung der Kirchengemeinden als prägnante Orte religiöser Kommunikation oder im Gegenteil zur Selbstsäkularisierung beiträgt, lässt sich letztendlich nicht beantworten. Für die Zukunft muss sie aber im Blick behalten werden.

LITERATURVERZEICHNIS

ADLOFF, FRANK (2005): Zivilgesellschaft. Theorie und politische Praxis. Frankfurt/New York: Campus.

ADLOFF, FRANK (2007): Civil Society, Civic Engagement and Religion. Findings and Research Problems in Germany and the U.S., in: Liedhegener, Antonius/Werner Kremp (Hrsg.): Civil Society, Civic Engagement and Catholicism in the U.S. Trier: Wissenschaftlicher Verlag, 63–92.

AHRENS, PETRA-ANGELA/GERHARD WEGNER (2013): Soziokulturelle Milieus und Kirche. Lebensstile – Sozialstrukturen – kirchliche Angebote. Stuttgart: Kohlhammer.

AMMERMAN, NANCY T. (2005): Pillars of Faith. American Congregations and their Partners. Berkely/Los Angeles: University of California Press.

AMMERMAN, NANCY T. (2009): Congregations: Local, Social, and Religious, in: Clarke, Peter B. (Hrsg.): The Oxford Handbook of the Sociology of Religion. Oxford: University Press, 562–580.

ANHELM, FRITZ E. (2001): Rolle und Funktion von Kirchen und Religionsgemeinschaften im Gemeinwesen. Vortrag im Wissenschaftszentrum Heidelberg am 22. November 2001. URL: www.loccum.de/material/kirche/anh_heidelbg.pdf (abgerufen am: 22.10.2018).

BANKS, ROBERT J. (2000): Gemeinde – Neues Testament, in: Religion in Geschichte und Gegenwart, 4. völlig neu bearbeitete Auflage (RGG4), Band 3. Tübingen: Mohr Siebeck, 611–612.

BARRENSTEIN, PETER F. (2016): Vorwort, in: Nethöfel, Wolfgang/Böckel, Holger/ Steffen Merle (Hrsg.): Vielfältige Vernetzung. Hinauswachsen aus der Großkirche. Berlin: EB-Verlag, S. 9–10.

BAUERNKÄMPER, ARND (2010): Von der bürgerlichen Gesellschaft zur Zivilgesellschaft. Überlegungen zu den Trägern und zur Handlungspraxis sozialen Engagements am Beispiel Deutschlands im 19. und 20. Jahrhundert in globalhistorischer Perspektive. CAS Working Paper Series 1/2010. Center for Area Studies, Freie Universität Berlin. URL: https://www.fu-berlin.de/sites/cas/forschung/CAS-Working-Papers/index.html (abgerufen am 11.04.2019).

BAUERNKÄMPER, ARND /JÜRGEN NAUTZ (2009): Zivilgesellschaft und christliche Kirchen – wechselseitige Bezüge und Distanz, in: Bauernkämper, Arnd/Jürgen Nautz (Hrsg.): Zwischen Fürsorge & Seelsorge. Christliche Kirchen in den europäischen Zivilgesellschaften seit dem 18. Jahrhundert. Frankfurt/New York: Campus, 7–24.

BECKER, ELKE (2008): Bürgerbeteiligung in der integrierten Stadtentwicklung, in: Maecenata Institut: Opusculum 31, Berlin, 13–17.

BECKER, ELKE (2009): Zivilgesellschaft in der Stadt- und Raumentwicklung. Opusculum 40, Berlin: Maecenata Institut für Philanthropie und Zivilgesellschaft.

BECKER, ELKE/CAROLIN RUNKEL (2010): Zivilgesellschaft in räumlichen Arenen, in: Becker, Elke/Gualani, Enrico/Runkel, Carolin/ Rupert Graf Strachwitz (Hrsg.): Stadtentwicklung, Zivilgesellschaft und bürgerschaftliches Engagement. Stuttgart: Lucius & Lucius, 121–206.

BEDFORD-STROHM, HEINRICH (2012): Braucht die Zivilgesellschaft die Kirche? Vortrag beim Jahresempfang der evangelischen Akademie Tutzing. URL: https://landesbischof.bayern-evangelisch.de/Reden-2012-89.php (abgerufen am 11.04.2019).

BEDFORD-STROHM, HEINRICH (2015): Öffentliche Theologie in der Zivilgesellschaft, in: Höhne, Florian/Frederike von Oorschot (Hrsg.): Grundtexte Öffentliche Theologie. Leipzig: Evangelische Verlagsanstalt, 211–226.

BEDFORD-STROHM, HEINRICH/VOLKER JUNG (HRSG.) (2015): Vernetzte Vielfalt. Kirche angesichts von Individualisierung und Säkularisierung. Die fünfte EKD-Erhebung über Kirchenmitgliedschaft. Gütersloh: Gütersloher Verlagshaus.

BERGER, PETER L. (1967): The Sacred Canopy: Elements of a Sociological Theory of Religion. Garden City: Anchor Books.

BERGER, PETER L. (1999): The Desecularization of the World: Resurgent Religion and World Politics. Grand Rapids, MI: Eerdman Publishing & Co.

BERGER, PETER L. (2017 [1963]): Einladung zur Soziologie. Eine humanistische Perspektive. 2. Auflage. Konstanz/München: utb.

BERGER, PETER L./THOMAS LUCKMANN (1993): Die gesellschaftliche Konstruktion der Wirklichkeit. Eine Theorie der Wissenssoziologie (unveränderter Abdruck der 5. Auflage von 1977). Frankfurt am Main: Fischer.

BERGER, PETER L./THOMAS LUCKMANN (1995): Modernität, Pluralismus und Sinnkrise. Gütersloh: Bertelsmann.

BERMAN, SHERI (1997): Civil Society and the Collapse of the Weimar Republic. World Politics 49(3), 401–429.

BLEYER, BERNHARD/BERNHARD LAUX (2012): Anwälte der Öffentlichkeit. Über Zivilgesellschaft, Befähigungsarbeit und den Auftrag der Kirche, in: Ethik und Gesellschaft 2/2012, 1–26.

BMFSFJ – BUNDESMINISTERIUM FÜR FAMILIE, SENIOREN, FRAUEN UND JUGEND (HRSG.) (2016A): Freiwilliges Engagement in Deutschland. Der deutsche Freiwilligensurvey 2014. Berlin. URL: https://www.dza.de/forschung/fws/publikationen/berichte.html (abgerufen am 11.04.2019).

BMFSFJ – BUNDESMINISTERIUM FÜR FAMILIE, SENIOREN, FRAUEN UND JUGEND (HRSG.) (2016B): Siebter Altenbericht der Bundesregierung: Sorge und Mitverantwortung in der Kommune – Aufbau und Sicherung zukunftsfähiger Gemeinschaften. Bundestags-Drucksache 18/10210. URL: https://www.bmfsfj.de/blob/120144/2a5de459ec4984cb2f-83739785c908d6/7--altenbericht---bundestagsdrucksache-data.pdf (abgerufen am: 03.01.2019).

BÖCKENFÖRDE, ERNST (1991): Recht, Freiheit, Staat. Frankfurt/New York: Campus.

BÖLLERT, KARIN/BOCK, KARIN/BRACHES-CHYREK, RITA/DOLLINGER, BERND/HEITE, CATRIN/KESSL, FABIAN/THOLE, WERNER/ HOLGER ZIEGLER (2015): Editorial der Herausgeberinnen und Herausgeber der Sozialen Passagen, in: Soziale Passagen 7(2), 187–189.

BORSTEL, DIERK (2010): Zivilgesellschaft in dörflichen Kontexten: eine ostdeutsche Perspektive, in: Becker, Elke/Gualani, Enrico/Runkel, Carolin/Rupert Graf Strachwitz (Hrsg.): Stadtentwicklung, Zivilgesellschaft und bürgerschaftliches Engagement. Stuttgart: Lucius & Lucius, 85–98.

BORUTTA, MANUEL (2005): Religion und Zivilgesellschaft – Zur Theorie und Geschichte ihrer Beziehung. Discussion Paper SP IV 2005-404. Wissenschaftszentrum Berlin für Sozialforschung. URL: https://bibliothek.wzb.eu/pdf/2006/iv05-404.pdf (abgerufen am: 03.01.2019).

BRAUN, SEBASTIAN (2002): Soziales Kapital, sozialer Zusammenhalt und soziale Ungleichheit, in: Aus Politik und Zeitgeschichte (APuZ) B29-30/2002. URL: http://www.bpb.de/apuz/26805/soziales-kapital-sozialer-zusammenhalt-und-soziale-ungleichheit (abgerufen am 11.04.2019).

Bʀᴀᴜɴ, Sᴇʙᴀsᴛɪᴀɴ (2003): Putnam und Bourdieu und das soziale Kapital in Deutschland. Der rhetorische Kurswert einer sozialwissenschaftlichen Kategorie. Arbeitspapier Nr. 02/2003 der Nachwuchsgruppe im Emmy Noether-Programm der Deutschen Forschungsgemeinschaft (DFG). Potsdam: Universität Potsdam. URL: http://www. forschungsnetzwerk.at/downloadpub/Soziales%20Kapital-Rhetorik.pdf (abgerufen am: 03.01.2019).

Bʀᴜᴄᴇ, Sᴛᴇᴠᴇ (2002): God is Dead. Secularization in the West. Malden, MA: Blackwell Publishing.

Cᴀsᴀɴᴏᴠᴀ, Jᴏsᴇ́ (1994): Public Religions in the Modern World. Chicago: University Press.

Cᴀsᴀɴᴏᴠᴀ, Jᴏsᴇ́ (2001): Civil Society and Religion: Retrospective reflections on Catholicism and Prospective reflections on Islam, in: Social Research 68(4), 1041–1080.

Cᴀsᴀɴᴏᴠᴀ, Jᴏsᴇ́ (2009): Europas Angst vor der Religion. Berlin: University Press.

Cᴏʜᴇɴ, Jᴇᴀɴ L./Aɴᴅʀᴇᴡ Aʀᴀᴛᴏ (1995[1992]): Civil Society and Political Theory. 3. Auflage. Cambridge, MA/London: MIT Press.

Cᴏʀᴅᴇs, Cᴏʀᴅ (1983): Geschichte der Kirchengemeinden der Ev.-luth. Landeskirche Hannovers 1848–1980. Hannover: Lutherhaus-Verlag.

Dᴀɪʙᴇʀ, Kᴀʀʟ-Fʀɪᴛᴢ (1983ᴀ): Zur Sozialgestalt der Gemeinden, in: Bloth, Peter C./Daiber, Karl-Fritz/Kleemann, Jürgen/Roepke, Claus-Jürgen/Schröer, Henning/Stähling, Traugott/Klaus Wegenast (Hrsg.): Handbuch der Praktischen Theologie, Band 3. Praxisfeld Gemeinden. Gütersloh: Gütersloher Verlagshaus C. Mohn, 11–30.

Dᴀɪʙᴇʀ, Kᴀʀʟ-Fʀɪᴛᴢ (1983ʙ): Ordnungen, in: Bloth, Peter C./Daiber, Karl-Fritz/Kleemann, Jürgen/Roepke, Claus-Jürgen/Schröer, Henning/Stähling, Traugott/ Klaus Wegenast (Hrsg.): Handbuch der Praktischen Theologie, Band 3. Praxisfeld Gemeinden. Gütersloh: Gütersloher Verlagshaus, S. 571–580.

Dᴀᴠɪᴇ, Gʀᴀᴄᴇ (2000): Religion in Modern Europe: A Memory Mutates. Oxford: University Press.

Dᴀᴠɪᴇ, Gʀᴀᴄᴇ (2007): Vicarious Religion: A Methodological Challenge, in: Ammerman, Nancy (Hrsg.): Everyday religion: observing modern religious lives. Oxford: University Press, 21–36.

Dᴇᴍᴇʀᴀᴛʜ, Jᴀʏ/Aʀᴛʜᴜʀ E. Fᴀʀɴsʟᴇʏ II (2007): Congregations Resurgent, in: Beckford, James/Jay Demerath (Hrsg.): The Sage Handbook of the Sociology of Religion. London: Sage, 193–204.

Dɪᴀᴋᴏɴɪᴇ Dᴇᴜᴛsᴄʜʟᴀɴᴅ (2013): Kirche findet Stadt. Kirche als zivilgesellschaftlicher Akteur in Netzwerken der Stadtentwicklung. Erfahrungen – Handlungsempfehlungen – Perspektiven. URL: http://www.kirche-findet-stadt.de/pdf/downloads/KfS-Dokumentation-2013_web.pdf (abgerufen am: 06.04.2018).

Dɪᴀᴋᴏɴɪsᴄʜᴇs Wᴇʀᴋ ᴅᴇʀ EKD (2007): Handlungsoption Gemeinwesendiakonie. Diakonie Texte 12/2007. Berlin. URL: https://evang.at/wp-content/uploads/2015/07/131231_OKR_D13_Literatur_Diakonie-Postitionspapier-Gemeinwesen.pdf (abgerufen am 03.01.2019).

Dᴏ̈ʀɪɴɢ, Jᴏ̈ʀɢ/ Tʀɪsᴛᴀɴ Tʜɪᴇʟᴍᴀɴɴ (Hʀsɢ.) (2008): Spatial Turn. Das Raumparadigma in den Kultur- und Sozialwissenschaften. Bielefeld: Transcript.

Eʙᴇʀᴛᴢ, Mɪᴄʜᴀᴇʟ N. (1987): Das Charisma des Gekreuzigten. Zur Soziologie der Jesusbewegung. Tübingen: J.C.B Mohr.

Eᴠᴀɴɢᴇʟɪsᴄʜᴇ Kɪʀᴄʜᴇ ɪɴ Dᴇᴜᴛsᴄʜʟᴀɴᴅ – EKD (2018): Gezählt 2018. URL: https://archiv. ekd.de/download/broschuere_2018_internet.pdf (abgerufen am 31.07.2018).

Eᴜʀɪᴄʜ, Jᴏʜᴀɴɴᴇs (2014): Diakonie, in: Sozialwissenschaftliches Institut der EKD/Stiftung Sozialer Proestantismus (Hrsg.): Reformation HEUTE. Hannover: creo media.

Fʟɪᴄᴋ, Uᴡᴇ (2007): Triangulation. Eine Einführung. Wiesbaden: Springer VS.

FLICK, UWE (2009): Qualitative Sozialforschung. Eine Einführung. 2. Auflage. Reinbek: Rowohlt.

FÜRSTENBERG, FRIEDRICH (1982): Der Trend zur Sozialreligion, in: Gemper, Bodo B. (Hrsg.): Religion und Verantwortung als Elemente gesellschaftlicher Ordnung. Siegen: Vorländer, 271–284.

FÜRSTENBERG, FRIEDRICH (1999): Die Zukunft der Sozialreligion. Konstanz: UVK.

GELLER, HELMUT/PANKOKE, ECKART/ KARL GABRIEL (2012): Ökumene und Gemeinde. Untersuchungen zum Alltag in Kirchengemeinden. Opladen: Leske + Budrich.

GENSICKE, THOMAS (2006): Bürgerschaftliches Engagement in Deutschland, in: Aus Politik und Zeitgeschichte (APuZ) 12/2006. URL: http://www.bpb.de/apuz/29851/buergerschaftliches-engagement-in-deutschland?p=all (abgerufen am: 03.01.2019).

GLASER, BARNEY G/ANSELM L. STRAUSS (1967): The Discovery of Grounded Theory. Strategies for Qualitative Research. Chicago, IL: Aldine.

GLOCK, CHARLES (1969): Über die Dimensionen der Religiosität, in: Matthes, Joachim (Hrsg.): Kirche und Gesellschaft. Einführung in die Religionssoziologie II. Reinbek: Rowohlt, 150–168.

GOSEWINKEL, DIETER (2003): Zivilgesellschaft – eine Erschließung des Themas von seinen Grenzen her. WZB Discussion Paper IV 2003-505. Berlin.

GOSEWINKEL, DIETER (2010): Zivilgesellschaft, in: Institut für Europäische Geschichte Mainz (Hrsg.): Europäische Geschichte online. URL: http://ieg-ego.eu/de/threads/hintergruende/zivilgesellschaft (abgerufen am: 31.07.2018).

GRANOVETTER, MARK (1973): The Strength of Weak Ties, in: American Journal of Sociology, 78(6), 1360–1380.

GROSSBÖLTING, THOMAS (2013): Der verlorene Himmel. Glaube in Deutschland seit 1945. Bonn: Bundeszentrale für politische Bildung.

GRÜNBERG, WOLFGANG (2004): Die Sprache der Stadt. Skizzen zur Großstadtkirche. Leipzig: Evangelische Verlagsanstalt.

HABERMAS, JÜRGEN (2001): Glaube und Wissen: Dankesrede anlässlich der Verleihung des Friedenspreises des Deutschen Buchhandels am 14. Oktober 2001, in: Blätter für deutsche und internationale Politik 46, 1392–1397.

HABERMAS, JÜRGEN/JOSEPH RATZINGER (2005): Dialektik der Säkularisierung. Über Vernunft und Religion. Freiburg/Basel/Wien: Herder.

HÄRLE, WILFRIED/AUGENSTEIN, JÖRG/ROLF, SIBYLLE/ANJA SIEBERT (2008): Wachsen gegen den Trend. Analysen von Gemeinden, mit denen es aufwärts geht. Leipzig: Evangelische Verlagsanstalt.

HAUSCHILD, WOLF-DIETER (2000): Gemeinde – Kirchengeschichtlich, in: Religion in Geschichte und Gegenwart, 4. völlig neu bearbeitete Auflage (RGG4), Band 3. Tübingen: Mohr Siebeck, 612–613.

HAUSCHILDT, EBERHARD/OLIVER HEINEMANN (2016): Alternative Formen kirchlicher Präsenz in Peripherieräumen – eine aufsuchende Analyse – Die Bonner Studie, in: Kirchenamt der EKD (Hrsg.): Freiraum und Innovationsdruck. Der Beitrag ländlicher Kirchenentwicklung in »peripheren Räumen« zur Zukunft der evangelischen Kirche. Leipzig: Evangelische Verlagsanstalt, 39–169.

HAUSCHILDT, EBERHARD/UTA POHL-PATALONG (2013): Kirche. Lehrbuch Praktische Theologie Band 4. Gütersloh: Gütersloher Verlagshaus.

HEGEL, GEORG WILHELM FRIEDRICH (2010 [1821]): Grundlinien der Philosophie des Rechts oder Naturrecht und Staatswissenschaft im Grundrisse. 15. Auflage. Berlin: Suhrkamp.

Hempelmann, Heinzpeter (2012): Ortsgemeinde und Fresh Expresssions im Spannungs-feld – Ekklesiologie für frische und bewährte Formen von Kirche, in: Moldenhauer, Christiane/Georg Warnecke (Hrsg.): Gemeinde im Kontext. Neue Ausdrucksformen gemeindlichen Lebens. Neukirchen-Vluyn: Neukirchener Aussaat, 97–111.

Hengsbach, Friedhelm (2001): Destruktives Pathos: Der Dritte Sektor braucht den Beifall der Staatsorgane nicht, in: Jahrbuch für christliche Sozialwissenschaft 42, 82–98.

Herbert, David (2003): Religion and Civil Society. Rethinking Public Religion in the Con-temporary World. Aldershot: Ashgate.

Herbert, Ulrich (2002): Liberalisierung als Lernprozess. Die Bundesrepublik in der deutschen Geschichte – eine Skizze, in: Herbert, Ulrich (Hrsg.): Wandlungsprozesse in Westdeutschland. Belastung, Integration, Liberalisierung 1945–1980. Göttingen: Wallstein, 7–49.

Herbst, Michael (2012): Fresh Expressions of Church – made in Germany?, in: Molden-hauer, Christiane/Georg Warnecke (Hrsg.): Gemeinde im Kontext. Neue Ausdrucks-formen gemeindlichen Lebens. Neukirchen-Vluyn : Neukirchener Aussaat, 83–96.

Horstmann, Martin (2014): Sozialkapital. Fokus Kirchengemeinde, in: Horstmann, Mar-tin/Heike Park: Gott im Gemeinwesen. Sozialkapitalbildung in Kirchengemeinden. SI Konkret 6. Münster: LIT Verlag, 5–62.

Horstmann, Martin/Elke Neuhausen (2010): Mutig mittendrin: Gemeinwesendiakonie in Deutschland. Eine Studie des SI der EKD. SI Konkret 2. Münster: LIT Verlag

Huber, Wolfgang (1991): Kirche und Öffentlichkeit. 2. Auflage. München: Kaiser.

Huber, Wolfgang (1998): Kirche in der Zeitenwende. Gesellschaftlicher Wandel und Er-neuerung der Kirche. Gütersloh: Bertelsmann.

Huber, Wolfgang (2015): Offene und öffentliche Kirche, in Höhne, Florian/Friederike van Oorschot (Hrsg.): Grundtexte Öffentliche Theologie. Leipzig: Evangelische Verlagsan-stalt, 199–209.

Kaiser, Jochen-Christoph (1998): Armenfürsorge – Kirchengeschichtlich – Reformation bis Neuzeit, in: Religion in Geschichte und Gegenwart, 4. völlig neu bearbeitete Auf-lage (RGG4), Band 1. Tübingen: Mohr Siebeck, 761–763.

Kaufmann, Franz-Xaver (2011): Kirchenkrise. Wie überlebt das Christentum?, 3. Auflage. Freiburg/Basel/Wien: Herder.

Kecskes, Robert/Christof Wolf (1996): Konfession, Religion und soziale Netzwerke. Zur Bedeutung christlicher Religiosität in personalen Beziehungen. Opladen: Leske + Budrich.

Kehlbreier, Dietmar (2009): Öffentliche Diakonie. Wandlungen im kirchlich-diakoni-schen Selbstverständnis in der Bundesrepublik der 1960er und 1970er Jahre. Leipzig: Evangelische Verlagsanstalt.

Kehrer, Günther (2000): Gemeinde – Religionsgeschichtlich, in: Religion in Geschichte und Gegenwart, 4. völlig neu bearbeitete Auflage (RGG4), Band 3. Tübingen: Mohr Siebeck, 610–611.

Kessl, Fabian/ Christian Reutlinger (2008): Zur Archäologie der Sozialraumfor-schung – eine Einleitung, in: Kessl, Fabian/ Christian Reutlinger (Hrsg.): Schlüssel-werke der Sozialraumforschung. Traditionslinien in Text und Kontexten. Wiesbaden: Springer VS, 9–21.

Kessl, Fabian/Christian Reutlinger (2010): Sozialraum. Eine Einführung. 2. Auflage. Wiesbaden: Springer VS.

Kirchenamt der EKD (Hrsg.) (2016): Freiraum und Innovationsdruck. Der Beitrag länd-licher Kirchenentwicklung in »peripheren Räumen« zur Zukunft der evangelischen Kirche, Leipzig: Evangelische Verlagsanstalt.

KLEIN, ANSGAR (2001): Der Diskurs der Zivilgesellschaft. Politische Hintergründe und demokratietheoretische Folgerungen. Opladen: Leske + Budrich.

KLEIN, ANSGAR (2004): Die dunklen Seiten der Zivilgesellschaft. Grenzen einer zivilgesellschaftlichen Fundierung von Demokratie, in: Klein, Ansgar/Geißel, Brigitte/Kern, Kristine/Maria Berger (Hrsg.): Zivilgesellschaft und Sozialkapital. Herausforderungen politischer und sozialer Integration. Wiesbaden: Springer VS, 41-64.

KNOBLAUCH, HUBERT (1999): Religionssoziologie. Berlin/New York: de Gruyter.

KOCKA, JÜRGEN (2000): Zivilgesellschaft als historisches Projekt: Moderne europäische Geschichtsforschung in vergleichender Absicht, in: Dipper, Christof/Wolfgang Schieder (Hrsg.): Europäische Sozialgeschichte. Festschrift für Wolfgang Schieder. Berlin: Duncker und Humblot, 475-484.

KOCKA, JÜRGEN (2003): Zivilgesellschaft in historischer Perspektive, in: Forschungsjournal Neue Soziale Bewegungen 16(2), 29-37.

KÖNEMANN, JUDITH/MEUTH, ANNA-MARIA/FRANTZ, CHRISTIANE/MAX SCHULTE (2015): Religiöse Interessenvertretung. Kirchen in der Öffentlichkeit – Christen in der Politik. Paderborn: Schöningh.

KÖRS, ANNA (2018): Citykirchen als öffentlicher Raum – Profilierung oder Selbstsäkularisierung?, in: Rebenstorf, Hilke/ Zarnow, Christopher/ Körs, Anna/Christoph Sigrist (Hrsg.): Citykirchen und Tourismus. Soziologisch-theologische Studien zwischen Berlin und Zürich. Leipzig: Evangelische Verlagsanstalt, 68-92.

KUNTER, KATHARINA (2012): 500 Jahre Protestantismus. Eine Reise von den Anfängen bis in die Gegenwart. Bonn: Bundeszentrale für politische Bildung.

LATZEL, THORSTEN/GERHARD WEGNER (HRSG.) (2017) : Congregational Studies Worldwide. The Future of the Parish and the Free Congregation. Leipzig: Evangelische Verlagsanstalt.

LAUTH, HANS-JOACHIM (2003): Zivilgesellschaft als Konzept und die Suche nach ihren Akteuren, in: Bauernkämper, Arnd (Hrsg.): Die Praxis der Zivilgesellschaft. Akteure, Handeln und Strukturen im internationalen Vergleich. Frankfurt/New York: Campus, 31-56.

LAZARSFELD, PAUL/ROBERT K. MERTON (1954): Friendship as a Social Process: a Substantive and Methodological Analysis, in: Berger, Morroe (Hrsg.): Freedom and Control in Modern Society. New York: Van Nostrand, 18-66.

LEPSIUS, M. RAINER (1993): Parteiensystem und Sozialstruktur. Zum Problem der Demokratisierung der deutschen Gesellschaft, in: Lepsius, Rainer (Hrsg.): Demokratie in Deutschland. Göttingen: Vandenhoeck & Ruprecht, 25-50.

LIEBMANN, HEIKE (2010): Zivilgesellschaft unter Schrumpfungsbedingungen, in: Becker, Elke/Gualani, Enrico/Runkel, Carolin/Rupert Graf Strachwitz (Hrsg.): Stadtentwicklung, Zivilgesellschaft und bürgerschaftliches Engagement. Stuttgart: Lucius & Lucius, 71-84.

LIEDHEGENER; ANTONIUS (2014): Religion, Bürgergesellschaft und Pluralismus. Gesellschaftliche und politische Integration aus der Perspektive demokratischer politischer Systeme, in: Arens, Edmund/Baumann, Martin/Liedhegener, Antonius/Müller, Wolfgang W./Markus Ries (Hrsg.): Integration durch Religion? Geschichtliche Befunde, gesellschaftliche Analysen, rechtliche Perspektiven. Baden Baden: Nomos, 63-84.

LIEDHEGENER, ANTONIUS/INES-JACQUELINE WERKNER (2011): Religion, Zivilgesellschaft und politisches System – ein offenes Forschungsfeld, in: Liedhegener, Antonius/Ines-Jacqueline Werkner (Hrsg.): Religion zwischen Zivilgesellschaft und politischem System. Befunde – Positionen – Perspektiven. Wiesbaden: Springer VS, 9-38.

Lᴏʜꜰɪɴᴋ, Gᴇʀʜᴀʀᴅ (2016): Haben die ersten Christen Jesus verstanden?, in: Lohfink, Gerhard (Hrsg.): Im Ringen um die Vernunft. Reden über Israel, die Kirche und die Europäische Aufklärung, Freiburg. Herder, 165–186.

Lᴜᴅᴡɪɢ, Hᴏʟɢᴇʀ (2010): Von der Institution zur Organisation. Eine grundbegriffliche Untersuchung zur Beschreibung der Sozialgestalt der Kirche in der neueren evangelischen Ekklesiologie. Leipzig: Evangelische Verlagsanstalt.

Mᴀʀɢ, Sᴛɪɴᴇ/Gᴇɪɢᴇs, Lᴀʀs/Bᴜᴛᴢʟᴀꜰꜰ, Fᴇʟɪx/Fʀᴀɴᴋ Wᴀʟᴛᴇʀ (Hʀsɢ.) (2013): Die neue Macht der Bürger. Was motiviert die Protestbewegungen? Bonn: Bundeszentrale für politische Bildung.

Mᴀᴇᴄᴇɴᴀᴛᴀ Iɴsᴛɪᴛᴜᴛ (Hʀsɢ.) (2008): Bürgerengagement und Stadtentwicklung. Strukturen und Bedarfe. Protokoll des Workshops vom 13.–14. Mai 2008. Opusculum Nr. 31. URL: http://www.institut.maecenata.eu/resources/081208-op31.pdf (abgerufen am 03.01.2019).

Mᴀy, Mɪᴄʜᴀᴇʟ (2008): Partizipative Projektentwicklung im Sozialraum, in: May, Michael/Monika Alisch (Hrsg.): Praxisforschung im Sozialraum. Fallstudien in ländlichen und urbanen sozialen Räumen. Opladen & Farmington Hills: Verlag Barbara Budrich, 45–64.

McPʜᴇʀsᴏɴ, Mɪʟʟᴇʀ/Sᴍɪᴛʜ-Lᴏᴠɪɴ, Lʏɴɴ/Jᴀᴍᴇs Cᴏᴏᴋ (2001): Birds of a feather: Homophily in Social Networks, in: Annual Review of Sociology 27, 415–444.

Möʟʟᴇʀ, Cʜʀɪsᴛɪᴀɴ (1984): Christliche Gemeinde, in: Theologische Realenzyklopädie (TRE), Bd. 12, S. 316–335.

Müʟʟᴇʀ, Cᴀʀsᴛᴇɴ/Pᴇᴛᴇʀ Sᴢʏɴᴋᴀ (2010): Community Organizing, in: Enzyklopädie Erziehungswissenschaft Online (EEO). Fachgebiet: Soziale Arbeit, Methoden der Sozialen Arbeit, 1–23.

Müʟʟᴇʀ, Kʟᴀᴜs W. (1983): Gemeindeleitung, in: Bloth, Peter C./Daiber, Karl-Fritz/Kleemann, Jürgen/Roepke, Claus-Jürgen/Schröer, Henning/Stähling, Traugott/Wegenast, Klaus (Hrsg.): Handbuch der Praktischen Theologie, Band 3. Praxisfeld Gemeinden. Gütersloh: Gütersloher Verlagshaus, 595–612.

Nᴀɢᴇʟ, Aʟᴇxᴀɴᴅᴇʀ-Kᴇɴɴᴇᴛʜ (Hʀsɢ.) (2015) : Religiöse Netzwerke. Die zivilgesellschaftlichen Potenziale religiöser Migrantengemeinden. Bielefeld: transcript.

Nᴏʟᴛᴇ, Pᴀᴜʟ (2009): Religion und Bürgergesellschaft. Brauchen wir einen religionsfreundlichen Staat? Berlin: University Press.

Nᴏᴛʜᴇʟʟᴇ-Wɪʟᴅꜰᴇᴜᴇʀ, Uʀsᴜʟᴀ (1992): Kirche im Kontrast oder Kirche in der Welt? Zur Grundlegung und Eigenart christlicher Weltverantwortung, in: Münchener Theologische Zeitschrift. 43, 347–366.

Oʜʟᴇɴᴅᴏʀꜰ, Dᴀᴠɪᴅ (2015): Die Entstehung interethnischer Kontakte von Neuzuwanderern aus Polen und der Türkei in Deutschland – eine Frage der Religion?, in: Zeitschrift für Soziologie 44, 348–365.

Oʜʟᴇɴᴅᴏʀꜰ, Dᴀᴠɪᴅ/Mᴀʀɪᴀ Sɪɴɴᴇᴍᴀɴɴ (2017): Religiöse Motive als Antrieb zu freiwilligem Engagement?, in: Klein, Ansgar/Olaf Zimmermann (Hrsg.): Impulse der Reformation. Der zivilgesellschaftliche Diskurs. Wiesbaden: Springer VS, 153–163.

Pɪᴄᴋᴇʟ, Gᴇʀᴛ (2011ᴀ): Kirche, Religion und Demokratie: Wandlungen eines traditionellen Verhältnisses, in: eNewsletter der Stiftung Bürgergesellschaft. 10/2011. URL: https://www.buergergesellschaft.de/fileadmin/pdf/gastbeitrag_pickel_110527_b.pdf (abgerufen am: 03.01.2019).

Pɪᴄᴋᴇʟ, Gᴇʀᴛ (2011ʙ): Religionssoziologie. Eine Einführung in zentrale Themenbereiche. Wiesbaden: Springer VS.

Pɪᴄᴋᴇʟ, Gᴇʀᴛ (2015): Sozialkapital und zivilgesellschaftliches Engagement evangelischer Kirchenmitglieder als gesellschaftliche und kirchliche Ressource, in: Bedford-Strohm,

Heinrich/Volker Jung (Hrsg.): Vernetzte Vielfalt. Kirche angesichts von Individualisierung und Säkularisierung. Die fünfte EKD-Erhebung über Kirchenmitgliedschaft. Gütersloh: Gütersloher Verlagshaus, 279–301.

POHL-PATALONG, UTA (2003): Ortsgemeinde und übergemeindliche Arbeit im Konflikt. Eine Analyse der Argumentationen und ein alternatives Modell. Göttingen: Vandenhoeck & Ruprecht.

POHL-PATALONG, UTA (2017): Widersprüchliche Traditionen. Über die Ortsgemeinde und andere Formen von Kirche, in: Zeitzeichen 5/2017, 15–17.

POHL-PATALONG, UTA/HAUSCHILDT, EBERHARD (2016): Gemeinde (kirchlich), in: Hübner, Jörg/Eurich, Johannes/Honecker, Martin/Jähnichen, Traugott/Kulessa, Margarete/ Günter Renz (Hrsg.): Evangelisches Soziallexikon. 9. Auflage. Stuttgart: Kohlhammer, 544–548.

POLLACK, DETLEF (2002): Kirche zwischen Staat und Zivilgesellschaft: Überlegungen zum gesellschaftlichen Ort der Kirchen in der Bundesrepublik, in: Graf Strachwitz, Rupert/Adloff, Frank/Schmidt, Susanna/Marie-Luise Schneider (Hrsg.): Kirche zwischen Staat und Zivilgesellschaft. Berlin: Maecenata Institut, 22–42.

POLLACK, DETLEF (2014): Säkularisierung – Eine Bibliographie. Reprints and Working Papers of the Center for Religion and Modernity 2014.4. URL: https://www.uni-muenster.de/Religion-und-Moderne/aktuelles/forschung/publikationen/preprints/index.html (abgerufen am 11.04.2019).

POLLACK, DETLEF/PICKEL, GERT/ANJA CHRISTOF (2015): Kirchenbindung und Religiosität im Zeitverlauf, in: Bedford-Strohm, Heinrich/Volker Jung (Hrsg.): Vernetzte Vielfalt. Gütersloh: Gütersloher Verlagshaus, 187–207.

POTZ, PETRA (2012): Kirche findet Stadt – Potenziale und Perspektiven für eine strategische Plattform der integrierten Stadtentwicklung. eNewsletter Wegweiser Bürgergesellschaft 19/2012. URL: https://www.buergergesellschaft.de/mitteilen/news/archiv-des-enewsletters/enewsletter-archiv-2012/enewsletter-nr-192012-12102012-von-wegweiser-buergergesellschaftde/ (abgerufen am 11.04.2019).

PRZYBYLSKI, HARTMUT (1987): Strukturwandel der »Volkskirche«. Eine Bestandsaufnahme, in: Verkündigung und Forschung, 32(2), 62–83.

PUTNAM, ROBERT (2000): Bowling Alone. The Collapse and Revival of American Community. New York: Simon & Schuster.

PUTNAM, ROBERT/DAVID E. CAMPBELL (2010): American Grace: How Religion Divides and unites Us. New York: Simon & Schuster.

RASCHZOK, KLAUS (2000): Gemeindezentrum, in: Religion in Geschichte und Gegenwart, 4. völlig neu bearbeitete Auflage (RGG4), Band 3. Tübingen: Mohr Siebeck, 630–631.

REBENSTORF, HILKE (2017): The Barometer of Parish Performance, in: Latzel, Thorsten/ Gerhard Wegner (Hrsg.): Congregational Studies Worldwide. Leipzig: Evangelische Verlagsanstalt, 177–219.

REBENSTORF, HILKE/ AHRENS, PETRA-ANGELA/GERHARD WEGNER (2015): Potenziale vor Ort. Erstes Kirchengemeindebarometer. Leipzig: Evangelische Verlagsanstalt.

REUTER, HANS RICHARD (2009): Der Begriff der Kirche in theologischer Sicht, in: Reuter, Hans Richard (Hrsg.): Botschaft und Ordnung. Beiträge zur Kirchentheorie. Leipzig: Evangelische Verlagsanstalt, 13–55.

RIEGE, MARLO/HERBERT SCHUBERT (2014): Sozialraumanalyse. Grundlagen – Methoden – Praxis (Hrsg.). 4. Auflage. Köln: Verlag SRM.

RIEß, WERNER (2017A): Römische Geschichte III: Die Spätantike. 01 – Diokletian, Konstantin und die konstantinische Wende. eManual Alte Geschichte, hamburg open online university. URL: https://emanualaltegeschichte.blogs.uni-hamburg.de

Rieß, Werner (2017b): Römische Geschichte III: Die Spätantike. 02 – Valentinian bis Theodosius (364–378, 379–395). eManual Alte Geschichte, hamburg open online university. URL: https://emanualaltegeschichte.blogs.uni-hamburg.de (abgerufen am: 11.04.2019).

Rossteutscher, Sigrid (2009): Religion, Zivilgesellschaft, Demokratie. Eine international vergleichende Studie zur Natur religiöser Märkte und der demokratischen Rolle religiöser Zivilgesellschaften. Baden Baden: Nomos.

Roth, Roland (2004): Die dunklen Seiten der Zivilgesellschaft. Grenzen einer zivilgesellschaftlichen Fundierung der Demokratie, in: Klein, Ansgar/Kern, Kristine/Geißel, Brigitte/ Maria Berger (Hrsg.): Zivilgesellschaft und Sozialkapital. Herausforderungen politischer und sozialer Integration. Wiesbaden: Springer VS, S. 41–64.

Schade, Jaenette (2002): »Zivilgesellschaft« – eine vielschichtige Debatte. INEF Report (Institut für Entwicklung und Frieden der Gerhard-Mercator-Universität Duisburg, Heft 59/2002. URL: http://edoc.vifapol.de/opus/volltexte/2013/4548/pdf/report59.pdf (abgerufen am: 06.07.2018).

Schäfer, Gerhard. K./Deterding, Joachim/Montag, Barbara/Christian Zwingmann (Hrsg.): Nah dran. Werkstattbuch für Gemeindediakonie. Neukirchen-Vluyn: Neukirchener Theologie.

Schendel, Gunther (2014): Reformation, in: Sozialwissenschaftliches Institut der EKD/ Stiftung Sozialer Protestantismus (Hrsg.): Reformation HEUTE. Hannover: creo media.

Schendel, Gunther (2015): Zivilgesellschaftliche Potentiale. Warum die Kirchen einen wichtigen Beitrag zur Zivilgesellschaft leisten (und wie sie selber davon profitieren können). eNewsletter der Stiftung Bürgergesellschaft. 06/2015. URL: https://www.buergergesellschaft.de/index.php?id=106811&newspid=109941&news=7311 (abgerufen am 11.04.2019)

Schlag, Thomas (2012): Öffentliche Kirche. Grunddimensionen einer praktisch-theologischen Kirchentheorie. Zürich: Theologischer Verlag.

Schlegel, Thomas/Zehelein, Jörg/Heidig, Claudia/Turetschek, Andreas/Schwenkenbecher, Stefanie/Heike Breitenstein (2016): Landaufwärts – Innovative Beispiele missionarischer Praxis in peripheren, ländlichen Räumen – Die Greifswalder Studie, in: Kirchenamt der EKD (Hrsg.): Freiraum und Innovationsdruck. Der Beitrag ländlicher Kirchenentwicklung in »peripheren Räumen« zur Zukunft der evangelischen Kirche. Leipzig: Evangelische Verlagsanstalt, 171–344.

Schmidt, Jürgen (2007): Zivilgesellschaft. Bürgerschaftliches Engagement von der Antike bis zur Gegenwart. Texte und Kommentare. Reinbek: Rowohlt.

Scholder, Klaus (1977): Die Kirchen und das Dritte Reich. Band 1: Vorgeschichte und Zeit der Illusionen 1918-1934. Frankfurt am Main/Berlin: Propyläen.

Schramm, Steffen (2015): Kirche als Organisation gestalten. Kybernetische Analysen und Konzept zu Struktur und Leitung evangelischer Landeskirchen. Band 1. Berlin: LIT Verlag.

Schramm, Steffen (2018): Ecclesia semper reformanda – wie werden wir diesem Anspruch gerecht? Gemeinde und Dekanate als zivilgesellschaftliche Akteure im Sozialraum, in: Deutsches Pfarrerblatt 01/2018, 14–19.

Seidelmann, Stephan (2012): Evangelische Engagiert – Tendenz steigend. Sonderauswertung des dritten Freiwilligensurveys für die evangelische Kirche. Hannover: SI der EKD.

Sinnemann, Maria (2017): Engagement mit Potenzial. Sonderauswertung des vierten Freiwilligensurveys für die evangelische Kirche. Hannover: SI der EKD.

Spiess, Tabea/Gerhard Wegner (2015): Kirchengemeinde als Ort von Religion, Diakonie und Gemeinschaft, in: Bedford-Strohm, Heinrich/Volker Jung (Hrsg.): Vernetzte Vielfalt, Gütersloh: Gütersloher Verlagshaus, 50–58.

STATISISCHES BUNDESAMT (2014): Zensus 2011. Bevölkerung nach Geschlecht, Alter, Staatsangehörigkeit, Familienstand und Religionszugehörigkeit. Endgültige Ergebnisse. Wiesbaden: Statistisches Bundesamt.

STOLZ, JÖRG (2013): Entwurf einer Theorie religiös-säkularer Konkurrenz, in: Wolf, Christof/Matthias Koenig (Hrsg.): Religion und Gesellschaft. Sonderheft 65 der Kölner Zeitschrift für Soziologie und Sozialpsychologie. Wiesbaden: Springer VS, 25-49.

STRACHWITZ, RUPERT GRAF (2009): Das Problem der Staatsbindung bei der Zuordnung der Kirchen zur Zivilgesellschaft, in: Bauernkämper, Arnd/Jürgen Nautz (Hrsg.): Zwischen Fürsorge & Seelsorge. Christliche Kirchen in den europäischen Zivilgesellschaften seit dem 18. Jahrhundert. Frankfurt/New York: Campus, 331-351.

STRAUSS, ANSELM/JULIET CORBIN (1990): Basics of Qualitative Research. Newbury Park/London/New Delhi: Sage Publications.

TAYLOR, CHARLES (1991): Die Beschwörung der Civil Society, in: Michalski, Krzysztof (Hrsg.): Europa und die Civil Society. Stuttgart: Castelgandolfo-Gespräche 1989, 52-81.

TOCQUEVILLE, ALEXIS DE (2003 [1835/1840]): Democracy in America. London: Penguin.

TRAUNMÜLLER, RICHARD (2008): Religion als Ressource sozialen Zusammenhalts? Eine empirische Analyse der religiösen Grundlagen sozialen Kapitals in Deutschland. SOEP Papers on Multidisciplinary Panel Data Research. Berlin: DIW. URL: https://www.diw.de/de/diw_02.c.298577.de/soeppapers.html?id=diw_02.c.298577.de&y%5B%5D=2008&y%5B%5D=2008&i=Traunm%C3%BCller&action=anwenden (abgerufen am 11.04.2019)

TRAUNMÜLLER, RICHARD (2009): Religion und Sozialintegration. Eine empirische Analyse der religiösen Grundlagen sozialen Kapitals, in: Berliner Journal für Soziologie 19, 435-468.

TRAUNMÜLLER, RICHARD (2011): Segen oder Fluch? Zum Einfluss von Staat-Kirche-Beziehungen auf die Vitalität religiöser Zivilgesellschaften im europäischen Vergleich, in: Liedhegener, Antonius/Ines-Jacqueline Werkner (Hrsg.): Religion zwischen Zivilgesellschaft und politischem System. Befunde – Positionen – Perspektiven. Wiesbaden: Springer VS, 138-164.

TROELTSCH, ERNST (2004): Schluss (gekürzt), in: Gabriel, Karl/Hans-Richard Reuter (Hrsg.): Religion und Gesellschaft. 2. Auflage. Paderborn: Schöningh, 117-131.

VERBA, SIDNEY/KAY L. SCHLOZMAN/HENRY BRADY (1995): Voice and Equality: Civic Voluntarism in American Politics. Cambridge: Harvard University Press.

WARNER, R. STEPHEN (1994): The Place of the Congregation in the Contemporary American Religious Configuration, in: Wind, James P./James W. Lewis (Hrsg.): American Congregations: New Perspectives in the Study of Congregations. Chicago: University Press, 54-99.

WEBER, MAX (1988[1904]): Die »Objektivität« sozialwissenschaftlicher und sozialpolitischer Erkenntnis, in: Weber, Max: Gesammelte Aufsätze zur Wissenschaftslehre. 7. Auflage. Tübingen: Mohr, 146-214.

WEGNER, GERHARD (2014A): Moralische Ökonomie. Perspektiven lebensweltlich basierter Kooperation. Stuttgart: Kohlhammer.

WEGNER, GERHARD (2014B): Teaching an Elephant to dance, in: Wegner, Gerhard (Hrsg.): Religiöse Kommunikation und Kirchenbindung. Ende des liberalen Paradigmas? Leipzig: Evangelische Verlagsanstalt, 15-44.

WEGNER, GERHARD (2016A): Religiöse Kommunikation und soziales Engagement. Die Zukunft des liberalen Paradigmas. Leipzig: Evangelische Verlagsanstalt.

WEGNER, GERHARD (2016B): Renaissance der Kirchengemeinde? Überraschende Sichtweisen in der 5. KMU, in: Deutsches Pfarrerblatt 116(1), 20-23.

Wegner, Gerhard (2016c): Erneuerte Sozialität – Kirche im Gemeinwesen, in: Wegner, Gerhard (Hrsg.): Religiöse Kommunikation und soziales Engagement. Leipzig: Evangelische Verlagsanstalt, 67–100.

Wegner, Gerhard (2017a): Kirchengemeinde und Zivilgesellschaft, in: Klein, Ansgar/Olaf Zimmermann (Hrsg.): Impulse der Reformation. Der zivilgesellschaftliche Diskurs. Wiesbaden: Springer VS, 165–173.

Wegner, Gerhard (2017b): Congregational Studies, in: Latzel, Olaf/Gerhard Wegner (Hrsg.): Congregational Studies. The Future of the Parish and the Free Congregation. Leipzig: Evangelische Verlagsanstalt, 23–51.

Wilson, Bryan (1982): Religion in Sociological Perspective. Oxford: University Press.

Wischmeyer, Wolfgang (1998): Armenfürsorge – Kirchengeschichtlich – Alte Kirche und Mittelalter, in: Religion in Geschichte und Gegenwart, 4. völlig neu bearbeitete Auflage (RGG4), Band 1. Tübingen: Mohr Siebeck, S. 759–761.

Wolf, Christof (2010): Egozentrierte Netzwerke: Datenerhebung und Datenanalyse, in: Stegbauer, Christian/Roger Häußling (Hrsg.): Handbuch Netzwerkforschung. Wiesbaden: Springer VS, 471–484.

Wüstenberg, Ralf. K. (2009): Kirche als zivilgesellschaftliche Instanz in Transformationsprozessen: Die deutsche Einigung in vergleichender Perspektive, in: Bauerkämper, Arnd/Jürgen Nautz (Hrsg.): Zwischen Fürsorge & Seelsorge. Christliche Kirchen in den europäischen Zivilgesellschaften seit dem 18. Jahrhundert. Frankfurt/New York: Campus, 317–330.

Young, John F. (2007): Rapture or Rupture? Religion and Civil Society, in: Marga, Irimie/Sander, Gerald/ Dan Sandu (Hrsg.): Religion zwischen Kirche, Staat und Gesellschaft. Schriften zu Mittel- und Osteuropa in der Europäischen Integration, Band 5. Hamburg: Verlag Dr. Kovac, 11–21.

Zimmer, Miriam/Sellmann, Matthias/ Barbara Hucht (2017): Netzwerke in pastoralen Räumen. Wissenschaftliche Analysen – Fallstudien – Praktische Relevanz. Würzburg: Echter Verlag.

ANHANG A:
GESPRÄCHSLEITFÄDEN

Leitfaden für Gespräche mit Experten *innerhalb* der Kirchengemeinden

Einleitende Hinweise zum Gespräch und zum Ablauf, v. a. Anonymität, Gesprächsaufzeichnung etc.

A. SELBSTWAHRNEHMUNG / BESCHREIBUNG DER KIRCHENGEMEINDE

Zu Beginn einmal ganz allgemein gefragt: Wie würden Sie Ihre Kirchengemeinde beschreiben?

Immanente Nachfrage:

A.1 Sie beschreiben Ihre Gemeinde als [...]. Fällt Ihnen ein Beispiel hierfür ein? / Erinnern Sie sich an eine bestimmte Situation, an der das besonders deutlich wurde?

Exmanente Nachfragen:

A.2 Oft gibt es ja in der Gemeindearbeit bestimmte inhaltliche Schwerpunkte. Die eine Gemeinde macht mehr Jugendarbeit, die andere mehr Kirchenmusik usw. Was würden Sie sagen: Wo liegen die Schwerpunkte in Ihrer Gemeinde?

B. SELBSTWAHRNEHMUNG / BESCHREIBUNG DES SOZIALRAUMS

Bewegen wir uns mal gedanklich aus den Türen der Kirche heraus: Wie würden Sie den Stadtteil / Ort / die Wohngegend, in dem die Gemeinde liegt, beschreiben?

Immanente Nachfrage:

B.1 Sie beschreiben das Umfeld der Gemeinde als [...]. Fällt Ihnen ein Beispiel hierfür ein, an dem das sichtbar wird?

Exmanente Nachfragen:

...

C. Kirche im Sozialraum: Angebote

Und wie erleben Sie den Bezug der Kirchengemeinde zu ihrem Umfeld, zum Stadtteil oder zum Dorf? [Evtl. ergänzender Erzählstimulus: Was würde im Stadtteil/Ort/Dorf fehlen, wenn es die Kirchengemeinde hier nicht mehr gäbe?]

Immanente Nachfragen:
C.1　Sie beschreiben die Bedeutung der Gemeinde für [Stadtteil/Ort] als [...]. Fällt Ihnen hierfür ein Beispiel ein?

C.2　Sie haben erzählt, dass sich Ihre Gemeinde mit dem Projekt/Angebot XY in [Stadtteil/Ort] engagiert. Können Sie sich daran erinnern, wie dieses Projekt entstanden ist?

Exmanente Nachfragen:
C.3　Oft bringen sich Kirchengemeinden ja auch mit eigenen Angeboten und Projekten ganz konkret in die Gestaltung ihres sozialen Umfelds ein. Wie beurteilen Sie dies für Ihre eigene Kirchengemeinde?

C.4　Gab es in der Vergangenheit Projekte/Angebote, die es heute nicht mehr gibt?

C.5　Fallen Ihnen Aufgaben ein, die Ihre Kirchengemeinde Ihrer Meinung nach hier in [Ort/Stadtteil] stärker wahrnehmen sollte?

D. Kirche im Sozialraum: Zivilgesellschaftliche Vernetzung

Hier Vorlegen der Netzwerkkarte (siehe nächste Seite) mit der Aufforderung, die jeweiligen Akteure einzuzeichnen. Anhand der Karte sollten folgende Fragen für die Akteure diskutiert werden:

Immanente Nachfragen:
D.1　Warum beurteilen Sie diesen Akteur als sehr wichtig/wichtig/weniger wichtig?
D.2　Bei externen Kooperationen: Können Sie sich daran erinnern, wann und wie diese Kooperation entstanden ist?

Exmanente Nachfragen:
D.3　Gibt es noch andere Akteure hier im Stadtteil, die zwar weniger wichtig für ihre Arbeit in der Gemeinde sind, aber mit denen es trotzdem ab und zu Zusammenarbeit gibt?

D.3 Können Sie sich an frühere gemeinsame Projekte der Kirchengemeinde mit anderen Akteuren hier in [Stadtteil/Ortschaft] erinnern, die es heute nicht mehr gibt?

D.4 Gibt es Einrichtungen hier im Stadtteil, mit denen Sie sich eine stärkere Zusammenarbeit mit der Kirchengemeinde wünschen?

E. ABSCHLUSS: THEORETISIERUNG UND ABSTRAKTION: KIRCHE IN DER ZIVIL-GESELLSCHAFT

Nun haben wir bereits eine ganze Weile über Ihre Gemeinde gesprochen. Ich würde nun gern abschließend noch auf eine etwas abstraktere Ebene wechseln und Sie nach einer eher generellen Einschätzung fragen:
Was sollte Ihrer Meinung nach die Funktion einer Kirche im Stadtteil/Dorf sein? Welche Aufgaben sollte die Kirche für die Menschen in ihrem Umfeld wahrnehmen?

Immanente Nachfragen:
...

Exmanente Nachfrage:
E.1 Was glauben Sie, was können Kirchengemeinden tun, um in ihrem jeweiligen Umfeld stärker wahrgenommen zu werden?

Ich danke Ihnen für das Gespräch!

Leitfaden für Gespräche mit Experten *außerhalb* der Kirchengemeinden

Einleitende Hinweise zum Gespräch: Ablauf, Anonymität, Aufzeichnung etc.

A. WAHRNEHMUNG DES SOZIALRAUMS:

Zu Beginn einmal ganz allgemein gefragt: Wie würden Sie [Ort/Stadtteil] beschreiben?

Immanente Nachfragen:

...

B. ZIVILGESELLSCHAFTLICHE VERNETZUNG

Oft gibt es ja im Stadtteil/Dorf viele unterschiedliche Gruppen, Einrichtungen, Vereine, Verbände, Parteien, etc. Wenn Sie hier einmal von sich selbst und ihrer Arbeit als [XY] ausgehen: Welche Akteure, Gruppen oder Personen hier in [Stadtteil/Ort] sind für Ihre eigene Arbeit wichtig? [Ergänzender Stimulus: Mit wem haben Sie hier in [Stadtteil/Ort] häufig zu tun?]

Vorlegen der Netzwerkkarte

Immanente Nachfragen:
B.1 Können Sie mir beschreiben, warum Sie [Akteur XY] als wichtig/weniger wichtig einschätzen?
B.2 Sie haben die Kirchengemeinde als wichtig/weniger wichtig eingeschätzt. Können Sie mir von ihrem Kontakt/ihrer Zusammenarbeit mit der Gemeinde noch etwas mehr erzählen?
B.3 Können Sie sich noch erinnern, wie die Zusammenarbeit mit der Gemeinde entstanden ist?

Exmanente Nachfragen:
B.4 Wie eingangs bereits erwähnt, interessieren wir uns besonders für die Vernetzung der Kirchengemeinde. Sie selbst haben die Gemeinde nicht in die Netzwerkkarte aufgenommen. Gibt es von Ihrer Seite Zusammenarbeit/Kontakt mit der Gemeinde?
B.5 Gab es in der Vergangenheit eine stärkere Zusammenarbeit/gemeinsame Projekte mit der Gemeinde?
B.6 Gibt es Bereiche, in denen Sie sich persönlich eine stärkere Zusammenarbeit mit der Gemeinde wünschen?

C. FREMDWAHRNEHMUNG DER KIRCHENGEMEINDE

Wir haben nun schon etwas über Ihren Kontakt/Ihre Zusammenarbeit mit der Kirchengemeinde gesprochen. Ich würde gerne etwas allgemeiner fragen: Welche Rolle spielt die Kirchengemeinde [XY] Ihrer Meinung nach hier in [Stadtteil/Ort] insgesamt?

Immanente Nachfragen:

...

Exmanente Nachfragen:
C.1 Welche Angebote der Kirchengemeinde für die Menschen hier vor Ort kennen Sie?
C.2 Gibt es Bereiche, von denen Sie sagen, die Kirche sollte sich hier vor Ort mehr einbringen?

D. ABSTRAKTION: ALLGEMEINE ROLLE VON KIRCHE IN DER ZIVILGESELLSCHAFT

Nun haben wir bereits eine ganze Weile über [Stadtteil/Ort] und die Kirchengemeinde [XY] gesprochen. Ich würde daher zum Schluss gerne auf eine etwas allgemeinere Ebene wechseln. Mich interessiert Ihre Einschätzung: Was sollte Ihrer Meinung nach die Funktion einer Kirche im Stadtteil/Dorf sein? Welche Aufgaben sollte die Kirche für die Menschen in ihrem Umfeld wahrnehmen?

Ich danke Ihnen für das Gespräch!

ANHANG B:
EGOZENTRIERTE NETZWERKKARTEN

Egozentrierte Netzwerkkarte für Experten *innerhalb* der Kirchengemeinden

Welche Akteure (Personen, Gruppen, Einrichtungen oder Organisationen) sind für Sie persönlich oder Ihre Arbeit in der Gemeinde wichtig? Mit wem haben Sie hier vor Ort häufig Kontakt?

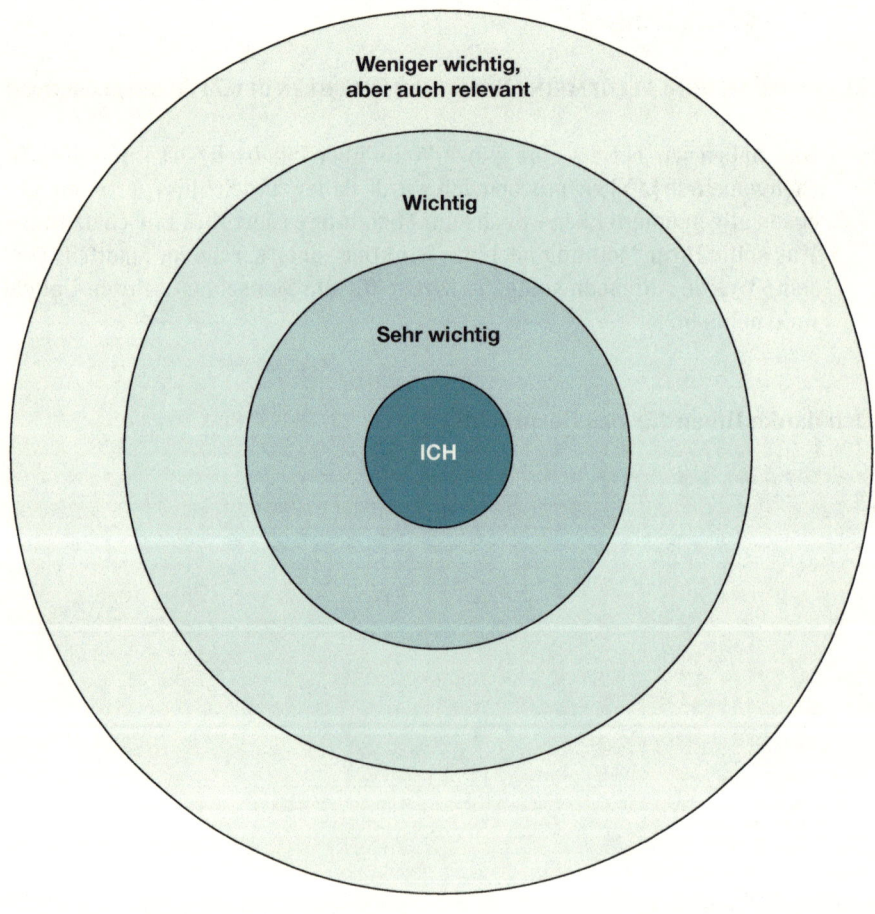

Egozentrierte Netzwerkkarte für Experten *außerhalb* der Kirchengemeinden

Welche Akteure (Personen, Gruppen, Einrichtungen oder Organisationen) sind für Sie persönlich oder Ihre Arbeit wichtig? Mit wem haben Sie hier vor Ort häufig Kontakt?

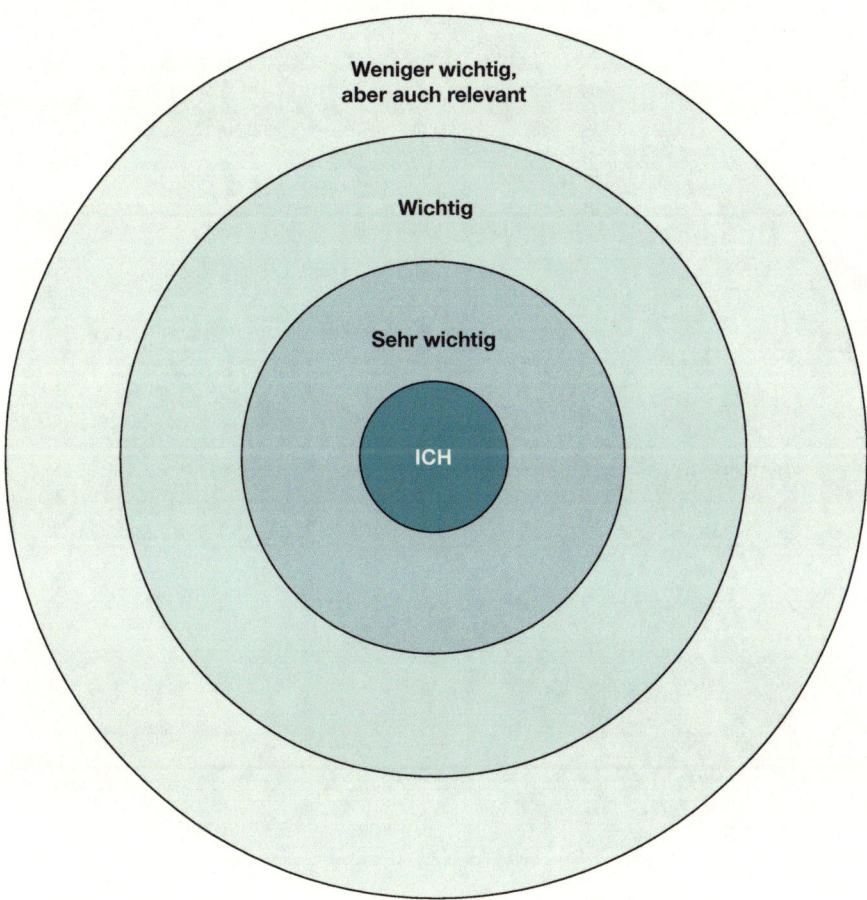

ANHANG C:
FRAGEBÖGEN

Kirche und Zivilgesellschaft »Nachbarschaftliches Zusammenleben in [Gebiet Markusgemeinde]«

Guten Tag, mein Name ist [Vor- und Nachname], von der Universität [...]. Im Auftrag des Sozialwissenschaftlichen Instituts der Evangelischen Kirche in Deutschland führen wir die Studie »Nachbarschaftliches Zusammenleben in [Gebiet Markusgemeinde]« durch. Herzlichen Dank, dass Sie sich für das Interview bereit erklären! Das ist eine große Unterstützung für uns. Ich möchte Sie noch einmal darauf hinweisen, dass Ihre Teilnahme freiwillig ist und all Ihre Angaben selbstverständlich anonym behandelt werden.

Wir beginnen mit ein paar Fragen zum Thema Zusammenleben und Nachbarschaft.

1. Was verbinden Sie mit dem Begriff »Nachbarschaft«?

Offene Antwort:	Weiß nicht
	O

2. Wenn Sie einmal Hilfe brauchen, gibt es da Personen außerhalb Ihres Haushaltes, an die Sie sich unentgeltlich wenden können?

Ja	Nein	Weiß nicht
O	O	O
→ weiter mit 2.1	→ weiter mit 3.	→ weiter mit 2.1

An wen können Sie sich dann wenden?

Int: MEHRFACHNNENUNGEN MÖGLICH

		trifft zu	trifft nicht zu
01	an Verwandte	O	O
02	an Nachbarn	O	O
03	an Freunde	O	O
04	an Bekannte oder andere	O	O

3. Was würden Sie sagen, wie gut ist der soziale Zusammenhalt insgesamt hier in [...]]?

sehr gut	eher gut	mittel	eher schlecht	sehr schlecht	Weiß nicht
○	○	○	○	○	○

4. Wie viele Ihrer Nachbarn sind Ihnen persönlich bekannt? Nachbarn können Menschen sein, die im gleichen Wohnhaus, der gleichen Straße oder im gleichen Viertel wohnen wie Sie selbst.

niemand	ein bis zwei Personen	drei bis fünf Personen	sechs bis zehn Personen	zehn bis zwanzig Personen	mehr als zwanzig Personen	Weiß nicht
○	○	○	○	○	○	○

5. In den letzten Jahren sind viele Menschen neu nach [...] gezogen. Ich nenne Ihnen gleich verschiedene Personengruppen. Wie angenehm oder unangenehm wären Ihnen Angehörige dieser Gruppen als Nachbarn?

INT: SKALA 1 VORLEGEN. ALS AUSSIEDLER BEZEICHNEN WIR HIER PERSONEN UND IHRE KINDER, DIE AUS LÄNDERN DER EHEMALIGEN SOWJETUNION UND ANDEREN EUROPÄISCHEN LÄNDERN ZUGEWANDERT SIND UND NACH DEM STAATSANGEHÖRIGKEITSGESETZ DEUTSCHE SIND.

Wie angenehm oder unangenehm wären Ihnen ...

	sehr angenehm	angenehm	wäre mir gleichgültig	unangenehm	sehr unangenehm	weiß nicht
01 Italiener als Nachbarn?	O	O	O	O	O	O
02 deutschstämmige Aussiedler aus Osteuropa als Nachbarn?	O	O	O	O	O	O
03 Asylbewerber als Nachbarn?	O	O	O	O	O	O
04 Türken als Nachbarn?	O	O	O	O	O	O
05 Juden als Nachbarn?	O	O	O	O	O	O

6. Und ganz allgemein, was meinen Sie: Kann man Menschen vertrauen oder kann man im Umgang mit anderen Menschen nicht vorsichtig genug sein?

Man kann ...

Menschen fast immer vertrauen.	Menschen normalerweise vertrauen.	normalerweise nicht vorsichtig genug sein im Umgang mit Menschen.	fast nie vorsichtig genug sein mit Menschen.	Weiß nicht
O	O	O	O	O

7. Nun eine Frage zu Ihrer Freizeit: Wenn Sie an die letzten 12 Monate denken, wie oft haben Sie die folgenden Tätigkeiten ungefähr ausgeübt? Täglich, mindestens einmal in der Woche, mindestens einmal im Monat, seltener oder nie?

INT: SKALA 2 VORLEGEN

		täglich	mind. 1x pro Woche	mind. 1x pro Monat	seltener	nie	weiß nicht
01	Besuch von kulturellen Veranstaltungen, z.B. Konzerten, Theater, Vorträgen	O	O	O	O	O	O
02	Treffen mit Nachbarn, Freunden oder Bekannten	O	O	O	O	O	O
03	Lesen überregionaler Zeitungen (z.B. FAZ, SZ, ZEIT)	O	O	O	O	O	O
04	Ehrenamtliche Tätigkeit oder freiwilliges Engagement	O	O	O	O	O	O
05	Kirchgang bzw. Besuch religiöser Veranstaltungen in einer Moschee, Synagoge oder einem anderen Gotteshaus	O	O	O	O	O	O

8. Wir kommen nun zu einem anderen Thema. Man kann unterschied-
    liches Vertrauen in gesellschaftliche Institutionen haben. Wie ist das
    bei Ihnen – wie stark vertrauen Sie den folgenden Institutionen in
    Deutschland?

INT: SKALA 3 VORLEGEN

Wie stark vertrauen Sie ...

		vertraue ich sehr	vertraue ich eher	teils, teils	vertraue ich eher nicht	vertraue ich überhaupt nicht	Weiß nicht
01	der Bundesregierung	O	O	O	O	O	O
02	Wirtschaftsunternehmen	O	O	O	O	O	O
03	der Justiz	O	O	O	O	O	O
04	dem Fernsehen	O	O	O	O	O	O
05	dem Zeitungswesen	O	O	O	O	O	O
06	politischen Parteien	O	O	O	O	O	O
07	der Stadt- und Gemeindeverwaltung	O	O	O	O	O	O
08	der katholischen Kirche	O	O	O	O	O	O
09	der evangelischen Kirche	O	O	O	O	O	O

Im nächsten Abschnitt des Interviews haben wir ein paar Fragen zu Ihrer persönlichen Wahrnehmung der evangelischen Kirchengemeinde hier im Stadtteil
[...]. Wenn wir im Folgenden von der Kirchengemeinde sprechen, meinen wir die
evangelisch-lutherische Kirchengemeinde in [...] mit der Markuskirche und der
[Name der 2. Kirche im Gemeindegebiet].

9. Wenn Sie einmal an die letzten 12 Monate denken, wo haben Sie die Kirchengemeinde in [...] wahrgenommen? Sie können alle Antworten nennen, die für Sie in Frage kommen.

INT: LISTE 1 VORLEGEN

		trifft zu	trifft nicht zu
01	beim Besuch des »Weltladen & Cafés«	○	○
02	bei Konzerten oder sonstigen musikalischen Veranstaltungen	○	○
03	bei Kulturveranstaltungen	○	○
04	bei politischen Aktionen	○	○
05	im [...] Kirchenboten	○	○
06	über Berichte in örtlichen Tageszeitungen (z.B. [...])	○	○
07	im Internet oder in den sozialen Medien (z.B. Facebook)	○	○
08	durch Kontakt zu Mitarbeitenden der Kirche (z.B. Pastoren, Küster, Diakone)	○	○
09	bei Gottesdiensten	○	○
10	bei Festveranstaltungen (z.B. Neujahrsempfang, Sommerfest etc.)	○	○
11	bei Taufen, Hochzeiten, Beerdigungen	○	○
12	beim Vorbeigehen am Kirchengebäude	○	○
13	anderes, und zwar	○	○

10. Welche der folgenden Angebote der Kirchengemeinde sind Ihnen
    bekannt? Und welche davon haben Sie selber schon genutzt?

INT: LISTE 2 VORLEGEN

		Bekannt und bereits genutzt	Bekannt, aber noch nicht genutzt	Nicht bekannt / Weiß nicht
01	Jugendwelt	O	O	O
02	Helfende Hände (ehrenamtliche Betreuung älterer Menschen)	O	O	O
03	Jobpaten [...]	O	O	O
04	Atempause	O	O	O
05	Eltern-Kind-Gruppe	O	O	O
06	Gesprächskreis für Trauernde	O	O	O
07	evangelische Kindergärten	O	O	O
08	Themencafé	O	O	O
09	Weltladen & Café	O	O	O
10	Besuchsdienst	O	O	O
11	Himmlisch Kochen	O	O	O
12	»[...] aufs Rad«	O	O	O
13	Chorproben [z. B. ...]	O	O	O
14	Kirchenkaten	O	O	O
15	Sonstiges, und zwar:	O	O	O

11. **Wie schätzen Sie persönlich die Arbeit der Kirchengemeinde in den folgenden Bereichen ein?**

INT: LISTE 3 VORLEGEN

		sehr positiv	positiv	teils, teils	negativ	sehr negativ	weiß nicht
01	Taufen, Hochzeiten oder Beerdigungen	O	O	O	O	O	O
02	Gottesdienste	O	O	O	O	O	O
03	Konfirmandenunterricht	O	O	O	O	O	O
04	Angebote für Kinder und Jugendliche	O	O	O	O	O	O
05	Angebote für ältere Menschen	O	O	O	O	O	O
06	Angebote für Familien	O	O	O	O	O	O
07	Konzerte oder sonstige musikalische Veranstaltungen	O	O	O	O	O	O
08	Kulturelle Angebote (z.B. Ausstellungen, Lesungen etc.)	O	O	O	O	O	O
09	Gemeindefeste	O	O	O	O	O	O
10	Seelsorge und Lebensberatung	O	O	O	O	O	O
11	Hilfe für Menschen in Notlagen	O	O	O	O	O	O
12	Kindergärten	O	O	O	O	O	O

12. **Alles in allem: Wie beurteilen Sie die Arbeit der Kirchengemeinde für die Menschen in [...] insgesamt?**

sehr positiv	positiv	teils, teils	negativ	sehr negativ	weiß nicht
O	O	O	O	O	O

13. Was meinen Sie, sollte sich die Kirchengemeinde in [...] in den folgenden Bereichen engagieren?

INT: LISTE 4 VORLEGEN

Die Kirchengemeinde sollte ...

		Auf jeden Fall	Eher ja	teils, teils	Eher nein	Auf keinen Fall	Weiß nicht
01	die christliche Botschaft verkündigen	O	O	O	O	O	O
02	Raum für Gebet, Stille und Besinnung bieten	O	O	O	O	O	O
03	sich um Menschen in Notlagen kümmern	O	O	O	O	O	O
04	Alte, Kranke und Bedürftige betreuen	O	O	O	O	O	O
05	die christlich-abendländischen Werte verteidigen	O	O	O	O	O	O
06	zu politischen Themen Stellung beziehen	O	O	O	O	O	O
07	das Gespräch mit anderen Religionsgemeinschaften im Umfeld suchen	O	O	O	O	O	O
08	Angebote für Kinder und Jugendliche machen	O	O	O	O	O	O
09	Angebote für Senioren machen	O	O	O	O	O	O
10	sich gegen Fremdenhass und Ausländerfeindlichkeit wenden	O	O	O	O	O	O
11	sich aktiv an der Gestaltung des Stadtteils beteiligen	O	O	O	O	O	O
12	kulturelle Angebote machen	O	O	O	O	O	O

14. Ich lese Ihnen nun ein paar allgemeine Aussagen über die Kirchengemeinde vor. Bitte sagen Sie mir für jede dieser Aussagen, wie sehr Sie
ihr zustimmen oder nicht zustimmen.

INT: SKALA 4 VORLEGEN

		Stimme voll zu	Stimme eher zu	Weder noch	Stimme eher nicht zu	Stimme überhaupt nicht zu	Weiß nicht
01	Die Kirchengemeinde kümmert sich nur um ihre eigenen Mitglieder.	O	O	O	O	O	O
02	Ohne die Kirchengemeinde würde es viele soziale oder kulturelle Angebote hier in […] nicht geben.	O	O	O	O	O	O
03	In politischen Fragen vertritt die Kirchengemeinde nur ihre eigene Position.	O	O	O	O	O	O
04	Die Kirchengemeinde stärkt den sozialen Zusammenhalt der Menschen in […].	O	O	O	O	O	O
05	Die Kirchengemeinde bringt Menschen und Gruppen im Stadtteil miteinander ins Gespräch.	O	O	O	O	O	O
06	Die Kirchengemeinde setzt sich für die Menschen ein, die sonst keine Stimme haben.	O	O	O	O	O	O

15. Was würde Ihnen in [...] fehlen, wenn es die evangelische Kirchen-gemeinde nicht mehr geben würde?

INT: NUR SPONTANNENNUNGEN, NICHT NACHFRAGEN

Offene Antwort:	Weiß nicht
	O

Als Nächstes würde ich Ihnen gerne ein paar allgemeine Fragen zum Thema Religion und Glauben stellen.

16. Gehören Sie einer Religionsgemeinschaft an?

01	Nein Ja, und zwar bin ich:	O → **weiter mit 18**
02	evangelisch-landeskirchlich (lutherisch, reformiert, uniert)	O → **weiter mit 17**
03	evangelisch-freikirchlich	O → **weiter mit 17**
04	katholisch	O → **weiter mit 17**
05	Mitglied einer anderen christlichen Religion	O → **weiter mit 17**
06	muslimisch	O → **weiter mit 17**
07	jüdisch	O → **weiter mit 17**
08	buddhistisch	O → **weiter mit 17**
09	anderes, und zwar:	O → **weiter mit 17**
99	keine Angabe	O → **weiter mit 17**

17. Das Gefühl der Verbundenheit mit der eigenen Religionsgemeinschaft kann ja unterschiedlich stark sein. Wie stark fühlen Sie sich – rein gefühlsmäßig – mit Ihrer Religionsgemeinschaft verbunden?
Bitte sagen Sie es mir anhand dieser Skala von 1 bis 5. 1 bedeutet stark, und 5 bedeutet gar nicht.

INT: SKALA 5 VORLEGEN

1 stark	2	3	4	5 gar nicht	Weiß nicht
O	O	O	O	O	O

18. Wenn Sie an Ihre Kindheit oder Jugend denken: Wie stark sind Sie religiös geprägt worden?

1 stark	2	3	4	5 gar nicht	Weiß nicht
O	O	O	O	O	O

19. Alles in allem: Als wie religiös würden Sie sich bezeichnen?

1 stark	2	3	4	5 gar nicht	Weiß nicht
O	O	O	O	O	O

Zum Schluss nur noch ein paar kurze Fragen zu ihrer Person.

20. Geschlecht

INT: EINTRAGEN OHNE NACHZUFRAGEN

01	Männlich
02	Weiblich

21. In welchem Jahr sind Sie geboren?

Numerisch:	
Keine Angabe	

22. Seit welchem Jahr leben Sie bereits in [...]?

INT: FALLS NICHT GENAU BEKANNT, BITTE SCHÄTZEN

Numerisch:	
Keine Angabe	

23. Haben Sie die deutsche Staatsbürgerschaft?

01	Ja
02	Nein
99	Keine Angabe

24. In welchem Land wurden Sie geboren?

INT: ITEMS NICHT VORLESEN. ANTWORT NOTIEREN.

01	Deutschland
02	Türkei
03	Italien
04	Polen
05	Griechenland
06	Kroatien
07	Serbien
08	Russland
09	Anderes, und zwar:
99	Keine Angabe

25. Wurden eines Ihrer Elternteile oder beide Eltern von Ihnen außerhalb Deutschlands geboren?

INT: ITEMS NICHT VORLESEN. ANTWORT NOTIEREN.

01	Ja, mein Vater
02	Ja, meine Mutter
03	Ja, beide
04	Nein
99	Keine Angabe

26. Welchen Familienstand haben Sie?

INT: ITEMS NICHT VORLESEN. ANTWORT NOTIEREN.
»EINGETRAGENE« LEBENSPARTNERSCHAFT HEISST, DASS ES SICH
UM EINE GLEICHGESCHLECHTLICHE PARTNERSCHAFT IM SINNE DES
LEBENSPARTNERSCHAFTSGESETZES HANDELT ODER GEHANDELT HAT

01	Verheiratet und lebe mit meinem/meiner Ehepartner/-in zusammen	○	→ **weiter mit 28**
02	In eingetr. Lebenspartnerschaft zusammenlebend (gleichgeschlechtlich)	○	→ **weiter mit 28**
03	Verheiratet und lebe von meinem/meiner Ehepartner/-in getrennt	○	→ **weiter mit 27**
04	Ledig	○	→ **weiter mit 27**
05	Geschieden	○	→ **weiter mit 27**
06	Verwitwet	○	→ **weiter mit 27**
07	Eingetragene Lebenspartnerschaft, getrennt lebend (gleichgeschlechtlich)	○	→ **weiter mit 27**
08	Eingetragene Lebenspartnerschaft aufgehoben (gleichgeschlechtlich)	○	→ **weiter mit 27**
09	Eingetragene(r) Lebenspartner/-in verstorben (gleichgeschlechtlich)	○	→ **weiter mit 27**
99	Keine Angabe	○	→ **weiter mit 27**
98	Unter 16	○	→ **weiter mit 28**

27. Leben Sie in einer Partnerschaft zusammen?

INT: ITEMS NICHT VORLESEN. ANTWORT NOTIEREN.

01	Ja
02	Nein
99	Keine Angabe

28. Wie viele Personen leben ständig in Ihrem Haushalt, Sie selbst eingeschlossen? Zu diesem Haushalt zählen alle Personen, die hier gemeinsam wohnen und wirtschaften. Denken Sie dabei bitte auch an alle im Haushalt lebenden Kinder.

INT: ITEMS NICHT VORLESEN. ANTWORT NOTIEREN.

01	Eine Person
02	Mehrere Personen, und zwar:
99	Keine Angabe

29. Wie viele Personen in Ihrem Haushalt sind unter 16 Jahre alt?

Numerisch:
Keine Angabe

30. **Welchen höchsten allgemeinbildenden Schulabschluss oder akademischen Abschluss haben Sie?**

INT: ITEMS NICHT VORLESEN. ANTWORT NOTIEREN.

01	Schüler/-in, besuche eine allgemeinbildende Vollzeitschule	○	→ **weiter mit 31**
02	Von der Schule abgegangen ohne Hauptschul-abschluss (Volksschulabschluss)	○	→ **weiter mit 32**
03	Hauptschulabschluss (Volksschulabschluss)	○	→ **weiter mit 32**
04	Realschulabschluss (Mittlere Reife)	○	→ **weiter mit 32**
05	Polytechnische Oberschule der DDR mit Abschluss der 8. oder 9. Klasse	○	→ **weiter mit 32**
06	Polytechnische Oberschule der DDR mit Abschluss der 10. Klasse	○	→ **weiter mit 32**
07	Fachhochschulreife, Abschluss einer Fachoberschule	○	→ **weiter mit 32**
08	Allgemeine oder fachgebundene Hochschulreife/Abitur (Gymnasium bzw. EOS, auch EOS mit Lehre)	○	→ **weiter mit 32**
09	Abitur über zweiten Bildungsweg nachgeholt	○	→ **weiter mit 32**
10	Bachelor an (Fach-)Hochschule abgeschlossen	○	→ **weiter mit 32**
11	Fachhochschulabschluss (z. B. Diplom, Master)	○	→ **weiter mit 32**
12	Universitätsabschluss (z. B. Diplom, Magister, Staatsexamen, Master)	○	→ **weiter mit 32**
13	Promotion	○	→ **weiter mit 32**
14	Einen anderen Abschluss, und zwar:	○	→ **weiter mit 32**
99	Keine Angabe		

31. Welchen allgemeinbildenden Schulabschluss streben Sie an?

INT: ITEMS NICHT VORLESEN. ANTWORT NOTIEREN.

01	Hauptschulabschluss
02	Mittlere Reife, Realschulabschluss, Fachschulreife
03	Fachhochschulreife, Abschluss einer Fachoberschule
04	Abitur, allgemeine oder fachgebundene Hochschulreife
05	Einen anderen Schulabschluss, und zwar:
99	Keine Angabe

32. Was ist Ihre momentane Erwerbssituation? Bitte beachten Sie, dass unter Erwerbstätigkeit jede bezahlte bzw. mit einem Einkommen verbundene Tätigkeit verstanden wird.

INT: ITEMS NICHT VORLESEN. ANTWORT NOTIEREN.

01	Schüler/in, Auszubildende/r
02	Studierende/r
03	Freiwilligendienst (FSJ, FÖJ; Bundesfreiwilligendienst)
04	voll erwerbstätig
04	teilzeiterwerbstätig
06	geringfügig erwerbstätig, 450-Euro-Job, Minijob
07	erwerbslos / arbeitssuchend
08	Rentner / in, Pensionär / in
09	Hausfrau / -mann
10	aus anderem Grund nicht erwerbstätig
99	Keine Angabe

33. Bei dieser Frage geht es darum, Gruppen in der Bevölkerung mit z. B.
    hohem, mittlerem oder niedrigem Einkommen auswerten zu können.
    Daher möchten wir gerne wissen: Wie hoch ist das durchschnittliche mo-
    natliche Nettoeinkommen Ihres Haushalts insgesamt? Sie können sicher
    sein, dass Ihre Antwort nicht in Verbindung mit Ihrem Namen ausgewer-
    tet wird. Unter durchschnittlichem monatlichem Nettoeinkommen Ihres
    Haushalts ist die Summe zu verstehen, die sich aus Lohn, Gehalt, Einkom-
    men aus selbstständiger Tätigkeit, Rente oder Pension ergibt. Rechnen
    Sie bitte auch die Einkünfte aus öffentlichen Beihilfen, Einkommen aus
    Vermietung und Verpachtung, Vermögen, Wohngeld, Kindergeld und sons-
    tige Einkünfte hinzu und ziehen Sie dann Steuern und Sozialversiche-
    rungsbeiträge ab. Sagen sie mir bitte, welche der folgenden Kategorien auf
    ihr durchschnittliches monatliches Haushaltsnettoeinkommen zutrifft.

    INT: BEI SELBSTSTÄNDIGEN NACH DEN DURCHSCHNITTLICHEN NETTO-
    BEZÜGEN, D. H. ABZÜGLICH DER BETRIEBSAUSGABEN UND STEUERN,
    FRAGEN.

01	Bis unter 500 EURO
02	500 bis unter 1.000 EURO
03	1.000 bis unter 1.500 EURO
04	1.500 bis unter 2.000 EURO
05	2.000 bis unter 3.000 EURO
06	3.000 bis unter 4.000 EURO
07	4.000 bis unter 5.000 EURO
08	5.000 EURO und mehr
99	Keine Angabe

34. Es wird heute viel über die verschiedenen Bevölkerungsschichten
    gesprochen. Welcher Schicht rechnen Sie sich selbst zu?

01	der Unterschicht
02	der Arbeiterschicht
03	der Mittelschicht
04	der oberen Mittelschicht
05	der Oberschicht
99	Keine Angabe

35. Das waren alle Fragen. Vielen Dank für Ihre Teilnahme! Haben Sie zum Schluss noch Anmerkungen für uns?

INT: NUR SPONTANNENNUNGEN, NICHT NACHFRAGEN

Offene Antwort:	Weiß nicht
	O

36. NUR AN DIE INTERVIEWER: Nun einige Fragen zum Wohnumfeld der Zielperson: In welcher Art von Gebäude wohnt der Befragungshaushalt?

01	Landwirtschaftliches Wohngebäude
02	Freistehendes Ein-/Zweifamilienhaus
03	Ein-/Zweifamilienhaus als Reihenhaus oder Doppelhaus
04	Wohnhaus mit 3 bis 4 Wohnungen
05	Wohnhaus mit 5 bis 8 Wohnungen
06	Wohnhaus mit 9 oder mehr Wohnungen (aber höchstens 8 Stockwerke, also kein Hochhaus)
07	Hochhaus (9 oder mehr Stockwerke)
08	Sonstiges Haus/Gebäude, und zwar:
99	Weiß nicht

37. NUR AN DIE INTERVIEWER: Wie beurteilen Sie den Zustand des Hauses?

01	In gutem bis sehr gutem Zustand
02	Etwas renovierungsbedürftig
03	Stark renovierungsbedürftig
99	Weiß nicht

Kirche und Zivilgesellschaft
»Nachbarschaftliches Zusammenleben in
[Prisca-Mitte, Prisca-Süd und Prisca-Ost]«

Guten Tag, mein Name ist [Vor- und Nachname] von [durchführendes Institut]. Im Auftrag des Sozialwissenschaftlichen Instituts der Evangelischen Kirche in Deutschland führen wir die Studie »Nachbarschaftliches Zusammenleben in den Stadtbezirken [Prisca-Mitte, Prisca-Süd und Prisca-Ost]« durch. Herzlichen Dank, dass Sie sich für das Interview bereit erklären! Das ist eine große Unterstützung für uns. Ich möchte Sie noch einmal darauf hinweisen, dass Ihre Teilnahme freiwillig ist und all Ihre Angaben selbstverständlich anonym behandelt werden.

Wir beginnen mit ein paar Fragen zum Thema Zusammenleben und Nachbarschaft.

1. Was verbinden Sie mit dem Begriff »Nachbarschaft«?

Offene Antwort:	Weiß nicht
	O

2. Wenn Sie einmal Hilfe brauchen, gibt es da Personen außerhalb Ihres Haushaltes, an die Sie sich unentgeltlich wenden können?

Ja	Nein	Weiß nicht
O	O	O
→ weiter mit 2.1	→ weiter mit 3.	→ weiter mit 2.1

An wen können Sie sich dann wenden?

Int: MEHRFACHNNENUNGEN MÖGLICH

		trifft zu	trifft nicht zu
01	an Verwandte	O	O
02	an Nachbarn	O	O
03	an Freunde	O	O
04	an Bekannte oder andere	O	O

3. Was würden Sie sagen, wie gut ist der soziale Zusammenhalt insgesamt hier in [...]?

sehr gut	eher gut	mittel	eher schlecht	sehr schlecht	Weiß nicht
O	O	O	O	O	O

4. Wie viele Ihrer Nachbarn sind Ihnen persönlich bekannt? Nachbarn können Menschen sein, die im gleichen Wohnhaus, der gleichen Straße oder im gleichen Viertel wohnen wie Sie selbst.

niemand	ein bis zwei Personen	drei bis fünf Personen	sechs bis zehn Personen	zehn bis zwanzig Personen	Mehr als zwanzig Personen	Weiß nicht
O	O	O	O	O	O	O

5. In den letzten Jahren sind viele Menschen neu nach [...] gezogen. Ich nenne Ihnen gleich verschiedene Personengruppen. Wie angenehm oder unangenehm wären Ihnen Angehörige dieser Gruppen als Nachbarn?

INT: SKALA 1 VORLEGEN. ALS AUSSIEDLER BEZEICHNEN WIR HIER PERSONEN UND IHRE KINDER, DIE AUS LÄNDERN DER EHEMALIGEN SOWJETUNION UND ANDEREN EUROPÄISCHEN LÄNDERN ZUGEWANDERT SIND UND NACH DEM STAATSANGEHÖRIGKEITSGESETZ DEUTSCHE SIND.

Wie angenehm oder unangenehm wären Ihnen ...

		sehr angenehm	angenehm	wäre mir gleichgültig	unangenehm	sehr unangenehm	weiß nicht
01	Italiener als Nachbarn?	O	O	O	O	O	O
02	deutschstämmige Aussiedler aus Osteuropa als Nachbarn?	O	O	O	O	O	O
03	Asylbewerber als Nachbarn?	O	O	O	O	O	O
04	Türken als Nachbarn?	O	O	O	O	O	O
05	Juden als Nachbarn?	O	O	O	O	O	O

6. Und ganz allgemein, was meinen Sie: Kann man Menschen vertrauen oder kann man im Umgang mit anderen Menschen nicht vorsichtig genug sein?

Man kann ...

Menschen fast immer vertrauen.	Menschen normalerweise vertrauen.	normalerweise nicht vorsichtig genug sein im Umgang mit Menschen.	fast nie vorsichtig genug sein mit Menschen.	Weiß nicht
O	O	O	O	O

7. Nun eine Frage zu Ihrer Freizeit: Wenn Sie an die letzten 12 Monate denken, wie oft haben Sie die folgenden Tätigkeiten ungefähr ausgeübt? Täglich, mindestens einmal in der Woche, mindestens einmal im Monat, seltener oder nie?

INT: SKALA 2 VORLEGEN

		täglich	mind. 1x pro Woche	mind. 1x pro Monat	seltener	nie	weiß nicht
01	Besuch von kulturellen Veranstaltungen, z. B. Konzerten, Theater, Vorträgen	O	O	O	O	O	O
02	Treffen mit Nachbarn, Freunden oder Bekannten	O	O	O	O	O	O
03	Lesen überregionaler Zeitungen (z. B. FAZ, SZ, ZEIT)	O	O	O	O	O	O
04	Ehrenamtliche Tätigkeit oder freiwilliges Engagement	O	O	O	O	O	O
05	Kirchgang bzw. Besuch religiöser Veranstaltungen in einer Moschee, Synagoge oder einem anderen Gotteshaus	O	O	O	O	O	O

8. Wir kommen nun zu einem anderen Thema. Man kann unterschied-
liches Vertrauen in gesellschaftliche Institutionen haben. Wie ist das
bei Ihnen – wie stark vertrauen Sie den folgenden Institutionen in
Deutschland?

INT: SKALA 3 VORLEGEN

Wie stark vertrauen Sie ...

		vertraue ich sehr	vertraue ich eher	teils, teils	vertraue ich eher nicht	vertraue ich überhaupt nicht	Weiß nicht
01	der Bundesregierung	O	O	O	O	O	O
02	Wirtschaftsunternehmen	O	O	O	O	O	O
03	der Justiz	O	O	O	O	O	O
04	dem Fernsehen	O	O	O	O	O	O
05	dem Zeitungswesen	O	O	O	O	O	O
06	politischen Parteien	O	O	O	O	O	O
07	der Stadt- und Gemeindeverwaltung	O	O	O	O	O	O
08	der katholischen Kirche	O	O	O	O	O	O
09	der evangelischen Kirche	O	O	O	O	O	O

Im nächsten Abschnitt des Interviews haben wir ein paar Fragen zu Ihrer persönlichen Wahrnehmung der evangelischen Kirchengemeinde hier im [...]. Wenn
wir im Folgenden von der Kirchengemeinde sprechen, meinen wir die evangelisch-lutherische [Priscagemeinde].

9. Wenn Sie einmal an die letzten 12 Monate denken, wo haben Sie die
    Priscagemeinde wahrgenommen? Sie können alle Antworten nennen,
    die für Sie in Frage kommen.

INT: LISTE 1 VORLEGEN

		trifft zu	trifft nicht zu
01	bei Konzerten oder sonstigen musikalischen Veranstaltungen	O	O
02	bei Kulturveranstaltungen	O	O
03	bei politischen Aktionen	O	O
04	im Gemeindebrief/in den Gemeinde-nachrichten	O	O
05	über Berichte in örtlichen Tageszeitungen (z. B. [...])	O	O
06	im Internet oder in den sozialen Medien (z. B. facebook)	O	O
07	durch Kontakt zu Mitarbeitenden der Kirche (z. B. Pfarrer/in, Kantor, Gemeinde-pädagogen, Kindergarten)	O	O
08	bei Gottesdiensten	O	O
09	bei Festveranstaltungen (z. B. Adventsmarkt, Weihnachten, Gemeindefest, Stadt, ...)	O	O
10	bei Taufen, Hochzeiten, Beerdigungen	O	O
11	beim Vorbeigehen an den Kirchengebäuden	O	O
12	anderes, und zwar	O	O

10. Welche der folgenden Angebote der Kirchengemeinde sind Ihnen
bekannt? Und welche davon haben Sie selber schon genutzt?

INT: LISTE 2 VORLEGEN

		Bekannt und bereits genutzt	Bekannt, aber noch nicht genutzt	Nicht bekannt Weiß nicht
01	Junge Gemeinde	O	O	O
02	Treffpunkt Wohnungslose	O	O	O
03	Haus- und Gesprächskreise	O	O	O
04	Initiative [Community Organizing]	O	O	O
05	Krabbelgruppe	O	O	O
06	Kinderkirche	O	O	O
07	Bibelstunde für Senioren	O	O	O
08	Seniorentanz	O	O	O
09	Gedächtnistraining für Senioren	O	O	O
10	Seniorenkreis	O	O	O
11	Besuchsdienst	O	O	O
12	»Fair Handeln« (Verkauf fair gehandelter Produkte)	O	O	O
13	Chorproben (z.B. …)	O	O	O
14	Samstagspilgern	O	O	O
15	Kindertreff	O	O	O
16	Offene Kirchen	O	O	O
17	Flüchtlingsinitiative	O	O	O
18	Kindergärten	O	O	O
19	Sonstiges, und zwar:	O	O	O

11. Wie schätzen Sie persönlich die Arbeit der Kirchengemeinde in den folgenden Bereichen ein?

INT: LISTE 3 VORLEGEN

		Sehr positiv	positiv	teils, teils	negativ	Sehr negativ	Weiß nicht
01	Taufen, Hochzeiten oder Beerdigungen	O	O	O	O	O	O
02	Gottesdienste	O	O	O	O	O	O
03	Konfirmandenunterricht	O	O	O	O	O	O
04	Angebote für Kinder und Jugendliche	O	O	O	O	O	O
05	Angebote für ältere Menschen	O	O	O	O	O	O
06	Angebote für Familien	O	O	O	O	O	O
07	Konzerte oder sonstige musikalische Veranstaltungen	O	O	O	O	O	O
08	Kulturelle Angebote (z. B. Ausstellungen, Lesungen etc.)	O	O	O	O	O	O
09	Gemeindefeste	O	O	O	O	O	O
10	Seelsorge und Lebensberatung	O	O	O	O	O	O
11	Hilfe für Menschen in Notlagen	O	O	O	O	O	O
12	Kindergärten	O	O	O	O	O	O

12. Alles in allem: Wie beurteilen Sie die Arbeit der [Priscagemeinde] für die Menschen in [...] insgesamt?

sehr positiv	positiv	teils, teils	negativ	sehr negativ	weiß nicht
O	O	O	O	O	O

13. **Was meinen Sie, sollte sich die Kirchengemeinde hier im Stadttteil in den folgenden Bereichen engagieren?**

INT: LISTE 4 VORLEGEN

Die Kirchengemeinde sollte ...

		Auf jeden Fall	Eher ja	Teils, teils	Eher nein	Auf keinen Fall	Weiß nicht
01	die christliche Botschaft verkündigen	O	O	O	O	O	O
02	Raum für Gebet, Stille und Besinnung bieten	O	O	O	O	O	O
03	sich um Menschen in Notlagen kümmern	O	O	O	O	O	O
04	Alte, Kranke und Bedürftige betreuen	O	O	O	O	O	O
05	die christlich-abendländischen Werte verteidigen	O	O	O	O	O	O
06	zu politischen Themen Stellung beziehen	O	O	O	O	O	O
07	das Gespräch mit anderen christlichen Religionsgemeinschaften im Umfeld suchen	O	O	O	O	O	O
08	das Gespräch mit anderen nicht-christlichen Religionsgemeinschaften im Umfeld suchen	O	O	O	O	O	O
09	Angebote für Kinder und Jugendliche machen	O	O	O	O	O	O
10	Angebote für Senioren machen	O	O	O	O	O	O
11	sich gegen Fremdenhass und Ausländerfeindlichkeit wenden	O	O	O	O	O	O
12	sich aktiv an der Gestaltung des Stadtteils beteiligen	O	O	O	O	O	O
13	kulturelle Angebote machen	O	O	O	O	O	O

14. Ich lese Ihnen nun ein paar allgemeine Aussagen über die Kirchengemeinde vor. Bitte sagen Sie mir für jede dieser Aussagen, wie sehr Sie ihr zustimmen oder nicht zustimmen.

INT: SKALA 4 VORLEGEN

		Stimme voll zu	Stimme eher zu	Weder noch	Stimme eher nicht zu	Stimme überhaupt nicht zu	Weiß nicht
01	Die Kirchengemeinde kümmert sich nur um ihre eigenen Mitglieder.	O	O	O	O	O	O
02	Ohne die Kirchengemeinde würde es viele soziale oder kulturelle Angebote hier in […] nicht geben.	O	O	O	O	O	O
03	In politischen Fragen vertritt die Kirchengemeinde nur ihre eigene Position.	O	O	O	O	O	O
04	Die Kirchengemeinde stärkt den sozialen Zusammenhalt der Menschen in […].	O	O	O	O	O	O
05	Die Kirchengemeinde bringt Menschen und Gruppen im Stadtteil miteinander ins Gespräch.	O	O	O	O	O	O
06	Die Kirchengemeinde setzt sich für die Menschen ein, die sonst keine Stimme haben.	O	O	O	O	O	O

15. Was würde Ihnen in [...] fehlen, wenn es die evangelische Kirchen-
    gemeinde nicht mehr geben würde?

INT: NUR SPONTANNENNUNGEN, NICHT NACHFRAGEN

Offene Antwort:	Weiß nicht
	O

Als Nächstes würde ich Ihnen gerne ein paar allgemeine Fragen zum Thema
Religion und Glauben stellen.

16. Gehören Sie einer Religionsgemeinschaft an?

01	Nein	O	→ **weiter mit 18**
	Ja, und zwar bin ich:		
02	evangelisch-landeskirchlich (lutherisch, reformiert, uniert)	O	→ **weiter mit 17**
03	evangelisch-freikirchlich	O	→ **weiter mit 17**
04	katholisch	O	→ **weiter mit 17**
05	Mitglied einer anderen christlichen Religion	O	→ **weiter mit 17**
06	muslimisch	O	→ **weiter mit 17**
07	jüdisch	O	→ **weiter mit 17**
08	buddhistisch	O	→ **weiter mit 17**
09	anderes, und zwar:	O	→ **weiter mit 17**
99	keine Angabe	O	→ **weiter mit 17**

17. Das Gefühl der Verbundenheit mit der eigenen Religionsgemeinschaft kann ja unterschiedlich stark sein. Wie stark fühlen Sie sich − rein gefühlsmäßig − mit Ihrer Religionsgemeinschaft verbunden?
Bitte sagen Sie es mir anhand dieser Skala von 1 bis 5. 1 bedeute stark, und 5 bedeutet gar nicht.

INT: SKALA 5 VORLEGEN

1 stark	2	3	4	5 gar nicht	Weiß nicht
O	O	O	O	O	O

18. Wenn Sie an Ihre Kindheit oder Jugend denken: Wie stark sind Sie religiös geprägt worden?

1 stark	2	3	4	5 gar nicht	Weiß nicht
O	O	O	O	O	O

19. Alles in allem: Als wie religiös würden Sie sich bezeichnen?

1 stark	2	3	4	5 gar nicht	Weiß nicht
O	O	O	O	O	O

Zum Schluss nur noch ein paar kurze Fragen zu ihrer Person.

20. Geschlecht

INT: EINTRAGEN OHNE NACHZUFRAGEN

01	Männlich
02	Weiblich

21. **In welchem Jahr sind Sie geboren?**

Numerisch:	
Keine Angabe	

22. **Seit welchem Jahr leben Sie bereits in [...]?**

INT: FALLS NICHT GENAU BEKANNT, BITTE SCHÄTZEN

Numerisch:	
Keine Angabe	

23. **Haben Sie die deutsche Staatsbürgerschaft?**

01	Ja
02	Nein
99	Keine Angabe

24. **In welchem Land wurden Sie geboren?**

INT: ITEMS NICHT VORLESEN. ANTWORT NOTIEREN.

01	Deutschland
02	Türkei
03	Italien
04	Polen
05	Griechenland
06	Kroatien
07	Serbien
08	Russland
09	Andere und zwar:
99	Keine Angabe

25. Wurden eines Ihrer Elternteile oder beide Eltern von Ihnen außerhalb
Deutschlands geboren?

INT: ITEMS NICHT VORLESEN. ANTWORT NOTIEREN.

01	Ja, mein Vater
02	Ja, meine Mutter
03	Ja, beide
04	Nein
99	Keine Angabe

26. Welchen Familienstand haben Sie?

INT: ITEMS NICHT VORLESEN. ANTWORT NOTIEREN.
»EINGETRAGENE« LEBENSPARTNERSCHAFT HEISST, DASS ES SICH
UM EINE GLEICHGESCHLECHTLICHE PARTNERSCHAFT IM SINNE DES
LEBENSPARTNERSCHAFTSGESETZES HANDELT ODER GEHANDELT HAT

01	Verheiratet und lebe mit meinem/meiner Ehepartner/-in zusammen	O	→ **weiter mit 28**
02	In eingetragener Lebenspartnerschaft zusammenlebend (gleichgeschlechtlich)	O	→ **weiter mit 28**
03	Verheiratet und lebe von meinem/meiner Ehepartner/-in getrennt	O	→ **weiter mit 27**
04	Ledig	O	→ **weiter mit 27**
05	Geschieden	O	→ **weiter mit 27**
06	Verwitwet	O	→ **weiter mit 27**
07	Eingetragene Lebenspartnerschaft, getrennt lebend (gleichgeschlechtlich)	O	→ **weiter mit 27**
08	Eingetragene Lebenspartnerschaft aufgehoben (gleichgeschlechtlich)	O	→ **weiter mit 27**
09	Eingetragene(r) Lebenspartner/-in verstorben (gleichgeschlechtlich)	O	→ **weiter mit 27**
99	Keine Angabe	O	→ **weiter mit 27**
98	Unter 16	O	→ **weiter mit 28**

27. Leben Sie in einer Partnerschaft zusammen?

INT: ITEMS NICHT VORLESEN. ANTWORT NOTIEREN.

01	Ja
02	Nein
99	Keine Angabe

28. Wie viele Personen leben ständig in Ihrem Haushalt, Sie selbst einge-schlossen? Zu diesem Haushalt zählen alle Personen, die hier gemein-sam wohnen und wirtschaften. Denken Sie dabei bitte auch an alle im Haushalt lebenden Kinder.

INT: ITEMS NICHT VORLESEN. ANTWORT NOTIEREN.

01	Eine Person
02	Mehrere Personen, und zwar:
99	Keine Angabe

29. Wie viele Personen in Ihrem Haushalt sind unter 16 Jahre alt?

Numerisch:
Keine Angabe

30. Welchen höchsten allgemeinbildenden Schulabschluss oder
akademischen Abschluss haben Sie?

INT: ITEMS NICHT VORLESEN. ANTWORT NOTIEREN.

01	Schüler/-in, besuche eine allgemeinbildende Vollzeitschule	○	→ **weiter mit 31**
02	Von der Schule abgegangen ohne Hauptschulabschluss (Volksschulabschluss)	○	→ **weiter mit 32**
03	Hauptschulabschluss (Volksschulabschluss)	○	→ **weiter mit 32**
04	Realschulabschluss (Mittlere Reife)	○	→ **weiter mit 32**
05	Polytechnische Oberschule der DDR mit Abschluss der 8. oder 9. Klasse	○	→ **weiter mit 32**
06	Polytechnische Oberschule der DDR mit Abschluss der 10. Klasse	○	→ **weiter mit 32**
07	Fachhochschulreife, Abschluss einer Fachoberschule	○	→ **weiter mit 32**
08	Allgemeine oder fachgebundene Hochschulreife/Abitur (Gymnasium bzw. EOS, auch EOS mit Lehre)	○	→ **weiter mit 32**
09	Abitur über zweiten Bildungsweg nachgeholt	○	→ **weiter mit 32**
10	Bachelor an (Fach-)Hochschule abgeschlossen	○	→ **weiter mit 32**
11	Fachhochschulabschluss (z.B. Diplom, Master)	○	→ **weiter mit 32**
12	Universitätsabschluss (z.B. Diplom, Magister, Staatsexamen, Master)	○	→ **weiter mit 32**
13	Promotion	○	→ **weiter mit 32**
14	Einen anderen Abschluss, und zwar:	○	→ **weiter mit 32**
99	Keine Angabe		

31. Welchen allgemeinbildenden Schulabschluss streben Sie an?

INT: ITEMS NICHT VORLESEN. ANTWORT NOTIEREN.

01	Hauptschulabschluss
02	Mittlere Reife, Realschulabschluss, Fachschulreife
03	Fachhochschulreife, Abschluss einer Fachoberschule
04	Abitur, allgemeine oder fachgebundene Hochschulreife
05	Einen anderen Schulabschluss, und zwar:
99	Keine Angabe

32. Was ist Ihre momentane Erwerbssituation? Bitte beachten Sie, dass unter Erwerbstätigkeit jede bezahlte bzw. mit einem Einkommen verbundene Tätigkeit verstanden wird.

INT: ITEMS NICHT VORLESEN. ANTWORT NOTIEREN.

01	Schüler/in, Auszubildende/r
02	Studierende/r
03	Freiwilligendienst (FSJ, FÖJ; Bundesfreiwilligendienst)
04	voll erwerbstätig
04	teilzeiterwerbstätig
06	geringfügig erwerbstätig, 450-Euro-Job, Minijob
07	erwerbslos/arbeitssuchend
08	Rentner/in, Pensionär/in
09	Hausfrau/-mann
10	aus anderem Grund nicht erwerbstätig
99	Keine Angabe

33. Bei dieser Frage geht es darum, Gruppen in der Bevölkerung mit z. B. hohem, mittlerem oder niedrigem Einkommen auswerten zu können. Daher möchten wir gerne wissen: Wie hoch ist das durchschnittliche monatliche Nettoeinkommen Ihres Haushalts insgesamt? Sie können sicher sein, dass Ihre Antwort nicht in Verbindung mit Ihrem Namen ausgewertet wird. Unter durchschnittlichem monatlichem Nettoeinkommen Ihres Haushalts ist die Summe zu verstehen, die sich aus Lohn, Gehalt, Einkommen aus selbstständiger Tätigkeit, Rente oder Pension ergibt. Rechnen Sie bitte auch die Einkünfte aus öffentlichen Beihilfen, Einkommen aus Vermietung und Verpachtung, Vermögen, Wohngeld, Kindergeld und sonstige Einkünfte hinzu und ziehen Sie dann Steuern und Sozialversicherungsbeiträge ab. Sagen sie mir bitte, welche der folgenden Kategorien auf ihr durchschnittliches monatliches Haushaltsnettoeinkommen zutrifft.

INT: BEI SELBSTSTÄNDIGEN NACH DEN DURCHSCHNITTLICHEN NETTOBEZÜGEN, D. H. ABZÜGLICH DER BETRIEBSAUSGABEN UND STEUERN, FRAGEN.

01	Bis unter 500 EURO
02	500 bis unter 1.000 EURO
03	1.000 bis unter 1.500 EURO
04	1.500 bis unter 2.000 EURO
05	2.000 bis unter 3.000 EURO
06	3.000 bis unter 4.000 EURO
07	4.000 bis unter 5.000 EURO
08	5.000 EURO und mehr
99	Keine Angabe

34. Es wird heute viel über die verschiedenen Bevölkerungsschichten gesprochen. Welcher Schicht rechnen Sie sich selbst zu?

01	der Unterschicht
02	der Arbeiterschicht
03	der Mittelschicht
04	der oberen Mittelschicht
05	der Oberschicht
99	Keine Angabe

35. **Das waren alle Fragen. Vielen Dank für Ihre Teilnahme! Haben Sie zum Schluss noch Anmerkungen für uns?**

INT: NUR SPONTANNENNUNGEN, NICHT NACHFRAGEN

Offene Antwort:	Weiß nicht
	O

36. **NUR AN DIE INTERVIEWER: Nun einige Fragen zum Wohnumfeld der Zielperson: In welcher Art von Gebäude wohnt der Befragungshaushalt?**

01	Landwirtschaftliches Wohngebäude
02	Freistehendes Ein-/Zweifamilienhaus
03	Ein-/Zweifamilienhaus als Reihenhaus oder Doppelhaus
04	Wohnhaus mit 3 bis 4 Wohnungen
05	Wohnhaus mit 5 bis 8 Wohnungen
06	Wohnhaus mit 9 oder mehr Wohnungen (aber höchstens 8 Stockwerke, also kein Hochhaus)
07	Hochhaus (9 oder mehr Stockwerke)
08	Sonstiges Haus/Gebäude, und zwar:
99	Weiß nicht

37. **NUR AN DIE INTERVIEWER: Wie beurteilen Sie den Zustand des Hauses?**

01	In gutem bis sehr gutem Zustand
02	Etwas renovierungsbedürftig
03	Stark renovierungsbedürftig
99	Weiß nicht